Christian Grethlein

Grundfragen der Liturgik

Ein Studienbuch
zur zeitgemäßen Gottesdienstgestaltung

Chr. Kaiser
Gütersloher
Verlagshaus

Die Deutsche Bibliothek – CIP-Einheitsaufnahme

Grethlein, Christian:
Grundfragen der Liturgik : ein Studienbuch zur zeitgemäßen
Gottesdienstgestaltung / Christian Grethlein. –
Gütersloh : Kaiser, Gütersloher Verl.-Haus, 2001
ISBN 3-579-05326-4

Dieses Werk folgt der reformierten Rechtschreibung und Zeichensetzung. Ausnahmen bilden Texte, bei denen künstlerische, philologische oder lizenzrechtliche Gründe einer Änderung entgegenstehen.

Umwelthinweis:
Dieses Buch wurde auf chlorfrei gebleichtem und alterungsbeständigem Papier gedruckt. Die vor Verschmutzung schützende Einschrumpffolie ist aus umweltschonender und recyclingfähiger PE-Folie.

ISBN 3-579-05326-4
© Chr. Kaiser/Gütersloher Verlagshaus, Gütersloh 2001

Das Werk einschließlich aller seiner Teile ist urheberrechtlich geschützt. Jede Verwertung außerhalb der engen Grenzen des Urheberrechtsgesetzes ist ohne Zustimmung des Verlages unzulässig und strafbar. Das gilt insbesondere für Vervielfältigungen, Übersetzungen, Mikroverfilmungen und die Einspeicherung und Verarbeitung in elektronischen Systemen.

Umschlag: Init, Bielefeld, unter Verwendung einer Abbildung des Kreuz-Altars »Gurutz Aldare« in der Kunst-Station Sankt Peter, Köln, von Eduardo Chillida; VG Bild-Kunst, Bonn 2001.
Satz: SatzWeise, Föhren
Druck und Bindung: Těšínská Tiskárna AG, Český Těšín
Printed in Czech Republic

www.gtvh.de

Inhalt

Einführung

1. Liturgische Forschung 13
2. Veränderte Zeitsignatur 16
3. Anlass und Aufbau des Buchs 18

1. Teil: Die heutige liturgische Situation in neutestamentlicher Perspektive – empirische und neutestamentliche Grundlagen liturgischer Urteilsbildung

1. Kapitel: Heutige liturgische Situation – empirisch gesehen . . . 26
1. Sechs unterschiedliche Blicke auf die liturgische Situation 27
    1.1 Erster Blick: »Notsituation« am Sonntagmorgen in der Ortsgemeinde 27
    1.2 Zweiter Blick: Radio- und Fernsehgottesdienste 30
    1.3 Dritter Blick: Attraktivität fest- und lebenslaufbezogener Gottesdienste 32
    1.4 Vierter Blick: Neue rituelle Produktionen 35
    1.5 Eine Überraschung: Friedensgebete in der DDR 37
    1.6 Sechster Blick: Häusliche Liturgie? 38
    1.7 Zusammenfassung 39
2. Erfahrungswissenschaftliche Interpretationen 41
    2.1 Neue Zeitrhythmen 41
    2.2 Individualisierung 43
    2.3 Ästhetisierung 46
    2.4 Mediengesellschaft 51
    2.5 Offene Fragen 53

2. Kapitel: Neutestamentliche Perspektiven 55
1. Liturgische Situation zu neutestamentlicher Zeit 56
    1.1 Pluriformität 56
    1.2 Kultkritischer Neuansatz 57
    1.3 Zeit und Ort 59
    1.4 Ähnlichkeiten zu heute 60

2. Entscheidende Impulse durch den irdischen Jesus   60
   3. Liturgische Konsequenzen aus dem Christusgeschehen   62
      3.1 Gemeinschaftsverständnis   63
      3.2 Taufe und Abendmahl   64
      3.3 Verständlichkeit   65

3. Kapitel: Heutige liturgische Situation in neutestamentlicher
Perspektive   66
   1. Kriterium des Christusbezugs   66
   2. Kriterium des Gemeinschaftsbezugs   70
   3. Kriterium der Verständlichkeit   73

2. Teil: Liturgie in geschichtlicher und anthropologischer Perspektive

4. Kapitel: Konfessionsgeschichtliche Perspektive   82
   1. Ökumenische Perspektive   82
      1.1 Konfessionelle Durchmischung   84
      1.2 Ökumenische Liturgiewissenschaft   86
   2. Gottesdienst in den evangelischen Kirchen – theologische
      Einsichten Luthers und gestalterische Probleme   88
      2.1 Einführung in Luthers Gottesdienstverständnis   89
      2.2 Einsichten zum Gottesdienstverständnis   93
      2.3 Wirkung und Probleme   99
      2.4 Wirkungen in der Ökumene 106
   3. Gottesdienst in der römisch-katholischen Kirche –
      Impulse des II. Vaticanum und offene Fragen 107
      3.1 Einführung in das Gottesdienstverständnis des II. Vaticanum 109
      3.2 Einsichten zum Gottesdienstverständnis 112
      3.3 Wirkung und Probleme 115
      3.4 Wirkungen in der Ökumene 119
   4. Gottesdienst in den orthodoxen Kirchen – Impulse und Probleme 119
      4.1 Einführung in das orthodoxe Gottesdienstverständnis 120
      4.2 Einsichten zum Gottesdienstverständnis 123
      4.3 Wirkung und Probleme 125
      4.4 Wirkungen in der Ökumene 126

5. Kapitel: Anthropologische sowie kultur- und religionsgeschichtliche Perspektiven 129

1. Zeit 130
   1.1 Religions- und kulturgeschichtlich 131
   1.2 Biblisch 132
   1.3 Weitere Entwicklung 135
   1.4 Heutige Probleme und Lösungsversuche 143
2. Raum 146
   2.1 Religions- und kulturgeschichtlich 147
   2.2 Biblisch 148
   2.3 Weitere Entwicklung 149
   2.4 Heutige Probleme und Lösungsversuche 156
3. Sinnliche Wahrnehmungen und Ausdrucksmöglichkeiten 159
   3.1 Anthropologisch, religions- und kulturgeschichtlich 159
   3.2 Biblisch 163
   3.3 Weitere Entwicklung 165
   3.4 Heutige Probleme und Lösungsversuche 175

3. Teil: Evangelische Gottesdienste in Deutschland – Bestand und Innovationen

6. Kapitel: Taufe als grundlegender christlicher Gottesdienst 188

1. Historische Dimension: Bedeutung und Marginalisierung der Taufe 189
   1.1 Taufe im Neuen Testament 189
   1.2 Taufe in der Alten Kirche 190
   1.3 Reduktionen der Taufe 192
   1.4 Taufliturgie bei Luther 194
   1.5 Weitere Marginalisierung 197
2. Gegenwärtige Situation bei Taufbegehren 198
   2.1 Empirische Daten 198
   2.2 Taufmotive 201
3. Neue Taufagenden 203
   3.1 Agende der VELKD (1988) 203
   3.2 Taufe in der Konfirmandenzeit 204
   3.3 Taufbuch der EKU (2000) 206

4. Liturgiedidaktische Anstöße und Perspektiven: Taufe als Zentrum
christlichen Lebens 208
   4.1 »Einladung zur Taufe – Einladung zum Leben« als Gemeinde-
aufbau-Programm 208
   4.2 Liturgisches Modell des Erwachsenen-Katechumenats 212
   4.3 Tauftermin 213

7. Kapitel: Gottesdienste am Übergang im Lebenslauf – das Beispiel Gottesdienst anlässlich einer Eheschließung 215

1. Gottesdienste an Übergängen im Lebenslauf als taufbezogene
Segensgottesdienste 215
   1.1 Pastoraltheologische Bedenken 215
   1.2 Erfahrungswissenschaftliche Horizonterweiterung 216
   1.3 Praktisch-theologische Interpretationen 217

2. Die kirchliche Trauung bzw. der Gottesdienst anlässlich einer
Eheschließung 220
   2.1 Historische Dimension: die langsame Entwicklung kirchlicher
Trauung 221
   2.2 Gegenwärtige Situation der Ehe 227
   2.3 Neue Trauagenden 232
   2.4 Überlegungen und Hinweise zu liturgischen Problemfeldern . 236

8. Kapitel: Gottesdienste an Feiertagen – Weihnachten und Ostern. 244

1. Historische Dimension: Entstehung und Wandel der beiden
wichtigsten christlichen Feiertage 245
   1.1 Osterfestkreis 245
   1.2 Weihnachtsfestkreis 249

2. Gegenwärtige Situation 253
   2.1 Rechtlicher Hintergrund 253
   2.2 Gestaltung der Feiertage 254

3. Agendarische Formen 258
   3.1 Form des Stundengebets 258
   3.2 Osternacht und Weihnachtsgottesdienste 259

4. Liturgiedidaktische Innovationen 261
   4.1 Kirchenjahr als liturgische Aufgabe 261
   4.2 Christus- und Biographiebezug durch Taufe 264

9. Kapitel: Gottesdienstliche Feier des Sonntags ... 266
1. Historische Dimension ... 266
2. Gegenwärtige Situation ... 269
    2.1 Rechtlicher Hintergrund ... 269
    2.2 Gestaltung des Sonntags ... 270
3. Agendarische Formen ... 275
    3.1 Evangelisches Gottesdienstbuch ... 276
    3.2 Kindergottesdienst ... 284
4. Innovationen zur liturgischen Gestaltung des Sonntags ... 293
    4.1 Familiengottesdienste ... 293
    4.2 Neue Zeiten ... 296
    4.3 Integrationsaufgabe ... 297

10. Kapitel: Gottesdienst zwischen Kirche und Leben des Einzelnen 298
1. Historische Dimension: Elemente christlichen Lebens ... 299
    1.1 Gebet ... 299
    1.2 Segen ... 305
2. Gegenwärtige Situation ... 312
    2.1 Gebet ... 312
    2.2 Segen ... 315
3. Impulse zur Innovation ... 319
    3.1 Taufe und Abendmahl als theologische Grundlagen ... 320
    3.2 Beten ... 321
    3.3 Realbenediktionen ... 322
    3.4 Krankensegnung ... 324

Personenregister ... 327

Sachregister ... 333

Einführung

Als ich 1989 einen »Abriß der Liturgik« vorlegte, konnte ich als junger Dozent für Praktische Theologie diese »Kühnheit« u. a. auf Grund der Tatsache rechtfertigen, dass ein »praktisch-theologisches Lehrbuch (fehlt), das in überschaubarem Umfang in die (evangelische) Liturgik auf dem gegenwärtigen Stand der Erkenntnisse einführt«[1]. Inzwischen hat sich die Lage erheblich verändert.

1. Liturgische[2] Forschung

In den neunziger Jahren des 20. Jahrhunderts war ein bedeutender Aufschwung der Liturgik im evangelischen Bereich zu beobachten.

Einen guten Überblick über den Stand der Forschung ermöglicht das von

1. Chr. Grethlein, Abriß der Liturgik, Gütersloh 1989 (^{2}1991), 9.
2. Im Folgenden verwende ich den Begriff »Liturgie« meist, wenn vorwiegend die rituelle Seite von Gottesdienst, sei es in der Praxis, sei es in der Theorie in den Blick kommt. Von »Gottesdienst« dagegen spreche ich, wenn – wie noch näher gezeigt wird – der Gottesdienst in biblischem Sinn, nämlich als über den Kult hinausgreifendes, auf das ganze Leben bezogenes Phänomen in den Blick kommt.
Allerdings kann diese Unterscheidung nur teilweise und annähernd eingehalten werden. Denn »Gottesdienst« umgreift demnach »Liturgie« und beinhaltet sie damit eben auch. Zudem steht zu dieser Unterscheidung die teilweise auch aufgenommene umgangssprachliche Redeweise vom »Gottesdienstbesuch« o. ä. in Spannung. Man könnte allerdings sagen, dass hier die Umgangssprache reformatorische Impulse aufgenommen hat (vgl. zur jeweiligen Begriffsgeschichte H. Goertz, Deutsche Begriffe der Liturgie im Zeitalter der Reformation. Untersuchungen zum religiösen Wortschatz zwischen 1450 und 1530, Berlin 1977, 107-109, 280-283, 382f.), ohne jedoch deren Inhalt präsent zu halten.
Auch hat sich inzwischen »Liturgik« als Fachbezeichnung für die praktisch-theologische Theorie der Liturgie und des Gottesdienstes eingebürgert (s. zum historischen Hintergrund knapp H.-Chr. Schmidt-Lauber, Begriff, Geschichte und Stand der Forschung, in: ders., K.-H. Bieritz, Hg., Handbuch der Liturgik, Leipzig ^{2}1995, 17f.). Der ebenfalls mögliche Begriff »Liturgiewissenschaft« wird in der Regel stärker für historische Forschungen verwendet (so ganz strikt z. B. L. Fendt, Einführung in die Liturgiewissenschaft, Berlin 1958) bzw. bezeichnet in der katholischen Forschung die historische und pastorale Fragen übergreifende systematische Disziplin (vgl. grundlegend R. Guardini, Über die systematische Methode in der Liturgiewissenschaft, in: JLW 1 [1921], 97-108; neuerdings z. B. R. Messner, Was ist systematische Liturgiewissenschaft? Ein Entwurf in sieben Thesen, in: ALW 40 [1998], 257-274).
Vollends kompliziert wird die Begriffsfrage dadurch, dass die deutsche Sprache keine Möglichkeit gibt, beim Attribut »liturgisch« zu unterscheiden, ob es von Liturgie oder Liturgik abgeleitet ist, also ob der praktische rituelle Vollzug oder die wissenschaftliche Reflexion auf den Gottesdienst im Blick ist. Dies muss dem jeweiligen Kontext entnommen werden, ist aber, vor allem hinsichtlich der konkreten Tätigkeit von Theologen, oft nicht genau zu unterscheiden, weil praktische Aufgaben nach theoreti-

den beiden führenden evangelischen Liturgikern Hans-Christoph Schmidt-Lauber[3] und Karl-Heinrich Bieritz[4] herausgegebene Handbuch der Liturgik[5]. Deutlich kommen im Aufbau dieses Werks neue Akzentuierungen der (evangelischen) Liturgik zum Ausdruck – im Gegensatz zu dem letzten umfassenden evangelisch-liturgischen Werk, der fünfbändigen »Leiturgia« (1954-1970):

– *Ökumenischer Akzent*: Im ersten Teil, der den »Grundlagen des christlichen Gottesdienstes« dient, wird ausführlich »Gottesdienst in ökumenischer Perspektive« dargestellt.

– *Anthropologisch-erfahrungswissenschaftlicher Akzent*: Neben die historischen Darlegungen, die bis dahin meist liturgische Arbeit dominierten, treten gleichberechtigt umfangreiche Erörterungen zur »Gestaltung des Gottesdienstes«. Sie reflektieren die gegenwärtige Situation, erfasst durch Erkenntnisse aus den Erfahrungswissenschaften.

Verschiedene Arbeits- und Lehrbücher brachten durch die besondere Berücksichtigung außertheologischer Wissenschaften interessante neue Perspektiven in die Liturgik ein.

1991 gab Manfred Josuttis eine Einführung in den Gottesdienst »auf verhaltenswissenschaftlicher Grundlage« mit dem programmatischen Titel »Der Weg in das Leben« heraus. In diesem Werk will Josuttis »mit den Augen des Ethnologen« »das Altvertraute exotisch« mustern.[6] Dabei erscheint der agendarische Gottesdienst »als eine Verhaltenssequenz, die in regelmäßigen Abständen von bestimmten Menschen vollzogen wird«.[7]

---

scher Reflexion verlangen und theoretische Überlegungen sich auf praktische Vollzüge beziehen. Insofern enthält die sprachliche Unschärfe durchaus sachlichen Sinn.

3. Einen grundlegenden Impuls für die Arbeit an der Abendmahlsliturgie auf evangelischer Seite gab die Dissertation von H.-Chr. Schmidt-Lauber, Die Eucharistie als Entfaltung der verba testamenti, Kassel 1957. Einen gewissen Überblick über seine weiteren Forschungen gibt der Aufsatzband: H.-Chr. Schmidt-Lauber, Die Zukunft des Gottesdienstes. Von der Notwendigkeit lebendiger Liturgie, Stuttgart 1990.

4. Einen Überblick über das liturgische Werk von Bieritz, das sich vor allem durch das Einbringen der semiotischen Perspektive auszeichnet, gibt der Aufsatzband: K.-H. Bieritz, Zeichen setzen. Beiträge zu Gottesdienst und Predigt, Stuttgart 1995.

5. H.-Chr. Schmidt-Lauber, K.-H. Bieritz, Hg., Handbuch der Liturgik, Leipzig ²1995, s. hierzu von dem dritten wichtigen deutschen evangelischen Liturgiker der Gegenwart verfasst P. Cornehl, Liturgiewissenschaft im Aufbruch. Zum neuen »Handbuch der Liturgik«, in: ThLZ 121 (1996), 223-240.

6. M. Josuttis, Der Weg in das Leben. Eine Einführung in den Gottesdienst auf verhaltenswissenschaftlicher Grundlage, München ²1993, 9.

7. Ebd. 11. Ähnlich, ebenfalls in phänomenologischer Methodik arbeitend legte 1993 Hans-Günter Heimbrock »sozial- und kulturwissenschaftliche Analysen zum Ritual« vor und begriff so den Gottesdienst als »Spielraum des Lebens«. Während Josut-

1992 erschien der erste Band des zweibändigen Lehrbuchs von Rainer Volp. Er zieht vor allem semiotische Modelle[8] heran, um die liturgische Gestaltungsaufgabe darzustellen. Hauptgesprächspartner ist dabei für ihn – auf dem Hintergrund seiner Beschäftigung mit Friedrich Schleiermacher – die Kunst bzw. wissenschaftlich: die Ästhetik. So lautet auch der inhaltliche Titel »Die Kunst, Gott zu feiern«.[9] Ausgangspunkt ist bei Volp die Einsicht, »daß ›Liturgik‹ kein theologisches Spezialgebiet bleiben kann, sondern die wohl wichtigste Pointe des Zusammenspiels von Theologie, Kirche und Kultur darstellt«.[10]

Dazu kamen etliche weitere liturgische Studien- und Arbeitsbücher,[11] historische Einzelstudien vor allem zur Liturgik am Ende des 19. und Beginn des 20. Jahrhunderts[12] sowie eine große Anzahl an Aufsätzen,[13] liturgischen Handreichungen[14] u. ä.

> tis sich noch konkret am agendarischen Sonntagsgottesdienst orientieren will (de facto dies aber nur partiell tut), greift Heimbrock weiter aus, um eine allgemeine praktisch-theologische Ritualtheorie zu erarbeiten (H.-G. Heimbrock, Gottesdienst: Spielraum des Lebens. Sozial- und kulturwissenschaftliche Analysen zum Ritual in praktisch-theologischem Interesse, Kampen 1993).
> 8. Erstmalig wurde dieser wichtige methodische Zugang für die liturgische Arbeit expliziert in: G. Schiwy u. a., Zeichen im Gottesdienst, München 1976.
> 9. R. Volp, Liturgik. Die Kunst, Gott zu feiern, Bd. 1 und 2, Gütersloh 1992 und 1994.
> 10. Volp, Liturgik 1, 9.
> 11. S. H.-Chr. Schmidt-Lauber, Liturgiewissenschaft im Aufwind (Literaturbericht 1984-1996), in: ThR 63 (1998), 137-158, vor allem 137-144.
> 12. Besonders sind hier aus der Reihe »Veröffentlichungen zur Liturgik, Hymnologie und theologischen Kirchenmusikforschung« u. a. zu nennen: J. Cornelius-Bundschuh, Liturgik zwischen Tradition und Erneuerung. Probleme protestantischer Liturgiewissenschaft in der ersten Hälfte des 20. Jahrhunderts dargestellt am Werk von Paul Graff, Göttingen 1991; K. Klek, Erlebnis Gottesdienst. Die liturgischen Reformbestrebungen um die Jahrhundertwende unter Führung von Friedrich Spitta und Julius Smend, Göttingen 1996; U. Wüstenberg, Karl Bähr (1801-1874). Ein badischer Wegbereiter für die Erneuerung und die Einheit des evangelischen Gottesdienstes, Göttingen 1996; K. Wiefel-Jenner, Rudolf Ottos Liturgik, Göttingen 1997.
> 13. Das wichtigste Periodikum im Bereich der evangelischen Liturgik ist das seit 1955 erscheinende »Jahrbuch für Liturgik und Hymnologie« (JLH); daneben ist die von der »Gemeinsamen Arbeitsstelle für gottesdienstliche Fragen« herausgegebene gleichnamige Heftreihe zu nennen. Katholischerseits sind besonders als verlässliche Grundlagen liturgischer Arbeit hervorzuheben: das seit 1950 vom Abt-Herwegen-Institut für liturgische und monastische Forschung der Benediktinerabtei Maria Laach herausgegebene »Archiv für Liturgiewissenschaft« (ALW), vor allem dessen umfassende Literaturübersichten und Bibliographien, sowie das im Auftrag des Liturgischen Instituts Trier in Form von Vierteljahresheften seit 1951 herausgegebene »Liturgische Jahrbuch« (LJ).
> 14. Aus der unüberschaubaren Fülle verdient besondere Beachtung: F. Baltruweit,

Eine wesentliche Triebfeder für den liturgischen Diskurs im Bereich der deutschsprachigen evangelischen Theologie war nicht zuletzt die agendarische Reformarbeit, und hier vor allem das Bemühen um den Sonntagvormittagsgottesdienst.[15] Nach fast dreißigjähriger Arbeit und wichtigen publizierten und erprobten Vorstufen konnte Ende 1999 das Evangelische Gottesdienstbuch der Öffentlichkeit übergeben werden. Ausgehend vom sog. Strukturpapier der Lutherischen Liturgischen Konferenz[16] versuchte man, die liturgischen Experimente seit Mitte der sechziger Jahren für die Gestaltung des sonntäglichen Gemeindegottesdienstes fruchtbar zu machen und so diesem neue Impulse zu geben. Schon der äußere Umfang des Evangelischen Gottesdienstbuchs zeigt, dass die sachgerechte Gestaltung evangelischer Liturgie unter reflexiv modernen Bedingungen offensichtlich eine komplexe Aufgabe ist.

2. Veränderte Zeitsignatur

Spätestens seit den achtziger Jahren – in Deutschland durch die politische Vereinigung der nach dem Zweiten Weltkrieg getrennten Staaten verstärkt – ist ein tiefgreifender gesellschaftlicher Umbruch unübersehbar. Wissenssoziologen machen mit konzeptionellen Begriffen wie »*Risikogesellschaft*«[17] oder »*Erlebnisgesellschaft*«[18] darauf aufmerksam, dass sich die Einstellung vieler Menschen zu ihrem Leben und ihrer Mitwelt grundlegend verändert.

 G. Ruddat, Gemeinde gestaltet Gottesdienst (Bd. 1: Arbeitsbuch zur Erneuerten Agende; Bd. 2: Taufe, Konfirmation, Trauung, Beerdigung), Gütersloh 1994 bzw. 2000.
15. S. als guten Überblick – aus dem Blickwinkel eines Befürworters des Evangelischen Gottesdienstbuchs – F. Schulz, Agende – Erneuerte Agende – Gottesdienstbuch. Evangelische Agendenreform in der 2. Hälfte des 20. Jahrhunderts, Texte aus der VELKD 89/1999; zum Einzelnen s. H. Schwier, Die Erneuerung der Agende. Zur Entstehung und Konzeption des »Evangelischen Gottesdienstbuches«, Hannover 2000.
16. Lutherische Liturgische Konferenz, Versammelte Gemeinde. Struktur und Elemente des Gottesdienstes. Zur Reform des Gottesdienstes und der Agende, 1974 (im Kernstück gut greifbar in: WPKG 64 [1975], 465-469).
17. U. Beck, Risikogesellschaft. Auf dem Weg in eine andere Moderne, Frankfurt 1986 (u. ö.); vgl. hierzu aus liturgischer Perspektive K.-H. Bieritz, Gegengifte. Kirchliche Kasualpraxis in der Risikogesellschaft, in: ders., Zeichen setzen, Stuttgart 1995, 203-217.
18. G. Schulze, Die Erlebnisgesellschaft. Kultursoziologie der Gegenwart, Frankfurt 1992 u.ö.; vgl. aus liturgischer Perspektive W. Gräb, Lebensgeschichten – Lebensentwürfe – Sinndeutungen. Eine praktische Theologie gelebter Religion, Gütersloh 1998, 122-136 (Kap.: Gottesdienst in der Erlebniswelt).

Dabei leiten in spannungsvoller, jeweils individuell unterschiedlicher Mischung die Sehnsucht nach dem »schönen« Erleben und zugleich die Angst vor modernen Risiken. Grundsätzlich gilt: Bisher Selbstverständliches wird zur Option, beginnt hinterfragt zu werden bzw. erhält einen neuen Platz im gesellschaftlichen Gefüge.

Religionssoziologische Untersuchungen weisen darauf hin, dass dies nicht zuletzt die Stellung der beiden großen Kirchen betrifft. Auch hier stellt sich die Lage zunehmend komplexer dar. Dies zeigt die letzte EKD-Mitgliedschaftsumfrage mit ihrer eingehenden Berücksichtigung von Menschen, die sich eher distanziert gegenüber vielen kirchlichen Angeboten verhalten. Selbst die Ausgetretenen scheinen – zumindest in den alten Bundesländern – keineswegs mit Religion und Glauben abgeschlossen zu haben,[19] umgekehrt interessieren sich nicht wenige, vor allem jüngere Kirchenmitglieder für außerchristliche Praktiken.[20]

Besondere Bedeutung für den Gottesdienst und seinen Besuch haben – neben anderen, allgemein bekannten Faktoren wie Alter, Geschlecht, Bildung, regionalen Prägungen und familiärer Herkunft[21] – die tiefgreifenden *Veränderungen in der Zeitstruktur* und hiermit verbunden die *Ausbreitung elektronischer Massenmedien*. Der Gemeindegottesdienst als eine – aus welchen Gründen auch immer – am Sonntagvormittag stattfindende Veranstaltung ist unmittelbar von folgenden Veränderungen betroffen:
– der Flexibilisierung der gesellschaftlichen Zeitrhythmen,
– der Individualisierung der jeweiligen Zeitbudgets,
– den den Alltag der Menschen prägenden, kulturgeschichtlich neuen Größen Wochenende und Urlaub,
– den zahllosen Freizeitofferten und massenmedialen Angeboten.
Bei der Entscheidung am Sonntagmorgen zwischen Ausschlafen, Körperpflege, Fernsehen, gemütlichem Frühstück o.ä. und eben Kirchgang wird

---

19. S. K. Engelhardt, H. v. Loewenich, P. Steinacker, Hg., Fremde Heimat Kirche. Die dritte EKD-Erhebung über Kirchenmitgliedschaft, Gütersloh 1997, 323-341.
20. S. Studien- und Planungsgruppe der EKD, Hg., Fremde Heimat Kirche. Ansichten ihrer Mitglieder. Erste Ergebnisse der dritten EKD-Umfrage über Kirchenmitgliedschaft, Hannover 1993, 10-14; vgl. in diesem Zusammenhang die interessante Tatsache, dass die Zahl der steuerlich registrierten Wahrsager und Hellseher in Deutschland (etwa 50.000) doppelt so hoch ist wie die der evangelischen und katholischen Pfarrer (s. J. Schumacher, Esoterik – die Religion des Übersinnlichen. Eine Orientierungshilfe nicht nur für Christen, Paderborn 1994).
21. Vgl. die knappe und instruktive Zusammenstellung empirischer Befunde bei D. Pollack, Gottesdienst und Moderne. Religionssoziologische Beobachtungen und Deutungen, in: K. Fechtner, L. Friedrichs, H. Grosse, I. Lukatis, S. Natrup, Hg., Religion wahrnehmen. FS K.-F. Daiber, Marburg 1996, 321-330.

letzterer nur selten gewählt, wenn er als Option überhaupt noch im Bewusstsein ist. Zudem verändern sich durch den Wandel in der Zeitstruktur und in den Kommunikationsformen auch die Sozialformen, was ebenfalls Konsequenzen für den Gottesdienst als Gemeinschaftsveranstaltung hat.

Hinter all diesen Veränderungen, die bisher scheinbar Selbstverständliches relativieren und Sicherheiten auflösen, stellt sich die Frage nach dem, worauf Menschen sich in aller Unsicherheit verlassen können, im Leben und auch im Sterben. Dies ist – wie Martin Luthers elementare Auslegungen des 1. Gebots im Großen Katechismus deutlich macht[22] – eine eminent theologische Frage, die nicht durch strukturelle oder organisatorische Hinweise zu beantworten ist. Das praktisch-theologische Nachdenken über christlichen Gottesdienst muss sich ihr stellen.

3. Anlass und Aufbau des Buchs

Auf dem Hintergrund meiner Beschäftigung mit den Konsequenzen der eben skizzierten Veränderungen für Kirche und Gemeinden erfuhr ich in den letzten zehn Jahren auf Pastoralkollegs und auf Pfarrkonventen, die mich freundlicherweise zur gemeinsamen Arbeit einluden: Nicht wenige Pfarrerinnen und Pfarrer empfinden heute die liturgische Aufgabe als belastend. Ihre liturgische Praxis entspricht weder ihrem eigenen Anspruch noch den Bedürfnissen vieler Gemeindeglieder.[23] Dies führt nicht selten zu Entmutigung und Resignation, was wiederum der Ausstrahlung als Liturg/Liturgin und damit der liturgischen Atmosphäre[24] abträglich ist.

Dabei droht die – abseits des Sonntagsgottesdienstes – teilweise sogar steigende Nachfrage nach liturgischen Angeboten aus dem Blick zu geraten. Es wird übersehen, dass nicht nur der Gottesdienstbesuch am Heiligabend, sondern auch die Einschaltquote bei Fernsehgottesdiensten steigen sowie lebenslaufbezogene Gottesdienste auf quantitativ hohem Niveau nachgefragt werden. Dazu ist etwa im Bereich der Schule, nachdem mit dem

---

22. »Gott« wird hier folgendermaßen bestimmt: »Worauf Du nu (sage ich) Dein Herz hängest und verlässest, das ist eigentlich Dein Gott« (BSLK 560).
23. Zu den Differenzen in der Einstellung von Pfarrerinnen/Pfarrern sowie verschiedenen Gruppen von Kirchengliedern zu Gottesdiensten s. die interessanten Ergebnisse in der regionalen Studie von J. Körnlein, Gottesdienste in einer komplexen Welt. Eine praktisch-theologische Untersuchung von Gottesdiensten im Zusammenspiel kirchlicher und gesellschaftlicher, individueller und kollektiver Faktoren, Diss. theol. (Neuendettelsau), 1999.
24. Vgl. Josuttis, Weg, 33f., der sich hier auf den Philosophen H. Schmitz bezieht.

Ende des Konzeptes der Evangelischen Unterweisung und dem allgemeinen, auch das Bildungswesen in Deutschland erfassenden Traditionsabbruch vielerorts die Schulgottesdienste aufgegeben wurden, ein neues Interesse an Riten, an Andachten o. ä. zu beobachten. Vor allem Schulanfangs- und Entlassungsgottesdienste erfreuen sich – mittlerweile auch in den neuen Bundesländern – großer Beliebtheit. Hier tritt – über das Problem der liturgischen Praxis von Pfarrern und Pfarrerinnen hinaus – eine weitere Anforderung für gottesdienstliche Ausbildung hervor: Viele Religionslehrerinnen und -lehrer wurden ohne jede Berücksichtigung liturgischer Vollzüge ausgebildet – und stehen dem neu erwachenden Interesse teilweise hilflos gegenüber.

In dieser Situation will das vorliegende Buch – auf überschaubarem Raum[25] – beruflich mit Theologie Befassten, also Studierenden auf Pfarr- und Lehramt sowie Pfarrern/Pfarrerinnen und Religionslehrerinnen/Religionslehrern, Orientierung bieten, um die *Kommunikation des Evangeliums* zu fördern.

Dieser von Ernst Lange programmatisch eingeführte, aber nicht näher explizierte Begriff macht theologisch deutlich, dass auch die liturgische Aufgabe in einem größeren Zusammenhang steht, der durch die Unterscheidung zwischen dem von Gott Verheißenen und dem Menschen Möglichen gekennzeichnet ist. Dazu hebt »Kommunikation des Evangeliums« anthropologisch zutreffend hervor, dass dieses Geschehen wesentlich durch Personalität und – allerdings den verbalen Bereich übersteigende – Sprachlichkeit geprägt ist.[26] Inhaltlich ist der Begriff zum einen durch die in der Auferweckung Jesu Christi begründete Hoffnung bestimmt, dass unser Leben nicht durch den biologischen Tod begrenzt ist, und zum anderen durch die Einsicht, dass der Sinn des Lebens nicht selbst gewonnen werden kann (und muss), sondern von Gott bereits geschenkt ist.

Ein Buch kann zwar die für liturgisches Lernen unerlässliche Praxis nicht

---

25. Für eingehendere Studien und historische Einzelinformationen sei auf das vorzügliche, seit 1983 erscheinende, auf acht Teile angelegte Werk »Gottesdienst der Kirche. Handbuch der Liturgiewissenschaft« (Regensburg) verwiesen, das aus (primär) römisch-katholischer Perspektive zuverlässig und differenziert informiert. Zu einzelnen Teilbänden hat Frieder Schulz kritische Anmerkungen und Ergänzungen aus evangelischer Sicht vorgelegt, die jetzt gut greifbar sind in: F. Schulz, Synaxis. Beiträge zur Liturgik, hg. von G. Schwinge, Göttingen 1997 (225-262 zu Bd. 7,1; 263-284 zu Bd. 7,2; 285-300 zu Bd. 8,1; 301-320 zu Bd. 8,2).
26. S. ausführlicher die Begriffserklärung bei R. Preul, Kommunikation des Evangeliums unter den Bedingungen der Mediengesellschaft, in: ders., R. Schmidt-Rost, Hg., Kirche und Medien, Gütersloh 2000, 10-18, die aber leider inhaltlich nicht ausgeführt ist.

ersetzen. Doch kann es die Kenntnisse vermitteln, die zur kritischen Reflexion von liturgischer Praxis bzw. gottesdienstlichen Anforderungen notwendig sind, im Einzelnen:
- als *Grundlage liturgischer Urteilsbildung* (1. Teil) umfassendere Einsicht in die empirisch erfassbare liturgische Situation, Kriterien für ein theologisch verantwortetes Gottesdienstverständnis;
- als Weitung des Blicks *geschichtliche und anthropologische Hinweise* (2. Teil) auf grundlegende gottesdienstliche Erkenntnisse und Probleme verschiedener Konfessionen sowie auf anthropologische Grundelemente christlichen Gottesdienstes;
- als aus Teil 1 und 2 resultierende *Konsequenzen für die Gestaltung heutiger Gottesdienste* (3. Teil) Hinweise zu grundlegenden Fragen konkreter Gottesdienstformen und Ausblick auf wichtige zukünftige liturgische Aufgaben.

Insgesamt war bei der Durchführung dieses Programms strikte Beschränkung erforderlich. Ich bemühe mich deshalb um eine *Konzentration auf das Elementare,* und zwar durch Konzentration auf *Grundlagen* der Liturgik, *exemplarische* Präsentation und – gegenüber der unübersehbaren Pluriformität liturgischer Entwicklungen – *Systematisierung.*

Es bleibt mir die schöne Pflicht zu danken:
- dem Gütersloher Verlagshaus für die freundliche verlegerische Betreuung des Projekts;
- dem Wissenschaftsministerium von Nordrhein-Westfalen für die Gewährung eines Forschungsfreisemesters im Sommersemester 2000;
- Frau Claudia Maria Rüdiger für die freundliche und sorgfältige Erledigung aller Arbeiten im Zusammenhang mit der technischen Herstellung des Manuskripts;
- Frau Kirsten Rabe für engagierte Hilfestellungen im Umfeld der Manuskripterstellung, von Fernleihen bis hin zum Überprüfen von Zitaten und Verweisen;
- Herrn PD Dr. Bernd Schröder für Entlastung von Aufgaben in der Lehre und beständiges kritisches Gespräch;
- Herrn Prof. Dr. Klemens Richter von der Katholisch-Theologischen Schwesterfakultät für vielfältige Belehrung und kollegial-brüderliches Gespräch;
- schließlich Frau Beate Hannig-Grethlein für Begleitung meines Lebens.

Münster, zum Osterfest 2001

1. Teil: Die heutige liturgische Situation in
neutestamentlicher Perspektive —
empirische und neutestamentliche
Grundlagen liturgischer Urteilsbildung

Christlicher Gottesdienst bezieht sich grundlegend auf Jesus Christus und hat somit in dem Zeugnis des Evangeliums, der Taufe und dem Abendmahl einen feststehenden, kulturübergreifenden Kern.[1] Doch findet die Liturgie in einer konkreten Gesellschaft und einem bestimmten Kontext statt. Diese bilden die Rahmenbedingungen, innerhalb dessen sich liturgische Praxis vollzieht.[2]

In Ländern wie Deutschland, in denen schon seit vielen Jahrhunderten die Mehrzahl der Bevölkerung getauft ist und die Kirchen großen Einfluss haben, kommt es teilweise zu einem schwer durchschaubaren Ineinander von allgemeinen und christlichen Impulsen.[3]

Im Folgenden sollen in einer Situationsanalyse wichtige Faktoren benannt werden, die die Liturgie in Deutschland heute prägen. Um aber nicht in eine den Rahmen sprengende allgemeine Gesellschafts- und Kulturanalyse abzugleiten, gehe ich von einigen konkreten Beobachtungen zur gegenwärtigen liturgischen Situation aus, die ich dann unter Rückgriff auf erfahrungswissenschaftliche Einsichten deute.

Sind so wesentliche empirische Rahmenbedingungen heutiger Liturgie erhoben, stellt sich die Frage, wie diese bei der Gottesdienstgestaltung zu berücksichtigen sind. Ökumenische Studien ergaben, dass sich christliche Liturgie immer in verschiedener Weise auf die gesellschaftlichen und kulturellen Rahmenbedingungen bezieht:[4]

---

1. Dieses Verständnis vom Kern des Gottesdienstes bringt Artikel VII der Confessio Augustana in großer Klarheit zum Ausdruck, findet sich aber mittlerweile auch in wichtigen ökumenischen Konsenspapieren (s. z.B. A. Stauffer, Gottesdienst: Ökumenischer Kern und kultureller Kontext, in: dies, Hg., Christlicher Gottesdienst: Einheit in kultureller Vielfalt. Beiträge zur Gestaltung des Gottesdienstes heute, Genf 1996, Hannover 1997, 16f.). Die biblische Begründung hierfür erfolgt im 2. Kapitel.
2. Die ebenfalls wichtigen geschichtlichen und anthropologischen Grundlagen heutigen Gottesdienstes behandelt der 2. Teil.
3. Für solche Vermischung ist das in Deutschland gefeierte Weihnachtsfest ein gutes Beispiel, der dessen religionssoziologische Interpretation als Ausdruck der »Civil religion« auf die Spur zu kommen sucht (s. K. Hoffmann, Civil Religion in der Bundesrepublik Deutschland am Beispiel des Weihnachtsfests, in: LWB-Dokumentation 12 [1982], 1-26).
4. Im Hintergrund dieser und der folgenden Überlegungen stehen die im Rahmen ökumenischer Studienarbeit gewonnenen liturgischen Kriterien »transcultural«, »contextual«, »counter-cultural« und »cross-cultural«, wie sie bei der 3. Internationalen Konsultation der Studiengruppe »Gottesdienst und Kultur« des Lutherischen Weltbundes in Nairobi 1996 herausgearbeitet wurden (deutsche Übersetzung des Dokuments in: Stauffer, Gottesdienst, 29-35).

– kontextuell[5], also im Anklang an oder unter Verwendung von lokalen kulturellen und natürlichen Elementen,
– konterkulturell (kulturkritisch), also in bewusstem Widerspruch zur jeweiligen Kultur,
– kulturell wechselwirksam, also in Übernahme von Elementen aus anderen Kontexten.

Biblische Perspektiven zum Gottesdienst bieten eine – zumindest im Rahmen evangelischer Liturgik – unverzichtbare Grundlage für die Entscheidungen bei konkreten Gestaltungsanforderungen. Bei ihrer Erarbeitung bildet das von Paulus nachdrücklich betonte *Kriterium der Verständlichkeit* bei der Gemeindezusammenkunft (s. 1 Kor 14,23 ff.) eine wichtige Brücke zwischen den empirischen Rahmenbedingungen und dem kulturübergreifenden Gehalt christlichen Gottesdienstes. Es ermöglicht eine Einzeichnung erfahrungswissenschaftlicher Einsichten in die liturgischen Kriterien, ohne dass es zu einer bloßen Anpassung käme.

Solche Erarbeitung liturgischer Kriterien, also der Grundlagen für eine Liturgik, erscheint mir heute nicht nur aus innerfachlichen, sondern auch aus gesellschaftlichen Gründen nachdrücklich geboten. Das neue Evangelische Gottesdienstbuch ist – wie auch die anderen, in den neunziger Jahren erneuerten Agenden – deutlich durch die ihm zu Grunde liegenden Fragen und Auseinandersetzungen in den siebziger Jahren geprägt. Hier ging es vor allem um die Integration der verschiedenen Gottesdienstformen und liturgischen Experimente. Dazu diente ein formaler Strukturbegriff[6], der die Kompatibilität der verschiedenen Liturgien ermöglichte. Inhaltliche Fragen nach dem Gottesdienstverständnis traten demgegenüber zurück.

Fast dreißig Jahre später, die die zähe Kommissionsarbeit an der Agendenreform dauerte, hat sich die Situation in Deutschland tiefgreifend geändert. Nicht zuletzt die Zunahme von Menschen, die sich zu einer nichtchristlichen Religion bekennen, sowie – vor allem in Ostdeutschland – von

---

5. Herkömmlich wird dieser Aspekt auch als »Inkulturation« bezeichnet (zum spezifischen Gehalt innerhalb der ekklesiologischen Entwicklung im Bereich der römisch-katholischen Kirche in Folge des II. Vaticanum s. H. Bauernfeind, Inkulturation der Liturgie in unsere Gesellschaft. Eine Kriteriensuche – aufgezeigt an den Zeitzeichen Kirche heute, Esoterik/New Age und modernes Menschsein, Würzburg 1998, 24-30; vgl. auch grundsätzlich A. Chupungco, Liturgies of the Future: The Process and Methods of Inculturation, New York 1989); ich verwende hier den Begriff »Kontextualisation«, weil er noch weiter ist, z. B. auch natürliche, geographische o. ä. Gegebenheiten mit einschließt (vgl. Stauffer, Gottesdienst, 20) und von daher einen Anschluss an das dringend wieder aufzunehmende Konzept einer »Kirchenkunde« (bei P. Drews) bietet.
6. S. genauer 9. Kapitel (3.1.2).

Menschen ohne christlich-kirchlichen Einfluss in der Sozialisation, und umgekehrt die für außerchristliche Einflüsse offene Einstellung vieler, gerade jüngerer Kirchenmitglieder machen das Wissen um christlichen Glauben zunehmend unsicherer. So erhält die *Frage nach der inhaltlichen Bestimmung christlichen Gottesdienstes* in Deutschland neues Gewicht. In reformatorischer Tradition erhoffe ich mir näheren Aufschluss hierüber durch einen Rückgang auf das Neue Testament. Er ergibt wichtige Perspektiven, aber keine Lehre vom Gottesdienst oder normative Gestaltungsvorgaben.

1. Kapitel: Heutige liturgische Situation – empirisch gesehen

Die gegenwärtige liturgische Situation ist mehrschichtig – entgegen dem Bild, das die Medien gerne malen, etwa durch Photos von leeren Kirchen mit einem einsamen Pfarrer auf der Kanzel. Die eindimensionale Sicht, die Kirchen würden immer leerer, beruht großenteils auf der – auch historisch verfehlten – Gleichsetzung von »Gottesdienst« mit dem liturgischen Angebot am Sonntagvormittag.

Rainer Volp resümiert am Ende seiner ausführlichen Darlegungen zur Geschichte christlichen Gottesdienstes zu Recht: »Liturgie hat sich uns nicht nur als eine Strukturierung des Sonntagmorgen-Gottesdienstes gezeigt, sondern als ein Komplex von Handlungen, die auch den Alltag durchdringen. Im Mittelalter war der Kult allgegenwärtig: auf den Feldern und in den Straßen der Städte mit ihren vielen Kirchen und Kapellen, aber auch der Protestantismus pflegte noch lange Hausandacht und Begehungen. Noch mehr: im Gottesdienst verzahnten sich spürbar Elemente des Theaters, der Literatur, der bildenden Kunst, vor allem aber der Musik und der öffentlichen Rede. Von den großen Festen strahlte vieles in die Alltagsriten, aber auch umgekehrt waren die Riten an den Krisenpunkten des Lebens so etwas wie die Basis des öffentlichen Gottesdienstes. Der evangelische jedenfalls war vor dem 19. Jahrhundert nicht nur die Veranstaltung eines Pfarrers, sondern wurde getragen von unzähligen geistlichen Dienstleistungen, etwa beim Sterben und in der Trauer, sowie von Hausandachten und dem familiären Gespräch über den Glauben.«[1]

Mir geht es im Folgenden nicht darum, eine von nicht wenigen Christen als schwierig empfundene Situation zu beschönigen;[2] vielmehr will ich eine umfassendere Sicht ermöglichen, die – bei erfahrungswissenschaftlicher Interpretation – auf die großen Chancen der Liturgie auch in der gegenwärtigen Gesellschaft aufmerksam und Mut zu ihrer Feier macht.

---

1. Volp, Liturgik 1, 681.
2. Besonders problematisch ist die Situation in der extremen Diaspora-Situation vieler ostdeutscher Landgebiete, die ein regelmäßiges gottesdienstliches Leben am Lebensort der Menschen fast unmöglich macht und nicht wenige Pfarrer/Pfarrerinnen entmutigt.

1. Sechs unterschiedliche Blicke auf die liturgische Situation

1.1 Erster Blick: »Notsituation« am Sonntagmorgen in der Ortsgemeinde

Der Besuch des Gemeindegottesdienstes am Sonntagmorgen zeigt vielerorts unmittelbar ein gravierendes Problem, nämlich den geringen Besuch.

Dass dies nicht mehr nur ein evangelisches Problem in Deutschland ist, lässt ein Blick auf entsprechende Statistiken der römisch-katholischen Diözesen erkennen. Zwar ist hier quantitativ der Prozentsatz der die Messe Feiernden erheblich höher, der Rückgang vollzieht sich aber prozentual teilweise rasant.[3] Michael N. Ebertz konstatiert lapidar: »Mehr als 20 Mio. deutsche Katholiken verstoßen ... Sonntag für Sonntag gegen ein zentrales Kirchengebot, das sie subjektiv möglicherweise nicht mehr als ein solches interpretieren«.[4]

Umgekehrt weist die hohe Gottesdienstteilnahme in evangelischen Gottesdiensten anderer Länder, etwa in Süd-Korea, auf die gesellschaftliche und kulturelle (einschließlich: geschichtliche) Bedingtheit dieses Phänomens jenseits der Konfessionen hin.

Unstrittig ist, dass in den meisten evangelischen Gemeinden Deutschlands der Besuch des Sonntagsgottesdienstes[5] Ende der sechziger, Anfang der siebziger Jahre erheblich zurückging. Während – EKD-weit[6] – 1963 noch etwa 7% der evangelischen Kirchenmitglieder sonntags an einem Gottesdienst teilnahmen, waren es 1995 nur noch 4,8%, wobei nach einigen Jahren des Stillstandes in letzter Zeit statistisch wieder ein gewisser Rückgang

---

3. S. das diesbezügliche Ergebnis des 7. Treffens der nationalen Liturgiekommissions-Sekretäre 1984 in Dublin bei A. Waibel, Sonntag und Sonntagsgottesdienst, in: LJ 35 (1985), 3-22.
4. M. Ebertz, Einseitige und zweiseitige liturgische Handlungen – Gottes-Dienst in der entfalteten Moderne, in: B. Kranemann, E. Nagel, E. Nübold, Hg., Heute Gott feiern. Liturgiefähigkeit des Menschen und Menschenfähigkeit der Liturgie, Freiburg 1999, 22.
5. Hier und im Folgenden wechsle ich bewusst zwischen den Begriffen »Teilnahme« und »Besuch« ab. Während ersterer den – theologisch gewünschten – Aspekt betont, dass die Partizipanten in ihrem Dasein und Mittun wesentliche Bedeutung für den Gottesdienst haben, erinnert der zweite an die – kommunikative – Realität vieler Gottesdienste, die von einem Pfarrer/einer Pfarrerin »gehalten« werden.
6. Hier und im Folgenden stammen, falls nicht eigens vermerkt, die Angaben zur Teilnahme an evangelischen Gottesdiensten in Deutschland immer aus den entsprechenden kirchenamtlichen Statistiken, die jeweils als Statistische Beilage zum Amtsblatt der EKD veröffentlicht werden. Sie beziehen sich bis 1990 nur auf das Gebiet der damaligen Bundesrepublik Deutschland. In der DDR war den Kirchen die Führung von Statistiken untersagt.

zu beobachten ist. In der römisch-katholischen Kirche sank die Teilnahme an der Messe in den letzten 30 Jahren auf 17 % (1998).[7] Zudem ist die nicht zuletzt durch die Kirchenaustritte der letzten dreißig Jahre begründete Reduktion der Gesamtzahl der Kirchenmitglieder zu berücksichtigen. Demnach sank die Teilnahme am sonntäglichen Gottesdienst bezogen auf die Gesamtbevölkerung noch deutlicher. Eine weitere Entwicklung in diese Richtung legt die durch empirische Studien gestützte Beobachtung nahe, dass für junge Menschen der Sonntagsgottesdienst noch weniger attraktiv erscheint als für Ältere.

Angesichts der sozialisatorischen Bedeutung des Kindergottesdienstes hinsichtlich der späteren Teilnahme am sonntäglichen Gottesdienst[8] verdienen in diesem Zusammenhang Veränderungen im Bereich der Kinderkirche[9] große Aufmerksamkeit, vor allem der Wandel vom wöchentlich (bzw. zweiwöchentlich) regelmäßigen zum sporadischen Besuch sowie an manchen Orten die Einstellung des Kindergottesdienstes wegen zu geringer Kinderzahlen. Dabei stehen grundsätzliche Veränderungen im Erziehungsverhalten, aber auch zunehmende Konkurrenzangebote am Sonntagmorgen im Hintergrund, keine Ablehnung des Kindergottesdienstes selbst. So dürfte in Zukunft die Vertrautheit mit wöchentlicher Kirchgangspraxis die Ausnahme sein.

Diese Vermutung unterstützt die im Zehnjahresabstand durchgeführte Kirchgängerzählung im katholischen Bistum Essen, die eine Kontinuität des im jungen Erwachsenenalter gezeigten Verhaltens über die weiteren Jahre ergab.[10]

Ungeniert sprechen Konfirmanden ihren Eindruck zum Sonntagmorgengottesdienst aus: »Im Gottesdienst ist es immer so langweilig!«[11] Konkurrenzangebote am Sonntagmorgen wie Vereinssport, Fernsehsendungen oder auch einfach nur Ausschlafen erscheinen attraktiver. Noch schneiden-

---

7. Nach M. Ebertz, Getauft sein – Christ werden? Religionssoziologische Anmerkungen zur Asymmetrie der Perspektiven im Blick auf liturgische Akte, in: HlD 54 (2000), 7.
8. Die 2. EKD-Mitgliedschaftsumfrage konnte hinsichtlich des sonntäglichen Gottesdienstbesuchs der Erwachsenen nur für die frühere Teilnahme am Kindergottesdienst eine direkte Korrelation feststellen (s. J. Hanselmann, H. Hild, E. Lohse, Hg., Was wird aus der Kirche? Ergebnisse der zweiten EKD-Umfrage über Kirchenmitgliedschaft, Gütersloh 1984, 175 f.); vgl. I. Lukatis, Gottesdienstbesuch und religiöse Sozialisation, Hannover 1976.
9. S. U. Walter, Kinder erleben Kirche. Werkbuch Kindergottesdienst, Gütersloh 1999, 13-15, mit dem Hinweis auf sich daraus ergebende organisatorische Veränderungen.
10. S. Ebertz, Getauft sein, 8.
11. Zitat bei H. Siegel, Gottesdienst und Konfirmanden, in: Comenius-Institut, Hg., Handbuch für die Konfirmandenarbeit, Gütersloh ²1985, 145; s. auch die im 9. Kapitel (2.2) genannten empirischen Befunde.

der interpretiert der Religionssoziologe Andreas Feige das Ergebnis einer diesbezüglichen Befragung junger Menschen. Er nennt den (Sonntags-) Gottesdienst den »Ort ..., an dem eine Sprachlosigkeit entsteht, die langfristig in die Desinteressiertheit der Mehrheit der (Volks-)Kirche oder minderheitlich in eine Aggressivität führt«[12] und weist dabei auf die jedenfalls im Hinblick auf junge Menschen misslungene Gestaltung der meisten Sonntagsgottesdienste hin. Vor allem die Predigt wird als problematisch erlebt.

So schildert etwa eine achtzehnjährige Rechtsanwaltsgehilfin ihren Eindruck von Gottesdienst während der Konfirmandenzeit lapidar: »Vor allen Dingen ist es dann so: dann sitzt Du da und verstehst gar nicht, was der in der Predigt meint. ... Da hat der dann vorgelesen und gebrabbelt und gebrabbelt und gebrabbelt, und ich habe wirklich nichts verstanden!«[13]

Hier ist das Problem der Pfarrerzentriertheit evangelischer Gottesdienste unübersehbar, die in der Predigt am deutlichsten zum Ausdruck kommt. Die Redensart »der Pfarrer hält den Gottesdienst« beschreibt präzise die Faktizität in den meisten Gemeinden, dürfte aber gerade für junge Menschen zur Langeweile im Gottesdienst beitragen.

Ein Blick in die kirchenamtlichen Statistiken ergibt zudem – vor dem Hintergrund der anderen liturgischen Praxis in der römisch-katholischen Kirche –, dass nach wie vor in evangelischen Kirchen am Sonntagvormittag in der Regel ein Wortgottesdienst stattfindet. Zwar stieg die Zahl der Abendmahlsfeiern (in den westlichen Gliedkirchen der EKD) von etwa 187.000 (1975) auf 226.000 (1994) beträchtlich, doch findet in den meisten Gemeinden, wenn man diese Zahl in Beziehung zur Zahl der sog. Hauptgottesdienste (1994: etwa 824.000) setzt und auch sonstige Abendmahlsfeiern berücksichtigt, wohl durchschnittlich höchstens einmal im Monat Abendmahl statt. So sind die meisten evangelischen Gottesdienste in Deutschland Veranstaltungen, in denen viel gesprochen wird, in der Regel vom Pfarrer bzw. der Pfarrerin.

Dabei wird für nicht genauer mit liturgischen Vollzügen Vertraute oft gar nicht deutlich, in welcher Rolle der Pfarrer/die Pfarrerin jeweils spricht.

»a) in manchen Texten spricht der Pfarrer im Namen der Gemeinde zu Gott ... : der Handlungstyp BETEN ist ... – lokutionär betrachtet – ein SPRECHEN zu GOTT.

---

12. A. Feige, Erfahrungen mit Kirche. Daten und Analysen einer empirischen Untersuchung über Beziehungen und Einstellungen Junger Erwachsener zur Kirche, Hannover ²1982, 107.
13. Ebd. 520.

b) manche Texte – und vor allem biblische Texte – liest der Pfarrer vor als nicht seine eigenen Texte. Entsprechend dem theologischen Hintergrund des Ganzen kann man ... sagen: im VORLESEN spricht GOTT durch den Pfarrer zur Gemeinde; ...

c) die Predigt ... spricht (sc. der Pfarrer, C. G.) in seinem eigenen Namen vor der Gemeinde – er ... steht als Auslegender des Textes den anderen Gemeindegliedern gegenüber.«[14]

1.2 Zweiter Blick: Radio- und Fernsehgottesdienste

Nur wenig im Bewusstsein ist, dass am Sonntagvormittag nicht nur in Kirchen Gottesdienste stattfinden. Seit 1986 strahlt z. B. das ZDF[15] jeden Sonntagmorgen einen Gottesdienst aus, im Wechsel aus einer evangelischen und katholischen Kirche – einmal in jedem Jahr wird ein orthodoxer, zweimal ein freikirchlicher Gottesdienst übertragen. Die Beliebtheit dieser Sendung steigt seit Einführung stetig an. Sahen 1984 durchschnittlich knapp 360.000 Menschen zu, erhöhte sich diese Zahl bis 1997 auf etwa 700.000, wobei die jeweilige Zuschauerquote im Winter erheblich höher als im Sommer ist.[16] Gewiss ist diese Zahl im Vergleich zu Fernsehsendungen aus dem Unterhaltungsbereich gering. Zwei empirische Befunde lassen aber aufhorchen: Der ZDF-Gottesdienst ist »das einzige Programmangebot im ZDF, das seit Einführung des Privatfernsehens seine Zuschauerzahlen mehr als verdoppeln konnte.« und: »die Verweildauer bei der Sendung liegt ... weit über dem Durchschnitt, knapp 50 % sehen die Sendung fast ganz«.[17] Offensichtlich scheint also, bei entsprechender mediengerechter Gestaltung, das Interesse an Gottesdienstübertragungen zuzunehmen.

Auch die ARD und die verschiedenen Rundfunksender[18] bieten – neben

---

14. I. Werlen, Die »Logik« ritueller Kommunikation, in: Zeitschrift für Literaturwissenschaft und Linguistik 17 (1987), H. 65, 55.
15. Soweit ich sehe, liegt hierzu nur eine publizierte, 1992/93 durchgeführte kleine qualitative Feldstudie vor, die allerdings nur die Rezeption durch katholische Zuschauer und Zuschauerinnen untersuchte: W. Fischer, Wie Zuschauer Gottesdienstübertragungen erleben, in: LJ 45 [1995], 106-128. Angesichts der unterschiedlichen gottesdienstlichen Praxis und des unterschiedlichen Stellenwertes von Gottesdienst in der Einstellung evangelischer und katholischer Kirchenmitglieder erscheint mir eine Übertragung der dort gewonnenen Ergebnisse auf den evangelischen Bereich problematisch.
16. S. J. Haberer, Verkündigung in elektronischen Medien. Öffentlich-rechtliche Sender, in: PrTh 34 (1999), 7 f.
17. Ebd. 8.
18. S. genauer aus vorwiegend katholischer Perspektive W. Sanders, Gottesdienstüber-

anderen durchaus unter den Begriff »Verkündigung«[19] subsummierbaren Angeboten – am Sonntagmorgen Gottesdienstübertragungen an, durch die insgesamt ein Millionenpublikum erreicht wird. So hören z. B. am Sonntagmorgen bis zu 900.000 Menschen auf der Welle B 1 des Bayrischen Rundfunks eine Morgenfeier.

Durch solche massenmedialen Angebote werden nicht nur Menschen erreicht, die krank oder gehbehindert sind. Es kann beispielsweise für Menschen, die sonst stark von Terminen bestimmt sind, eine Erleichterung sein, nicht noch am Sonntagmorgen außer Haus gehen zu müssen, sondern durch das Fernsehen am Gottesdienst teilzunehmen.[20] Die 3. Mitgliedschaftsumfrage der EKD[21] von 1992 ergab, dass 2 % der westdeutschen und 6 % der ostdeutschen Evangelischen »regelmäßig« und 34 % bzw. 43 % von ihnen »gelegentlich« Gottesdienstübertragungen im Fernsehen verfolgen. Bei westdeutschen Konfessionslosen sind es noch 9 % bzw. bei ostdeutschen Konfessionslosen 7 %, die »gelegentlich« einen Gottesdienst sehen. Gottesdienstübertragungen im Radio werden regelmäßig von 1 % der westdeutschen bzw. 4 % der ostdeutschen Evangelischen, »gelegentlich« von 24 % bzw. 35 % gehört. Von den westdeutschen Konfessionslosen schalten hier »gelegentlich« 7 %, von den ostdeutschen 9 % ein.

Daneben gibt es einzelne Gottesdienstübertragungen, die hinsichtlich der Einschaltquote ein großes Publikum erreichen. Die Sendung der Trauerfeier anlässlich der Bestattung der englischen Prinzessin Diana oder auch des Trauerrituals bei der Grablegung von Mutter Theresa sowie die breite Reaktion in der Öffentlichkeit hierauf zeigen, dass – entgegen ursprünglichen Befürchtungen – die Fernsehübertragung liturgischer Vollzüge durchaus bedeutungsvoll für viele Menschen sein kann.

Die unter bestimmten Umständen mögliche Bedeutung von Fernseh- und Video-Übertragung von Predigten geht aus deren Wirkung in der islamischen Welt hervor.[22]

---

tragungen im Rundfunk, in: H.-Chr. Schmidt-Lauber, K.-H. Bieritz, Hg., Handbuch der Liturgik, Leipzig ²1995, 904-915.
19. Haberer definiert in diesem Zusammenhang: »Verkündigung, in welcher Form auch immer sie auftaucht, will Nachfolge, will, daß der Hörer ihr Glauben schenkt und versucht, sich im Vertrauen auf Gott einzuüben.« (Haberer, Verkündigung, 5).
20. So berichtet K.-F. Daiber, Wo bleiben sie denn? Noch einmal zum Thema Sonntag und Kirchgang, in: ZGP 8/2 (1990), 30, von eigenen positiven Erfahrungen mit einem »Kirchenfrühstück« vor dem Fernseher.
21. Die folgenden Zahlen entstammen Engelhardt, v. Loewenich, Steinacker, Fremde Heimat Kirche, 418.
22. S. H. Preißler, Kontrast oder Parallele – Gottesdienst in anderen Kulturen und Reli-

1.3 Dritter Blick: Attraktivität fest- und lebenslaufbezogener Gottesdienste

Ebenfalls positiv sieht die Lage aus, wenn man den Begriff »Gottesdienst« weiter fasst und auch liturgische Feiern zu Festtagen und anlässlich von Übergängen im Lebenslauf subsummiert.

So wird nur wenig die – vom Rückgang des sonntäglichen Gottesdienstbesuchs in den Ortsgemeinden her erstaunliche – Tatsache diskutiert, dass seit 1975 die Größe der Gottesdienstgemeinde am *Heiligen Abend* um ungefähr 30% zunahm. Während 1975 etwa 5,6 Millionen Menschen gezählt wurden, die an Heiligabend in eine evangelische Kirche gingen, was 20,8% der Kirchenmitglieder entsprach, so waren dies 1994 etwa 7,3 Millionen, was 29,6% der Kirchenmitglieder entsprach.[23] Auffällig ist auch die wachsende Attraktivität des Heiligabendgottesdienstes in den neuen Bundesländern, also einem Bereich, in dem sich ansonsten die antichristliche und -kirchliche Propaganda vierzigjähriger SED-Diktatur weitgehend durchgesetzt hat. Während in diesem Teil Deutschlands 1992 am Heiligabend erst etwa 1,48 Millionen Gottesdienstbesucher gezählt wurden, stieg diese Zahl bis 1996 bereits auf etwas mehr als 2 Millionen.

Eine ebenfalls teilweise etwas steigende bzw. gleichbleibende Tendenz ist bei den Teilnehmerzahlen von Gottesdiensten festzustellen, die auf den Lebenslauf einzelner Menschen bezogen sind. Traditionell bietet evangelische Kirche im Umfeld der Geburt die *Taufe*[24], im Zusammenhang mit der Geschlechtsreife bzw. dem Jugendalter die Konfirmation, bei der Partnerfindung die Trauung und beim Tod die Bestattung als Rituale an, in denen der jeweilige Übergang im Lebenslauf in christlicher Perspektive begangen wird.

Nach wie vor werden fast alle Kinder evangelischer Eltern getauft. Der Rückgang der absoluten Taufzahlen hängt mit der allgemeinen demographischen Entwicklung in Deutschland – in geringerem Maß mit der Austrittsneigung junger Erwachsener, also potentieller Eltern – zusammen. Allerdings zeigt eine Analyse der Statistik nach Altersgruppen, dass sich die Taufpraxis zu differenzieren beginnt. Wurden noch 1963 erst 7% der Tau-

---

gionen heute. Islamische Beispiele aus dem arabischen Nahen Osten, in: R. Morath, W. Ratzmann, Hg., Herausforderung: Gottesdienst, Leipzig 1997, 34.
23. Eine direkte Gleichsetzung der Besucherzahlen mit Kirchenmitgliedern dürfte gerade am Heiligabend problematisch sein, da auch eine nicht unerhebliche Zahl von Konfessionslosen an diesem Tag den Weg in den Gottesdienst findet.
24. Zum ganz anderen theologischen Stellenwert von Taufe s. die Einführung zum 3. Teil.

fen an Menschen vollzogen, die das erste Lebensjahr bereits vollendet hatten, betrug ihr Anteil 1994 bereits 15 %.[25] In Ostdeutschland ist die Tendenz erheblich ausgeprägter; hier ist etwa die Hälfte aller Kinder zum Taufzeitpunkt älter als ein Jahr. Vor allem die Anmeldung zur Konfirmation scheint ein Zeitpunkt zu werden, an dem verstärkt die Taufe begehrt wird. Mittlerweile werden EKD-weit etwa 6 % aller Konfirmandinnen und Konfirmanden erst im Laufe des Unterrichts getauft.

Dies weist auf die in den meisten Teilen der alten Bundesländer nach wie vor bestehende Attraktivität der *Konfirmation* hin. Entsprechend der eben angedeuteten Tendenz liegen die Konfirmationszahlen sogar leicht über den Taufzahlen eines entsprechenden Jahrgangs. In Ostdeutschland sprechen dagegen nach wie vor sich bewusst als nichtreligiöse Feiern verstehende Riten in der Tradition der Jugendweihe eine größere Zahl von Jugendlichen an als die Konfirmation (und die Firmung).[26]

Deutlich geringer ist die Inanspruchnahme der kirchlichen *Trauung*, auch in Westdeutschland. Während 1963 auf 100 standesamtliche Eheschließungen mit zwei evangelischen Partnern 85 kirchliche Trauungen kamen, verringerte sich dieser Anteil bis 1975 auf 68 und verharrt seitdem etwa bei diesem Wert. Bei Paaren mit einem evangelischen und einem katholischen Teil begehren etwa 63 % die Trauung in einer evangelischen oder katholischen Kirche, bei Paaren mit wenigstens einem Partner als Kirchenmitglied nur noch 51 %.[27] Interessant – und dieser Tendenz widersprechend – ist die Zunahme von Traubegehren bei Paaren, von denen ein Partner nichtchristlich ist.

Ein leichter Rückgang ist bei den kirchlichen *Bestattungen* festzustellen. Während in den sechziger Jahren in den westlichen Gliedkirchen der EKD etwa 95 % der Evangelischen kirchlich bestattet wurden, ging dieser Anteil bis 1994 auf etwa 90 % zurück. Genauere Statistiken zeigen dabei, dass vor allem in den Großstadt-Kirchen (Berlin-Brandenburg [West], Bremen sowie in Hamburg) der Prozentsatz noch erheblich geringer ist. Umgekehrt werden etwa 1,6 % der nicht zur evangelischen Kirche gehörigen Verstorbenen kirchlich durch eine evangelische Pfarrerin/einen evangelischen Pfarrer bestattet. In Ostdeutschland ist – abgesehen von einigen Regionen – die sog.

---

25. Nach Ebertz, Handlungen, 24, gilt für die römisch-katholische Kirche – trotz anderer kirchenrechtlicher Bewertung – dieselbe Tendenz.
26. Vgl. hierzu A. Döhnert, Jugendweihe zwischen Familie, Politik und Religion. Studien zum Fortbestand der Jugendweihe nach 1989 und die Konfirmationspraxis der Kirchen, Leipzig 2000, 154-212.
27. Ebertz, Handlungen, 24.

weltliche Bestattung die Regel. Auch von den evangelischen Kirchenmitgliedern lassen sich nur noch etwa 80% kirchlich bestatten.[28]

Insgesamt kann aber festgehalten werden, dass – abgesehen von der Eheschließung, also einem Bereich mit tiefgreifenden Veränderungen in den letzten dreißig Jahren[29] – in den alten Bundesländern die meisten grundlegenden Übergänge im Lebenslauf unter Inanspruchnahme des entsprechenden kirchlichen Rituals vollzogen werden. Diese Gottesdienste besitzen für die Mehrzahl der Westdeutschen erhebliche Attraktivität.

Noch deutlicher tritt dies hervor, wenn man neuere Entwicklungen im Bereich der lebenslaufbezogenen Gottesdienste bedenkt. Verstärkt werden *Gottesdienste zu bestimmten Jubiläen* gefeiert. Dies ist für die sog. Goldene Konfirmation, also die 50. Wiederkehr der Konfirmation, am offenkundigsten. Aber auch andere, je nach Kreativität und Engagement der entsprechenden Pfarrer/Pfarrerinnen gestaltete Angebote, wie spezielle Tauferinnerungsfeiern, Gottesdienste anlässlich der Silbernen oder Goldenen Hochzeit, erfreuen sich wachsender Beliebtheit.

Größere Verbreitung gewinnt inzwischen eine weitere, auf eine zunehmend als prekär empfundene Übergangssituation im Lebenslauf gerichtete Gottesdienstform, der *Gottesdienst anlässlich der Einschulung*. Kinder mit ihren Eltern, Großeltern, weiteren Verwandten und Freunden der Familie finden an dem Tag, an dem sie erstmals zu einer langdauernden, verbindlichen Teilnahme an einer nichtfamiliären Institution verpflichtet und damit in den Bereich der Leistungsgesellschaft aufgenommen werden, scharenweise den Weg in die Kirche. Daneben ist noch auf das generelle Ansteigen von Schul- und Schülergottesdiensten zu verweisen. Während 1975 im Bereich der westlichen EKD-Gliedkirchen etwa 46.000 solcher Gottesdienste gefeiert wurden, waren es 1994 fast 53.000.[30]

Schließlich mehren sich Anfragen nach *neuen Gottesdiensten* zur Begleitung des Übergangs im Lebenslauf. Homosexuelle Paare erbitten eine kirch-

---

28. D. Pollack, Kirche in der Organisationsgesellschaft. Zum Wandel der gesellschaftlichen Lage der evangelischen Kirchen in der DDR, Stuttgart, 1994, 387; vgl. zum gesamten Phänomen J. Hermelink, Die weltliche Bestattung und ihre kirchliche Konkurrenz. Überlegungen zur Kasualpraxis in Ostdeutschland, in: JLH 39 (2000), 65-86.
29. Neben den Veränderungen im Bereich der Sexualmoral ist auf folgenden Prozess hinzuweisen: »Ehe und Familie werden in der Bundesrepublik Deutschland immer stärker zur bewußten und erklärten Sozialisationsinstanz für Kinder« (R. Nave-Herz, Familie heute. Wandel der Familienstrukturen und Folgen für die Erziehung, Darmstadt 1994, 9).
30. S. W. Neuser, Gottesdienst in der Schule: Grundlagen – Erfahrungen – Anregungen, Stuttgart 1994.

liche Segenshandlung, Paare nach der Trennung fragen nach einem Scheidungsgottesdienst o. ä.

Ohne auf die hiermit verbundenen, schwierigen ethischen und liturgischen Fragen einzugehen, ist in unserem Zusammenhang klar ersichtlich: Der bei einem Blick auf den sonntäglichen Gemeindegottesdienst schnell aufkommende Eindruck, dass Gottesdienst generell an Attraktivität verliert, trügt. *An bestimmten Zeiten, besonders Weihnachten und an Übergängen im Lebenslauf, besteht großes, teilweise wachsendes Interesse an liturgischer Feier.*

Es muss allerdings angemerkt werden, dass die hier zum Ausdruck kommende liturgische Partizipation für nicht wenige Pfarrerinnen und Pfarrer sowie manche regelmäßig sonntägliche Kirchgänger defizitär erscheint. Dabei wird jedoch eine Regelmäßigkeit im Wochen-Rhythmus theologisch unreflektiert als Norm zugrunde gelegt. Unbestreitbar ist allerdings, dass der weitverbreitete, an Übergängen im Lebenslauf und besonderen Feiertagen orientierte Kirchgang schwerwiegende sozialisatorische Probleme für die nachkommende Generation aufwirft.

1.4 Vierter Blick: Neue rituelle Produktionen

Eine weitere wichtige Facette gewinnt die Situationsanalyse, wenn man sich aus heuristischen Gründen von der inhaltlichen Bestimmung der Liturgie als christlich löst und funktional ihren rituellen Charakter zum Ausgangspunkt der Untersuchung nimmt. Rituale, allgemein verstanden als »wiederholbare Handlungsmuster von symbolischem Charakter«[31], scheinen – nach einer ritual- und symbolkritischen Periode – geradezu Hochkonjunktur zu haben.

Zum ersten werden vor allem *im Bereich von Esoterik und New Age, aber auch der Frauenbewegung* Rituale gefeiert, die z. T. bewusst die christlich-kirchlichen Liturgien beerben, z. T. in den westlichen Liturgien Verschwundenes wiederbeleben wollen.

Besonderes Interesse aus (christlich-)liturgischer Sicht verdienen dabei zum einen die rituellen Gestaltungsformen und zum anderen die Lebensbereiche, im Hinblick auf die symbolisch kommuniziert wird. Ohne die große Fülle der entsprechenden Versuche auch nur annähernd ausschöpfen zu können, fällt Folgendes auf:

1. Viele dieser Rituale werden stark leibbezogen gestaltet. Gerade im Be-

---

31. So die Definition in der nach wie vor zu diesem Themenbereich grundlegenden Monographie von W. Jetter, Symbol und Ritual. Anthropologische Elemente im Gottesdienst, Göttingen 1978, 22; neuere Ritualtheorien und -konzepte berücksichtigt vor allem Heimbrock, Gottesdienst.

reich der Frauenbewegung begegnen Rituale, die spezifische Körpererfahrungen Einzelner, wie z. B. Schwangerschaft, Geburt, Menstruation, rituell aufnehmen und in einen größeren Zusammenhang stellen.[32]

2. Krankheit und Genesung, also der seit etwa hundert Jahren in unserer Kultur (und den großen christlichen Kirchen) einseitig der naturwissenschaftlich-technisch ausgerichteten Medizin zugeordnete Bereich, treten in den Mittelpunkt rituellen Bemühens. Nicht nur im Bereich »esoterischer Medizin« mit ihren Geistheilungs-, Wiedergeburtsritualen u. ä.[33], sondern auch in Frauen-Liturgien wird diesem Bereich, der systematisch dem Begriff Heilungsrituale subsummiert werden kann, große Bedeutung zugemessen.

Zum zweiten begegnen gerade *bei jüngeren Menschen* rituelle Praktiken. Unterschiedlichste, bei Jugendlichen sehr beliebte Tätigkeiten wie gemeinschaftliches Musikhören, sportliche Betätigung, Spielen am Computer, Besuch eines Kinos[34], aber auch traditionelle okkulte Praktiken wie Tischchenrücken, automatisches Schreiben u. ä. fallen durch ihre starke Ritualisierung auf. Nicht selten bedienen sich die Jugendlichen dabei, ohne dass dies in der Regel den Praktizierenden bewusst ist, symbolischer Elemente, die aus der Religionsgeschichte bekannt sind. Solche erst bei näherem Hinsehen als genau durchstrukturierte, ritualisierte Abläufe erkennbare Vollzüge können für den Einzelnen sinnstiftende Funktion haben.[35] Für die liturgische Gestaltung fällt besonders auf:

1. Die Jugendlichen legen teilweise viel Wert auf eine stimmige Atmosphäre. Kerzen, Räucherstäbchen, Verdunkelung o. ä. erscheinen – etwa beim Pendeln – als wichtige Voraussetzungen für ein Gelingen symbolischer Kommunikation.

2. Die Jugendlichen sind bei solchen rituellen Vollzügen zu großer Kon-

---

32. Auch im deutschen Sprachraum sehr wirksam war und ist R. Radford Ruether, Unsere Wunden heilen – unsere Befreiung feiern. Rituale in der Frauenkirche, Stuttgart 1988; einen Überblick über die konzeptionellen Überlegungen in Deutschland gibt Frauenstudien- und -bildungszentrum der EKD, Arbeitskreis Feministische Liturgie, H. Leistner, Hg., Laß spüren deine Kraft: Feministische Liturgie, Gütersloh 1997.
33. S. die stichpunktartige Zusammenstellung entsprechender esoterischer Bemühungen bei Bauernfeind, Inkulturation, 176-179.
34. S. hierzu B. Brinkmann-Schaeffer, Kino statt Kirche? Zur Erforschung der sinngewährenden und religionsbildenden Kraft populärer zeitgenössischer Filme, Rheinbach 2000.
35. S. genauer, auch in ihrem religions- und kultgeschichtlichen Hintergrund ausgeführt in Chr. Grethlein, Gemeindepädagogik, Berlin 1994, 205-210 (Abschnitt: Ritualisierung im Konfirmandenalter); vgl. auch R. Sauer, Mystik des Alltags. Jugendliche Lebenswelt und Glaube, Freiburg 1990.

zentration fähig und bereit, sowie – gerade im Bereich des Sports – zu geduldigem Wiederholen bestimmter Handlungen.

Drittens sind zumindest als Hinweis in diesem Zusammenhang noch die – teilweise in Kirchen – stattfindenden *Konzerte* zu erwähnen. Auch hier begegnet eine neue Form[36] – zumindest in funktionaler Hinsicht – liturgischer Veranstaltung, die sich in bestimmten Kreisen, vor allem dem schulzeschen Niveau-Milieu[37], großer Beliebtheit erfreut. Teilweise besteht sogar durch die Thematik – etwa bei den »Passionen« – und den Zeitpunkt sowie den Ort eine direkte Verbindung mit Inhalten des Evangeliums. Allerdings müsste genauer untersucht werden, inwieweit dies auch den Konzertbesuchern selbst deutlich ist.

Neben den traditionellen liturgischen Angeboten der Kirchen etabliert sich also gegenwärtig ein breites Alternativangebot, z. T. was die Funktionen rituellen Handelns, z. T. aber auch was konkrete Inhalte angeht. Dies findet auch in Kino- und Fernsehfilmen seinen Niederschlag, vor allem im Science-fiction-Genre, in dem teilweise direkt Symbole christlicher Liturgie allerdings futuristisch verbrämt Verwendung finden.

1.5 *Eine Überraschung: Friedensgebete in der DDR*

Eine weitere Korrektur erfährt das Vorurteil von der (zunehmenden) Bedeutungslosigkeit des Gottesdienstes durch Erfahrungen evangelischer Gemeinden am Ende der DDR. Völlig unerwartet erwies sich in dem Teil Deutschlands mit dem geringsten Anteil von Christen an der Bevölkerung die große Kraft liturgischen Handelns auch für den politisch-gesellschaftlichen Bereich.

Kay-Ulrich Bronk zeigt in einer eingehenden Untersuchung der Tonband Mitschnitte von neun Friedensgebeten in Wittenberg während des Herbstes 1989, dass sich die Bedeutung der Friedensgebete ohne die Berücksichtigung spezifisch liturgischer Faktoren wie biblischer Lesungen, Symbole, Gebete und kirchlicher Räume nicht erklären lässt. Es kam im liturgischen Raum zu einem »Wechselspiel von Glaubenswirklichkeit und politischer Wirklichkeit«[38] und: »Das Politische, das jeder Gottesdienst in

---

36. S. zum Aufkommen von Musik als Religionsersatz im Bürgertum des 19. Jahrhunderts Th. Nipperdey, Deutsche Geschichte 1866-1918, Bd. 1 Arbeitswelt und Bürgergergeist, München ²1991, 746.
37. S. hierzu die kurze Darstellung der Milieu-Theorie von Gerhard Schulze im 2. Abschnitt dieses Kapitels.
38. K.-U. Bronk, Der Flug der Taube und der Fall der Mauer. Die Wittenberger Gebete um Erneuerung im Herbst 1989, Leipzig 1999, 21.

sich birgt, trat im Herbst '89 aus seiner Verborgenheit und wurde manifest.«[39] Eine genauere Analyse bringt einige Besonderheiten der Friedensgebete am Ende der DDR gegenüber sog. politischen Gottesdiensten der »68er« zu Tage, vor allem: »Die von Angst und Sorge Betroffenen suchten nicht nur in der Solidarität untereinander Beistand, sondern auch jenseits menschlicher Möglichkeiten. Die Liturgie dieser Gottesdienste riskierte folglich das Wechselspiel zweier Wirklichkeiten, die manchmal hart aufeinander stießen.«[40] Dies hängt damit zusammen, dass in den Gebeten und Meditationen unter der politischen Oberfläche die Grundfragen menschlichen Daseins hervortraten und so die religiösen Implikationen des Politischen anschaulich wurden.[41]

Bronk resümiert u. a. als Grund die besondere, überraschende Attraktivität liturgischen Handelns: »Im Raum jeden Gottesdienstes hört die Alltagswirklichkeit auf, die einzige zu sein. Es wird eine zusätzliche Wirklichkeit inszeniert, die innerhalb und außerhalb des Alltags west, eine, die den Alltag zugleich begründet und bedroht und vor der das alltägliche Handeln verantwortet werden muß. Das Gehen und Stehen, das Singen und Beten, das Reden und Hören dienen der Betretbarkeit dieser anderen Wirklichkeit. Die Feiernden erleben, daß die Grenzen ihrer Welt überschreitbar werden.«[42]

1.6 Sechster Blick: Häusliche Liturgie?

Wohl nur wenigen Evangelischen dürfte heute bei einer Befragung zum Gottesdienst der eigene häusliche Bereich in den Sinn kommen. Gottesdienst vollzieht sich in der »Kirche«, »gehalten« von einem Pfarrer bzw. einer Pfarrerin. Ein nur flüchtiger Blick zurück zeigt, dass diese Beschränkung liturgischer Praxis auf die »Kirche« keineswegs selbstverständlich, sondern eher eine Besonderheit des heutigen Protestantismus ist. Stichworte wie »Hausgemeinde« oder »Hausandacht« rufen dies in Erinnerung.

Allerdings lohnt sich auch hier ein genauerer Blick. Vor allem in Familien mit kleinen Kindern begegnet nicht selten eine traditionell im Haus bzw. in der Familie angesiedelte liturgische Übung, nämlich das *Abendgebet, integriert in das Zu-Bett-Bring-Ritual*. Andere, früher ebenfalls verbreitete

---

39. Ebd. 26; vgl. auch J. Ziemer, Gottesdienst und Politik – Zur Liturgie der Friedensgebete, in: R. Morath, W. Ratzmann, Hg., Herausforderung: Gottesdienst, Leipzig 1997, 181-199.
40. Bronk, Flug, 42.
41. S. ebd. 274f.
42. Ebd. 282.

Frömmigkeitsformen, wie etwa das Tischgebet, scheinen demgegenüber weithin aufgegeben zu sein.[43] Dies hängt mit allgemeinen Veränderungen des Lebens, hier konkret der Essgewohnheiten in Deutschland zusammen. Die beiden Charakteristika traditioneller Frömmigkeit, Regelmäßigkeit und Gemeinschaft, verbunden mit Langsamkeit,[44] stehen in Widerspruch zu den Erfordernissen der heutigen mobilen Arbeitswelt (einschließlich der Schulen mit stark voneinander abweichenden Unterrichtszeiten) sowie zu den vielfältigen Freizeitangeboten. Beides erschwert eben auch das gemeinsame Essen in der Familie. Dagegen erzwingt das Bedürfnis kleiner Kinder, in festem Rhythmus von einer bekannten Person, meist der Mutter, zu Bett gebracht zu werden, Regelmäßigkeit und gibt so eine dauerhafte Grundlage für ein Abendgebet.[45] Das Zu-Bett-Bringen eines Kindes ist eine liturgisch und sozialisatorisch kaum zu überschätzende Situation, mit hoher Bedeutung für alle daran Teilnehmenden.

Daneben ist noch unter der Perspektive eines funktionalen Religionsverständnisses auf eine Rhythmisierung des individuellen und in gewissem Maß auch familiären Alltags durch das Fernsehprogramm hinzuweisen. Nicht von ungefähr wird bisweilen von der »Liturgie« des Fernsehens gesprochen, etwa hinsichtlich der Tagesschau, die nach wie vor – trotz der sonstigen Diversifikation durch die vielen Programme – in nicht wenigen Familien eine deutliche Zäsur im Tagesablauf darstellt.

1.7 Zusammenfassung

Die verschiedenen »Blicke« auf die gegenwärtige Situation (primär) evangelischen Gottesdienstes in Deutschland zeigen ein mehrschichtiges Bild. Es begegneten bei einer holzschnittartigen Betrachtung der liturgischen Situation Probleme, Kontinuitäten und Neuaufbrüche sowie Überraschungen.

Im öffentlichen Meinungsbild erscheint die liturgische Situation deshalb häufig desolat, weil »Gottesdienst« mit dem Gottesdienst der Ortsgemeinde am Sonntagvormittag gleichgesetzt wird. Dies verhindert eine angemessene Bestandsaufnahme und blendet – so meine These – die Bedeutung christli-

---

43. S. E. Noelle-Neumann, E. Piel, Hg., Allensbacher Jahrbuch der Demoskopie 1978-1983, München 1983, 121.
44. Unter Bezug auf A. Vilmar: M. Seitz, Frömmigkeit II. Systematisch-theologisch, in: TRE 11 (1983), 679.
45. Bei Schlafstörungen kleiner Kinder werden Eltern z. T. angehalten, ein genaues Ritual beim Zu-Bett-Bringen einzuhalten (s. A. v. Friesen, Ritualisiertes Verhalten im Alltag und in der Erziehung, in: M. Wermke, Hg., Rituale und Inszenierungen in Schule und Unterricht, Münster 1997, 131).

chen Gottesdienstes für die große Mehrheit der Bevölkerung in Deutschland aus. Eine Durchsicht vorliegender Statistiken ergibt:

1. Offensichtlich verliert der Sonntagmorgengottesdienst in der Ortsgemeinde an Bedeutung; dagegen ist ein gewisser Aufwärtstrend bei der Zuschauerzahl von Fernseh-Gottesdiensten zu konstatieren.

2. Gottesdienste werden zu bestimmten Zeiten, vor allem Weihnachten, und zu besonderen Übergängen im Lebenslauf stärker nachgefragt.

Diese Entwicklung bedarf der erfahrungswissenschaftlichen und theologischen Reflexion.

Ebertz interpretiert den ähnlichen Befund für die römisch-katholische Kirche in einer unmittelbar auf den evangelischen Bereich übertragbaren Weise:»Während die Funktionsträger der Kirchen ihre Erwartungen gegenüber den Kirchenmitgliedern vor allem auf deren Befolgung ekklesiastischer Kriterien und Normen richten und etwa am sonntäglichen Kirchgang messen, konzentrieren sich die Erwartungen der Mehrheit der übrigen Kirchenmitglieder um den Gesichtspunkt, ob die kirchlichen Deutungsschemata und symbolischen Handlungen ihnen helfen, zu verstehen und selbst verstanden zu werden, ob sie ihnen helfen, ihre Interaktionen fortzuführen und ihre jeweilige Lebenssituation zu bestehen, symbolisch zu markieren und festlich zu begehen, und zwar unabhängig von sonstigen kirchlichen Bedingungen, die über das Getauftsein und die Zahlung von Kirchensteuern hinausgehen.«[46]

Zudem machen esoterische Kreise, Jugendliche mit ihren eigenen Ritualisierungen und ihrer Kritik am sonntäglichen Gottesdienst sowie frauenbewegte Gruppen mit neuen Riten auf konkrete Defizite gegenwärtiger gottesdienstlicher Praxis der evangelischen Kirchen in Deutschland aufmerksam:

1. Sie blendet wichtige Lebensbereiche (wie den der Krankheit) aus;

2. vor allem die mangelnde Berücksichtigung der leiblichen Dimension wirft gestalterische Probleme auf.

Insgesamt bahnt sich im liturgischen Bereich – wie auch sonst – eine *zunehmende Konkurrenzsituation* an. Die kirchlichen Angebote büßen – auch hier – ihr Monopol ein. Allerdings stößt eine genauere Analyse der Daten auf teilweise überraschend großen Zuspruch zu christlichen Gottesdiensten. Im Einzelfall, etwa bei Konzerten in Kirchen, ist eine genaue Zuordnung kaum möglich. Christliche Liturgie und allgemein kulturelle Praxis sind hier weitgehend miteinander verschmolzen

Dazu noch eine *grundsätzliche Relativierung aller sozialempirischen Beschäftigung mit Gottesdienst*: Die Erfahrungen in Ostdeutschland mit Liturgie im Umfeld der politischen Wende wurden weder vorhergesehen noch sind sie hinreichend soziologisch erklärbar. Für Christen wurde hier die un-

---

46. Ebertz, Handlungen, 27.

geheure Kraft deutlich, die in Gottesdiensten liegt, die auf einer funktionalen Ebene nichts bezwecken, aber gerade dadurch viel bewirken.

Schließlich existieren mit dem »kirchlichen« Gottesdienst (weithin) unverbunden vor allem in Familien mit kleinen Kindern Reste des früher verbreiteteren Hausgottesdienstes, vor allem in Form eines Abendgebets. Wie später gezeigt wird, kommt gerade diesem Phänomen angesichts der Aufgabe, den Alltagsbezug christlicher Liturgie zu stärken, große Bedeutung zu.

2. Erfahrungswissenschaftliche Interpretationen

Die Bedeutung der eben vorgetragenen Beobachtungen zur liturgischen Situation tritt noch klarer hervor, wenn sie im Rahmen breiter angelegter erfahrungswissenschaftlicher Konzepte praktisch-theologisch interpretiert, d. h. auf ihre Bedeutung für die Förderung der Kommunikation des Evangeliums hin untersucht werden.

2.1 Neue Zeitrhythmen

Analysen der Kirchgangsfrequenz der letzten dreißig Jahre zeigen: *Der Rhythmus der Gottesdienstteilnahme verschiebt sich*, wobei die durchschnittliche Häufigkeit zurückgeht. Gegenüber der traditionellen Ansicht, dass die Gottesdienstteilnahme im wöchentlichen oder allenfalls vierzehntägigen Takt die Norm sei, eröffnete Gerhard Rau 1977 mit seiner These vom »Festtagskirchgänger« neue Perspektiven. Er versuchte, den im Vorhergehenden ausgeführten statistischen Befund durch Hinweis auf sozialpsychologische sowie zeit- und kulturtheoretische Einsichten zu erklären.

1. Sozialpsychologisch ergab sich schon bei früheren Untersuchungen, dass die jede bzw. fast jede Woche am Sonntagsgottesdienst Teilnehmenden einen »Gemeinschaftstypus« repräsentieren, »der in der Kleingruppe zu Hause ist«[47], also Menschen, die in hohem Maß in enger Beziehung zu den sie umgebenden Primärgruppen leben. Umgekehrt bevorzugen die, die nicht wöchentlich zur Kirche gehen, eine gewisse Distanz zu eben solchen Gruppen. »Die enge, hautnahe Gemeinschaft scheint ihnen ein Greuel.«[48]

2. Zeittheoretische Untersuchungen[49] stießen auf verschiedene Zusam-

---

47. G. Schmidtchen, Protestanten und Katholiken, Bern 1973, 300.
48. Ebd.
49. S. zur historischen Entwicklung die Hinweise im 5. Kapitel (1.) zu »Zeit« als Rahmenbedingung des Gottesdienstes.

menhänge zwischen Zeit- und Sozialsystemen, genauer zwischen Tagesrhythmus und Individualebene, Wochenrhythmus und Gruppen- bzw. Sozialebene sowie Jahresrhythmus und Kulturebene. Demnach ordnet der sog. »Festtagskirchgänger« Kirche und Religion auf einer anderen Ebene ein als der jeden Sonntag am Gottesdienst Teilnehmende. Nach Rau repräsentiert »der Festtagskirchgänger einen Verhaltenstypus, der ein ursprünglich stark sozialdeterminiertes Verhalten im Wochen- oder Monatsrhythmus in ein kulturdeterminiertes Verhalten im Jahresrhythmus uminterpretiert« hat.[50]

Rau fasst seine Charakteristik des Festtagskirchgängers knapp zusammen: »Religion in einer Beziehung zur Gesamtgesellschaft (wobei Gesellschaft im weiten Sinne verstanden wird als Menschheit, Leben, Geschichte u. ä.) und zur individuellen Person – Ja! Religion bzw. Kirche in bezug auf konkrete soziale Gruppen mit ihren Zwängen – Nein!«[51] Hier stellt sich also die *Frage, welche Form von Gemeinschaft für christlichen Glauben und Gottesdienst konstitutiv ist*. Zugespitzt formuliert (und soziologisch nicht beantwortbar): Setzt christlicher Gottesdienst eine Vorliebe für bestimmte Sozialformen wie Vereine und Kleingruppen voraus?

Die 1977 publizierte Prognose Raus, dass die familiären Sozialisationsbedingungen ein weiteres Ansteigen des Typus »Festtagskirchgänger« erwarten lassen, hat sich in der Zwischenzeit bestätigt. Peter Cornehl führte seine Analyse weiter. Er macht auf sich anbahnende Veränderungen im Zeitbudget der Menschen und deren Konsequenzen für die liturgische Aufgabe aufmerksam: »Man kann die Prognose wagen, daß Bedürfnisse, Interessen und Rhythmen der Teilnahme am Kulturprogramm im Zuge weiterer Arbeitszeitverkürzung sich in Zukunft rasch verändern werden. Entscheidend dafür, ob in diesem Bereich auch ein gottesdienstliches Angebot ›angenommen‹ wird, ist auf die Dauer sein Sinnwert: nicht geschickte Terminregie und äußerlich attraktive Programmgestaltung, sondern der theologische Gehalt, also die Frage, ob die Menschen ... in diesen Gottesdiensten tatsächlich überzeugende theologische Sinndeutung erfahren, mit der sie leben können.«[52] Gerade angesichts der zunehmenden Konkurrenz-Situation kommt also der *theologisch zu klärenden Frage nach der inhaltlichen Be-*

---

50. G. Rau, Rehabilitation des Festtagskirchgängers, in: M. Seitz, L. Mohaupt, Hg., Gottesdienst und öffentliche Meinung. Kommentare und Untersuchungen zur Gottesdienstumfrage der VELKD, Stuttgart 1977, 92.
51. Ebd. 96.
52. P. Cornehl, Teilnahme am Gottesdienst. Zur Logik des Kirchgangs – Befund und Konsequenzen, in: J. Matthes, Hg., Kirchenmitgliedschaft im Wandel. Untersuchungen zur Realität der Volkskirche. Beiträge zur zweiten EKD-Umfrage »Was wird aus der Kirche«, Gütersloh ²1991, 26.

stimmtheit von Gottesdienst zunehmende Bedeutung zu. Ihr soll bei der Darstellung der neutestamentlichen Befunde, aber auch zu Beginn des 2. Teils, wo wichtige liturgiegeschichtliche Einsichten zusammengetragen werden, genauer nachgegangen werden. Zunächst gilt es aber noch weitere empirische Rahmenbedingungen für gegenwärtige Gottesdienste in Deutschland zu bedenken.

2.2 Individualisierung

Vor allem Ulrich Beck[53] weist darauf hin, dass die neuere ökonomische Entwicklung traditionelle Sozialformen zunehmend destruiert. In Anknüpfung u. a. an Beobachtungen Max Webers zur »Entzauberung der Welt«, der hellsichtig auf den Zusammenhang zwischen Auflösung religiöser Bindungen und bedingungsloser Hinwendung zu Produktion und Weltbemächtigung hinwies, prognostiziert der Soziologe einen radikalen Individualisierungsschub.[54] Dazu gehört u. a., dass früher übliche »Normalbiographien« – etwa im Sinne: Aufwachsen bei den leiblichen Eltern, eine (!) Ausbildung, anschließend entsprechende Berufstätigkeit über mehrere Jahrzehnte, ebenso Ehe, verbunden mit lokaler Stabilität – zurückgehen. Vielmehr sind sich die Menschen zunehmend ihrer Optionen auf den verschiedensten Gebieten bewusst, auch mit der entsprechenden unabweisbaren Eigenverantwortung im Falle eines Scheiterns.

Den großen Rahmen dieser Entwicklung skizziert Beck stichpunktartig: »Die Industriegesellschaft setzt Ressourcen von Natur und Kultur voraus, auf deren Existenz sie aufbaut, deren Bestände aber im Zuge einer sich durchsetzenden Modernisierung aufgebraucht werden. Dies trifft auch auf kulturelle Lebensformen (z. B. Kleinfamilie und Geschlechtsordnung) und soziale Arbeitsvermögen zu (z. B. Hausfrauenarbeit …).

Dieser Verbrauch der kollektiven oder gruppenspezifischen Sinnreservoire (z. B. Glauben, Klassenbewußtsein) der traditionalen Kultur … führt dazu, daß alle Definitionsleistungen den Individuen zugemutet werden.

Chancen, Gefahren, Ambivalenzen der Biographie, die früher im Familienverband, in der dörflichen Gemeinschaft, im Rückgriff auf ständische Regeln oder so-

---

53. Die methodologische Schwäche der im Folgenden ausgewerteten Studie von Beck, Risikogesellschaft, nämlich auf keinen repräsentativen Daten zu fußen, ist zugleich ihre Stärke, gerade auch in einigem Abstand zu ihrem ersten Erscheinen, denn: »In Zeiten strukturellen Wandels geht Repräsentativität ein Bündnis mit der Vergangenheit ein und verstellt den Blick auf die Spitzen der Zukunft, die von allen Seiten in den Horizont der Gegenwart hineinragen« (ebd. 13).
54. Ebd. 121-160.

ziale Klassen bewältigt werden mochten, müssen nun von den einzelnen selbst wahrgenommen, interpretiert und bearbeitet werden. Chancen und Lasten der Situationsdefinition und -bewältigung verlagern sich damit auf die Individuen, ohne daß diese aufgrund der hohen Komplexität der gesellschaftlichen Zusammenhänge noch in der Lage sind, die damit unvermeidlichen Entscheidungen fundiert, in Abwägung von Interesse, Moral und Folgen verantwortlich treffen zu können.«[55]

Von daher gewinnt die individuelle Biographie des Einzelnen große Bedeutung – gerade in Verbindung mit dem jeweils unvermeidbaren Risiko bei grundsätzlichen Entscheidungen (wie z. B. Berufs-, Partnerwahl), also den Übergängen im Lebenslauf.

Zusätzliche Brisanz gewinnt diese Situation noch dadurch, dass durch Großtechnik hervorgerufene Risiken den Horizont verdunkeln. Zukunft erscheint dadurch als zentrales Datum, von dem aus die Gegenwart bedroht ist.[56] All dies führt zu einer tiefen Verunsicherung, die schnell in einen »ökologische(n) Endzeitfatalismus«[57] umschlagen kann. So gilt: »In der Risikogesellschaft werden derart der Umgang mit Angst und Unsicherheit biographisch und politisch zu einer zivilisatorischen Schlüsselqualifikation«.[58]

Eine theologische Analyse des hier von Beck zentral verwendeten Begriffs der »*Sicherheit*« zeigt – unter Rückgriff auf die reformatorische Unterscheidung von »Gewissheit« (certitudo) und »Sicherheit« (securitas) –, dass es hier um ein traditionell in der Frage nach Gott bedachtes Thema geht, nämlich nach dem, was dem Leben in seiner Kontingenz Gewissheit gibt.

Beck selbst greift interessanterweise in diesem Zusammenhang auf religiös gefärbte Begrifflichkeit zurück: »Die Bedrohungen der Zivilisation lassen eine Art neues ›Schattenreich‹ entstehen, vergleichbar mit den Göttern und Dämonen der Frühzeit, das sich hinter der sichtbaren Welt verbirgt und das menschliche Leben auf dieser Erde gefährdet. ... Überall kichern Schad- und Giftstoffe und treiben wie die Teufel im Mittelalter ihr Unwesen.«[59]

Nimmt man entsprechende sozialpsychologische Erkenntnisse hinzu, die auf die Bedeutung von Symbolen und Ritualen für die Bearbeitung existentieller Bedrohung hinweisen,[60] ist die *Attraktivität von Gottesdiensten an*

---

55. U. Beck, Die feindlose Demokratie, Stuttgart 1995, 32.
56. S. Beck, Risikogesellschaft, 44.
57. Ebd. 48.
58. Ebd. 102.
59. Ebd. 96f.
60. S. grundlegend P. L. Berger, Th. Luckmann, Die gesellschaftliche Konstruktion der Wirklichkeit. Eine Theorie der Wissenssoziologie, Frankfurt 1980, 75, 167; vgl. auch

Übergängen des Lebenslaufs gut verständlich. Offensichtlich reichen verbale Beteuerungen oder rationale Argumente nicht aus, um die Gefühle, die bei solchen riskanten, zunehmend weniger durch Tradition geleiteten Übergängen aufbrechen, angemessen auszudrücken und zugleich Raum für freies Handeln in der Zukunft zu eröffnen. Hier bedarf es eines Rituals, also eines gemeinschaftlichen und geordneten Vollzugs symbolischer Kommunikation, der durch seine Geregeltheit das Gefühl von Geborgenheit und Sicherheit vermittelt.

Auch ist dadurch erklärbar, dass die Anlässe solcher Gottesdienste zunehmen[61] – eben entsprechend der Zunahme riskanter, also nicht mehr durch Traditionen bestimmter oder in Sozialverbänden abgefederter Situationen. Letztendlich geht es um die Frage, »aus welchen Ressourcen die geforderten Individualisierungsleistungen sich speisen können«.[62] Und hier scheinen für die Mehrzahl der Deutschen Gottesdienste ein Angebot, auf das sie – vorsichtig formuliert – nicht verzichten möchten.

Allerdings ist zu beachten, dass die zunehmende Individualisierung zugleich den für Gottesdienst herkömmlich wichtigen Gemeinschaftsbezug verändert, insofern die Sozialität – auch im Sinne gemeinsamer Erfahrungen, auf die hin Menschen ansprechbar sind – an Bedeutung verliert. Dies betrifft den sonntäglichen Kirchgang nicht zuletzt dadurch, dass seine frühere Mehrfunktionalität zunehmend verloren geht.

»Der Gottesdienst war Ereignis der Repräsentation: sehen und gesehen werden. In ländlichen Gebieten gehörte für die Männer oft der Wirtshausbesuch zum Kirchgang hinzu. Wer heute in den Gottesdienst geht, geht vielfach in erster Linie um des Gottesdienstes willen, Mehrfachfunktionen sind deutlich untergeordnet.«[63]

Im Extremfall führt Individualisierung zu einer Aufhebung des Gottesdienstes. Liturgisch ist auf diesem Hintergrund an der Analyse von Beck noch folgende Einzelbeobachtung von Interesse, nämlich der *Hinweis auf die besondere Bedeutung von Kindern*[64]: »Das Kind wird zur letzten verbliebenen, unaufkündbaren, unaustauschbaren Primärbeziehung. Partner

---

M. Douglas, Ritual, Tabu und Körpersymbolik. Sozialanthropologische Studien in Industriegesellschaft und Stammeskultur, Frankfurt 1974.
61. S. hierzu auch Bieritz, Gegengifte, besonders 207-212, der allerdings den prognostischen Charakter der beckschen Überlegungen übersieht und deshalb einseitig die am Konzept des Schwellenrituals orientierte Kasualpraxis an ihr Ende gekommen sieht.
62. A. Grözinger, Geschichtenlos inmitten von Geschichten. Die Erlebnisgesellschaft als Herausforderung für die Seelsorge, in: WzM 48 (1996), 483.
63. Daiber, Wo bleiben sie denn?, 32.
64. Vgl. hierzu den ähnlichen Befund zum Verhältnis von Kirchenmitgliedschaft und Leben mit Kindern in Hanselmann, Hild, Lohse, Kirche, 52.

kommen und gehen. Das Kind bleibt. ... Das Kind gewinnt mit dem Brüchigwerden der Beziehungen zwischen den Geschlechtern Monopolcharakter auf lebbare Zweisamkeit, auf ein Ausleben der Gefühle im kreatürlichen Hin und Her ... In ihm wird eine anachronistische Sozialerfahrung kultiviert und zelebriert, die mit dem Individualisierungsproseß gerade unwahrscheinlich und herbeigesehnt wird.«[65] Kinder verbürgen demnach den Rest von Sozialität, der für Gottesdienst (außerhalb der elektronischen Medien) unverzichtbar ist. Von daher erklärt sich auch, warum bei gut besuchten Gottesdiensten oft Kinder und deren Beziehung zu den Eltern eine bedeutende Rolle spielen: an Weihnachten, bei vielen Taufen, bei der Konfirmation, in gewissem Sinn auch bei der Trauung, bei Familien- und Einschulungsgottesdiensten. Dazu sei noch daran erinnert, dass wohl vor allem in Familien mit kleinen Kindern die Wahrscheinlichkeit am größten ist, auf Reste einer häuslichen liturgischen Praxis zu stoßen.

Umgekehrt stellt sich hier die Frage, welche Konsequenzen dies für Menschen ohne Kinder,[66] eine wachsende Zahl zumindest in den alten Bundesländern, und deren Zugang zum Gottesdienst hat.

2.3 Ästhetisierung

Ähnlich wie Becks Gesellschaftsprognose der »Risikogesellschaft« enthält die kultursoziologische Analyse der »Erlebnisgesellschaft« durch Gerhard Schulze wichtige Einsichten, die die gegenwärtige liturgische Situation besser verstehen lassen. Seinen Kulminationspunkt findet Schulzes Konzept im Hinweis auf die zunehmende Ästhetisierung des Alltags, die aber »dem Menschen die Rolle eines Virtuosen der Wahrnehmung und des Erlebens verordnet«[67]. Er subsummiert dies unter dem »kategorische(n) Imperativ

---

65. Beck, Risikogesellschaft, 193. Ebertz, Getauft sein, 10, charakterisiert diese Haltung hinsichtlich des dahinterstehenden Verständnisses von Kirchenmitgliedschaft folgendermaßen: »Aus den Kirchenmitgliedern scheinen mehrheitlich ›Kunden‹ zu werden, die aus dem kirchlichen Panorama der Riten diejenigen heraussuchen, die ihrem eigenen ›Nutzen und Frommen‹ und dabei vor allem der religiösen Bestätigung und Sakralisierung der familialen Identität dienen – Kunden mit einer Familienbrille.«
66. Nach der amtlichen Statistik ist in den alten Bundesländern der Anteil der Frauen, die im Laufe ihres Lebens kein Kind bekommen, auf etwa ein Viertel gestiegen (s. H. Engstler, Die Familie im Spiegel der amtlichen Statistik. Lebensformen, Familienstrukturen, wirtschaftliche Situation der Familien und familiendemographische Entwicklung in Deutschland, hg. v. Bundesministerium für Familie, Senioren, Frauen und Jugend, Bonn 1997, 90).
67. W. Engemann, Der ›moderne Mensch‹ – Abschied von einem Klischee. Fragen zur

unserer Zeit«: »'Erlebe dein Leben!'«[68] und gibt damit wichtige Hinweise auch für die liturgische Gestaltungsaufgabe.

Hintergrund dieser Konzeption ist die gewiss für die Mehrheit der deutschen Bevölkerung zutreffende Einsicht, dass an die Stelle des Kampfes um das materielle Überleben jetzt die Suche nach Sinn im Erleben getreten ist. »Bedingt durch die Vermehrung der Möglichkeiten gewinnt die Handlungsform des Wählens gegenüber der Handlungsform des Einwirkens an Boden. Täglich stehen wir vor der Notwendigkeit der freien Wahl: Kleidung, Essen, Unterhaltung, Information, Kontakte usw. Fast immer sind jedoch die Gebrauchswertunterschiede der Alternativen bedeutungslos. ... Unsere objektive Lebenssituation, soweit sie in Verfügungschancen über Gegenstände und Dienstleistungen besteht, zwingt uns dazu, ständig Unterscheidungen nach ästhetischen Kriterien vorzunehmen. Erleben wird vom Nebeneffekt zur Lebensaufgabe.«[69]

Die demnach unvermeidlichen ästhetischen Anforderungen werden dadurch erträglich, dass sich die Menschen je nach ihrem Milieu bestimmten alltagsästhetischen Schemata anschließen, also bestimmten Relationen zwischen Zeichen und Bedeutungen.[70] Schulze bestimmt insgesamt fünf unterschiedliche Milieus, für die er jeweils sehr anschaulich ästhetische Vorlieben und damit Erlebnisziele empirisch nachweist:

»1. Im *Niveaumilieu* regiert die primäre Perspektive der Hierarchie, die durch die Ordnungsrelation von Abstufungen zwischen oben und unten bestimmt ist. Neben dem Wirklichkeitsbereich der sozialen Positionen (vor allem der Berufe ...) gibt es viele hierarchisierbare Aspekte der Welt, etwa Geschmack, Bildung, Sprachkompetenz, Kunstwerke und Darbietungen von Kunstwerken (besonders musikalische Interpretation). Normale existentielle Problemdefinition in dieser subjektiven Welt der vertikalen Ordnungen ist das Streben nach Rang; gehobene Berufspositionen, hohe Leistungsmaßstäbe, Kultiviertheit von Sprache, Erscheinungsbild und Umgangsformen, hochkulturelle Alltagsästhetik. Im Streben nach Rang wird die hierarchische Ordnung der Welt als gegeben angenommen, während die Position des Ich in dieser Welt erkämpft und behauptet werden muß. Da die Richtung der Zuordnung vom Ich zur Welt verläuft, liegt ein weltverankerter Ich-Welt-Bezug vor.

2. Andere Perspektiven gelten für die existentielle Anschauungsweise des *Integrationsmilieus*. Hier dominiert die primäre Perspektive der sozialen Erwartungen, die eine Grundeinteilung der Welt nach den Gesichtspunkten von Konformität und Ab-

---

Problematik der kulturanthropologischen Prämissen Praktischer Theologie und kirchlichen Handelns heute, in: WzM 48 (1996), 456.
68. Schulze, Erlebnisgesellschaft, 59.
69. Ebd. 55.
70. S. ebd. 125-128.

weichung vornimmt. Grundfrage ist: Wie verhält sich das Erfahrbare zu Konventionen, ungeschriebenen Regeln, Gesetzen? Paßt es in die soziale Ordnung der Welt? Dabei ergeben sich teilweise andere Klassifikationen als nach dem Ordnungsschema der Hierarchie. Wenn etwa die Wahrnehmung musikalischer Interpretation an der Perspektive der Hierarchie ausgerichtet ist, kann man auch für die einzigartige, alle Konventionen sprengende Gestaltung eines Werkes eine günstige Beurteilung erwarten; dagegen disponiert die primäre Perspektive der sozialen Erwartungen eher Reserviertheit gegenüber künstlerischen Innovationen, bis diese schließlich konventionalisiert sind. Als gut erscheint unter dieser Perspektive das Regelrechte: musikalische Aufführungen, die eingefahrene Hörgewohnheiten respektieren, solide Lebensläufe, ordentliche Kleidung, sauber geputzte Küchen, zuverlässig erledigte Aufträge. Hierarchische und erwartungsbezogene Denkweise schließen sich zwar nicht gegenseitig aus, doch konzentrieren sie sich auf unterschiedliche Aspekte der Wirklichkeit ... Normale existentielle Problemdefinition in der Anschauungsweise des Integrationsmilieus ist das Streben nach Konformität. Wiederum stoßen wir auf einen weltverankerten Ich-Welt-Bezug. Gegeben ist eine Ordnung sozialer Erwartungen, denen das Ich zugeordnet wird.

3. Der existentiellen Anschauungsweise des *Harmoniemilieus* liegt die primäre Perspektive der Bedrohung zugrunde. Bei der daraus resultierenden Klassifikation wird die Wirklichkeit mit einer Art Ur-Mißtrauen betrachtet. Es ergibt sich eine Ordnung der Dinge nach dem Grad der Angst, die man vor ihnen haben muß. Das Wirklichkeitsmodell wird beherrscht von Polaritäten zwischen gut und böse, harmlos und gefährlich, vertrauenerweckend und verdachterregend. Normale existentielle Problemdefinition ist das Streben nach Geborgenheit. Auch hier liegt eine weltverankerte Variante des Ich-Welt-Bezuges vor. Ausgangsvorstellung ist die gegebene Ordnung der Bedrohlichkeitsgrade, in der das Ich nach Nischen sucht.

4. Während sich bei weltverankerten existentiellen Anschauungsweisen der Blick nach außen richtet, ist die primäre Perspektive in der Anschauungsweise des *Selbstverwirklichungsmilieus* nach innen gerichtet. Sie besteht in der Ordnungsvorstellung des Inneren Kerns, die vom Modell einer endogenen psychischen Entwicklungsdynamik ausgeht und daraus eine fundamentale Unterscheidung zwischen authentischen und entfremdeten Zuständen des Ichs ableitet. Wo man gerade innerlich steht, was im Moment für das Ich richtig ist, wohin man sich entwickelt – solche Fragen operieren implizit mit der primären Perspektive des Inneren Kerns, dessen Substanz immer wieder neu bestimmt werden muß. Normale existentielle Problemdefinition ist Selbstverwirklichung ... Dies impliziert eine Ich-Verankerung des Ich-Welt-Bezuges, bei der das Innere als gegeben angenommen wird, während das Äußere als variabel gilt und so einzurichten ist, daß es zur inneren Ordnung paßt.

5. Ebenfalls ichverankert ist schließlich die primäre Perspektive der Bedürfnisse, typisch für das *Unterhaltungsmilieu*. Hierbei ergibt sich eine Grundklassifikation zwischen gewollten und nichtgewollten psychophysischen Zuständen, mit denen die Vorstellung vom Ich geordnet wird. Negativ konkretisiert sich diese Ordnungsvorstellung oft als Ablehnung von Langeweile, während der positive Pol der Unter-

scheidung eher unklar bleibt. Dem entspricht die normale existentielle Problemdefinition des Strebens nach Stimulation, wofür der voll entwickelte Erlebnismarkt immer wieder neue Angebote bereit hält. Mit dem Ziel einer als angenehm empfundenen, von Langeweile befreienden psychophysischen Aktivierung wird das Ich ins Zentrum der Wirklichkeitsauffassung gesetzt, an dessen Gegebenheiten die äußere Welt anzupassen ist.«[71]

Angesichts der neuen Bedeutung von Ästhetik wären solche Vorlieben unterbestimmt, wenn sie als beliebig und unwichtig erschienen. Vielmehr geht es bei den alltagsästhetischen Schemata letztlich um die Erlangung von »*Sicherheit*«, also Lebenssinn, inmitten der Flut möglicher Optionen, aus denen ausgewählt werden muss. Eindrücklich versucht vor allem die Werbung die Erlebnis-Sehnsucht zu bedienen und für den Verkauf von Produkten nutzbar zu machen, ohne dass zwingend ein Zusammenhang zwischen Produkt und suggeriertem Erleben bestehen müsste.

Allerdings macht Schulze selbst nachdrücklich auf die Gefahren aufmerksam, die in der »Erlebnisgesellschaft« lauern: »Das Programm des schönen Lebens scheint einfach und naheliegend, doch entpuppt es sich bei näherem Hinsehen als schwierig. Man muß wissen, was man will; dadurch entsteht Unsicherheit. Man erwartet schöne Erlebnisse; dadurch entsteht ein Enttäuschungsrisiko. Unsicherheit und Enttäuschung zählen zu den charakteristischen subjektiven Grunderfahrungen der Erlebnisgesellschaft«.[72]

Und auch theologisch wurden schnell gewichtige Einwände gegen den hier beobachteten Lebensstil erhoben und vor einer schnellen liturgischen Anpassung gewarnt: »Gott wird zum Thema, wenn er in das Konzept des ›schönen Lebens‹ paßt: als virtueller Trauzeuge im perfekt gestylten Hochzeitsritual, als poetische Metapher für die unlösbaren Rätsel des Lebens oder als mystischer Zielpunkt am Ende aller ästhetischen Abenteuer.«[73] Liturgische Anpassung an einen solchen Konsum-Kult würde – auch abgesehen von den lebensfeindlichen Exzessen einer alles, auch Menschen konsumierenden Gesellschaft – sich entsprechend der immer kürzeren Halbwertszeiten von Trends schnell selbst verbrauchen.[74] Doch besteht bei zu starker

---

71. Ebd. 259 f. (s. genauer die tabellarischen Übersichten zu den einzelnen Milieus ebd. 291, 300, 311, 321, 330).
72. G. Schulze, Der Weg in die Erlebnisgesellschaft. Metamorphosen der Sozialwelt seit den fünfziger Jahren, in: U. Winkler, Hg., Das schöne Leben. Eine interdisziplinäre Diskussion von Gerhard Schulzes »Erlebnisgesellschaft«, Thaur 1994, 14.
73. Chr. G. Allesch, Ichverlust im Genuß? Personale Autonomie in der Erlebnisgesellschaft, in: WzM 48 (1996), 459.
74. S. die ausführliche Kritik bei K.-H. Bieritz, Erlebnis Gottesdienst. Zwischen ›Verbie-

Betonung dieser Probleme die Gefahr, dass die zweifellos notwendige Konter-Kulturation einseitig auf Kosten der Kontextualität (bzw. Inkulturation) betont wird. Demgegenüber fragt Wilhelm Gräb nachdrücklich, ob »die Experten des Marketings ... inzwischen nicht mehr von der Religion, eben davon, wie sie inszeniert sein will, verstehen als die Experten der kirchlichen Religionskultur«.[75] Auf jeden Fall ist zu bedenken, dass auch »Erfahrungen, die für den Lebensglauben eines Menschen prägend sind, ... ästhetische Erfahrungen« sind.[76] Die in 1.1.4. genannten Experimente junger Menschen mit Ritualen zeigen deutlich, wohin ein einseitig theologisch begründetes Negieren der durch die Erlebnisorientierung aufgeworfenen Fragen ansprechender Gestaltung führt: in den Bereich des »Heiligen« bzw.[77] soziologisch gesehen zu elitären Kleingruppen.

Dazu kommt als weiteres, in dieser Ausprägung neues Grundproblem liturgischer Gestaltung die *Verschiedenheit der milieubezogenen ästhetischen Schemata*, die eine gemeinsame Veranstaltung erheblich erschwert. Zwar gab es auch in der Vergangenheit deutlich – etwa nach Ständen – unterschiedene Lebensstile. Doch ist die früher übliche Unterordnung unter eine allgemein als besonders wertvoll und deshalb auch als leitend akzeptierte Ästhetik einem Nebeneinander gewichen.[78] Die eklatanten Auswirkungen, die dies für die liturgische Gestaltungsaufgabe hat, treten am Beispiel des Musikgeschmacks anschaulich zu Tage.

Was für den siebzigjährigen Rentner wunderschöne Musik ist – etwa die Harmonien von Bachs Orgelmusik –, erscheint seiner sechzehnjährigen Enkelin, die Hip-Hop bevorzugt, kaum erträglich, ohne dass ein von beiden akzeptierter, gleichsam objektiver ästhetischer Entscheidungsmaßstab zur Verfügung stände.

Von daher ist es problematisch, Überlegungen zu konkreter liturgischer

---

derung‹ und Gegenspiel: Liturgisches Handeln im Erlebnishorizont, in: WzM 48 (1996), 488-501, und die nachdrückliche Warnung von M. Josuttis, Die Einführung in das Leben. Pastoraltheologie zwischen Phänomenologie und Spiritualität, Gütersloh 1996, 89.
75. Gräb, Lebensgeschichten, 127.
76. Ebd. 123; vgl. ausführlich zum Zusammenhang von Offenbarung und Ästhetik A. Grözinger, Praktische Theologie und Ästhetik, München 1987 (vor allem das 2. Hauptkapitel »Was heißt ›Theologische Ästhetik‹?«).
77. S. die problematische, da »Erlebnisse« und »Leben« nicht vermittelnde Gegenüberstellung von Josuttis, Einführung, 90.
78. Es sei nur darauf hingewiesen, dass dieses Nebeneinander ohne Unter- und Überordnung auch die öffentliche Schule vor schwierige Probleme stellt (s. z.B. Th. Ziehe, Adieu 70er Jahre! Jugendliche und Schule in der zweiten Modernisierung, in: Pädagogik 48 [1996] H. 7/8, 35-39).

Praxis ohne ausdrückliche Differenzierung hinsichtlich der jeweiligen alltagsästhetischen Schemata anzustellen. *Die Rede von »der« Gemeinde oder »dem Gemeindegottesdienst« verschleiert in der Regel nur, dass sich ein bestimmtes Milieu mit seinen ästhetischen Präferenzen, meist das Integrationsmilieu durchgesetzt hat.*[79] Die Aufgabe einer für alle Getauften gemeinsamen Liturgie kommt dabei gar nicht in den Blick, weil die vorfindliche Liturgie mit ihrer Ausrichtung auf ein bestimmtes Milieu mit dem »Gemeinde«-Gottesdienst verwechselt wird.

2.4 Mediengesellschaft

Bei den Ausgangsbeobachtungen kamen mehrmals Massenmedien in den Blick, direkt bei den Fernseh- und Rundfunkgottesdiensten, indirekt bei möglichen Konkurrenzen am Sonntagmorgen. Allerdings ist damit die tiefgreifende, auch die liturgische Situation nachhaltig prägende Bedeutung der »Mediengesellschaft«[80] noch nicht hinreichend erfasst.

Die elektronischen Massenmedien fungieren nicht nur zur Information oder Unterhaltung, sondern *verändern Lebensstil und Wirklichkeitssicht der Menschen.* Dies legt sich schon auf Grund der Dauer der Fernsehnutzung nahe, die im zeitlichen Gesamtbudget der Deutschen nach dem Zeitaufwand für Schlaf und Erwerbstätigkeit den dritten Rang einnimmt. Mittlerweile sieht ein deutscher Erwachsener durchschnittlich etwa drei Stunden pro Tag fern.[81]

Aus liturgischer Perspektive sind vor allem folgende Phänomene wichtig:

---

79. S. Schulze, Erlebnisgesellschaft, 309: »Wichtigster Lebensbereich (sc. im Integrationsmilieu, C. G.) ist das Heim und die darum gezogenen konzentrischen Kreise – Haus, Garten, Küche, Nachbarschaftskontakte, angenehme Wohnumgebung, bei vielen auch kirchliches Leben und lokale Vereine. Dieser Orientierung entspricht eine eher mißtrauische Haltung gegenüber dem Fremden (geringe Offenheit, vergleichsweise geringes Vertrauen) und eine abwehrende Haltung gegenüber dem Neuartigen«. Diese Prägung vieler Gemeinden könnte auch – jedenfalls teilweise – den sog. Praxisschock mancher junger Theologinnen und Theologen erklären, insofern diese in der Regel dem Selbstverwirklichungsmilieu zuzurechnen sind.
80. Hierunter verstehe ich – mit Preul, Kommunikation, 9 – »die ganze gesellschaftliche Wirklichkeit unter dem Gesichtspunkt der Rolle, die die Medien in ihr spielen«, wobei hier dem Fernsehen besondere Bedeutung als »Leitmedium« zukommt (s. G. Thomas, Beobachtungen einer öffentlichen Religion. Fernsehen als kulturelles Leitmedium, in: PrTh 34 [1999], 54-65.)
81. Zur genaueren Binnendifferenzierung der Mediennutzung s. H. Berens, M.-L. Kiefer, A. Meder, Spezialisierung der Mediennutzung im dualen Rundfunksystem, in: Media Perspektiven 1997/2, 80-91.

1. Das Fernsehen besitzt hohe Attraktivität dadurch, dass es gleichermaßen Gesichts- und Gehörsinn anspricht[82] und zugleich hilft, räumliche und zeitliche Grenzen zu überschreiten. War früher das durch Gesichts- und Gehörsinn vermittelte Erleben an die persönliche Gegenwart eines Menschen gebunden, löst das Medium diesen Zusammenhang auf.

2. Inhaltlich gibt das Fernsehen eine Tagesordnung des relevant und wichtig Erscheinenden vor (agenda-setting-Funktion). Alles, was nicht im Fernsehen oder wenigstens in den Print-Medien vorkommt, erscheint auf den privaten Bereich begrenzt und bedeutungslos für die Öffentlichkeit. Dazu gehört in der Regel auch der Gottesdienst in der Ortsgemeinde am Sonntagmorgen.

3. Schließlich machen Medienforscher darauf aufmerksam, dass das Fernsehen selbst Funktionen übernimmt, die traditionell vom christlichen Gottesdienst ausgefüllt wurden. Vor allem »offeriert das Fernsehen ... in seinen fiktionalen und nichtfiktionalen Genres, d. h. mit seiner personalisierten Aufführung von Grundkonflikten der sozialen und individuellen Existenz, mit seiner Modulation von Raum und Zeit und mit seinen eine chaotische Welt ordnenden Formen mythische Narration für die spätmoderne Gesellschaft«.[83] Und bissig konstatiert Johanna Haberer: »Die christliche Theologie hat dadurch, daß sie im Raum der Kirche aufgeräumt hat mit den Mythen, dem Fernsehen mit seinen beruhigenden, entlastenden, tröstenden Funktionen das Feld überlassen.«[84] Unmittelbar anschaulich wird dies in Sendungen wie »Traumhochzeit«, in denen bisher im Gottesdienst Vollzogenes direkt übernommen wird.[85]

Demnach gehören das Fernsehen und seine Wirkungen sowohl zu den Rahmenbedingungen, die bei der liturgischen Gestaltung zu beachten sind, als auch zur Konkurrenz auf religiösem Gebiet selbst.

Zugleich ist es bei der Verbreitung des Fernsehens als für die meisten Menschen selbstverständlicher Kommunikationsform nicht verwunderlich,

---

82. Preul, Kommunikation, 45: »Bild, Handlung, menschliche Stimme und Begleitmusik vereinen sich zu gleichsam polyphoner und synästhetischer Darbietung ... Gewöhnt man sich an diese Darbietungsform, dann gerät alles, was nur Rede ist ... rezeptionsästhetisch zunächst einmal ins Hintertreffen.«
83. Thomas, Beobachtungen, 59; s. zu weiteren »Dimensionen und Aspekte(n) der Medienreligion« ebd. 58-64.
84. J. Haberer, Die verborgene Botschaft. Fernseh-Mythen – Fernseh-Religion, in: S. v. Kortzfleisch, P. Cornehl, Hg., Medienkult – Medienkultur, Berlin 1993, 132; vgl. ähnlich für das Kino W. Ritter, Mythos mit Thrill, in: zeitzeichen 1/2001, 53-55.
85. J. Reichertz, Trennung, Trost und Wunder. Formen, Praktiken und Funktion des Religiösen im Fernsehen, in: medien praktisch 4/96, 5.

dass die Übertragungen von Gottesdiensten ein wachsendes Publikum finden. Angesichts der Tatsache, dass die Sehdauer durchschnittlich mit dem Alter steigt[86] und die Zahl der älteren Menschen auf absehbare Zeit in Deutschland zunimmt, dürfte sich diese Tendenz noch weiter fortsetzen. Dabei stellt sich wieder die *Frage nach dem Modus der für Gottesdienst notwendigen (oder auch nur wünschenswerten) Gemeinschaft.* Konkret wurde dies an der Frage nach der Gleichzeitigkeit diskutiert – die katholische Kirche besteht z. B. auf Direktübertragungen. Und schließlich: Ist ein Rundfunk- oder Fernsehgottesdienst eine voll gültige Alternative zu einem Gottesdienst in der Ortsgemeinde?

2.5 Offene Fragen

Die erfahrungswissenschaftliche Interpretation gegenwärtiger liturgischer Situation warf mehrfach die *Grundfrage nach der für christlichen Gottesdienst konstitutiven Gemeinschaftsform* auf, und zwar in unterschiedlicher Hinsicht:

1. Der bezüglich des traditionellen Sonntags-Rhythmus unregelmäßige Gottesdienstbesuch führt zur Frage: Gibt es einen verbindlichen bzw. wünschenswerten Rhythmus des Kirchgangs? Welche persönlichen Bindungen und Bekanntschaften sind für die Feier des Gottesdienstes erforderlich bzw. wünschenswert? Was bedeutet dies für die Bewertung von lebenslaufbezogenen Gottesdiensten, an denen meist primär Angehörige bestimmter Familien teilnehmen?

2. Der offensichtliche Zusammenhang von Leben mit Kindern und Kirchgang stellt die Frage: Welche Bedeutung hat die jeweilige soziale Lebensform?

3. Die verschiedenen Milieus, die durch keine allgemein anerkannte Ästhetik mehr miteinander verbunden sind, machen auf das Problem aufmerksam, dass der Anspruch des Gottesdienstes am Sonntagvormittag, für die ganze Gemeinde offen zu sein, weitgehend unrealistisch ist. Wie ist dem Rechnung zu tragen?

4. Schließlich stellt sich die Frage nach der Bewertung von Rundfunk- und Fernsehgottesdiensten. Sind sie eine gleichwertige Alternative zu anderen Gottesdiensten, in denen sich Menschen unmittelbar begegnen (können)?

---

86. S. die eindeutigen Befunde in: Media Perspektiven Basisdaten. Daten zur Mediensituation in Deutschland 1996, 73, wonach die durchschnittliche Sehdauer der 14-19jährigen weniger als die Hälfte der 65jährigen und Älteren beträgt.

Angesichts der tiefen Veränderungen in den Zeit- und Kommunikationsstrukturen und dem damit verbundenen Wandel in den Sozialformen ist es nicht verwunderlich, dass gerade beim Verständnis von »Gemeinschaft« ein das Gottesdienstverständnis fundamental betreffendes Problem aufbricht.

Zugespitzt wird dieses Problem noch, wenn man die »Literarisierung«[87] der meisten heutigen evangelischen Gottesdienste bedenkt: »Der Gottesdienst hat durchgängig eine literarische Gestalt, ist gelesenes, vorgelesenes, abgelesenes, aber nicht eigentlich freies, mündliches Wort.«[88] Denn dadurch wird die Gemeinschaft zwischen Pfarrer/Pfarrerin und Gemeinde merkwürdig indirekt. Weitgehend unbemerkt veränderte also bereits einmal ein Medium, das gedruckte Buch, die liturgische Kommunikationsstruktur.

---

87. B. v. Issendorf, Urchristenheit unter uns. Was mir im Gottesdienst schwarzer Gemeinden auffiel, in: ZGP 2 (1984) H. 4, 7.
88. K.-H. Bieritz, Daß das Wort im Schwange gehe. Lutherischer Gottesdienst als Überlieferungs- und Zeichenprozeß, in: ders., Zeichen setzen, Stuttgart 1995, 102.

2. Kapitel: Neutestamentliche Perspektiven

Eine kritische Durchsicht der gegenwärtigen liturgischen Situation aus neutestamentlicher Perspektive muss grundsätzlich zweierlei beachten:
1. Auf Grund der spärlichen Quellenlage lässt sich eine Geschichte christlichen Gottesdienstes erst vom Anfang des 3. Jahrhunderts an rekonstruieren.[1] Vor allem die Apg und der 1 Kor enthalten aber Hinweise, die für eine Konzeption christlichen Gottesdienstes von kriteriologischer Bedeutung sind.
2. Generell ist zu beachten, *dass im Neuen Testament ein Begriff für »Gottesdienst« fehlt.* Dies ist kein Zufall, sondern weist – wie später ausgeführt wird – auf einen grundsätzlich neuen Ansatz der frühen Christen in ihrer gemeinschaftlichen Kommunikation mit Gott hin. Von daher stellt sich das hermeneutische Problem, dass unser gegenwärtiges Verständnis von »Gottesdienst« voreilig ins Neue Testament eingetragen wird und so wichtige Korrektive übersehen werden. Deshalb ist es unerlässlich, nicht nur entsprechend gegenwärtiger Problemstellungen Fragen ans Neue Testament zu richten, sondern umgekehrt in einer Hermeneutik des »Einverständnisses«[2] sich von den biblischen Texten zu einer kritischen Sicht der heutigen Situation leiten zu lassen.

Inhaltlich fällt sofort das in mehrfacher Hinsicht von der gegenwärtigen liturgischen Situation differente Profil der Gemeindezusammenkünfte in neutestamentlicher Zeit auf. Es ist durch Folgendes gekennzeichnet:
– *die Tradition jüdischer Gottesdienste als selbstverständlicher Hintergrund,*
– *die deutliche Abgrenzung von kultischem Verständnis,*
– *andere Zeiten und Orte der Zusammenkunft.*
Eine gewisse Ähnlichkeit haben Probleme, denen sich offensichtlich die urchristlichen Gemeinden stellen mussten:
– *Konkurrenz durch andere Kulte,*
– gewisse Gottesdienstmüdigkeit bei Gemeindegliedern.

---

1. F. Hahn, Gottesdienst III. Neues Testament, in: TRE 14 (1985), 31.
2. S. hierzu grundsätzlich P. Stuhlmacher, Vom Verstehen des Neuen Testaments. Eine Hermeneutik, Göttingen 1979, vor allem 205-225.

1. Liturgische Situation zu neutestamentlicher Zeit

1.1 *Pluriformität*

Soweit sich aus dem Neuen Testament erkennen lässt, war die liturgische Situation schon in der Urchristenheit pluriform:

1. So nahmen die ersten Christen – wie auch Jesus selbst – in Jerusalem regelmäßig am Tempelgottesdienst teil (Apg 2,46; 3,1.11-26; 5,12-16.42; vgl. Mt 5,23f.; 17,24-27), allerdings wohl kaum mehr an dessen Opferkult.[3] Ebenfalls besuchten sie mit großer Wahrscheinlichkeit die Wortgottesdienste in der Synagoge am Sabbat.[4] Von daher verwundert es nicht, dass im christlichen Gottesdienst bis heute etliche Elemente aus jüdischer Tradition stammen,[5] etwa der Brauch der Schriftlesung und -auslegung, bestimmte Gebetsstrukturen, ja sogar Melodien. Daneben ist auf die besondere Prägung des Synagogengottesdienstes dadurch hinzuweisen, dass in ihm grundsätzlich jeder jüdische Mann aus der Schrift lesen und diese auslegen darf (sowie hiermit verbunden eine gewisse Ortsunabhängigkeit). Diese große Offenheit wirkte in den urchristlichen Zusammenkünften weiter. Erst bei Ignatius von Antiochien findet sich ein Hinweis darauf, dass das Bischofsamt mit der Leitung des Gottesdienstes verbunden ist.[6]

2. Dazu kamen missionarische Versammlungen, wie etwa im Hörsaal des Rhetors Tyrannos (Apg 19,9f.). Ob es von Anfang an – neben den genannten liturgischen Formen – eigenständige Wortgottesdienste gab, ist historisch umstritten.[7] Auf jeden Fall begegnen – entsprechend jüdischer Sitte – während der Woche Gebetsgottesdienste (Apg 4,23-31).

3. Allerdings sprengten offensichtlich die Mahlfeier und die Taufe, die beide ebenfalls seit Beginn der Kirche nachweisbar sind, diesen Rahmen

---

3. J. Roloff, Zur diakonischen Dimension und Bedeutung von Gottesdienst und Herrenmahl, in: ders., Exegetische Verantwortung in der Kirche, hg. v. M. Karrer, Göttingen 1990, 208; F. Hahn, Der urchristliche Gottesdienst, Stuttgart 1970, 39f.
4. J. Roloff, Der Gottesdienst im Urchristentum, in: H.-Chr. Schmidt-Lauber, K.-H. Bieritz, Hg., Handbuch der Liturgik, Leipzig ²1995, 48; s. die Zusammenstellung des vermutlichen Ablaufs eines synagogalen Sabbatgottesdienstes in H. B. Meyer, Eucharistie. Geschichte, Theologie, Pastoral (GdK 4,) Regensburg 1989, 55f.
5. S. zur Einführung in die diesbezügliche, im Einzelnen durchaus kontroverse Fachdiskussion F. Schulz, Die jüdischen Wurzeln des christlichen Gottesdienstes, in: ders., Synaxis, Göttingen 1997, 15-36; vgl. J. J. Petuchowski, Zur Geschichte der jüdischen Liturgie, in: H. H. Henrix, Hg., Jüdische Liturgie. Geschichte – Struktur – Wesen, Freiburg 1979, 13-32.
6. Hahn, Gottesdienst III, 36.
7. Roloff, Gottesdienst, 60, ist eher skeptisch, Hahn, Gottesdienst III, 33, nimmt dies dagegen an.

traditioneller jüdischer Frömmigkeit und legten so den Grundstein für eine eigenständige liturgische Entwicklung.

1.2 Kultkritischer Neuansatz

Scheint also – abgesehen von den zentralen Akten des Herrenmahls und der Taufe – auf den ersten Blick das liturgische Leben der ersten Christen eher im konventionellen Rahmen einer jüdischen Sondergruppe verlaufen zu sein, so weist die Tatsache, dass im Neuen Testament offensichtlich bewusst kultische Terminologie gemieden wurde, in eine andere Richtung, nämlich die eines grundsätzlichen Neuansatzes. Allerdings nimmt die Urgemeinde auch dabei jüdische, speziell prophetische Tradition auf.

Traditionelle kultische Begriffe wie »Liturgie« (leiturgia)[8], »Dienst« (threskeia), »Opfer« (thysia) o. ä.[9] werden im Neuen Testament nur bzw. vornehmlich in nicht-rituellen bzw. übertragenen Zusammenhängen verwendet.

Am deutlichsten wird diese *Distanz zu kultischen Vorstellungen* begrifflich bei dem Vollzug, der uns Heutigen wohl am ehesten als kultisch erscheint, beim *Abendmahl*: »Neben verbale Wendungen, die das Zusammensein von Menschen umschreiben (synerchesthai: 1. Kor. 11,17f.20.33f.; 14,23.26; synagesthai: Apg. 4,31; 20,7f.; Did. 14,1; einai epi to auto: Apg. 2,44; 1. Kor. 11,20; 14,23) oder die gemeinsame Mahlhandlung schildern (das Brot brechen: Apg. 2,42.46; 20,7.11; 1. Kor. 10,16; Did. 14,1), tritt um die Wende zum 2. Jahrhundert der Begriff ›Gemeinschaft‹ (synaxis: 1. Clem. 34,7; Just. Apol. I,65). Man wird daraus folgern dürfen, daß das Zusammenkommen zum gemeinsamen Vollzug des Mahles die primäre Motivation für die Entwicklung einer genuin christlichen Gemeinschaftsform gewesen ist.«[10] Jürgen Roloff zieht daraus den Schluss: »So zeigt sich bereits an der Anleihen aus der Kultsprache vermeidenden Terminologie, daß diese Handlung nicht den Sinn eines sakralen kultischen Rituals hatte, sondern Teil und Mitte des konkreten Lebensvollzuges der Gemeinde war.«[11]

Von diesem Befund her ist es nicht möglich, für unsere heutigen Gottesdienste unmittelbar Anleihen aus dem Neuen Testament zu entnehmen,

---

8. H. Strathmann, Art. leiturgeo und leiturgia im NT, in: ThWNT 4 (1942), 232-235.
9. Hahn, Gottesdienst (1970), 34-36, hat die wichtigsten Begriffe und deren Neuinterpretation knapp zusammengestellt.
10. J. Roloff, Heil als Gemeinschaft. Kommunikative Faktoren im urchristlichen Herrenmahl, in: ders., Exegetische Verantwortung in der Kirche, hg. v. M. Karrer, Göttingen 1990, 176.
11. Ebd. 177.

ohne dass dieser kultkritische Zug Berücksichtigung findet. Vielmehr stellt hier das Neue Testament unser umgangssprachliches, primär rituelles Verständnis von »Gottesdienst« grundsätzlich in Frage.

In diese Richtung weist auch eine Analyse des Neuen Testaments hinsichtlich des *Priesteramts*. Die heute selbstverständliche Leitung des Gottesdienstes (bzw. der Gemeindezusammenkunft) durch einen Pfarrer/eine Pfarrerin war in der frühen Christenheit nicht üblich. Begrifflich ist in diesem Zusammenhang interessant: »Auch die meisten im Neuen Testament gebräuchlichen Bezeichnungen kirchlicher Funktionsträger, wie apostolos, episkopos und diakonos, sind nicht aus der zeitgenössischen administrativen und kultischen Sprache entnommen, sondern aus terminologisch weitgehend offenen Wortstämmen entwickelt worden.«[12] Grundsätzlich gilt, dass jede Vollmacht in der Kirche übertragene Vollmacht ist, die allein von Jesus Christus ausgeht.[13] Bei Beauftragungen von Menschen durch Jesus ist »Dienst« (diakonia) die entscheidende Kategorie (Mk 10,43 ff., Mt 20,26 ff.), weil Jesus selbst sein Wirken so versteht (Luk 22,27). Nach seinem Tod bewirkt der Heilige Geist die Vielfalt der Gaben und Dienste, die für den Aufbau der Gemeinde notwendig ist. Die Pluriformität drückt Paulus – gegen die »Überapostel« (2 Kor 11,5) – im Bild vom Leib Christi aus,[14] das das Geschehen im Herrenmahl ekklesiologisch auf den Begriff bringt. Zwar sind bereits bei Paulus bestimmte Vorordnungen von Diensten erkennbar (1 Kor 12,28), aber ein eigenes Priesteramt, als Mittler im Kult, ist selbst in den neutestamentlichen Spätschriften nicht im Blick. Vielmehr wird der Priesterbegriff hier übertragen für die Charakterisierung des Wirkens Jesu Christi gebraucht; ein besonderes Amt hat vor allem der rechten Lehre zu dienen und ist seinerseits an die apostolische Lehre gebunden.[15]

So kann konstatiert werden, dass »überall dort, wo überhaupt Priestervorstellungen in das Neue Testament aufgenommen sind, eine radikale Umformung der Überlieferungselemente vorliegt. Einen priesterlichen Dienst im Sinn des Vollzugs kultischer Handlungen gibt es danach jedenfalls nicht mehr.«[16]

---

12. J. Roloff, Amt/Ämter/Amtsverständnis IV. Neues Testament, in: TRE 2 (1978), 510 (im Original sind die griechischen Worte in entsprechenden Buchstaben abgedruckt).
13. F. Hahn, Neutestamentliche Grundlagen für eine Lehre vom kirchlichen Amt, in: ders., W. Joest, B. Kötting, H. Mühlen, Dienst und Amt. Überlebensfrage der Kirchen, Regensburg 1973, 16.
14. Ebd. 22 f.
15. Ebd. 29.
16. Ebd. 34.

1.3 Zeit und Ort

Schließlich ist noch darauf hinzuweisen, dass auch bestimmte, heute selbstverständlich mit »Gottesdienst« verbundene zeitliche und örtliche Verhältnisse zu neutestamentlicher Zeit fremd waren.

1. So fanden wohl die Herrenmahlfeiern in den ersten Gemeinden nachts (Apg 20,7 f.; 12,12), wahrscheinlich – nach anfänglich täglichen Treffen (Apg 2,46) – in der Nacht vom Samstag zum Sonntag[17] statt. Dies dürfte u. a. – neben der Orientierung an dem jüdischen Zeitverständnis, nach dem der neue Tag mit dem Sonnenuntergang beginnt – auch mit der einfachen Tatsache zusammenhängen, dass entsprechend der geschäftsmäßigen Gepflogenheiten damaliger Gesellschaft nur die Nacht als freie Zeit für eine Zusammenkunft in Frage kam.

2. Dazu sucht der heutige Leser vergeblich im Neuen Testament nach Nachrichten zu den Gottesdienstformen, die sich – wie gezeigt – heute großer Beliebtheit erfreuen, nämlich zu christlichen Festgottesdiensten und Gottesdiensten an Übergängen im Lebenslauf. Der christliche Festkalender bildete sich – wie später genauer gezeigt wird – erst im 3. und 4. Jahrhundert aus. Die uns vertrauten Gottesdienste zu Konfirmation, Eheschließung und Bestattung sind noch viel später entstanden. Allein die Taufe und hiermit also ein primär biographiebezogener Gottesdienst begegnet von Anfang an, allerdings (in der Regel) als Ausdruck einer Glaubensentscheidung Erwachsener.

3. Endlich ist in Erinnerung zu rufen, dass der uns heute selbstverständliche Gottesdienstort der »Kirche« noch nicht bestand. Vielmehr trafen sich die ersten Christen, wenn nicht im Tempel oder in einer Synagoge, in Häusern. Damit standen sie durchaus in jüdischer Tradition, in der mit der familiären Sabbatfeier und einer umfassenden Berakah-Praxis die Familie (bzw. das Haus) eine bedeutende liturgische Funktion hatte. Also ist auch von hierher Vorsicht geboten, heutige »Gottesdienste« vorschnell in unvermittelte Verbindung mit neutestamentlichen Aussagen zu liturgischen Akten zu setzen. Denn das gottesdienstliche Leben der Christen ist in den ersten Jahrhunderten untrennbar mit der Sozialstruktur der Hausgemeinde

---

17. So überzeugend R. Staats, Die Sonntagnachtgottesdienste der christlichen Frühzeit, in: ZNW 66 (1975), 242-263. Interessant ist auch sein Hinweis darauf, dass »der eigentliche Sinn mancher neutestamentlicher Texte besser verstanden werden (könnte), wenn gerade die so beiläufige Spur des Motivs der Nacht verfolgt wird«, schließlich sogar seine Frage, »ob nicht sogar eine so umfassende Thematik wie der Dualismus von Finsternis und Licht von hier aus eine neue Verständlichkeit erhalten könnte« (ebd. 263).

verbunden, die wohl etwa zwischen zehn und vierzig Personen umfasste und von daher bestimmte Kommunikationsformen bevorzugte.[18]

1.4 Ähnlichkeiten zu heute

Interessant ist aber trotz dieser Vorbehalte, dass offensichtlich schon den ersten Christen Probleme begegneten, die auch heute liturgische Praxis belasten:

1. Bereits die ersten Christen befanden sich entsprechend dem religiösen Pluralismus damaliger Zeit von Anfang an in *Konkurrenz zu anderen Kulten*. Die Auseinandersetzung des Apostels Paulus mit der Frage des Genusses von Götzenopferfleisch (1 Kor 10,14-22) spiegelt einen solchen Konflikt. Deutlich tritt hier – für damalige religiöse Strömungen etwa im Mysterienbereich ungewöhnlich – der Exklusivitätsanspruch christlicher Gemeinschaft zu Tage.[19]

2. Ferner begegnet, wenn auch nur am Rand, aber in durchaus dramatischer Form, im Neuen Testament ebenfalls die *Gottesdienstmüdigkeit* (Apg 20,9), später das Problem nicht regelmäßigen Gottesdienstbesuchs (Hebr 10,25), ohne dass dies aber ausführlich bedacht wurde.

2. Entscheidende Impulse durch den irdischen Jesus

Der bereits angedeutete liturgische Neuansatz urchristlicher Gemeindezusammenkünfte ist durch das irdische Wirken Jesu begründet.

Wie schon erwähnt, nahm Jesus selbstverständlich am Tempel- und Synagogengottesdienst teil. »Sein Wirken erfolgte inmitten Israels und für Israel, jenes Volk, das sich nicht nur als soziales Gebilde, sondern in einem auch für die damalige Welt der Spätantike vergleichslosen Maße als Kult- und Gottesdienstgemeinde verstand.«[20] Allerdings sprengte er an mehreren Stellen die hierbei traditionell vorausgesetzte kultische Vorstellungswelt:

1. Grundsätzlich kultkritisch war die Zurückweisung der Unterscheidung

---

18. S. den Exkurs »Urchristliche Hausgemeinden« in: P. Stuhlmacher, Der Brief an Philemon (EKK), Zürich 1975, 70-75.
19. W. Schrage, Der erste Brief an die Korinther Bd. 2 (EKK VII/2), Solothurn 1995, 447: »Ein religiöser Tanz auf verschiedenen kultischen Hochzeiten mit einem unverbindlichen Hin und Her und Sowohl-Als-auch würde das hier unausweichlich gebotene Entweder-Oder ignorieren.«
20. Roloff, Dimension, 201.

von rein und unrein (Mk 7,1-23), insofern sie die Basis für jedes kultische Handeln in Frage stellte.

2. Die sog. Tempelaustreibung (Mk 11,15-17 par.) wies deutlich auf die nach Jesu Meinung bevorstehende Aufhebung des Opferkultes hin, indem er dessen wesentliche materielle Grundlagen, nämlich die Opfertiere und das zum Eintauschen zugelassene Geld, zeichenhaft abschaffte.

3. Die Inanspruchnahme der Vollmacht, Sünden zu vergeben (Mk 2,5-7 par.; Luk 7,48 f.) stellt eine wesentliche Funktion des Tempelkultes in Frage.

Im Hintergrund dieses in hohem Maße als anstößig empfundenen Verhaltens steht *Jesu Anliegen, die Zuwendung Gottes zu den Menschen zum Schlüssel auch des gottesdienstlichen Geschehens zu machen bzw. dieses dem das ganze Leben, nicht nur den Kult umfassenden Heilshandeln Gottes einzuordnen.* Damit stand Jesus – wie seine explizite Übernahme der prophetischen Kultkritik zeigt (nach Mt 9,13; 12,7 zitiert er Hos 6,6) – durchaus in alttestamentlicher Tradition, radikalisierte diese aber in für damalige Repräsentanten des Judentums unerträglicher Weise. Besonders deutlich kam dieses »Evangelium« Jesu in seinen Mahlgemeinschaften zum Ausdruck.

Deshalb ist es nicht verwunderlich, dass gerade in diesen Mahlzeiten, vor allem in Jesu Abschiedsmahl, der wesentliche Impuls zum liturgischen Neuansatz liegt.[21] Hier muss daran erinnert werden, dass damals nicht wenige Menschen Hunger und Durst als ständige Begleiter kannten. Von daher verbietet es sich, die real-leibliche Tatsache der Mahlzeiten Jesu vorschnell symbolisch zu überspielen. Auf diesem Hintergrund streicht Roloff überzeugend den »*diakonischen« Zug der Mahlzeiten Jesu* heraus. »Diakonein war ursprünglich ein technischer Begriff zur Kennzeichnung von Dienstleistungen, wie sie vor allem im Umkreis des Gastmahls anfielen; man kann es sinngemäß übersetzen mit ›bei Tisch aufwarten‹.«[22] So tritt also der dienende Grundzug Jesu (vgl. Mk 10,45; Joh 13,15) in großer Verdichtung in seinem Abschiedsmahl zu Tage und wird zugleich für die später feiernde Gemeinde zur Verpflichtung.

Ferner ist an die *eschatologische Dimension* der Verkündigung Jesu zu erinnern, die ebenfalls in seinen Mahlzeiten durchscheint. »Ohne Zweifel hatten diese Mahlzeiten eine die Zukunft öffnende Bedeutung. Sie waren Ausblick und Vorwegnahme des großen Festmahles der kommenden messianischen Heilszeit, die man sich im geläufigen Bild festlicher Tischgemeinschaft Israels mit dem Messias vorstellte (Mk 14,25).«[23]

---

21. So etwa Roloff, Gottesdienst, 48; Hahn, Gottesdienst III, 30.
22. Roloff, Dimension, 204 f.
23. Ebd. 203.

In der Wirkung historisch nicht so klar bestimmbar wie die Mahlzeiten Jesu, aber doch ebenfalls von grundlegender Wichtigkeit für die liturgische Praxis der ersten Christen war die Tatsache, dass sich Jesus durch Johannes taufen ließ. Zwar ist es historisch schwierig, die spätere christliche Taufe unmittelbar aus der Johannestaufe abzuleiten,[24] doch besteht zweifellos ein wichtiger Zusammenhang zwischen der Taufe Jesu und der späteren, offensichtlich von Anfang an selbstverständlichen urchristlichen Taufpraxis.

3. Liturgische Konsequenzen aus dem Christusgeschehen

Auf dem skizzierten Hintergrund jüdischer Gottesdienstpraxis entstand durch die eben dargestellten Impulse Jesu Christi die bereits in 2.1. skizzierte liturgische Situation der Urgemeinde. Sie ist besonders durch Taufe und Abendmahl geprägt. Die jeweiligen Konsequenzen, die aus dem Tod und der Auferweckung Jesu Christi für das Gottesdienstverständnis gezogen wurden, sollen jetzt noch genauer in den Blick kommen. Dabei ist *grundlegend: Der bisherige Kult ist durch das Christusgeschehen überholt.*

»Der Kultus mit seinen konstitutiven Größen Tempel und Opfer, aber auch mit seiner Verpflichtung, durch Einhaltung eines bestimmten Rituals das Gottesverhältnis zu stabilisieren, galt als durch Christus überwunden. Das bezeugen in grundsätzlicher theologischer Reflexion je in ihrer Weise Markus, Paulus und der Hebräerbrief: Der Tempelvorhang zerreißt im Augenblick des Todes Jesu (Mk 15,38), und Gottes Gegenwart wird fortan nicht mehr an jenem Ort gesucht werden können, wo der kultische Dienst der Priester geschieht; das jährlich im Kult des Großen Versöhnungstages dargebrachte Opfer ist für alle Zeiten durch den einmaligen Gerechtigkeitserweis Gottes im Sterben Jesu aufgehoben (Röm 3,24ff.); Christus, der ewige Hohepriester, hat durch die Darbringung seines eigenen Blutes im himmlischen Heiligtum ›eine ewige Erlösung gewirkt‹ und damit allen bisherigen vergänglichen Kult zum Abschluß gebracht (Hebr 9,11ff.). Fortan kann sinnvoller ›Gottesdienst‹ nicht mehr in kultischen Verrichtungen, sondern einzig in einem aktiven Eintreten in das von Christus ein für allemal gewirkte Heil, und das heißt: in dankbarem Gehorsam und tätiger Liebe geschehen.«[25]

Von der gegenwärtigen liturgischen Situation her interessieren besonders die Aspekte der Gemeinschaft und Verständlichkeit.

---

24. S. G. Barth, Die Taufe in frühchristlicher Zeit, Neukirchen-Vluyn 1981, 11-43.
25. Roloff, Heil, 174.

3.1 Gemeinschaftsverständnis

Wie bereits kurz erwähnt begegnet ab dem zweiten Jahrhundert der Begriff »Gemeinschaft« als Bezeichnung für das Abendmahl. Er ist sorgfältig zu analysieren, da zum einen gerade in der Frage nach der konkreten Gestaltung von »Gemeinschaft« ein wichtiges Problem gegenwärtiger liturgischer Praxis und Theorie liegt, zum anderen seine umgangssprachlich übliche Bedeutung den theologisch und dann auch praktisch entscheidenden Sachverhalt verdeckt. *Der genaue Sinn von »Gemeinschaft« im liturgischen Sinn geht aus 1 Kor 10,16-18 hervor.* Wolfgang Schrage hat ihn präzise herausgearbeitet: »Wie schon zu 1,9 gezeigt, ist die Grundbedeutung von ›koinonia‹ die der ›Gemeinschaft (mit jemandem) durch (gemeinsame) Teilhabe (an etwas)‹, wobei auch hier sowohl Anteilhabe durch Anteilgabe als auch die dadurch entstehende Gemeinschaft im Blick ist. Im Vordergrund von V 16 steht wegen der Parallelität zu ›metechein‹ [teilhaben, C. G.] (V 14.21) dabei der Sinn der Anteilhabe am Blut und Leib Christi, worin die Christen durch das Essen und Trinken einbezogen werden, weshalb die meisten mit Recht die Partizipation am Christus akzentuieren ... Zwar ist für Paulus selbst auch die Gemeinschaft untereinander im Blick, durch die die das Mahl gemeinsam Feiernden verbunden werden, wie V 17 sicherstellt, die Kategorie der participatio bleibt jedoch grundlegend, und die communio untereinander bildet deren Konsequenz.«[26]

Gerade angesichts der heute in kirchlichen Kreisen oft eher unpräzisen Redeweise von »Gemeinschaft« (im Sinn sozialer Nähe und Wärme) ist das hier gegebene Gefälle genau zu beachten. *Im Abendmahl schenkt Christus dem Menschen seine Gemeinschaft. Daraus folgen dann Konsequenzen für die Gemeinschaft der solchermaßen mit Christus Verbundenen.* Diese sind nur dann nicht missverstanden, wenn ihr Grund in der Gabe Jesu Christi deutlich festgehalten wird.

Umgekehrt geht aus dem Streit um die rechte Abendmahlsfeier in Korinth hervor, dass bestimmte gemeinschaftswidrige Verhaltensweisen der Gemeindeglieder untereinander die Gemeinschaft mit Christus zerstören können. Es ist wohl nicht zufällig, sondern zeigt die besondere Gefährdung christlicher Gemeinschaft und damit des Abendmahls, dass dieser Streit an der Stelle auftrat, die Roloff vom Handeln des irdischen Jesus her als »diakonisch« bezeichnet.[27] Denn durch das vorzeitige Essen bleiben die Reicheren den Ärmeren einen brüderlichen Ausgleich schuldig. Mit seiner Kritik

---

26. Schrage, Brief an die Korinther Bd. 2, 437 (im Original sind die griechischen Worte in entsprechenden Buchstaben abgedruckt).
27. Roloff, Dimension, 211.

an den reichen Korinthern nimmt Paulus die schon bei Jesus zu konstatierende »Aufhebung der Grenze zwischen den Bereichen des Sakralen und des Profanen« auf.[28]

In allgemeinerer Form erfasst der paulinische Begriff der »*logike latreia*« (vernünftiger Gottesdienst, Röm 12,1 f.) diesen für die liturgische Gestaltung fundamentalen Ansatz. Damit weist der Apostel – in der Nachfolge Jesu – eine Unterscheidung zwischen liturgisch-religiösem und gesellschaftlich-sozialem Bereich zurück und bestimmt *das ganze Leben des Christen als Gottesdienst.*

3.2 Taufe und Abendmahl

Noch klarer tritt die besondere Form christlicher Gemeinschaft hervor, wenn die Taufe näher betrachtet wird. Denn sie bildet im Leben der Einzelnen – wie explizit erstmals Did 9,5 (Justin Apol I,66) erwähnt – die Grundlage für die Anteilhabe an Christus im Mahl.

Wie das Abendmahl grundlegende Bedeutung für die Gemeinde hat, ist *die Taufe die Basis für die christliche Existenz.*[29] Die Differenz und zugleich Zusammengehörigkeit beider liturgischer Vollzüge werden deutlich, wenn ihr jeweiliger anamnetischer Charakter präzisiert wird. Während die Mahlfeier – wie in den eucharistischen Gebeten ausführlich formuliert – an die Heilsgeschichte erinnert, hat in der Taufe die »individualgeschichtliche Anamnese«[30] ihren Ort. In der Taufe tritt Christus in das Leben des Einzelnen und legt damit den Grund für seine Gemeinschaft mit den anderen, Christus ebenfalls durch die Taufe Verbundenen. Paulus arbeitete in Röm 6,1-11 den Zusammenhang zwischen Christus und dem Getauften anschaulich heraus.

Demnach ist also das Mahl ebenso auf die Taufe angewiesen, insofern hier der Mensch Anteil an Christus und seinem Geschick erhält, wie umgekehrt die Taufe auf das Mahl zielt, insofern hier die aus der gemeinsamen Verbundenheit mit Christus resultierende Gemeinschaft Ausdruck bekommt. Konkrete Gestalt gewann das besondere Verhältnis von Taufe und Mahl in der lange Zeit üblichen Taufeucharistie, also in dem Taufe und anschließende Mahlfeier umfassenden Initiationsakt.

---

28. Ebd. 214.
29. Roloff, Gottesdienst, 61.
30. Ebd. 66.

3.3 Verständlichkeit

Der den konkreten liturgischen Handlungsvollzug übergreifende Zusammenhang mit dem gesamten Leben, der bereits in Jesu Kultkritik und in der Zurückhaltung gegenüber kultisch-religiöser Terminologie in der Urchristenheit begegnete, kommt auch in der schon neutestamentlich anklingenden Verbindung von Taufe und Katechumenat (Apg 8,26-39; vgl. Mt 28,19) zum Ausdruck. Hier geht es wesentlich um das Verstehen des auch für die Taufe grundlegenden Evangeliums, das die Basis für ein Leben in der Nachfolge ist.

Entsprechend der Entwertung ritueller Vermittlungsinstanzen des traditionellen Kultes wie des Opfers tritt – vor dem Hintergrund der Exklusivität christlicher Daseinsorientierung – der Gesichtspunkt der Verständlichkeit als grundlegende liturgische Kategorie auch in der Auseinandersetzung von Paulus mit den Korinthern über deren gottesdienstliche Gestaltung hervor. Gegenüber der Faszination durch die Glossolalie betont der Apostel den Gesichtspunkt der *Verständlichkeit* (1 Kor 14). Besonderes Gewicht erhalten für ihn die »Ungläubigen« (und »Unkundigen«), die durch exzessive Zungenrede in der Gemeindezusammenkunft nur verwirrt würden. Sie werden geradezu zum Prüfstein für die Angemessenheit liturgischer Vollzüge (1 Kor 14,23-26).

Implizit geht aus diesem Argument die Offenheit urchristlicher Gottesdienste auch für Außenstehende hervor. Leitendes liturgisches Kriterium dürfte dabei wohl die in 1 Kor 14,1 genannte Liebe sein, die sich dann konkret für die Gemeinde in deren Auferbauung äußert. Von daher wäre auch eine kognitive Reduktion von »Verständlichkeit« verfehlt. Vielmehr geht es darum, dass im Gottesdienst alle Anwesenden gleichermaßen Berücksichtigung finden und sich nicht einige – lieblos – vordrängen und mit ihren besonderen Gaben brillieren.

3. Kapitel: Heutige liturgische Situation in neutestamentlicher Perspektive

Im Folgenden werden die vorausgehenden Ausführungen noch einmal in Form von Kriterien systematisch gebündelt und zugleich ihre Relevanz für die Beurteilung der heutigen liturgischen Situation dargestellt. Der dabei *grundlegende und entscheidende Bezug liturgischen Handelns auf Jesus Christus* wird in einem ersten Abschnitt direkt thematisiert, begründet aber auch die weiteren Kriterien des Gemeinschaftsbezugs und der Verständlichkeit.

1. Kriterium des Christusbezugs

Deutlich tritt historisch und – wie das Zeugnis des Neuen Testaments zeigt – auch systematisch als Besonderheit christlichen Gottesdienstverständnisses der Bezug auf Jesus Christus hervor.

Dies gilt zum ersten hinsichtlich neuer besonderer liturgischer Formen, nämlich der Taufe und des Abendmahls. Beide sind, wenn auch in unterschiedlicher Weise, ohne Bezug auf das Wirken und Geschick des irdischen Jesus und zugleich die Botschaft von seiner Auferweckung nicht zu verstehen. Entsprechend diesem klaren Bezug auf den Grund christlichen Glaubens stehen beide Akte von Anfang an im Zentrum christlicher Gemeinde und ihrer Zusammenkünfte. Während vom Kommunikationsvollzug her bei der Taufe stärker die Zugehörigkeit des Einzelnen zu Christus zur Darstellung kommt, tritt im Abendmahl mehr die Verbundenheit der mit Christus Gemeinschaft Habenden hervor.

Die gegenwärtige liturgische Praxis der meisten evangelischen Gemeinden steht hierzu in deutlicher Spannung:

1. Der besondere biographische Bezug von Gottesdienst findet seinen Ausdruck in den verschiedenen Gottesdiensten an Übergängen im Lebenslauf. Dass gerade hier ein besonderes Bedürfnis nach Begleitung in einer als unsicher empfundenen Zeit besteht, legen die soziologischen Befunde nahe, die in den Begriffen Risiko- und Erlebnisgesellschaft begrifflich zusammengefasst sind. Die Taufe ist dabei allerdings nur ein kirchlicher Ritus neben anderen.

Genau an dieser Stelle bestehen Problem und Chance der heutigen Praxis zugleich:

Das Problem zeigt sich darin, dass der familiäre Kontext der lebensbegleitenden Gottesdienste weithin den Christusbezug überlagert. Dieser ist aber der wesentliche Inhalt der Taufe auch und gerade in ihrem besonderen Biographiebezug.

Die Chance liegt darin, dass die weiteren biographiebezogenen Gottesdienste an inhaltlichem, genauer tauftheologischem und damit christusbezogenen Profil gewinnen könnten, wenn sie auf die Taufe zurückbezogen und diese entsprechend profiliert würde. Im 3. Teil (6. Kapitel 2.) wird gezeigt, dass bestimmte Veränderungen in der gegenwärtigen Taufpraxis in Deutschland hierzu eine gute Ausgangsbasis bieten. *Bei einer erneuerten Taufpraxis könnten also die von der großen Bevölkerungsmehrheit nachgesuchten Gottesdienste an Übergängen im Lebenslauf theologisches Profil gewinnen, und zwar als solenne Tauferinnerungen, und zugleich den das ganze Leben umfassenden, sogar über den biologischen Tod hinausreichenden Prozesscharakter der Taufe unterstreichen.* Der theologische Gehalt der Taufe diente dann zur Erschließung, Präzisierung und Korrektur der allgemein verbreiteten familienzentrierten Religiosität.

2. Mit Problemen der Taufpraxis, in der nicht hinreichend (verständlich) der Christusbezug zur Darstellung kommt, kann auch die Spannung neutestamentlicher Perspektiven und heutiger Abendmahlspraxis in Zusammenhang gebracht werden. Das Abendmahl als ein eher am Rande des gottesdienstlichen Lebens vieler evangelischer Gemeinden stehender Ritus wird nicht selten primär als Ausdruck der Gemeinschaft von Menschen untereinander verstanden. Dabei droht der für diese Gemeinschaft nach neutestamentlichem Zeugnis grundlegende Christusbezug zurückzutreten bzw. gar verloren zu gehen. Zugespitzt in soziologischer Terminologie formuliert: das Abendmahl wird zum Ritus eines Vereins. Demgegenüber könnte eine deutlicher den Christusbezug darstellende Taufpraxis den Grund für die Einsicht legen, *dass auch das Abendmahl zuerst die Gemeinschaft Christi mit den ihm durch die Taufe gemeinschaftlich Verbundenen darstellt,* was dann notwendig Konsequenzen für die Gemeinschaft der Kommunizierenden hat.

In diesem Zusammenhang rückt der Verlust der in urchristlicher Zeit wohl selbstverständlichen Taufeucharistie in den Blick, insofern hier die sachliche Verbundenheit zwischen beiden Formen der Gemeinschaft mit Jesus Christus zum Ausdruck kam.

Weiter sind die unmittelbar aus dem Christusbezug resultierenden Konsequenzen für christliches Gottesdienstverständnis zu bedenken:

1. *Christliches Gottesdienstverständnis impliziert eine deutliche Distanz zum Kult als einem Sonderbereich des Lebens. Die weitgehende Verkirchli-*

chung religiöser Praxis bei den meisten Evangelischen steht dazu in deutlicher Spannung. Das besondere Verhältnis Gottes zu den Menschen droht dadurch den Bezug auf den Alltag zu verlieren.

Alltag im engeren Sinn steht hier für den Bereich der sich wiederholenden Vollzüge des Lebens, die routiniert erledigt werden; im weiteren Sinn gehören hierzu auch die jeweiligen gesellschaftlichen, ökonomischen und politischen Rahmenbedingungen, die ja unbewusst in die Alltagsroutine eingebaut sind.[1]

Vom Problem des Bezugs zum Alltag her verdienen die in Familien mit kleinen Kindern teilweise begegnenden Relikte aus früheren Hausandachten, aber auch entsprechende liturgische Versuche von Frauengruppen große Beachtung. Denn hier tritt – etwa im Abendgebet – der im paulinischen Begriff des Gottesdienstes im Alltag der Welt (logike latreia, Röm 12,1 f.) formulierte *untrennbare Zusammenhang zwischen kultischem Handeln und allgemeinem Ethos* hervor, also ein Spezifikum christlichen Gottesdienstverständnisses.

Hinsichtlich des Zusammenhangs von Gottesdienst mit den gesellschaftlichen und politischen Rahmenbedingungen hilft die Erinnerung an die Friedensgebete am Ende der DDR weiter. Es ist nicht zufällig, dass hier der kirchliche Raum im gottesdienstlichen Handeln eindrucksvoll überschritten wurde. Die Menschen trugen die während der liturgischen Feier entzündeten Kerzen nach draußen und machten damit den gehörten Zuspruch des Evangeliums für die politische Auseinandersetzung fruchtbar.

Am problematischsten ist vielleicht heute der hohe Grad an ritueller Stilisierung in vielen Abendmahlsfeiern. Die von Paulus auf dem konkreten Hintergrund der korinthischen Auseinandersetzungen ungewollt initiierte Trennung von Sättigungs- und Gedächtnismahl hat zu einer fast völligen rituellen Reduktion des Abendmahls in den evangelischen Kirchen und damit einer weitgehenden Isolation vom Alltag geführt. Der Mahlcharakter und damit der Bezug zur alltäglichen Nahrungsaufnahme sind in der Regel[2] verloren gegangen.

Dies betrifft den Alltag vieler Menschen mittelbar, weil es zu einem empfindlichen Verlust konterkultureller Kraft christlichen Gottesdienstes führt. Denn bei der Nahrungsaufnahme greift gegenwärtig eine traditionelle Gemeinschaftsformen zerstörende Individualisierung um sich, deren augenfälligstes Symbol die Ausbreitung von Fast-Food-Restaurants und Kantinen

---

1. S. ausführlicher Berger, Luckmann, Konstruktion, 21-48.
2. Eine gewisse Ausnahme sind die vor allem in reformierten Gemeinden üblichen Tischabendmahlsfeiern an Gründonnerstag.

ist. Dieser problematischen, z. T. gesundheitsgefährdenden Tendenz steht das Abendmahl als Ritus gemeinschaftlichen Essens und Trinkens gegenüber. Eine angemessene Abendmahlsfeier, also eine mit erfahrbarem Mahlcharakter, wäre in solcher Situation ein Gegenmodell gegen eine bedenkliche Entwicklung.

2. Zu dem weiten, den Alltag umfassenden Grundverständnis von Gottesdienst gehört auch die bemerkenswerte *Zurückhaltung im Neuen Testament gegenüber einem besonderen Priesteramt*. Hierzu steht – in heutiger liturgischer Praxis – die Dominanz des Pfarrers/der Pfarrerin in den meisten evangelischen Gottesdiensten in deutlicher Spannung. Schon die Tatsache, dass er/sie als einzige Person ein deutlich erkennbares liturgisches Gewand trägt, rückt ihn/sie in den Bereich des Priesterlichen. Die exklusive Zuweisung der Predigt zum Pfarrer/zur Pfarrerin unterstreicht angesichts des Gewichts von Rede im evangelischen Gottesdienst diesen Eindruck. War es zu Jesu Zeiten in den Synagogen noch selbstverständlich, dass jeder erwachsene Jude die Schrift öffentlich lesen und auslegen durfte, ist dies in einer Kirche fast undenkbar geworden, die aber grundsätzlich die im Judentum tragende Vorstellung von der unmittelbaren Verbundenheit jedes (und inzwischen auch jeder) Einzelnen mit Gott teilt.[3] In diesem Zusammenhang ist zu überlegen, wie die im reformatorischen Begriff des allgemeinen Priestertums aller Getauften[4] zum Ausdruck kommende theologische Einsicht auch liturgisch (und homiletisch) besser Gestalt gewinnen kann, ohne unrealistisch die allgemeinen gesellschaftlichen Prozesse der Differenzierung und damit auch Professionalisierung zu negieren.

3. Schließlich ist auf eine für die Anschaulichkeit und Erlebbarkeit des Christusbezugs wichtige *Veränderung im Zeitverständnis* hinzuweisen. Die ersten Christen haben sehr bald die aus dem Judentum übernommene Siebentagewoche durch die Herausstellung des auf den Sabbat folgenden Tages als Herrentag, genauer als Feiertag der Auferweckung Jesu Christi verändert. Von daher wurde jeder Christ im Wochen-Rhythmus an das Grunddatum seines Glaubens erinnert.

Offensichtlich erfüllt der Sonntag schon seit längerem nicht mehr diese Funktion. Er wandelte sich vom Herrentag zum allgemeinen Ruhetag, zu einem »christlichen Sabbat«.[5] Das u. a. im Zuge des Nachlassens der Nah-

---

3. Dass hier an die Stelle der Zugehörigkeit zum Volk Israel die Taufe getreten ist, ändert an der strukturell gleichen Grundauffassung nichts.
4. S. z. B. WA 6,407,13 f. 22 f. (vgl. zum Einzelnen H.-M. Barth, Einander Priester sein. Allgemeines Priestertum in ökumenischer Perspektive, Göttingen 1990, 29-53).
5. Zur historischen Entwicklung s. E. Spier, Der Sabbat, Berlin ²1992, 109-123.

erwartung sich bildende Kirchenjahr kann als Versuch verstanden werden, die ursprünglich dem Sonntag zukommende Christus-Anamnese im Zeit-Zyklus der Menschen zu verankern, der (bis ins 20. Jahrhundert hinein) wesentlich durch den Jahresrhythmus der Natur bestimmt war. Das Kirchenjahr prägt bis heute den Jahres-Rhythmus der deutschen Gesellschaft – am deutlichsten in den Schulferien greifbar – entscheidend. Wie der eingangs erwähnte Befund zum steigenden Gottesdienstbesuch an Heiligabend zeigt, scheint zur Zeit zumindest an Weihnachten der Kirchgang wieder stärkere Anziehungskraft zu gewinnen. Das in diesen Gottesdiensten übliche Verlesen der Geburtsgeschichte aus dem Lukas-Evangelium gewährleistet zweifellos einen deutlichen Christusbezug, z. T. in Vespern durch Krippenspiele in anschaulicher Weise ausgeführt.

Es stellt sich hier u. a. die Frage, ob eine entsprechende Prägung nicht auch für Ostern anzustreben und wie sie erreichbar sei. Dadurch würden der in der Geburtsgeschichte enge Bezug auf Familie und die Betonung der Inkarnation eine wichtige Komplementierung erfahren, nämlich das Erinnern an Passion und Auferweckung Jesu Christi.

2. Kriterium des Gemeinschaftsbezugs

Ein vom Christusbezug abgeleitetes Kriterium ist nach neutestamentlichem Zeugnis die für Gottesdienst charakteristische Gemeinschaft. Im Streit um die rechte Abendmahlsfeier stellte Paulus den Korinthern vor Augen, dass es sich hier, wenngleich eine Konsequenz aus dem Christusbezug, um ein unverzichtbares Element des Gottesdienstes handelt. Konkret macht die korinthische Auseinandersetzung deutlich, dass christliche Gemeinschaft nichts rein Geistiges, Innerliches o. ä. ist, sondern sogar den elementaren Bereich der leiblichen Sättigung umfasst.

Auch hier sind Spannungen zur gegenwärtigen liturgischen Praxis unübersehbar:

1. Die neutestamentlichen Texte setzen kleine überschaubare Gemeinden voraus, die sich in größeren Wohnhäusern zum Gottesdienst treffen konnten. Selbst die meisten freikirchlichen Gemeinden sind in Deutschland erheblich größer, von den landeskirchlichen Parochien ganz zu schweigen. Deshalb kann die durch kleine Zahlen und große soziale Dichte in den urchristlichen Gemeinden gekennzeichnete enge Gemeinschaft nicht ohne weiteres für heutige Verhältnisse als Vorbild dienen. Doch tritt im Neuen Testament ein Bereich als besonders sensibel (und damit gefährdet) für die besondere, in der Gemeinschaft mit Christus begründete Verbundenheit

von Christen untereinander hervor: der *Zusammenhang von Gottesdienst und diakonischem Handeln.*

Zwar zeigt sich schon im Neuen Testament, etwa in Apg 6,1, dass bei Anwachsen der Gemeinden Probleme auftraten, die durch die Verbundenheit mit Christus gegebene Gemeinschaft diakonisch angemessen zu gestalten, etwa in Form der Fürsorge der Reicheren für die Ärmeren. Doch war – wie die Kollekte des Paulus (1 Kor 16,2) zeigt – die auch direkt den materiellen Bereich betreffende gegenseitige Verpflichtung als liturgische Aufgabe präsent.

Vieles von dieser materiellen Fürsorge ist in unserer Gesellschaft in den allgemeinen Aufgabenbereich des Staates übergegangen bzw. wird durch diesen – unterstützt von diakonischen und karitativen Institutionen – wahrgenommen. Was früher freiwillig gegeben wurde, ist mittlerweile – durchaus als Wirkungsgeschichte der entsprechenden urchristlichen Impulse, wenn auch im Zuge komplexer geschichtlicher Prozesse transformiert – ein fester Bestandteil des allgemeinen Steuer- und Abgabenwesens geworden. Dennoch stellt sich angesichts der gerade in Taufe und Herrenmahl durchaus leiblich vermittelten Gemeinschaft die Frage, ob christlicher Gottesdienst den diakonischen Impuls übergehen kann, ohne Schaden zu nehmen. Not, auch materielle, umgibt uns auch heute. Droht nicht in manchen unserer Gottesdienste die Gemeinschaft der zum selben Milieu gehörigen Ähnlichen (und Sympathischen) die Gemeinschaft der durch die Taufe mit Jesus Christus Verbundenen zu ersetzen? Oder konstruktiv gewendet: Wie kann bestehende gottesdienstliche Gemeinschaft wieder durchsichtig gemacht werden auf eine das ganze Leben – über Milieugrenzen, ja den biologischen Tod hinaus – umfassende Gemeinschaft?

2. Weiter stellt sich die schwierige Frage, wie unter dem Gesichtspunkt der Gemeinschaft *Rundfunk- und Fernsehgottesdienste und neuerdings Internet-Gottesdienste* – zu bewerten sind. Auf den ersten, üblicherweise an der Gemeinschaft der Menschen untereinander im Sinne der vis-a-vis-Kommunikation orientierten Blick scheint hier jede soziale Verbundenheit zu fehlen. Dagegen ist zu fragen, ob nicht Rundfunk- und Fernsehgottesdienste doch hinsichtlich der für gottesdienstliche Gemeinschaft grundlegenden Beziehung des Einzelnen zu Jesus Christus eine wichtige Aufgabe wahrnehmen können. Wenn in einem Altenheim oder Krankenhaus ein bettlägeriger Patient etwa die Worte des Vaterunsers am Ende der Übertragung mitspricht, so drückt er hierdurch seine Verbundenheit mit Jesus Christus aus und nimmt damit durchaus an der Zusammenkunft der Christen teil, feiert also Gottesdienst. Und auch der Vielseher, der am Sonntagmorgen in eine Gottesdienstübertragung gerät, kommt in den Bereich der

Kommunikation des Evangeliums, und zwar in einer ihm vertrauten Kommunikationsform, nämlich der des Fernsehens.

Ein vollständiger Ersatz des Gottesdienstes mit unmittelbarer sozialer Begegnung durch Fernsehgottesdienste ist nicht zu erwarten.[6] Denn er ist schon dadurch nicht möglich, dass die Taufe und das Abendmahl als die beiden fundamentalen Vollzüge chrisflichen Lebens ein unmittelbares menschliches Gegenüber und leibliches Handeln erfordern. Auch steht die Rezeption der Rundfunk- und Fernsehgottesdienste bei den Zuschauern einer sozialen Reduktion von Gottesdienst entgegen. Denn vermutlich sprechen das Sehen oder Hören eines in den elektronischen Medien übertragenen Gottesdienstes bei den meisten Menschen implizit frühere Erfahrungen mit Gottesdienst in unmittelbar personal vermitteltem Sinn an. Dadurch verändert sich die Rezeption des Gesehenen, das distanzierte Sehen weicht einem – durch das Fernsehen vermittelten – Teilnehmen. Vielleicht könnten mediale liturgische Feiern, zu Hause gesehen bzw. gehört, für manche Menschen an die Stelle früher gepflegter häuslicher Frömmigkeitsformen treten und so gleichsam den privaten Hintergrund für den öffentlichen Gottesdienst bilden?

3. Endlich ist noch grundsätzlich auf die ebenfalls schwierige Frage kurz hinzuweisen, wie in einer – antiken Menschen unvorstellbaren – Massengesellschaft die Verbindlichkeit von »Gemeinschaft« in liturgischer Hinsicht verstanden werden soll. Dabei ist – im Rückgriff auf das im 1. Kapitel zum »Festtagskirchgänger« Ausgeführte – an die Veränderungen im Zeitbewusstsein vieler heutiger Menschen zu erinnern. Es wäre gefährlich, bestimmte milieubedingte Lebensformen unmittelbar theologisch zu bewerten, meist zu disqualifizieren. Der Bezug zu Jesus Christus als grundlegend für christlichen Gottesdienst darf nicht aus dem Blick verloren werden.

Allerdings verkommt punktuelle liturgische Partizipation, etwa an Weihnachten oder an Übergängen im Lebenslauf in der Verwandtschaft, nur dann nicht zur Oberflächlichkeit, wenn sich der Einzelne des grundlegenden Bezugs zu Jesus Christus bewusst ist (und dieser Bezug auch im Alltag tragfähig ist). Dazu erscheint aber auch *im Alltag die Öffnung für die Kommunikation des Evangeliums* erforderlich. Hier, also außerhalb des im engeren Sinne Liturgischen, liegt deshalb unter heutigen Bedingungen vielleicht die entscheidende Aufgabe liturgischer Reflexion. Es gilt den Bezug alles

---

6. Hier ist der berechtigte Hinweis von Chr. Dinkel, Was nützt der Gottesdienst? Eine funktionale Theorie des evangelischen Gottesdienstes, Gütersloh 2000, vor allem 114-167, auf die Bedeutung der Interaktion (im unmittelbaren Sinn) für Menschen aufzunehmen.

Lebens auf Jesus Christus im Alltag präsent, also öffentlich zu machen. Liturgische Innovation hat also die Liturgie auf die im Alltag praktizierte Dimension des Gottesdienstes, genauer die *lebenspraktische und alltagsbezogene sowie die publizistische Seite christlichen Gottesdienstes* hinzuweisen.

3. Kriterium der Verständlichkeit

Schließlich ist noch das Kriterium der Verständlichkeit zu bedenken, wie es – grundgelegt im universalen, in Leben, Tod und Auferweckung Jesu Christi gezeigten Heilswillen Gottes – von Paulus konkret in die Diskussion um die Glossolalie in den liturgischen Diskurs eingebracht wurde. Allerdings wäre der Beitrag des Paulus verkürzt verstanden, beschränkte man ihn auf die kognitive Ebene. Vielmehr geht es dem Apostel in seiner Argumentation letztlich um die »Erbauung« der Gemeinde. Von daher bedeutet verständlicher Gottesdienst, dass ihn möglichst jeder und jede, sogar die (noch) außerhalb der Gemeinde Stehenden, mitfeiern können. Verständlichkeit hat also auch eine affektive und pragmatische Dimension.

Kurze Hinweise auf empirische Befragungen vor allem jüngerer Menschen deuteten schon an, dass dieses Kriterium ebenfalls in Spannung zu heutiger liturgischer Praxis steht:

1. Grundlegend gilt: *Evangelischer Gottesdienst hat sich zu einem Sonderfall von Kommunikation entwickelt,* der deutlich von sonstigen Sozialformen unterschieden ist und deshalb – wie am Beispiel der unterschiedlichen Redeweisen des Pfarrers/der Pfarrerin gezeigt – hiermit Unvertrauten einen Zugang erschwert oder gar unmöglich macht. Zu Recht machte Yorick Spiegel aus kommunikationstheoretischer Perspektive darauf aufmerksam: »je mehr die Anforderungen an Selbstdarstellung und Interaktion für Publikum (sc. die Gottesdienstbesucher, C. G.) und Ensemble (sc. Pfarrer, Kantor, C. G.) von denen anläßlich anderer öffentlicher Veranstaltungen abweichen, desto schwieriger wird es für einen Fremden, sich in die ihm unbekannten Verhaltensmodelle hineinzufinden und desto größer wird die Exklusivität.«[7] Und Josuttis steuert – implizit damit die Dominanz der Pfarrer/Pfarrerinnen im evangelischen Gottesdienst kritisierend – die lernpsychologische Einsicht bei: »Nur für den, der sich in der liturgischen Situation heimisch fühlt, springt ... ein Identitätsgewinn heraus, wobei man ver-

---

7. Y. Spiegel, Der Gottesdienst unter dem Aspekt der symbolischen Interaktion, in: JLH 16 (1971), 118.

muten darf, daß der Gewinn an sozialer Bestätigung für den professionellen Hauptdarsteller am größten ist.«[8]

2. Weiter zeigt eine Analyse der meisten evangelischen Gottesdienste in der Perspektive der schulzeschen Milieutheorie, dass deren Ästhetik auf Menschen aus dem Integrationsmilieu zugeschnitten ist und damit viele andere Menschen implizit ausschließt. Zweifellos steht eine Liturgik, die dem Kriterium der Verständlichkeit entsprechen will, in einer schwierigen Situation angesichts der unter den Stichworten Erlebnisgesellschaft, Individualisierung sowie Ästhetisierung skizzierten Problemlage. Doch kann die dadurch gestellte Aufgabe nicht so gelöst werden, dass empirische Analysen, deren Richtigkeit fast jeden Sonntagmorgen unmittelbar bestätigt werden kann, negiert werden. Denn *beim Kriterium der Verständlichkeit geht es zentral um die Frage des Gemeindeaufbaus.*

Besondere Bedeutung kommt heute vor allem bei Menschen in der ersten Lebenshälfte der Musik für ihr Gesamtempfinden zu.[9] Die traditionelle Praxis in vielen evangelischen Gemeinden, dass der Pfarrer/die Pfarrerin die Lieder für den Gottesdienst meist nach inhaltlichen Kriterien heraussucht und der Kantor diese dann auf der Orgel intoniert, verrät kein Problembewusstsein, also ein Übersehen des Kriteriums Verständlichkeit. Die liturgische Bedeutung der Kirchenmusiker und -musikerinnen wird durch die nicht zuletzt in der kirchenmusikalischen Ausbildung geförderte Konzentration auf eine bestimmte Musikrichtung und damit ein einziges Milieu erheblich vermindert.

3. Angesichts der verbreiteten Klage über langweilige Predigten ist es fraglich, ob die traditionelle Gleichsetzung von Verkündigung im Gottesdienst mit Predigt aufrecht erhalten werden sollte. Gewiss hat die Kanzelrede gerade im evangelischen Gottesdienst eine lange Tradition. Es erscheint mir aber angesichts der ästhetischen Veränderungen in unserer Gesellschaft zweifelhaft, ob sie ein exklusives Monopol haben sollte. Schon die Verkürzung der durchschnittlichen Predigten am Sonntagmorgen in den letzten dreißig Jahren kann als eine – aber nicht reflektierte – Reaktion auf dieses Problem verstanden werden. Deshalb ist die Dominanz der Kanzelrede entsprechend dem Kriterium der Verständlichkeit zu prüfen und kann nicht vorweg aus historischer Sicht behauptet werden.

Hierbei kommt, wie bereits mehrfach betont, die dominante Rolle des

---

8. M. Josuttis, Der Gottesdienst als Ritual, in: F. Wintzer u. a., Praktische Theologie, Neukirchen-Vluyn ⁵1997, 53.
9. S. grundsätzlich zum Verhältnis von Pop-Musik und Religion G. Fermor, Ekstasis. Das religiöse Erbe in der Popmusik als Herausforderung an die Kirche, Stuttgart 1999.

Pfarrers/der Pfarrerin kritisch ins Blickfeld. Es ist auffällig, dass in den ersten Gemeinden die Zusammenkünfte offensichtlich zumindest von mehreren Menschen aktiv gestaltet wurden. In der Konkurrenzsituation zu anderen Kulten war es wichtig, dass jeder Christ seinen Glauben bekennen und ausdrücken konnte. Lange Zeit war christliche Religion (in ihrer regional unterschiedlichen konfessionellen Ausprägung) in unserem Kulturkreis unangefochten das Daseins- und Wertorientierungssystem, zu dem für die große Mehrheit der Bevölkerung keine Alternative bestand. Der – neutral formuliert – Rückzug der Gemeindeglieder von der aktiven liturgischen Gestaltung auf bloße Anwesenheit (und Sprechen bzw. Singen vorformulierter Texte) wirkte sich in dieser Lage nicht negativ aus. Die Gegenwart ist aber durch Rückgang der Selbstverständlichkeit christlicher Religion und eine zunehmende Konkurrenzsituation auf dem religiösen Markt gekennzeichnet. Jetzt reicht es – wie in der frühen Christenheit mit ihrem religiös pluralen Umfeld – nicht mehr, dass theologisch ausgebildete Fachleute christlichen Glauben verantworten und entsprechend auch dominant im Gottesdienst zur Darstellung bringen. Jeder/jede Einzelne ist wieder gefragt, seinen/ihren Glauben zu verantworten und eben auch auszudrücken – nicht zuletzt gemeinschaftlich, im Gottesdienst.

2. Teil: Liturgie in geschichtlicher und anthropologischer Perspektive

Nachdem im 1. Teil die gegenwärtige liturgische Situation in neutestamentlicher Perspektive analysiert und anhand der neutestamentlichen Kriterien Probleme und Chancen für die Förderung der Kommunikation des Evangeliums benannt wurden, stellt sich die Aufgabe, diese konstruktiv zu bearbeiten. Bevor ich hierzu – im 3. Teil – begründet handlungsorientierende Vorschläge vortragen und erörtern kann, ist es wichtig, sich der geschichtlichen und anthropologischen Grundlagen zu versichern, die bei solchen Hinweisen zu beachten sind. Denn heutige Gottesdienste sind Resultate langer Entwicklungen und – wie zunehmend ins Bewusstsein der liturgischen Forschung dringt[1] – untrennbar mit grundsätzlichen anthropologischen und kulturellen Gegebenheiten[2] verbunden.

Soweit geschichtlich feststellbar, bemühen sich Menschen seit jeher, gemeinschaftlich ihre Grenz- und Transzendenzerfahrungen in Ritualen zu gestalten, um von hier Kraft für ihr Leben zu empfangen. Dies gilt auch für die Menschen, die in Jesus Christus ihren Retter und Erlöser fanden. Sie, die Christen, kamen von Anfang an zusammen, um ihrem Glauben Ausdruck[3] zu verleihen, eben Gottesdienst zu feiern. In liturgischer Perspektive kann die *Kirchengeschichte* mit ihren einzelnen Konfessionen *als eine großangelegte Erprobung der Gestaltung christlichen Gottesdienstes* gelten. Im Laufe des 20. Jahrhunderts trat in der ökumenischen Bewegung, in der liturgischen Theoriebildung und nicht zuletzt in der konkreten gottesdienstlichen Praxis zunehmend ins Bewusstsein, welche Bereicherung die Kenntnis der Gottesdienstpraxis unterschiedlicher Konfessionen für die liturgische Gestaltungsaufgabe bietet. Dem soll konkret für die genannten Probleme, für die Gestaltung des Christusbezugs, der Gemeinschaft, der Verständlichkeit und hier besonders des Alltagsbezugs, nachgegangen werden.

Entsprechend meiner eigenen konfessionellen Herkunft gehe ich dabei – im Einvernehmen mit Bemühungen um eine *ökumenische Liturgik*[4], die gerade keine ungeschichtliche Vernachlässigung der eigenen Konfession be-

---

1. Vgl. K.-H. Bieritz, Anthropologische Grundlegung, in: H.-Chr. Schmidt-Lauber, K.-H. Bieritz, Hg., Handbuch der Liturgik, Leipzig ²1995, 96-127.
2. Eine genaue Trennung zwischen anthropologischen und kulturellen Gegebenheiten ist angesichts der spezifischen Konstitution von Menschen als Kulturwesen nicht möglich. Allerdings ist in der Liturgik die Unterscheidung deshalb nicht vollständig aufzugeben, weil gegen anthropologische Grundformen gerichtete Innovationen wenig sinnvoll sind, konterkulturelle Impulse aber immer wieder die Entwicklung christlichen Gottesdienstes förderten.
3. Zum Begriff »Ausdruck« s. näher A. R. Sequeira, Gottesdienst als menschliche Ausdruckshandlung (GdK 3), Regensburg 1987, vor allem 13-17.
4. S. die gute Zusammenfassung entsprechender Bemühungen bei F. Lurz, Für eine ökumenische Liturgiewissenschaft, in: TThZ 108 (1999), 273-290.

absichtigt[5] – vom reformatorischen Beitrag aus. Dies erscheint auch sachlich ein günstiger Ausgangspunkt, weil – wie gezeigt wird – die Liturgik vor allem Martin Luther wichtige Einsichten für eine Theologie des Gottesdienstes verdankt. Allerdings gelang es in den evangelischen Kirchen weithin nicht, diese theologischen Impulse in überzeugende Gestaltungsformen umzusetzen. Deshalb gilt es, Korrekturen und Anregungen aus anderen liturgischen Traditionen aufzunehmen. Theologisch wird in diesen geschichtlichen Rückblicken der Verheißung Rechnung getragen, dass der Heilige Geist die Gemeinde der im Namen Jesu Christi Verbundenen begleitet.[6]

Angesichts der offenkundigen Bestreitung der Bedeutung christlichen Gottesdienstes – am radikalsten im Fernbleiben vieler Menschen –, der von vielen Kirchgängern empfundenen Isolation des Gottesdienstes vom sonstigen Alltag[7] und des damit verbundenen Problems der Verständlichkeit erscheint es mir wichtig, sich in einem zweiten Schritt noch grundlegender auf die elementaren liturgischen Rahmenbedingungen und Elemente zu besinnen. Denn hier begegnen die Ausdrucksformen menschlicher Existenz, die – manchmal in langen Traditionsprozessen überformt, stilisiert und heute kaum mehr erkennbar – die gestalterische Grundlage der Liturgie sind. Sie eröffnen – und dies verdient praktisch-theologisch höchstes Interesse – in ihrer Elementarität gute Kontaktmöglichkeiten zu kirchlich distanzierten oder ohne Berührung mit dem Christentum aufgewachsenen Zeitgenossen und deren Lebensvollzügen, eventuell auch zu Menschen, die sich zu einer nichtchristlichen Religion bekennen.[8] Theologisch gesprochen werden hier

5. Schon die Tatsache, dass sich eine Gottesdienstform nicht nur intellektuell erschließt, sondern dass Praktizieren und Nachdenken sich gegenseitig fördern und dass Gottesdienst und sonstiges religiöses Leben untrennbar miteinander verbunden sind, verbietet den Versuch, quasi neutral über den einzelnen konfessionellen Formen stehend Liturgik zu treiben.
6. R. Messner, Was ist systematische Liturgiewissenschaft? Ein Entwurf in sieben Thesen, in: ALW 40 (1998), 267-270, interpretiert zu Recht die liturgische Tradition als pneumatisches Geschehen.
7. S. hierzu immer noch G. Schmidtchen, Gottesdienst in einer rationalen Welt. Religionssoziologische Untersuchungen im Bereich der VELKD, Stuttgart 1973.
8. Die Ausdehnung des Begriffs »Ökumene« über die christlichen Kirchen hinaus (so z. B. R. Volp, Die Liturgik. Die Kunst Gott zu feiern, Bd. 2, Gütersloh 1994, 908) ist zumindest in liturgischem Zusammenhang problematisch, wenn die besonderen, im Bezug auf Jesus Christus begründeten neutestamentlichen Perspektiven zum Gottesdienstverständnis berücksichtigt werden. Allerdings kommen unter dem Anliegen liturgischer Theoriebildung, die Kommunikation des Evangeliums zu fördern, auch Anhänger nichtchristlicher Religionen in den Blick, in Deutschland zur Zeit meist Muslime.

die schöpfungstheologischen Grundlagen christlichen Gottesdienstes dargestellt.

Diese Erweiterung des liturgischen Aufgabengebiets ist aber nicht nur auf Grund der gegenwärtigen Situation erforderlich. Vielmehr legt die nicht nur den rituellen Vollzug, sondern das ganze Leben umfassende Konstitution christlichen Gottesdienstes, wie sie das Neue Testament voraussetzt und sie sich immer wieder in der Liturgiegeschichte findet, dieses Vorgehen nahe. Es geht hier also darum, die *Liturgie in ihrer im umfassenden Sinn gottesdienstlichen Dimension* erkennbar zu machen.

So hat dieser Teil einen doppelten Sinn in der Gesamtargumentation: Zum ersten dient er dem besseren Verständnis der im 1. Teil genannten Probleme, indem er deren geschichtliche und anthropologische Hintergründe benennt. Zum zweiten stellt er zugleich mögliches Material vor, das zur Bearbeitung der aufgezeigten Spannungen herangezogen werden kann. Insgesamt steht der 2. Teil so unter dem Vorzeichen liturgischer Horizonterweiterung.

4. Kapitel: Konfessionsgeschichtliche Perspektive

1. Ökumenische Perspektive

Die ökumenische Perspektive ist heute für eine Liturgik, die die Kommunikation des Evangeliums fördern möchte, unverzichtbar. Deshalb ist es für eine von einem Evangelischen verfasste Liturgik erforderlich, Einsichten und Anregungen zur Gottesdienstgestaltung aus nicht-evangelischen Kirchen zu berücksichtigen.

Im Unterschied zu den umfassenden Forderungen katholischer Liturgiewissenschaftler nach einer »ökumenischen Liturgiewissenschaft«[1] beschränke ich mich auf die Begründung der notwendigen ökumenischen Perspektive[2] liturgischer Arbeit.

Dies ist nicht als Kritik an dem Prospekt ökumenischer Liturgiewissenschaft im Rahmen Katholischer Theologie zu verstehen, sondern als realistische Selbstbescheidung im Rahmen evangelischer Liturgik. Denn die »Liturgiewissenschaft«, wie sie im Rahmen Katholischer Theologie erarbeitet wird, und die Liturgik als ein Teilgebiet Praktischer Theologie innerhalb der Evangelischen Theologie unterscheiden sich in zwei wichtigen Hinsichten. »Liturgiewissenschaft« umfasst gleichermaßen Untersuchungen in historisch-kritischer, pastoral-praktischer und systematisch-theologischer Methode,[3] wobei – nach früher vorwiegend rechtlicher und dann historischer Ausrichtung – zur Zeit ein gewisses Schwergewicht auf der systematischen Seite, vor allem der Klärung des Zusammenhangs von Dogma und Liturgie, liegt.[4] Liturgiewissenschaft ist von daher eine »Grenzgängerin zwischen den theologischen Disziplinen«[5] und dabei – das ist die zweite Differenz – zu einer »disciplina principalis« Katholischer Theologie avanciert.

---

1. Den Anstoß gab T. Berger, Prolegomena für eine ökumenische Liturgiewissenschaft, in: ALW 29 (1987), 1-18, den aber sogleich der Herausgeber dieser Zeitschrift massiv angriff: A. A. Häußling, Bemerkungen zu Teresa Bergers »Prolegomena für eine ökumenische Liturgiewissenschaft«, in: ALW 29 (1987), 242-249 (vgl. hierzu wiederum die vor allem auf problematische ekklesiologische Voraussetzungen Häußlings hinweisende Entgegnung von F. Lurz, Die Feier des Abendmahls nach der Kurpfälzischen Kirchenordnung von 1563. Ein Beitrag zu einer ökumenischen Liturgiewissenschaft, Stuttgart 1998, vor allem 28-31).
2. Bereits 1978 machte K.-H. Bieritz, Chancen einer ökumenischen Liturgik, jetzt in: ders., Zeichen setzen, Stuttgart 1995, 29-41, auf die Notwendigkeit ökumenischer Arbeit in der Liturgik aufmerksam, ohne dass dies große Beachtung gefunden hätte. Vgl. jetzt auch Volp, Liturgik 2, 883-908.
3. Lurz, Ökumenische Liturgiewissenschaft, 280-288.
4. Vgl. aber R. Zerfaß, Gottesdienst als Handlungsfeld der Kirche. Liturgiewissenschaft als Praktische Theologie?, in: LJ 38 (1988), 30-59.
5. B. Kranemann, Grenzgängerin zwischen den theologischen Disziplinen. Die Ent-

Dies hängt kirchenpolitisch und dann auch wissenschaftsorganisatorisch damit zusammen, dass die Liturgiewissenschaft katholischerseits seit dem II. Vaticanum Hauptfach und an jeder Fakultät und Theologischen Hochschule mit einem Lehrstuhl vertreten ist.[6] Damit nimmt sie in der Katholischen Theologie einen ungleich bedeutenderen Platz als in den Evangelisch-Theologischen Fachbereichen und Kirchlichen Hochschulen ein, an denen es im deutschsprachigen Raum keinen einzigen nur für Liturgik vorgesehenen Lehrstuhl gibt. Demzufolge kann sich – entsprechend der vergleichsweise günstigen personellen Ausstattung des Fachs – an den Katholisch-Theologischen Fakultäten und Hochschulen getriebene Liturgiewissenschaft einer umfassenderen Fragestellung widmen als die Liturgik im Bereich Evangelischer Theologie, die jeweils von Praktischen Theologen »nebenbei« traktiert wird. So erscheint es – innerhalb des ökumenischen Fachgesprächs – sinnvoll, wenn evangelische Liturgiker vorrangig die praktisch-theologische Perspektive, also vor allem die mit der Kontextualität von Gottesdienst in der Gegenwart zusammenhängenden Fragen, bedenken. Dies schließt natürlich nicht aus, dass hierbei auch historische und systematische Fragen zu bearbeiten sind, aber eben nicht als vorrangiges Forschungsfeld. Entsprechend der anderen Fächereinteilung und praktischen Organisation Evangelischer Theologie ist hier »Ökumenische Liturgiewissenschaft« nur als gemeinsames, weitgehend erst zu organisierendes Projekt Systematischer, Historischer und Praktischer Theologen anzugehen.

Allerdings ist der Bezug der liturgischen Arbeit – vornehmlich – auf die Praktische Theologie nicht nur eine Einschränkung und Reduktion. Er gibt vielmehr die Möglichkeit, den für christliches Gottesdienstverständnis zentralen Zusammenhang von ritueller und alltagspraktischer Dimension, also das, was ich »gottesdienstlich« im umfassenden Sinne nenne, im Auge zu behalten. Dagegen erscheinen manche Diskurse in der katholischen Liturgiewissenschaft – aber auch in der herkömmlichen evangelischen Liturgik, wie sie sich etwa in der »Leiturgia« präsentierte – in problematischer Exklusivität auf die rituellen Vollzüge orientiert.

wicklung der deutschsprachigen Liturgiewissenschaft im 19. und 20. Jahrhundert, in: TThZ 108 (1999), 253-272.

6. Art. 16 der Liturgie-Konstitution (Sacrosanctum Concilium) bestimmt: »Das Lehrfach Liturgiewissenschaft ist in den Seminarien und den Studienhäusern der Orden zu den notwendigen und wichtigen Fächern und an den Theologischen Fakultäten zu den Hauptfächern zu rechnen. Es ist sowohl unter theologischem und historischem wie auch unter geistlichem, seelsorglichem und rechtlichem Gesichtspunkt zu behandeln. Darüber hinaus mögen die Dozenten der übrigen Fächer, insbesondere die der dogmatischen Theologie, die der Heiligen Schrift, der Theologie des geistlichen Lebens und der Pastoraltheologie, von den inneren Erfordernissen je ihres eigenen Gegenstandes aus das Mysterium Christi und die Heilsgeschichte so herausarbeiten, daß von da aus der Zusammenhang mit der Liturgie und die Einheit der priesterlichen Ausbildung deutlich aufleuchtet.«

1.1 Konfessionelle Durchmischung

Praktisch-theologisch geht die Unverzichtbarkeit der ökumenischen Perspektive bereits aus der Tatsache hervor, dass in vielen Gottesdiensten, vor allem bei denen anlässlich von Übergängen im Lebenslauf, die Gottesdienstbesucher nicht mehr nur einer Konfession zugehören. Spätestens seit der 1815 geschlossenen Bundesakte und der damit verbundenen Zusammenlegung vieler kleiner und kleinster Territorien begann in Deutschland eine konfessionelle Durchmischung der Bevölkerung, die einen letzten Höhepunkt durch die Ansiedlung Vertriebener nach dem II. Weltkrieg fand und mittlerweile angesichts der weitverbreiteten Mobilität zu einer Selbstverständlichkeit geworden ist.[7]

Liturgisch ist diese Entwicklung in doppelter Hinsicht bedeutsam. Zum einen führte die konfessionelle Durchmischung der Regionen zur Relativierung konfessioneller Traditionen und (weitgehenden) Aufhebung geschlossener konfessioneller Milieus. Letzteres zog – bei Ausbleiben ökumenischer liturgischer Angebote – den Wegfall der früher verbreiteten Übereinstimmung von Bürger- und Gottesdienstgemeinde und damit einen *Öffentlichkeitsverlust von Gottesdienst* nach sich, der dann den auch aus weiteren Quellen gespeisten Privatisierungsprozess von Religion in Deutschland vorantrieb. Für das alltägliche Leben ist die aus der allgemeinen konfessionellen Durchmischung erwachsene Bikonfessionalität vieler Familien mindestens ebenso bedeutungsvoll.

Während auf dem Gebiet der westlichen Gliedkirchen der EKD noch 1963 38,3 % aller Paare aus zwei evangelischen Partnern bestanden und nur 21,8 % aus einem evangelischen und einem katholischen, liegen mittlerweile beide Eheformen gleich auf (1994: 20,4 % bzw. 20,3 %).[8] Offensichtlich spielt die Konfessionszugehörigkeit bei der Mehrzahl der Bevölkerung keine Rolle mehr bei der Wahl des Ehepartners.

Die genannten Veränderungen wurden in ihren Implikationen für eine ökumenische Verständigung in liturgicis nicht hinreichend erfasst. Heute führt die mittlerweile zur Normalität gewordene unterschiedliche Konfessionalität in der Ehe wohl seltener zur vertieften Beschäftigung mit ökumenischen

---

7. Dabei ist vor allem die konfessionelle Unterschiedenheit von römisch-katholischer und evangelischer Kirche im Blick. Die früher bedeutsamen innerprotestantischen Konfessionsunterschiede sind weitgehend vergessen, zumal seit der Leuenberger Konkordie (1973) Abendmahls- und Kanzelgemeinschaft zwischen lutherischen und reformierten Kirchen besteht.
8. Hinsichtlich der katholischen Konfessionszugehörigkeit ist das Verhältnis noch etwas anders. Während 1963 32,1 % aller Ehen in der Bundesrepublik zwischen zwei Katholiken geschlossen wurden, ging dieser Anteil 1994 auf 25,8 % zurück.

Fragen etwa in Arbeitskreisen für konfessionsgemischte Ehepaare und zu einer Intensivierung des liturgischen Lebens, sondern eher zur »Abkehr von den in ihrer Bedeutung nicht mehr einsichtig zu machenden Unterschieden«[9] und damit zum Rückzug vom Kirchgang überhaupt. Bis jetzt kann in römisch-katholischen Gemeinden ein Ökumenischer Gottesdienst nur als Wortgottesdienst gefeiert werden und deshalb nicht den regelmäßigen Gemeindegottesdienst, die Messe, ersetzen.

Die liturgische Starrheit der Kirchen, die nicht auf die Veränderungen in der Konfessions-Demographie reagieren, verstärkt also die Privatisierung der Kommunikation des Evangeliums und führt in vielen konfessionell gemischten Familien zu wachsender Distanz zum Sonntagsgottesdienst.

Der hier skizzierte Prozess, dass die liturgischen Implikationen der konfessionellen Spaltung erst langsam im 20. Jahrhundert breiter bewusst wurden, lässt sich ebenfalls auf weltweiter Ebene bei der Ökumenischen Bewegung beobachten. Kurz vor der Mitte dieses Jahrhunderts kam Liturgie zunehmend ins Blickfeld der ökumenischen Tagungen. 1937 nannte auf der Edinburgher Konferenz Erzbischof William Temple in seiner Predigt die Trennung am Tisch des Herrn »den größten aller Skandale auf dem Angesicht der Erde«[10] und gab damit einen wichtigen Impuls zur ökumenischen Arbeit am liturgischen Thema. Nach dem auch die ökumenische Bewegung behindernden II. Weltkrieg eröffnete die Liturgie-Konstitution des II. Vaticanum, auf die später noch gründlicher eingegangen wird, neue Perspektiven hinsichtlich des Verhältnisses der römisch-katholischen Kirche zu den reformatorischen Kirchen. Einen gewissen Höhepunkt stellten dann die »Konvergenzerklärungen der Kommission für Glauben und Kirchenverfassung des Ökumenischen Rates der Kirchen« zu »Taufe, Eucharistie und Amt« dar, die unter Beteiligung auch römisch-katholischer Theologen erarbeitet und auf der Vollversammlung 1982 in Lima vorgelegt wurden. Die in diesem Zusammenhang entstandene sog. Lima-Liturgie verdankte sich dem »einmaligen Anlaß in der einmalig optimalen Konvergenz der Bräuche«[11], erwies sich aber als nicht übertragbar in das liturgische Leben der Gemeinden vor Ort.

---

9. So die Vermutung von H. Kornemann, Ökumenischer Gottesdienst, in: H.-Chr. Schmidt-Lauber, K.-H. Bieritz, Hg., Handbuch der Liturgik, Leipzig ²1995, 885.
10. Zitiert nach D. R. Holeton, J. St. H. Gibaut, Gottesdienst und ökumenische Bewegung, in: H.-Chr. Schmidt-Lauber, K.-H. Bieritz, Hg., Handbuch der Liturgik, Leipzig ²1995, 195.
11. Volp, Liturgik 2, 900.

1.2 Ökumenische Liturgiewissenschaft

Innerhalb der evangelischen Liturgik war – bei z.T. schroffer Abgrenzung von der »römischen« Liturgie, vor allem hinsichtlich des Kanons in der Eucharistiefeier, der Sakramentalien und Weihehandlungen – notwendigerweise immer die katholische Liturgie im Blick, und zwar aus historischen Gründen. Denn die Ansätze evangelischer Liturgik sind im Wesentlichen als Kritik an der liturgischen Praxis (und Theorie) der katholischen Liturgien zu verstehen, rezipieren aber zugleich materialiter weithin deren Gestaltungsformen. Inzwischen beginnen sich – wie bereits angedeutet – vor allem jüngere katholische Liturgiker um evangelische Gottesdienstformen zu bemühen. Entgegen der früheren Konzentration bei der ökumenischen Arbeit auf die orthodoxen Kirchen wird jetzt eine nähere Beschäftigung auch mit evangelischen Liturgien gefordert.

Friedrich Lurz hat entsprechende Anstöße in seinem Konzept »ökumenischer Liturgiewissenschaft« entschlossen aufgenommen und konzeptionell gebündelt.[12] Dabei stellt er überzeugend den inhaltlichen Aspekt in den Vordergrund. Das Ziel ökumenischer Liturgik wird als hermeneutisches bestimmt, nämlich das Verstehen des »Anderssein(s) des Gegenübers ..., d.h. letztlich die Gottesdienst feiernden Menschen«.[13] Unter Bezug auf das Ökumenismusdekret des II. Vaticanum begründet er diese Intention mit der Geistgewirktheit auch nichtkatholischer Liturgien. Neben historischer und systematischer Methodik sieht er die Notwendigkeit einer »pastoral-praktischen Methode«. Sie ist doppelt begründet, und zwar in der eingangs bereits skizzierten Praxissituation: »Weil Menschen unterschiedlichster Konfessionen miteinander leben wollen und müssen, müssen von einer ökumenischen Liturgiewissenschaft mögliche Wege aufgezeigt werden, die die gemeinsame Feier ihres christlichen Glaubens ermöglichen. Abgesehen von solch pastoralen Kernproblemen bedeutet der ökumenische Ansatz für den pastoralen Bereich, daß die Kirchen in bezug auf den Gottesdienst vielfach vor den gleichen pastoralen Problemen stehen, so daß eine konfessionsübergreifende Diskussion leichter zu tragbaren Lösungsvorschlägen führen kann.«[14]

In der Tat kann man zeigen – und gelangt damit wieder zu dem anfangs genannten praktisch-theologischen Einsatzpunkt bei der Lebenswelt der Menschen –, dass wesentliche Probleme bei der Förderung der Kommuni-

---

12. Exemplarisch ausgearbeitet ist dieses Konzept in: Lurz, Feier des Abendmahls.
13. Lurz, Ökumenische Liturgiewissenschaft, 280.
14. Ebd. 284.

kation des Evangeliums mit der Kirchenspaltung zusammenhängen, bzw. durch sie erschwert werden.

Helmut Kornemann hat einige davon bei Überlegungen zum »ökumenischen Gottesdienst« zusammengestellt:

»1. Christen leiden an der Unglaubwürdigkeit, die sich aus dem Auseinanderklaffen ihres Bekenntnisses zur Offenbarung des einen Gottes in Christus und der zum Teil gegensätzlichen Ausprägung in den vorfindlichen historisch gewordenen Konfessionskirchen ergibt. Sie entsprechen damit nicht den Plausibilitätskriterien, mit denen sie in der heutigen säkularen Welt gemessen werden. ...

2. Das Beieinander und Miteinander von Christen manchmal auf engstem Raum in Beruf, Familie, Politik und Kultur macht die unterschiedliche Konfessionalität zur bedrängenden Frage, manchmal zur untragbaren Belastung. ...

3. Die nach den vergangenen Weltkriegen in allen Kirchen empfundene Aufgabe der Versöhnung hatte zwangsläufig das Verlangen nach Gestaltung geschehener Versöhnung in gottesdienstlicher Gemeinsamkeit zur Folge. Dieses Motiv ... wird ... zunehmend kraftloser, weil offensichtlich die erhoffte Folge ausbleibt, kriegerische Auseinandersetzungen als Mittel zur Lösung von Konflikten undenkbar zu machen. ...

4. Das Empfinden der Verantwortung für Gerechtigkeit, Frieden und die Bewahrung der Natur ... hat besonders in den christlichen Kirchen zu gemeinsamem Fragen, Bitten und Fordern geführt, das nach gemeinsamem Ausdruck verlangt und so auch den Bereich gottesdienstlicher Versammlung tangiert. Daß die Tagesordnung der Welt offensichtlich eher imstande ist, Christen zueinanderzuführen, als ihr Bemühen um die Formulierung ihres gemeinsamen Ursprungs, ist die Gefahr dieses Motives.

5. Ein zunehmendes Fragen nach den religiösen Bestandteilen menschlichen Fühlens, Denkens und Wertens nötigt die Christen zu Antworten, die sie aufgrund ihres Getrenntseins nur gebrochen geben können. Die Chance, Religion als sinnstiftende Mitte im Chaos von Erfahrungen, Interessen, Erkenntnissen und Gefühlen Menschen anbieten zu können, ... stürzt gewisse Kirchengemeinschaften in theologische Begründungskrisen. ...

6. In gleicher Front gegenüber säkularen Begründungszusammenhängen befinden sich die christlichen Kirchen, wenn sie ethische Kompetenz für sich in Anspruch nehmen. ...

7. Die in allen Kirchen auftretenden Bewegungen charismatischer Spiritualität und ebenso neuer verbindlicher kommunitärer Lebensformen, für welche konfessionelle Traditionen nur geringe Prägekraft erweisen, führen zu neuen Konstellationen kirchlicher Gemeinsamkeit. ...«[15]

---

15. Kornemann, Ökumenischer Gottesdienst, 885 f.

2. Gottesdienst in den evangelischen Kirchen – theologische Einsichten Luthers und gestalterische Probleme

Entsprechend der jeweiligen Regionalität des reformatorischen Aufbruchs und dem hiermit verbundenen Bemühen, für den konkreten Kontext das Evangelium zum Sprechen zu bringen, sind die liturgischen Vorschläge der einzelnen Reformatoren vielgestaltig.[16] Eine gewichtige, allerdings nicht trennscharfe Differenz besteht in Folgendem: die Reformvorschläge in der mitteldeutschen lutherischen Tradition bezogen sich primär auf die Messe, also den das Abendmahl umfassenden Gottesdienst; bei den Reformierten und im Württemberger Luthertum dagegen war die Tradition des oberdeutschen Predigtgottesdienstes Ausgangspunkt, ein Gottesdienst mit volkssprachlicher Predigt im Mittelpunkt und schlichtem liturgischen Rahmen,[17] der auf den mittelalterlichen Pronaus (vom französischen prône, bzw. vom lateinischen »praeconium«, Verkündigung) zurückgeht. Allerdings verwischten sich im Lauf der Zeit die Konturen dieser Differenz. Denn zum einen wurde auch im evangelischen Gottesdienst nach dem Messtypus nur selten das Abendmahl gefeiert, zum anderen konnte dieses durchaus in den Predigtgottesdienst integriert, nicht nur angehängt werden.[18]

Systematisch wird dadurch die bis heute innerhalb der evangelischen Liturgik kontrovers diskutierte Frage aufgeworfen, die sich etwa im Gegensatz der Beiträge »Eucharistie« und »Predigtgottesdienst« im »Handbuch der Liturgik« spiegelt, ob der Predigtgottesdienst ein »vollwertiger Gottesdienst und darum legitimer Hauptgottesdienst der evangelischen Gemeinde«[19] oder aber nur eine »Ausgliederung von Elementen der einen Grundgestalt des christlichen Gottesdienstes«[20] sei.

Mit dieser Differenz hängt auch neben anderem zusammen, dass – etwa nach der Ordnung des Johannes a Lasco im 16. Jahrhundert – sich in reformierten Gemeinden die Abendmahlsgäste um einen Tisch setzten, also die

---

16. Theologisch steht im Hintergrund – wie Luther in der Deutschen Messe (1526) ausführt – die rechtfertigungstheologisch begründete Warnung vor liturgischer Gesetzlichkeit (WA 19,72f.).
17. S. immer noch H. Waldenmaier, Die Entstehung der evangelischen Gottesdienstordnungen Süddeutschlands im Zeitalter der Reformation, Leipzig 1916.
18. S. zum Einzelnen F. Schulz, Elementare Liturgie, in: ders., Synaxis. Beiträge zur Liturgik, hg. von G. Schwinge, Göttingen 1997, 155-173.
19. So nachdrücklich E. Winkler, Der Predigtgottesdienst, in: H.-Chr. Schmidt-Lauber, K.-H. Bieritz, Hg., Handbuch der Liturgik, Leipzig ²1995, 248.
20. So H.-Chr. Schmidt-Lauber, Die Eucharistie, in: ders., K.-H. Bieritz, Hg., Handbuch der Liturgik, Leipzig ²1995, 216.

Form der Abendmahlfeier sich deutlich von dem in der Messe üblichen Ablauf unterschied.[21]

Im Folgenden soll es jedoch nicht um Fragen der konkreten Gestaltung, sondern um die grundlegenden theologischen Impulse reformatorischer Theologie gehen. Hierbei scheint die Konzentration auf die Beiträge Martin Luthers sinnvoll, und zwar sowohl auf Grund von deren Wirkung als auch wegen deren theologischer Qualität.

»Luthers theologische Prinzipien wie praktische Vorschläge sind für die liturgische Entwicklung im deutschen Protestantismus maßgeblich geworden. Schon die fast gleichzeitigen Reform-Entwürfe stehen weitgehend unter seinem Einfluß ... Die lutherischen Kirchenordnungen des 16. Jahrhunderts folgen dann entweder im Anschluß an Bugenhagen der ›Deutschen Messe‹, indem sie das Herrengebet vor die Einsetzungsworte plazieren; oder sie sind, wie als erste die Brandenburg-Nürnberger-Kirchenordnung, stärker der ›Formula Missae‹ verpflichtet und lassen das ›Unser Vater‹ vor der Austeilung stehen; daneben hat sich, besonders im süddeutschen Raum, ein Predigtgottesdienst herausgebildet, der seine Gestalt weniger reformiertem Einfluß als der spätmittelalterlichen Pronaus verdankt.«[22]

2.1 Einführung in Luthers Gottesdienstverständnis

Luthers Gottesdienstverständnis[23] ist nur aus der Kritik an zu seiner Zeit vorherrschenden Missständen[24] verständlich, gegen die er protestierte.

21. B. Bürki, Gottesdienst im reformierten Kontext, in: H.-Chr. Schmidt-Lauber, K.-H. Bieritz, Hg. Handbuch der Liturgik, Leipzig ²1995, 162.
22. Vgl. M. Josuttis, Theologie des Gottesdienstes bei Luther, in: F. Wintzer u. a., Praktische Theologie, Neukirchen-Vluyn ⁵1997, 39.
23. Vgl. auch zum Folgenden V. Vajta, Die Theologie des Gottesdienstes bei Luther, Göttingen ²1954, 11/-15/.
24. S. als umfassende Einführung (aus katholischer Sicht) A. Angenendt, Geschichte der Religiosität im Mittelalter, Darmstadt 1997.
Der römisch-katholische Liturgiewissenschaftler Hans Bernhard Meyer charakterisiert die Situation am Vorabend der Reformation folgendermaßen: Das Messwesen »war das Kernstück eines überaus reichen und vielfältigen gottesdienstlichen Lebens, das nicht nur den zahlreichen Klerus, sondern sehr weitgehend auch die Laienschaft erfaßte. Aber bei aller Ehrfurcht gegenüber der Eucharistie und trotz, ja gerade wegen der hohen Wertschätzung der Meßfeier gab es zahlreiche und schwerwiegende Mißstände: übertriebene und abergläubische Vorstellungen von den Wirkungen der Messe oder vom bloßen Anschauen der Hostie (Elevationsfrömmigkeit) und, damit verbunden, eine übergroße Zahl von Messen (vor allem Votiv- und Totenmessen) und dementsprechend auch von Meßpriestern; den weitgehenden Verlust des Gemeinschaftscharakters der Meßfeier (sogenannte Privatmessen, ›Winkelmessen‹); die Gefahr, aus der Meßfeier ein ›Geschäft‹ zu machen (Stipendienwesen); den Man-

In »Von Ordnung Gottesdiensts in der Gemeine« (1523) schreibt er: »Drey grosse mißbreuch sind ynn den gottis dienst gefallen / Der erst / das man gottis wort geschwygen hat / vnd alleyne geleßen / vnd gesungen ynn den kirchen / das ist der ergiste mißbrauch / Der ander / da Gottis wort geschwygen gewesen ist / sind neben eyn komen / so viel vnchristlicher fabeln / vnd lugen / beyde ynn legenden / gesange vnd predigen / das greulich ist tzu sehen. Der dritte / das man solchen gottis dienst / als eyn werck than hatt / da mit gottis gnade vnd selickeyt zur werben / da ist der glaub vntergangen / vnd hatt yderman zu kirchen geben / stifften / pfaff / munch vnd nonnen werden wollen« (WA 12,35, 10-18).

Im ersten Protest, nämlich gegen das Verschweigen von Gottes Wort, bezieht sich der ehemalige Mönch Luther auf die Tageszeitengebete. Karl-Heinrich Bieritz hat zu Recht herausgearbeitet,[25] dass hierbei für den Reformator nicht etwa zu wenige Schriftlesungen o. ä. stattfanden. Dies wird deutlich, wenn man berücksichtigt, dass Luther in derselben Schrift die Lesungspraxis in den Stundengebeten deshalb verurteilt, weil damit »nur die wende ... angeblehet« (WA 12,36) würden. Vielmehr kritisiert Luther scharf biblische Lesungen ohne Predigt – »es sey auch auffs kurtzist« (WA 12,35). Allein durch die Predigt wird für Luther nämlich gewährleistet, »das die andern alle verstehen / lernen vnd ermanet werden« (ebd.). Das Hauptziel des Gottesdienstes – gleichsam das Vorzeichen vor der Klammer – ist, »das das wort ym schwang gehe / vnd nicht widderumb eyn loren vnd dohnen draus werde« (WA 12,37). Und eben dies scheint Luther nur durch die Predigt erreichbar.

Dass hiermit aber nicht inhaltsfrei eine bestimmte Kommunikationsform herausgestellt wird, zeigt der zweite Protest. Denn – neben der wohl im Hintergrund stehenden Kritik an der Verlesung von Heiligenlegenden[26] – sind bei der Klage über »unchristliche Fabeln und Lügen« auch Predigten inkludiert. An formalen Veränderungen im liturgischen Ablauf hat Luther wenig Interesse, es geht ihm um den Inhalt.

Dies tritt schließlich im dritten Protest noch einmal in anderer Weise hervor. Das liturgische Tun darf nicht als »Werk«, also als Verdienst vor

---

gel an theologischer Einsicht in Wesen und Grundgestalt der Meßfeier ... bei Klerikern und Laien« (H. B. Meyer, Eucharistie. Geschichte, Theologie, Pastoral [GdK 4], Regensburg 1989, 252.)

25. S. auch zum Folgenden die semiotisch argumentierende Analyse des Luther-Zitats bei K.-H. Bieritz, Daß das Wort im Schwang gehe. Lutherischer Gottesdienst als Überlieferungs- und Zeichenprozeß, in: ders., Zeichen setzen, Stuttgart 1995, 82-85; vgl. O. Jordahn, Martin Luthers Kritik an der Meßliturgie seiner Zeit, in: ALW 26 (1984), 1-17.

26. Vajta, Theologie, 150.

Gott, missverstanden werden. Konkret kritisierte Luther damit u. a. die damalige Praxis, für Geld Messen lesen zu lassen, an denen keine Gemeinde teilnahm. *Dieser »Werkerei« setzt der Reformator die Rechtfertigungsbotschaft entgegen, die auch für sein Verständnis von Gottesdienst das Fundament bietet.* Denn das »Wort Gottes«, um das allein es im Gottesdienst geht, ist Christus selbst. Deshalb ist Gottesdienst – von Gott geschenktes – »beneficium« (Wohltat), nicht – vom Menschen vollbrachtes – »sacrificium« (Opfer).[27] So wie Gott in der Schöpfung alles zum Leben Notwendige gibt, so gewährt er auch die Sündenvergebung. Erst als Konsequenz aus der Hinwendung Gottes zum Menschen kann der Gottesdienst auch als »Werk des Glaubens« verstanden werden.[28] Von daher gewinnt Luthers Gottesdienstverständnis große Weite, weil Glauben selbst zum Gottesdienst wird und so dem Reformator etwa auch die Berufstätigkeit des Menschen als Gottesdienst gilt. Die biblische Vorstellung vom Gottesdienst im Alltag, wie sie sich in Röm 12,1 findet, ist also im reformatorischen Gottesdienstverständnis aufgenommen, wobei der Opferbegriff auf die Antwort des Glaubens bezogen und damit radikal uminterpretiert wird.[29]

Im Zentrum lutherischen, ja reformatorischen Gottesdienstverständnisses steht also *der Christusbezug.* Von hier ist die große Freiheit Luthers und der anderen Reformatoren bezüglich der konkreten liturgischen Gestaltungsaufgaben zu verstehen. Nur, wenn die Christusbotschaft verdunkelt wird, muss der bisherige Gottesdienst verändert werden. Alles andere kann, je nach konkreter Situation, wozu besonders die Adressatengruppe gehört, unterschiedlich gehandhabt werden.

Sehr deutlich tritt dies z. B. in der Haltung Luthers gegenüber der Firmung zu Tage. So kann er im Sermon vom ehelichen Leben (1522) die »fermelung« »das affen spiel« nennen, »wilchs eyn rechter luegen thand ist« (WA 10,282), aber unmittelbar danach konzedieren, »das man fermele / ßo fern / das man wisse / das gott nicht dauon gesagt hat«.

Demnach wollten die Reformatoren die neutestamentliche Grundperspektive von Gottesdienst, den Christusbezug, wieder in den Mittelpunkt liturgischer Praxis rücken. Dies geschah aber – modern gesprochen – nicht in einer allgemein doktrinären Form, sondern als Bemühen um die Förderung

---

27. Grundlegend ebd. 43-113.
28. Grundlegend ebd. 223-352.
29. Luther übersetzt Röm. 12,1f.: »JCH ERMANE EUCH / LIEBEN BRÜDER / DURCH DIE Barmhertzigkeit Gottes / Das jre ewre Leibe begebet zum Opffer / das da lebendig / heilig / vnd Gott wohlgefellig sey / welchs sey ewer vernünfftiger Gottesdienst.«

der Kommunikation des Evangeliums, konkret in der Christuspredigt. Dazu gehört auch, dass die Evangelischen die Gottesdienstfeier wieder auf die Sonn- und Feiertage konzentrierten.[30]

Mit dieser theologischen Bestimmung des Gottesdienstes durch den Christusbezug ist formal die Betonung der Predigt verbunden. Um dies zu verstehen, ist der damalige gesamtkulturelle Kontext in den Blick zu nehmen.

De facto führte die Reformation zu einer Stärkung des verbalen Elements im Gottesdienst, das – jedenfalls in der weiteren Wirkung – rituelle Vollzüge wie auch das Abendmahl als eher Zusätzliches, extremer formuliert: als eher Nebensächliches erscheinen ließ. Rückblickend gesehen befand sie sich mit dieser Betonung des Verbalen durchaus im Einklang mit einer allgemeinen kulturellen Entwicklung im damaligen Europa.

»Wahrscheinlich ist die Entstehung der Reformation, vor allem aber ihre Wirkung nicht zu verstehen ohne den ›Prozeß der Zivilisation‹, der nach N. Elias eine weitreichende Veränderung der menschlichen Lebensgewohnheiten und damit verbunden auch der neuzeitlichen Selbstinterpretation mit sich gebracht hat. An Beispielen aus dem banalen Alltagsverhalten wie den Tischsitten, der Einstellung zu den natürlichen Bedürfnissen oder der Beziehung von Mann und Frau hat Elias gezeigt, daß der Prozeß der Zivilisation eine zunehmende Domestikation der körperlichen und emotionalen Bedürfnisse mit sich gebracht und daß sich dabei das Lebenszentrum des Menschen aus den Verhaltens- in den Einstellungsbereich verlagert hat. Für die religiöse Sphäre, die Elias nicht eigens behandelt, kann das bedeuten: nicht mehr die äußere, jetzt äußerliche Präsenz beim Wandlungsakt in der Messe vermittelt das Heil, sondern allein jener Glaube, der am Gewissen des Menschen entsteht und dem Zuspruch des Gnadenwortes vertraut. Das Wort ist zum Gnadenmittel geworden, nachdem heilige Orte und Gegenstände ihre Plausibilität als Medien des Heils verloren haben und der Mensch in der Neuzeit sich anschickt, in der Personalität, in der Sprache und im Verstehen seine Selbstvergewisserung zu finden.«[31]

Dieser zivilisationstheoretische Hinweis kann davor bewahren, den theologisch richtigen Rückbezug von Gottesdienst auf Christus kulturhermeneutisch unreflektiert in seiner materialen Durchführung, nämlich in der Betonung der Predigt, in die Gegenwart zu übertragen. Vielmehr gilt es im Verfolgen des reformatorischen Ansatzes, bei dem es ja nur darauf ankommt, dass das Wort, also Christus, »im Schwang gehe«, in jeder Zeit von neuem zu bedenken, wie die Förderung der Kommunikation des Evan-

---

30. Grundlegend F. Schulz, Die Ordnung der liturgischen Zeit in den Kirchen der Reformation, in: ders., Synaxis, Göttingen 1997, 359-383.
31. M. Josuttis, Der Pfarrer ist anders. Aspekte einer zeitgenössischen Pastoraltheologie, München 1982, 90.

geliums Gestalt gewinnen kann. In einer Situation, in der die meisten Menschen ohne schulische Bildung und politisches Selbstbestimmungsrecht im wahrsten Sinn des Wortes »unmündig« lebten und die Kanzelpredigt eine Monopolstellung bei öffentlicher Rede hatte, war gewiss die Predigt (durch gebildete Pfarrer) eine vorzügliche Weise, Menschen mit dem Evangelium bekannt zu machen. Inzwischen hat sich aber die Situation grundlegend geändert, wie schon seit längerem das Ansteigen des Anteils »verbal zentrierter Berufe in der Gesellschaft«[32] zeigt. An die Stelle eines im Gottesgnadentum begründeten Obrigkeitsstaats mit agrarisch dominierter Ökonomie ist eine demokratische Wissensgesellschaft getreten. Die gottesdienstliche Predigt steht am Rande ausgedehnter gesellschaftlicher Diskurse und medialer Massenkommunikation. Offensichtlich erfüllt sie als Kanzelrede unter diesen neuen Lebensbedingungen (in Deutschland) nur noch teilweise die ihr von den Reformatoren zugewiesene Funktion. Ja, sie droht selbst – wie z. B. die erwähnten Rückmeldungen von Konfirmanden zeigen – »eyn loren vnd dohnen« zu werden. Deshalb gilt es von neuem darüber nachzudenken, in welchen Formen heute am besten das Evangelium im Gottesdienst kommuniziert werden kann.

Darüber hinaus gab Luther aber weitere Impulse für das Gottesdienstverständnis.

2.2 Einsichten zum Gottesdienstverständnis

2.2.1 Der grundlegende *Christusbezug*, der für reformatorisches – und eben auch biblisches – Gottesdienstverständnis charakteristisch ist, führte zu einer großen Freiheit für die konkrete liturgische Gestaltung.

Dass Luther dies selbst so sah, geht deutlich aus folgender Äußerung seiner Streitschrift »Wider die himmlischen Propheten« hervor:

»Wir aber gehen auf der Mittel-Bahn und sagen: Es gilt weder Gebieten noch Verbieten, weder zur Rechten noch zur Linken, wir sind weder päpstisch noch karlstadtisch, sondern frei und christlich; daß wir das Sakrament aufheben und nicht aufheben, wie, wo, wann, wie lange es uns gelüstet, wie uns Gott die Freiheit gegeben hat. Gleichwie wir frei sind, außer der Ehe zu bleiben oder in die Ehe zu treten, Fleisch zu essen oder nicht, Kutten und Platten (Tonsur) zu haben oder nicht. Hier sind wir Herrn und leiden kein Gesetz, Gebot, Lehre noch Verbot, wie wir denn auch beiderlei hier zu Wittenberg getan haben« (WA 18,112 f.).

Dem entspricht, dass Luther sehr unterschiedliche Formulare für Gottesdienste vorlegte. Während er 1523 eine in den liturgischen Stücken noch

---

32. Ebd. 91.

lateinische Form, die »Formula missae« entwerfen konnte, stellte er drei Jahre später seine »Deutsche Messe« vor.

Formula missae 1523	Deutsche Messe 1526
Introitus (nach Möglichkeit Psalmen)	Geistliches Lied oder deutscher Psalm
Kyrie eleison (zeitweise mit Gloria in excelsis)	Kyrie eleison, Christe eleison, Kyrie eleison
Oratio seu collecta	Kollekte
Lectio epistolae	Verlesung der Epistel
Graduale, Alleluia (Sequenz, nur Weihnachts- und Pfingstsequenz)	Deutsches Lied (z. B. Nun bitten wir den hl. Geist)
Lectio evangelii	Verlesung des Evangeliums
Symbolum Nicaenum	Glaube deutsch, von der Gemeinde gesungen
Concio vernacula (auch vor dem Introitus möglich)	Predigt über das Sonntagsevangelium, evtl. Vortrag aus einer Postille
Benedictio panis et vini / Dominus vobiscum / Et cum spiritui tuo / Sursum corda / Habemus ad dominum / Gratias agamus domino deo nostro / Dignum et iustum est / Equum et salutare, nos tibi semper et ubique gratiam agere, domine sancte, pater omnipotens, aeterne deus per Christum dominum nostrum	Öffentliche Paraphrase des Vaterunsers und Vermahnung an die Kommunikanten (von der Kanzel oder vom Altar aus; »conceptis seu praescriptis verbis«)
Verba testamenti: »Qui pridie …« (in eo tono recitari, quo canitur alias oratio dominica)	Einsetzungsworte: »Unser Herr Jesus Christus, in der Nacht …« (gesungen in Anlehnung an den Evangelienton)
Sanctus und Benedictus (vom Chor gesungen)	Elevation (propter infirmos)
Elevation	Oratio dominica (ohne Embolismus)
Pax Domini	Oratio (fakultativ, Bitte um Segenswirkung der Kommunion)

Formula missae 1523	Deutsche Messe 1526
Communio dabei »Agnus Dei« vom Chor gesungen	Austeilung jeweils nach dem Brot- und Kelchwort der Einsetzungsworte Während der Austeilung :»Jesaja dem Propheten das geschah« oder: »Gott sey gelobet« oder: »Jesus Christus unser Heiland« oder: »Christe, du Lamm Gottes«
Spendenformel: »Corpus Domini ... sanguis Domini ... custodiat ... tuam animam in vitam aeternam«	(Keine Spendenformel!)
Dominus vobiscum et cum spiritui tuo	Oratio: »Quod ore sumpsimus, domine ...«
Kollekte (»Wir danken dir ...«)	Benedicamus domino
Benedictio: Num 6,24f. vel Ps 67,7f.	Segen: Num 6,24f.[33]

Allerdings scheute Luther, wie ein Blick auf diese Formulare zeigt, bei aller Traditionstreue nicht vor inhaltlich schwerwiegenden Eingriffen zurück, wenn ihm diese theologisch geboten erschienen. Im Herzstück der Messe, in der Eucharistiefeier, sah er im Opferverständnis die falsche Vorstellung vom »sacrificium« (Opfer) als einem menschlichen, konkret durch den Priester vollbrachten Werk. Deshalb merzte er hier alles aus, was ihm als Ausdruck dieses verfehlten Verständnisses erschien.[34] Während er in der »Formula missae« noch einige Elemente aus dem herkömmlichen Eucharistiegebet übernahm, reduzierte er in der »Deutschen Messe« den Abendmahlsteil fast vollständig auf Einsetzungsworte und Austeilung. Lediglich eine an die Paraphrase des Vaterunsers anschließende Vermahnung führt zum Herrenmahl hin. Ansonsten tritt der Verkündigungscharakter der Einsetzungsworte durch ihr Singen im Evangeliumston klar hervor. Allerdings darf – auch in der Deutschen Messe – nicht übersehen werden, dass die Abendmahlslieder jedenfalls teilweise die bisher im Eucharistiegebet (leise vom Priester) gesprochene Danksagung, Anamnese, Epiklese und Doxologie übernahmen – aber ohne dass eventuelle inhaltliche Veränderungen

---

33. Zitiert nach A. Niebergall, Agende, in: TRE 2 (1978), 7f.; vgl. die bis ins Einzelne gehende Kommentierung bei Jordahn, Martin Luthers Kritik, 1-17; vgl. auch Schmidt-Lauber, Eucharistie, 226-229.
34. S. genauer Lurz, Feier, 153-155.

durch den Wechsel des Genus vom Gebet zum Lied reflektiert worden wären.³⁵

Die Konzentration auf die Christusverkündigung bestimmte auch Luthers Überlegungen zur Taufe.³⁶ Fortschreitend reduzierte er die Zahl traditioneller Symbole, um das Sakrament von menschlichen Zusätzen zu reinigen und so seinen Christusbezug klarer hervortreten zu lassen. Dabei löste er die nicht verbal vermittelte Aussagekraft der Taufe durch ihre Zeichen auf. Rudolf Roosen konstatiert in semiotischer Analyse zu Recht, dass der Wittenberger Reformator damit die Taufe ihres »Charakters als einer eigenständigen religiösen Ausdrucksform neben der Wortverkündigung beraubt(e)«.³⁷

2.2.2 Manfred Josuttis systematisierte Luthers Gottesdiensttheologie in ihrer Frontstellung gegenüber den sog. Schwärmern mit den Attributen: »*antireformistisch*«, »*antispiritualistisch*« und »*antisubjektivistisch*«.³⁸ Diese Begriffe können dazu dienen, den Beitrag Luthers für die liturgische Gestaltungsaufgabe hinsichtlich des *Gemeinschaftsbezugs* christlichen Gottesdienstes in seinen Grundzügen zu erfassen. Denn sowohl in seinem reformatorischen Aufbruch als auch in der späteren Auseinandersetzung mit den sog. Schwärmern hatte Luther – entsprechend seinem Ansatz bei einem nichtinstitutionellen Kirchenverständnis³⁹ – immer im Blick, dass die Gemeinschaft der Getauften zum Gottesdienst zusammenkommt. Elitäre Sondergruppenbildungen lehnte er ab.

Der konservative, »antireformistische« Grundzug der Beiträge Luthers zur liturgischen Gestaltung, wesentlich begründet in seinem bereits skizzierten theologischen Grundansatz, hat auch weitreichende Konsequenzen für den Gemeinschaftsaspekt von Gottesdienst. Luther wollte, »um die schwachen Gewissen zu schonen« (WA 12,48), lieber das Bisherige bestehen lassen als Neuerungen einführen, die die Menschen verunsichern.⁴⁰ Syste-

---

35. S. Schmidt-Lauber, Eucharistie, 220.
36. Luther beschäftigte sich dreimal thematisch ausführlich mit der Taufe: »Sermon vom heiligen hochwürdigen Sakrament der Taufe« (1519) (WA 2,727-737), »De captivitate Babylonica ecclesiae praeludium« (1520) (WA 6,526-543) und im Großen Katechismus (1529/30) (BSLK 691-707).
37. R. Roosen, Taufe lebendig. Taufsymbolik neu verstehen, Hannover 1990, 66.
38. Josuttis, Theologie, 36-39.
39. U. Kühn, Kirche, Gütersloh 1980, 22.
40. F. Schulz, Luthers liturgische Reformen. Kontinuität und Innovation, in: ders., Synaxis. Beiträge zur Liturgik, Göttingen 1997, 38-45, führt diesen konservativen Zug Luthers exemplarisch an dessen Vorschlägen zur Taufliturgie vor. Vgl. auch in der

matisch kommt dabei das Gewicht bisheriger Tradition in den Blick. Sie hat zwar keinen unmittelbaren Eigenwert, doch ist sie hinsichtlich der Bedeutung, die sie für Menschen hat, zu beachten.

Dabei steht Luther in der Tradition von Paulus, der ebenfalls in rituellen Fragen die Liebe zu den Schwachen als vorzüglichen Gesichtspunkt nannte (1 Kor 8,9).

Auch der »antispiritualistische« Grundzug von Luthers Gottesdiensttheologie hilft, den Gemeinschaftsbezug christlichen Gottesdienstes zu bewahren. Durch die strikte Bindung des Geistes an das Wort und damit an die Schrift verhindert der Reformator gemeinschaftszerstörende Extravaganzen Einzelner. Denn christliche Gemeinschaft ist – wie das Neue Testament zeigt (1 Kor 10,16-18) – durch die gemeinsame Teilhabe an Christus, nicht durch besondere menschliche Leistungen begründet.

Schließlich kann auch der »antisubjektivistische« Grundzug Luthers als wichtige Explikation des Gemeinschaftsbezugs christlichen Gottesdienstes verstanden werden. Seine Betonung der Sendung für die Amtsträger wehrt jeder eigenmächtigen Willkür einzelner Führergestalten, die schnell zu Streit und Spaltungen führt. Dabei ist Luther durch die für ihn (und die Mehrzahl seiner Zeitgenossen) selbstverständliche Vorstellung einer durch Gott eingesetzten staatlichen Obrigkeit geprägt. Fragen demokratischer Legitimation waren in seiner Zeit noch nicht im Blick. Allerdings darf über diesen Gesichtspunkten nicht vergessen werden, dass sich der Grundansatz der theologischen Entdeckung Luthers zuerst auf den einzelnen Glaubenden richtet und ihm eine Unmittelbarkeit zu Gott eröffnet. »Von Anfang an war daher das Problem mitgegeben, wie in einer Theologie, bei der der Glaube des einzelnen im Mittelpunkt steht, die Gegengrößen dazu, nämlich das Gemeinsame, das Soziale, das Objektive, also das dem Subjekt Vorgegebene und Übergeordnete, in ihrer Bedeutung gewahrt werden könnten.«[41]

2.2.3 Auf dem Hintergrund der für die Auseinandersetzung mit Rom entscheidenden Entgegensetzung von »beneficium« und »sacrificium« stellt Josuttis folgende Attribute als für Luthers Gottesdienstverständnis charakteristisch heraus: »*antimeritorisch*«, »*antisakramentalistisch*«, »*antihierar-*

Formula missae die Wendung »... propter imbecilles in fide animos ...« (WA 12,205,12-15).

41. G. Rau, Ekklesiologie distanzierter Kirchenmitgliedschaft: Eine Herausforderung für die Praktische Theologie und die Theologische Ethik, in: W. Gräb u. a., Hg., Christentum und Spätmoderne. Ein internationaler Diskurs über Praktische Theologie und Ethik, Stuttgart 2000, 152.

chisch«.⁴² Sie können dazu dienen, das Bemühen Luthers um *Verständlichkeit* differenzierter zu erfassen. Denn durch die Kritik an dem klerikalen Heilsvermittlungsmodell der römischen Kirche rückte die Frage der Verständlichkeit, und zwar für jeden Getauften, in den Mittelpunkt der liturgischen Aufgabe.

Wie schon bei den Hinweisen zum Christusbezug ausgeführt, soll die antimeritorische Kritik an den liturgischen Vollzügen der Altgläubigen vor allem die Evangeliumsgemäßheit des Gottesdienstes sichern. Zugleich befreit sie auch nachdenkliche Menschen aus Verstehensschwierigkeiten, und zwar in einem den kognitiven Bereich übersteigenden Sinn. Luther hatte am eigenen Leib während seiner Exerzitien als Mönch erfahren, dass menschliche Bemühungen nicht ausreichen, um Gottes Anspruch zu genügen. Die Rechtfertigungsbotschaft wurde für ihn zum hermeneutischen Schlüssel, um seine eigene Situation – und damit auch die Liturgie – angemessen zu verstehen. Deshalb sollte z. B. die Reduktion der menschengemachten Symbole den Weg zu einem besseren Verständnis des »beneficium« Gottes frei machen.

Damit hängt eng der »antisakramentalistische« Grundzug von Luthers Gottesdiensttheologie zusammen. »In der Anfangszeit der Reformation ist in der Wittenberger Pfarrkirche … nur ein gravierender Unterschied zur herkömmlichen Meßfeier zu konstatieren: Die Einsetzungsworte werden nicht leise über den Elementen, sondern laut zur Gemeinde gesprochen.«⁴³ Luther will verhindern, dass der Christusbezug im Herrenmahl durch die genaue Einhaltung von menschengemachten Zeremonien verloren geht. Demgegenüber setzt er auf das klare Wort der Predigt, das den Zuhörern Christus vor Augen »malen« soll. Eine Konsequenz aus dieser Konzentration auf das Wort ist auch die Aufwertung des häuslichen Gottesdienstes, der so gleichberechtigt neben die Gemeindezusammenkunft tritt.⁴⁴

Schließlich hat auch die sich gegen die römische Amtshierarchie richtende Kritik wichtige Folgen für die Verständlichkeit von Gottesdienst. Die Einführung der Muttersprache in der »Deutschen Messe« gab vielen Menschen erstmals die Gelegenheit, den Gottesdienst verstehend mitzufeiern. Dazu kam das Bemühen Luthers um möglichst aktive Partizipation der Gemeinde, konkret vor allem durch ihr Singen und Responsorien wie das »Amen«. Beides relativierte die vorher bestehende Dominanz des Priesters,

---

42. Josuttis, Theologie, 33-36.
43. Ebd. 34.
44. A. Niebergall, Die Auffassung vom Gottesdienst in den lutherischen Bekenntnisschriften, in: JLH 22 (1978), 26.

der allein wichtig erschien für den Vollzug des Messopfers und dessen Agieren durch die Verwendung von Latein bzw. sogar stille Gebete für die Menschen unverständlich war. Dabei muss hinsichtlich der konkreten Form der Partizipation daran erinnert werden, dass in heutigen Kategorien die Mehrzahl der damaligen Erwachsenen unmündig und ungebildet war.

2.3 Wirkung und Probleme

Wie gezeigt, wollte Luther die zentrale biblische Perspektive für christlichen Gottesdienst, nämlich den Christusbezug, wieder in den Mittelpunkt der Gottesdiensttheologie stellen. Damit leistete er in seiner Zeit einen wichtigen Beitrag für die Förderung der gottesdienstlichen Gemeinschaft und der Verständlichkeit des Gottesdienstes. Der grundlegenden Kritik an der Dominanz menschlichen Handelns und damit – wiederum in Aufnahme neutestamentlicher Einsichten – der Distanz zu kultischem Handeln entsprach sein Plädoyer gegen eine neue Gesetzlichkeit und damit für eine große Freiheit in liturgischen Gestaltungsfragen.

Leider traten aber schon bald die grundlegenden theologischen Impulse Luthers hinter seinen konkreten Vorschlägen zurück, die gerade in ihrem Bemühen um Gemeinschaft und Verständlichkeit zeitbezogen waren und bei Tradierung in andere Zeiten und Situationen sich z.T. ins Gegenteil verkehrten, nämlich zur Bildung kleinerer Gruppen und zu neuer Unverständlichkeit liturgischer Vollzüge führten. Dies soll im Folgenden anhand von Beispielen aus der Wirkungsgeschichte kurz gezeigt werden, bevor ich abschließend auf die große ökumenische Bedeutung der grundlegenden reformatorischen Impulse hinweise.

2.3.1 Zu Recht weist Karl-Heinrich Bieritz darauf hin, dass viele evangelische Gottesdienste heute primär die »Bindung des christlichen Glaubens an eine vergangene, traditionale Kultur, ihre Ausdrucksformen und Inhalte« signalisieren.[45] Wie im 1. Kapitel erwähnt, führt dies zu »Langeweile«, nicht zuletzt weil kein Bezug zum eigenen Leben erkannt wird. Daraus ergibt sich »… eine paradoxe Situation: Die ›vielen‹, für die diese Gestalt des ›öffentlichen‹ Gottesdienstes einst entworfen wurde, sind zu den ›wenigen‹ geworden …« Und: »Der so veranstaltete ›öffentliche‹ Gottesdienst hat in der hier gegebenen Situation seinen Öffentlichkeitscharakter weitgehend verloren und ist selber zu einer Form ›gruppengemeinschaftlicher Praxis‹ geworden.«[46]

45. Bieritz, Wort, 99.
46. Ebd.

Der erwähnte Hinweis von Josuttis auf den Zusammenhang zwischen allgemeinen Veränderungen in der europäischen Zivilisation, die im 16. Jahrhundert begannen, und dem Erfolg der Reformation lässt die inhaltliche Seite des Problems erkennen. Die *Dominanz des Verbalen*, die in den Gottesdiensten des 16. Jahrhunderts gegenüber stillen Gebeten und lateinisch gemurmelten Formeln die Gemeinschaft der Menschen und die Verständlichkeit des Gottesdienstes ermöglichte, ist ihrerseits – wie die Vernachlässigung beider Sakramente in der Folgezeit zeigte – eine Einseitigkeit, die nur im Gegenüber zur Überbetonung des geheimnisvoll Sakramentalen berechtigt ist. In der heutigen Erlebnis- und Mediengesellschaft mit ihren vielfältigen, unterschiedliche Sinne ansprechenden Kommunikationsformen erscheint sie problematisch.

Genauer betrachtet ist das gesprochene Wort zudem in den meisten heutigen evangelischen Gottesdiensten durchgehend »gelesenes, vorgelesenes, abgelesenes, aber nicht eigentlich freies, mündliches Wort«.[47] Bernhard v. Issendorf formuliert auf dem Hintergrund von Erfahrungen in der Ökumene das dahinter liegende, schwerwiegende liturgische Problem: »Ich frage mich, ob hinter der Literarisierung des Gottesdienstes seit der Reformation in Lied, Gebet und Predigt nicht die Angst vor dem freien Wort steht. Oder die Angst vor dem Ausbleiben des Wortes.«[48] Zumindest kann konstatiert werden, dass für die große Mehrzahl der evangelischen Pfarrerinnen und Pfarrer der Gottesdienst ein so komplexes Geschehen ist, dass sie ihn nicht ohne ständiges Nach- und Ablesen feiern können.

Doch nicht nur der antispiritualistische und antisakramentalistische Akzent von Luthers Gottesdienstverständnis mit der daraus resultierenden Betonung des »Wortes«, konkret der Predigt, droht unter gegenwärtigen Gegebenheiten die Kommunikation des Evangeliums zu behindern. Auch die antisubjektivistische Orientierung hat in ihrem Bezug auf obrigkeitsstaatliche Vorstellungen heute nicht mehr nachvollziehbare Implikationen. Das »Amt« trägt zunehmend weniger. Und die Partizipationsformen der Gemeinde, das Singen und Respondieren mit Amen, die für die damaligen »unmündigen« Menschen wichtig waren, sind mittlerweile eher zum Gegenteil, nämlich zum sprichwörtlichen »Ja und Amen«-Sagen verkommen.

Dazu stellt sich die Frage, ob die selbstverständliche *Orientierung Luthers am Sonntag* (mit zweifachem Gottesdienstbesuch!) *und an den Stundengebeten* für die gegenwärtige Situation ohne Reflexion der Veränderungen

---

47. Ebd. 102.
48. B. v. Issendorf, Urchristenheit unter uns. Was mir im Gottesdienst schwarzer Gemeinden auffiel, in: ZGP 2 (1984) H. 4, 7.

in den Zeit-Rhythmen übernommen werden kann. Die heute für die meisten Menschen offensichtlich attraktivsten Gottesdienste, nämlich die auf Feste, vor allem Weihnachten, und biographische Übergänge bezogenen, waren bei Luther z.T. noch gar nicht im Blick bzw. in ihrer möglichen Bedeutung durch theologisch problematische Prägungen in der damaligen Kirche verstellt.[49] Ferner setzte Luther – wie etwa die Hinweise im Kleinen Katechismus zum Morgen- und Abendsegen zeigen – selbstverständlich einen »Haus«-Gottesdienst voraus, also eine unmittelbar mit den konkreten Lebensvollzügen der Einzelnen verbundene liturgische Praxis.

2.3.2 Entgegen den Intentionen Luthers brachen wirkungsgeschichtlich an zentralen Stellen evangelischen Gottesdienstes, nämlich der Predigt, dem Abendmahl und der Taufe, schwerwiegende Probleme auf. Dazu kam es zunehmend zu einer Trennung zwischen liturgischem Geschehen und dem Alltag der Menschen, die gottesdienstliche Dimension christlichen Lebens drohte verloren zu gehen. Offensichtlich ist es in den evangelischen Kirchen Deutschlands nicht (hinreichend) gelungen, die – wie gezeigt – biblisch fundierten Impulse zur Gottesdiensttheologie in den veränderten Kontexten liturgische Gestalt gewinnen zu lassen.

(1) Bedeutung der Predigt: Luthers theologisch begründetes Plädoyer für die Predigt als den Ort, an dem die Christusverkündigung laut wird, blieb ohne theoretische Berücksichtigung der konkreten Situation, in die hinein der Reformator sein Konzept entwarf. Dadurch ist es verständlich, dass die Predigt auch in der Folgezeit im Mittelpunkt evangelischen Gottesdienstes stand. Andere Züge Luthers, wie seine Hinweise zur Meditation,[50] traten demgegenüber in der unmittelbaren Wirkungsgeschichte zurück.

Allerdings zeigte sich schon im 17. Jahrhundert, dass eine primär auf die Predigt setzende kirchliche Verkündigung – gerade am reformatorischen Glaubensverständnis gemessen[51] – offenbar nur sehr begrenzte Reichweite und Tiefe besitzt.[52] Aber auch Versuche, sich angesichts der unübersehbaren

---

49. S. z.B. hinsichtlich der Bestattung WA 35, 478-484.
50. M. Nicol, Meditation bei Luther, Göttingen 1984.
51. S. R. van Dülmen, Volksfrömmigkeit und konfessionelles Christentum im 16. und 17. Jahrhundert, in: ders., Religion und Gesellschaft. Beiträge zu einer Religionsgeschichte der Neuzeit, Frankfurt 1989, 57.
52. S. U. Sträter, Meditation und Kirchenreform in der lutherischen Kirche des 17. Jahrhunderts, Tübingen 1995, 30-32. Hier ist auch zu bedenken, dass damals ein lutherischer Pfarrer durchschnittlich etwa drei Predigten pro Woche zu halten hatte (s. ebd. 74 Anm. 4).

»Krise der Predigt«[53] stärker den Zuhörern zuzuwenden, führten letztlich nicht zum angestrebten Ergebnis.

Aktuell mutet der Dialog an, den Johann Valentin Andreae etwa 1622 in seinem Werk »Theophilus« (publiziert 1649) schildert. Hier streiten sich der Pfarrer Timotheus und sein Kollege Democides über den Zustand der Kirche. Um die Wirkung der Predigt zu eruieren, fragen sie den 27jährigen Kirchgänger Georg:

»Th(eophilus): Komm her Georg, wir wollen einmal hören, welchen Gewinn du aus der Kirche bringst.

G(eorg): Die Zeit, die wir in der Kirche zubringen und auf den Gottesdienst verwenden, pflegt nicht eben gewinnreich zu sein.

Th: Wir meinen einen Gewinn für die Seele, nicht für den Geldschrank, mein Georg. Wie hieß denn das Thema der Predigt?

G: Gar vieles und allerlei hat der Prediger gebracht. Ich konnte nicht alles fassen.

Th: Doch einiges? Was, bei Gott, war's denn für ein Text?

G: Ich habe ihn ganz überhört.

Th: Der Vortrag selbst hat ihn ja behandelt.

G: Er hat von Gott gehandelt.

Th: Natürlich muß der Name Gott je und je vorkommen. Aber was denn von Gott? Wie hat der Prediger ihn beschrieben, was hat er für eine Anwendung gemacht?

G: Das geht über meinen Horizont.

Th: So ist dir also nichts geblieben von der ganzen Predigt?

G: Was da war, ist nicht mehr da.«[54]

Trotz zum Teil tiefgreifender Anfragen, die nicht zuletzt auf die Bedeutung des Kontextes einer Predigt im sonstigen Lebensvollzug aufmerksam machten und das Predigtverständnis durch katechetische Bemühungen vor allem hinsichtlich eines cultus privatus abstützen wollten, blieb aufs Ganze gesehen die Predigt im Mittelpunkt evangelischen Gottesdienstes – und damit auch das skizzierte Problem.

Der Sonntagsgottesdienst mit der Predigt über einen biblischen Text im Mittelpunkt ist bis heute ein Sorgenkind evangelischer Liturgik, wenn man seinen theologischen Anspruch mit der feststellbaren Resonanz bei der großen Mehrzahl der Getauften vergleicht.

(2) Probleme der Abendmahlspraxis: Auch beim Abendmahl gelang es in den evangelischen Gemeinden nicht, die theologisch gewonnenen Einsichten in die Praxis umzusetzen. Die selbstbewusste Erklärung in der Apologie des Augsburgischen Bekenntnisses (1530): »Bei uns aber braucht das Volk des

---

53. Ebd. 74.
54. Zitiert nach ebd. 75 f.

heiligen Sakraments willig, ungedrungen, alle Sonntage« (XV, 43) war wohl an den meisten Orten nie durch die tatsächliche Gemeindepraxis gedeckt. Durchaus in Anknüpfung an mittelalterliche Kommunionsgewohnheiten[55] fand das Abendmahl – nur von Zwingli von vornherein auf vier Sonntage im Jahr angesetzt – häufig an wenigen besonderen Festtagen im Jahr statt. Ab dem 19. Jahrhundert kam es zunehmend zu seiner Abspaltung vom Gemeindegottesdienst, indem es – wie etwa in der preußischen Agende von 1821/22[56] – als (nur ausnahmsweise gefeierter) Anhang an den gewöhnlichen Gemeindegottesdienst erschien. Evangelischer Gottesdienst wurde zur »abgebrochene(n) Messe«.[57]

Von daher verwundert es nicht, dass nach der Lockerung des Zwangs zum Gottesdienstbesuch für nicht wenige Evangelische die Abendmahlsfeier im Rahmen der Konfirmation die erste und letzte in ihrem Leben war und ist. Das Abendmahl erschien zunehmend als ein Ritus für besonders Fromme. Der für lutherisches Kirchenverständnis konstitutive Zusammenhang von Wort und Sakrament, wie ihn Art. VII des Augsburger Bekenntnisses formuliert, ist für viele evangelische Kirchenmitglieder seit mehreren Generationen verloren gegangen.

Offensichtlich war der im primären Verständnis des Abendmahls als Sakrament der Sündenvergebung begründete Ernst, der zu seltenen Abendmahlsbesuchen führte, für die Mehrzahl der evangelischen Christen nicht (mehr) einsichtig. In den siebziger Jahren des 20. Jahrhunderts unternommene Versuche, den Gemeinschaftscharakter stärker hervorzuheben, führten zwar zu häufigeren Abendmahlsfeiern, aber insgesamt wohl nur dazu, dass ein kleiner Teil der Evangelischen häufiger kommunizierte. Der Großteil der Evangelischen wurde hiervon nicht erreicht. Die von ihnen vorzüglich besuchten Gottesdienste zu hohen Festtagen und an Übergängen im Lebenslauf finden – abgesehen von der Konfirmation – in der Regel ohne Abendmahl statt.[58]

55. Schmidt-Lauber, Eucharistie, 209 f. Allerdings kam es in den evangelischen Kirchen nicht zur Trennung von Eucharistie und Kommunion wie bis heute in der römisch-katholischen Kirche.
56. Abgedruckt bei R. Stählin, Die Geschichte des christlichen Gottesdienstes von der Urkirche bis zur Gegenwart, in: Leiturgia 1, Kassel 1954, 75 f.; vgl. G. A. Krieg, Beobachtungen zur Gottesdiensttheologie der Altpreußischen Agende, in: JLH 30 (1986), 72-86.
57. Schmidt-Lauber, Eucharistie, 210.
58. Die gegenwärtige Diskussion um das Eucharistische Hochgebet (s. die Auseinandersetzung zwischen D. Wendebourg, Den falschen Weg Roms zu Ende gegangen? Zur gegenwärtigen Diskussion über Martin Luthers Gottesdienstreform und ihr Verhältnis zu den Traditionen der Alten Kirche, in: ZThK 94 [1997], 437-467; und

(3) Probleme der Taufpraxis: Während das theologische Verständnis der Abendmahlsfeier bei Luther durch die Zurückweisung des menschliches Handeln unstatthaft betonenden Opferverständnisses deutlich von den Anschauungen der römischen Liturgie abwich und zugleich Probleme eucharistischer Praxis in den evangelischen Gemeinden schon hinsichtlich der Feierhäufigkeit unübersehbar waren, gestaltete sich die Taufpraxis im Zuge der Reformation wenig spektakulär.[59] Nicht nur durch den bis weit ins 19. Jahrhundert in Deutschland bestehenden Taufzwang für Kinder von Christen blieb es bei einer Selbstverständlichkeit der Säuglingstaufe; theologisch war die Taufe – abgesehen von den Anfragen am linken Rand der Reformation – kaum im Blickfeld kontroverstheologischer Auseinandersetzungen.

Doch konnte auch hier das theologische Anliegen Luthers nicht in der liturgischen Praxis aufgenommen werden. Der von ihm erkannte Prozesscharakter der Taufe und die darin implizite Prägekraft für das ganze Leben blieben eher theologisches Postulat als der Mehrzahl der Menschen verständliche Glaubenseinsicht. Schon im Kleinen Katechismus begegnet eine deutliche Distanz zu den sichtbaren Zeichen der Taufe, bei gleichzeitiger Betonung worthaften Glaubens.

So erklärt Luther zum Wasser: »Wasser tut's freilich nicht, sondern das Wort Gottes, so mit und bei dem Wasser ist, und der Glaube, so solchem Wort Gottes im Wasser trauet; denn ohn Gottes Wort ist das Wasser schlecht Wasser und keine Taufe, aber mit dem Wort Gottes ist's eine Taufe ...« (BSLK 516).

In semiotischer Analyse wies Rudolf Roosen nach, dass Luthers Betonung der worthaften Dimension des Glaubens zu einer Arbitrarisierung der Zeichen im Taufgottesdienst führte.[60] Die Zeichen erscheinen als beliebig und nur durch verbale Erklärung verständlich.

Angesichts der abergläubischen Praktiken, die nicht zuletzt mit Wasser verbunden waren, ist im 16. Jahrhundert diese strikte Reduktion des Sinns der Taufe auf das Wort sinnvoll gewesen. Langfristig führte dies jedoch zu einem dramatischen Bedeutungsverlust, der sich etwa in der untergeord-

---

F. Schulz, Luther und die ›Eucharistierung‹ des Abendmahls, bzw. H.-Chr. Schmidt-Lauber, So nicht! Zu Dorothea Wendebourgs Herausforderung der gegenwärtigen Liturgiewissenschaft, in: Gemeinsame Arbeitsstelle für gottesdienstliche Fragen 33/98, 3-14 bzw. 15-30) wird ohne Bezug auf dieses praktisch-theologische Grundproblem geführt.

59. M. Probst, Die westlichen Riten der Kindertaufe im Zeitalter der Reformation, in: LJ 35 (1985), 85-111.

60. Roosen, Taufe, 62-73.

neten Feierpraxis der Taufe gegenüber der Konfirmation in evangelischen Familien und – weithin auch – evangelischen Kirchengemeinden zeigt.

Taufe wird zum Fest der engsten Familie, ohne dass ihr grundlegender Christusbezug für die Mehrzahl der Feiernden verständlich zur Darstellung kommt.

(4) Problem des Alltagsbezugs: Schon die Einführung der Muttersprache in die Liturgie zeigt, welche Bedeutung die Reformatoren dem allgemeinen Verstehen des liturgisch Vollzogenen beimaßen. Doch kam es auch hinsichtlich des – wie gezeigt – ebenfalls neutestamentlichen Kriteriums der Verständlichkeit, nämlich beim Alltagsbezug von Gottesdienst, zu Wirkungen des theologischen Gottesdienstverständnisses Luthers und der Reformatoren, die ihren eigenen Intentionen entgegenliefen. Denn die theologische Konzentration auf Christus führte zu einer scharfen Trennung zwischen den Riten, die das Neue Testament als von Christus eingesetzt bezeugt, Taufe und Abendmahl, und anderen eben nicht von Gott angeordneten liturgischen Handlungen, die sich im Laufe der Zeit herausgebildet hatten und z. T. tief in der Volksfrömmigkeit verwurzelt waren.

So schrieb Luther: »Darumb hat nu Ecclesia, das heilige Christliche Volck, nicht schlecht eusserliche wort, Sacrament oder Empter, wie der Gottesaffe Satan auch und viel mehr hat, Sondern hat sie von Gott geboten, gestifft und geordent ... Ja solch stück feilet in des Teuffels Sacramenten und Kirchen, da kann niemand sagen: Gott hats geboten, befolhen, eingesetzt, gestifft ... Sondern so mus man sagen: Gott hats nicht geboten, sondern verboten, Menschen habens ertichtet oder viel mehr der Gottes Affe hats ertichtet und die Leute damit verfüret« (WA 50,647).

Auf die Verbindung von Liturgie (im Ritus) und Gottesdienst (im Alltag) wirkte sich die Kritik Luthers an der damaligen Benediktionspraxis – trotz aller theologischer Richtigkeit – besonders nachteilig aus. Wie Adolf Franz anschaulich in seinem Opus magnum zur mittelalterlichen Benediktionspraxis zeigt, war das Leben der mittelalterlichen Menschen in vielfacher Weise von Segnungshandlungen begleitet.

»Die Mutter erhielt schon für die Leibesfrucht, die sie hoffnungsreich trug, den kirchlichen Segen, und wenn die Wehen kamen, sandte sie nach dem Priester, der hier mit heilkräftigem Spruche beistand. In partu und post partum erfolgten Benediktionen, die vollendet wurden, wenn die Mutter mit dem Kinde wieder das Gotteshaus betrat. War der Knabe lernreif, so wurde über ihn die ›benedictio, quando puer literas discit‹ gesprochen. Wenn der erste Bart des zum Jüngling heranreifenden Knaben fiel, geschah es unter kirchlicher Segnung. Die Segnung des Hauses ist eine uralte christliche Sitte, ebenso wie die von Feld und Flur, von Erstlingsfrüchten an Wein, Obst und Getreide. Auch der Hausbrunnen wurde benediziert. Vor allem lag es der agrarischen Bevölkerung ... am Herzen, daß das Vieh den Segen der Kirche zu seinem Gedeih erhielt, und daß in Fällen von Seuchen unter Vieh und Menschen die Kirche zu Hilfe eilte. ... In Krankheiten waren die Sakramentalien Arzneien, oft die einzigen, die dem Volke zugänglich waren. Wasser, Salz, Brot, Kräuter u. a., geweiht von priesterlicher Hand, waren immer zur Stelle«.[61]

Gewiss war hier oft die Grenze zur Zauberei weit überschritten und Luther kritisierte zu Recht die daraus resultierende Marginalisierung der Taufe sowie die Belastung für die Menschen, die sich aus der Vielzahl von Einzelbenediktionen ergab. Doch bewahrten die Benediktionen umgekehrt den Zusammenhang der Liturgie mit den zentralen Bereichen menschlichen Lebens wie Ernährung, Arbeit, Familie, Krankheit usw. und ermöglichten so auch für intellektuell wenig gebildete Menschen eine gottesdienstliche Dimension im Alltag.

In der Folgezeit kam es in den evangelischen Kirchen – und in gewissem Umfang auch in der katholischen Kirche[62] – zu einem radikalen Abbruch benediktioneller Praxis. Damit ging aber – unbeabsichtigt – der Zusammenhang der Liturgie und damit auch des Glaubens mit anderen Bereichen des Lebens verloren.

2.4 Wirkungen in der Ökumene

Abschließend ist noch – trotz der eben genannten Gravamina in der Wirkungsgeschichte – auf die positiven Impulse von Luthers Gottesdienst-Theologie für die ökumenischen Bemühungen um ein rechtes Verständnis von Gottesdienst und dessen Gestaltung hinzuweisen:

1. Dass der Gottesdienst primär Gottes Werk ist und die Christen im Glauben hieran als Empfangende teilnehmen, wie das Vajta zutreffend als Grundstruktur von Luthers Gottesdienst-Theologie herausgearbeitet hat, ist mittlerweile allgemeiner ökumenischer Konsens. In der Dynamik des Rituals formuliert: »Im Gottesdienst vollzieht sich dialogisches Geschehen, bei dem der katabatische (sc. herabsteigende, C. G.) Aspekt dominiert und den anabatischen (sc. hinaufsteigenden, C. G.) ermöglicht.«[63]

2. Auch das Anliegen Luthers, den Gottesdienst als Sache der ganzen Ge-

---

61. A. Franz, Die kirchlichen Benediktionen im Mittelalter Bd. 1, Freiburg 1909, 39.
62. Chr. Grethlein, Andere Handlungen (Benediktionen und Krankensalbung), in: H.-Chr. Schmidt-Lauber, K.-H. Bieritz, Hg., Handbuch der Liturgik, Leipzig ²1995, 445 f.
63. H.-Chr. Schmidt-Lauber, Das Gottesdienstverständnis Martin Luthers im ökumenischen Kontext, in: ThLZ 114 (1989), 326.

meinde zu verstehen, wird mittlerweile allgemein geteilt. Deshalb ist bei der Gestaltung liturgischer Vollzüge auf Beteiligungsmöglichkeiten der Gemeindeglieder zu achten.

3. Dazu öffnete der Reformator den Blick über die rituellen Vollzüge hinaus auf die gottesdienstliche Dimension des sonstigen Lebens der Christen, ebenfalls eine inzwischen ökumenisches Gemeingut gewordene, biblisch begründete Einsicht.

4. Endlich ist – ohne dass dies Luther theoretisch formuliert hätte – zumindest im Bereich der westlichen Liturgiefamilie die Kontextualität von Liturgie allgemein als bei liturgischer Gestaltung zu berücksichtigender Faktor akzeptiert, wie es Luther in seinen Vorschlägen praktizierte.

Vor dem Hintergrund dieser wichtigen, neutestamentliche Perspektiven von neuem unter den Bedingungen der damaligen Zeit formulierenden Impulse, aber zugleich angesichts der vorher dargestellten Probleme in der weiteren Wirkung konstatiert Hans-Christoph Schmidt-Lauber wohl zu Recht: »Mir scheint die Liturgiereform der römischen Kirche, die mit dem Zweiten Vatikanum begann, reformatorische Grundanliegen zum Gottesdienst eher und weitgehender realisiert zu haben, als es im Protestantismus bislang gelungen ist.« Und er fährt fort: »Die liturgische Aufgabe wird deshalb in Zukunft nur noch ökumenisch zu lösen sein, was dem Wesen des Gottesdienstes auch ganz entspricht.«[64] Dieser Einsicht folgt der nächste Abschnitt.

3. Gottesdienst in der römisch-katholischen Kirche – Impulse des II. Vaticanum und offene Fragen

Unter der hier verfolgten Fragestellung genügt es – auch im Kontext ökumenischer Liturgiewissenschaft –, die Liturgiereform des II. Vaticanum und die daraus gezogenen Folgerungen näher zu betrachten.

Denn spätestens[65] seit dem Trienter Konzil bzw. dessen agendarischer

---

64. H.-Chr. Schmidt-Lauber, War Luther Liturgiker?, in: PTh 72 (1983), 378.
65. Die »römische« Messe, genetisch gesehen eigentlich eine »römisch-fränkische Mischliturgie«, hatte sich langsam im Mittelalter herausgebildet und war erst seit Innozenz III. (1198-1216) »zum Modell für die ganze Westkirche« geworden (Meyer, Eucharistie, 170f.). Marcel Metzger formuliert den früheren Forschungsstand der katholischen Liturgiewissenschaft, wenn er konstatiert: »Wegen der Zentralisierung, des Traditionalismus und der Homogenisierung der Riten ist die Periode, die sich vom 12. Jahrhundert bis zum II. Vatikanischen Konzil erstreckt, für die Geschichte der wesentlichen liturgischen Einrichtungen nur von begrenztem Interesse. Unter-

Konsequenz in Form des Missale Romanum Pius V. (1570) zielte die Liturgie der römisch-katholischen Kirche – trotz zahlreicher grundlegender und lokaler Ausnahmen – auf Uniformität und wurde zunehmend rechtsförmig ausgerichtet und damit statisch konstituiert. Inhaltlich wirkte sich der Gegensatz zum liturgischen Aufbruch der Reformatoren mit seiner Betonung des Handelns Gottes in Christus (»beneficium«) und der daraus resultierenden Relativierung menschlichen Handelns aus. Gottesdienst wurde auf dem Trienter Konzil im Gegenzug einseitig latreutisch verstanden, also als vom Menschen, genauer vom Klerus zu erbringendes Opfer (»sacrificium«). Auf der Gestaltebene dominierte die – seit dem 9. Jahrhundert sich ausbreitende – »stille Messe ohne Gemeindebeteiligung«.[66]

Dem entsprach eine höchst einseitige Profilierung des sacerdotalen Charakters des Priesteramtes, dessen entscheidendes Merkmal – im Gegensatz zum reformatorischen Predigtamt – die Fähigkeit zur Konsekration und zum Opfer in der Eucharistie war.[67]

Eucharistie und Kommunion traten zunehmend auseinander. Die biblischen Perspektiven drohten in Vergessenheit zu geraten.

Für die theologisch nicht vorgebildeten Katholiken von einschneidender Bedeutung war die Tridentiner Verteidigung des auf dem Konstanzer Konzil – im Gegenüber zu den Hussiten – ausgesprochenen Kelchverbots,[68] das den Zeichencharakter der Eu-

---

sucht man die Struktur der kirchlichen Feiern und ihre Entwicklung, entdeckt man in dieser Periode nur sekundäre Entwicklungen wie die Zunahme von Privatgebeten, die der Priester während der Messe spricht, das Einfügen von Kniebeugen, Bekreuzigungen, Umschreitungen des Altars usw. Diese Jahrhunderte sind eher für die Geschichte der Frömmigkeit, der Spiritualität oder der religiösen Empfindung von Interesse oder aber, im Bereich der Liturgie, für die der Riten einer Ortskirche oder eines Mönchsordens« (M. Metzger, Geschichte der Liturgie, Paderborn 1998, 127 f.). Dagegen ergaben neuere Forschungen, dass sich dieses Urteil nur bei Reduktion der Liturgiegeschichte auf das liturgische Textgut, also unter Ausblendung der Feiergestalt, halten lässt (s. A. A. Häußling, Gottesdienst III. Liturgiegeschichtlich, in: LThK IV ³1995, 896). Dazu wurden z. B. erst im 19. Jahrhundert in den Bistümern Köln, Münster und Trier die Eigenliturgien durch die römische Liturgie ersetzt (s. die Hinweise zur Spezialliteratur bei B. Kranemann, Liturgiewissenschaft angesichts der »Zeitenwende«. Die Entwicklung der theologischen Disziplin zwischen den beiden Vatikanischen Konzilien, in: H. Wolf, Hg., Die katholisch-theologischen Disziplinen in Deutschland 1870-1962, Paderborn 1999, 365 Anm. 84).
66. Meyer, Eucharistie, 171 f.; zur genaueren Entwicklung zwischen Tridentinum und II. Vaticanum s. ebd. 273-305.
67. U. Kühn, Die Ordination, in: H.-Chr. Schmidt-Lauber, K.-H. Bieritz, Hg., Handbuch der Liturgik, Leipzig ²1995, 372.
68. Meyer, Eucharistie, 499.

charistie empfindlich verkürzte und – trotz Art. 55 der Liturgiekonstitution des II. Vaticanum « Sacrosanctum Concilium« – im deutschsprachigen Bereich immer noch die liturgische Praxis prägt.

Erst die jahrzehntelang wenig erfolgreichen Vorstöße der liturgischen Bewegung im 20. Jahrhundert, deren direkter Beginn meist mit dem »Mechelner Ereignis«[69] angesetzt wird, führten zu Reformen.[70] Dabei war die liturgische Innovation eine Folge der Bibelbewegung, wie sie Pius Parsch (1884-1954) initiierte. Vor allem das Pontifikat Pius XII. nahm mit der Wiedergewinnung der Osternachtfeier (1951) sowie der Erneuerung der Karwochenliturgie (1955), der Öffnung zu mehr Volkssprachlichkeit im Gottesdienst und der Enzyklika »Mediator Dei« wichtige Reformimpulse auf[71] und bahnte so – im Nachhinein gesehen – den Weg für die Liturgiereform des II. Vaticanum. Sie war wesentlich vom Bemühen geprägt, »unter Wahrung der wesentlichen Elemente der Tradition möglichst die Grundstruktur liturgischen Feierns, wie sie sich vom Ursprung her darstellt, wieder zurückzugewinnen«,[72] und bestimmt bis heute das liturgische Erscheinungsbild der römisch-katholischen Kirche.[73]

3.1 Einführung in das Gottesdienstverständnis des II. Vaticanum

Die zentrale Stellung der liturgischen Aufgabe für das gesamte II. Vatikanische Konzil wird schon daran deutlich, dass die Konstitution über die heilige Liturgie »Sacrosanctum Concilium« (SC) am 4.12.1963 als erster und mit 130 Artikeln insgesamt umfangreichster Konzilstext verkündet wurde.

69. 1909 hielt der Benediktiner Lambert Beauduin auf dem Katholikentag in Mecheln das Referat »Das eigentliche Gebet der Kirche«, in dem er das »Mittun der Gläubigen beim Gottesdienst der Kirche« forderte und somit das wesentliche Anliegen der verschiedenen weiteren liturgischen Reformversuche formulierte (s. näher B. Fischer, Das »Mechelner Ereignis« vom 23. September 1909. Ein Beitrag zur Geschichte der Liturgischen Bewegung, in: LJ 9 [1959], 203-219).
70. S. den knappen Überblick mit weiterführenden Literaturhinweisen bei H.-Chr. Schmidt-Lauber, Liturgische Bewegungen, in: TRE 21 (1991), 401-406; vgl. aus katholischer Sicht A. Schilson, Den Gottesdienst neu entdecken. Die Liturgische Bewegung als Erbe und Auftrag, in: HerKorr 46 (1992), 567-571.
71. A. Heinz, Liturgiereform vor dem Konzil. Die Bedeutung Pius' XII. (1939-1958) für die gottesdienstliche Erneuerung, in: LJ 49 (1999), 3-38.
72. K. Richter, Liturgiereform als Mitte einer Erneuerung der Kirche, in: ders., Hg., Das Konzil war erst der Anfang. Die Bedeutung des II. Vatikanums für Theologie und Kirche, Mainz 1991, 59.
73. Allerdings mehren sich kritische Stimmen hiergegen, so z.B. J. Ratzinger, Der Geist der Liturgie, Freiburg 2000 (s. hierzu die sehr kritische, die Differenzpunkte zum II. Vaticanum genau benennende Rezension von Richter in ThRv 96/4 [2000], 1 f.).

Thematisch steht das »*Pascha-Mysterium*«[74] (SC 5.6.61.104.106.107.109) – und damit materialiter die Eucharistiefeier – im Mittelpunkt des Gottesdienstverständnisses der Liturgie-Konstitution:

»Dieses Werk der Erlösung der Menschen und der vollendeten Verherrlichung Gottes, dessen Vorspiel die göttlichen Machterweise am Volk des Alten Bundes waren, hat Christus, der Herr, erfüllt, besonders durch das Pascha-Mysterium: sein seliges Leiden, seine Auferstehung von den Toten und seine glorreiche Himmelfahrt. In diesem Mysterium ›hat er durch sein Sterben unseren Tod vernichtet und durch sein Auferstehen das Leben neugeschaffen‹« (SC 5).[75]

Eindeutig wird hier also ein christologischer Ausgangspunkt für die Wesensbestimmung des Gottesdienstes gewählt.

Der Bezug auf das »Pascha-Mysterium« wird ekklesiologisch weitergeführt, indem der nächste Satz in Art. 5 lautet: »Denn aus der Seite des am Kreuz entschlafenen Christus ist das wunderbare Geheimnis der ganzen Kirche hervorgegangen.«

Dem entspricht die christologisch begründete dialogische, genauer eine katabatisch-heiligende und eine anabatisch-anbetende Bewegung umfassende Struktur des Gottesdienstes: »Denn in der Liturgie spricht Gott zu seinem Volk; in ihr verkündet Christus noch immer die Frohe Botschaft. Das Volk aber antwortet mit Gesang und Gebet.« (SC 33). Dieses Gottesdienstverständnis erinnert unmittelbar an entsprechende Aussagen Luthers bei der Einweihung der Torgauer Schlosskirche: »das nichts anders darin geschehe, denn das unser lieber Herr selbs mit uns rede durch sein heiliges Wort, und wir widerumb mit jm reden durch Gebet und Lobgesang.« (WA 49,588).

Der darin implizierten Aufwertung der Gemeinde wird auch direkt Ausdruck verliehen in der Forderung nach »*plena, conscia atque actuosa participatio*«[76] (volle, bewusste und tätige Teilnahme) (SC 14), die durch Verweis auf die (für reformatorische Theologie) zentrale biblische Belegstelle für das allgemeine Priestertum aller Gläubigen, 1 Petr 2,9, begründet wird. Dies ist bis heute der vielleicht wichtigste liturgische (und mittelbar kirchenrefor-

---

74. I. Pahl, Das Paschamysterium in seiner zentralen Bedeutung für die Gestalt christlicher Liturgie, in: LJ 46 (1996), 71-93.
75. Zitiert nach K. Rahner, H. Vorgrimler, Kleines Konzilskompendium. Alle Konstitutionen, Dekrete und Erklärungen des Zweiten Vaticanums in der bischöflich beauftragten Übersetzung, Freiburg ²1967, 53.
76. S. Schmid-Keiser, Aktive Teilnahme. Kriterien gottesdienstlichen Handelns und Feierns. Zu den Elementen eines Schlüsselbegriffs in Geschichte und Gegenwart des 20. Jahrhunderts, 2 Bde., Bern 1985.

merische) Impuls des Konzils. Mit Klemens Richter formuliert: Die »Liturgie (wird) nun nicht mehr (sc. wie im Tridentinum, C. G.) verstanden als eine Feier für die Gemeinde, sondern als eine Feier des Glaubens der Gemeinde.«[77] Damit werden Taufe und Firmung zu den entscheidenden Daten für das allgemeine Priestertum der Gläubigen, ohne dass allerdings die daraus folgenden Konsequenzen für die Struktur der Kirche hinreichend berücksichtigt worden wären.[78]

Methodisch folgt daraus – nach Rahner und Vorgrimler – das »Grundgesetz aller Liturgiereform«[79]: »Bei dieser Erneuerung sollen Texte und Riten so geordnet werden, daß sie das Heilige, dem sie als Zeichen dienen, deutlicher zum Ausdruck bringen, und so, daß das christliche Volk sie möglichst leicht erfassen und in voller, tätiger und gemeinschaftlicher Teilnahme mitfeiern kann« (SC 21). Damit ist eine Dynamisierung der Liturgie gegeben, die eine grundsätzlich unabschließbare Reformbewegung impliziert.[80] Liturgie ist – entgegen dem tridentinischen Ideal einer unveränderlichen, allgemein verbindlichen Form – nur noch situations- und personenbezogen zu gestalten. Wissenschaftstheoretisch erfordert dies die Einbeziehung sozialwissenschaftlicher empirischer Methoden für die liturgiewissenschaftliche Forschung.[81]

Für die konkrete Feierpraxis in den Gemeinden wurden dann die Konsequenzen, die die deutschen Bischöfe aus diesen allgemeinen liturgischen Normen und Hinweisen zogen, wirksam. Entsprechend der konziliaren Einsicht in die Bedeutung der Verständlichkeit des liturgischen Geschehens wurden jeweils teilkirchliche liturgische Bücher in den jeweiligen Volkssprachen erstellt, die keine bloßen Übersetzungen der lateinischen Normbücher sind.

In Deutschland wurde das nach der lateinischen Modellvorlage des Missale Romanum von 1969 erarbeitete neue deutsche Missale am 23. September 1974 von der zuständigen Bischofskonferenz approbiert und verpflichtend am 1. Fastensonntag 1976 eingeführt.[82]

---

77. Richter, Liturgiereform, 60.
78. Hierauf weist wesentlich die pastoraltheologische Kritik von K. Bopp, Prinzipielle Defizite in der Liturgiereform des Zweiten Vatikanischen Konzils?, in: ALW 35/36 (1993/94), 121-134, hin.
79. Rahner, Vorgrimler, Konzilskompendium, 41.
80. A. A. Häußling, Liturgiereform. Materialien zu einem neuen Thema der Liturgiewissenschaft, in: ALW 31 (1989), 30.
81. D. Güntner, Das Prinzip der Participatio und die Strukturen der Lebenswelt. Eine soziologisch-theologische Studie, in: ALW 38/39 (1996/97), 40.
82. Bopp, Defizite, 124.

Insofern konstatiert Richter für Deutschland als ein wesentliches liturgisches Resultat des II. Vaticanum: »Tatsächlich haben wir heute keine römische Liturgie mehr, sondern eine römisch-deutsche Liturgie«.[83]

3.2 Einsichten zum Gottesdienstverständnis

3.2.1 Zweifellos tritt im Gottesdienstverständnis des II. Vaticanum der nach biblischem Zeugnis grundlegende *Christusbezug* in großer Klarheit hervor. Dies zeigt schon die erwähnte Konzentration auf das »Pascha-Mysterium«.

Herbert Vorgrimler fragt allerdings an, ob die Konzentration auf das »Pascha-Mysterium« nicht »die Anamnese des Lebens Jesu vor seinem Tod beeinträchtigt«.[84]

Artikel 7 von Sacrosanctum Concilium präzisiert den Christusbezug. Hier heißt es, dass »Christus seiner Kirche immerdar gegenwärtig« sei (»Christus Ecclesiae suae semper adest«), »besonders in den liturgischen Handlungen«. Diese Gegenwart wird noch näher ausgeführt:

»Gegenwärtig ist er im Opfer der Messe sowohl in der Person dessen, der den priesterlichen Dienst vollzieht ... wie vor allem unter den eucharistischen Gestalten. Gegenwärtig ist er mit seiner Kraft in den Sakramenten, so daß, wenn immer einer tauft, Christus selber tauft. Gegenwärtig ist er in seinem Wort, da er selbst spricht, wenn die heiligen Schriften in der Kirche gelesen werden. Gegenwärtig ist er schließlich, wenn die Kirche betet und singt ...«

Neben den Sakramenten werden gleichberechtigt Schriftlesung – nicht die Predigt – sowie Gebet und Gesang der Kirche genannt.

Der Christusbezug findet seinen Niederschlag auch in der – gegenüber der früheren Betonung von Heiligenfesten – deutlichen Präferenz für den Sonntag und die Herrenfeste. Hans Hollerweger rechnet etwa den Art. 106 der Liturgiekonstitution, der den »Herrentag« den »Urfeiertag« und »Fundament und Kern des ganzen liturgischen Jahres« nennt, »zu den bedeutenden und richtungweisenden Aussagen des II. Vatikanischen Konzils.«[85] Aus der Hochschätzung des Pascha-Mysteriums folgt nach dem Konzil auch die Sonntagspflicht:

---

83. Richter, Liturgiereform, 68.
84. H. Vorgrimler, Die Liturgie – ein Bild der Kirche. Anfragen der systematischen Theologie, in: B. Kranemann, E. Nagel, E. Nübold, Hg., Heute Gott feiern. Liturgiefähigkeit des Menschen und Menschenfähigkeit der Liturgie, Freiburg 1999, 52.
85. H. Hollerweger, Der Sonntag in der vom II. Vatikanum erneuerten Liturgie. Das Zeugnis der Dokumente, in: A. M. Altermatt, T. A. Schnitker, Hg., Der Sonntag. Anspruch – Wirklichkeit – Gestalt, Würzburg 1986, 99.

»An diesem Tag müssen die Christgläubigen zusammenkommen, um das Wort Gottes zu hören, an der Eucharistiefeier teilzunehmen und so des Leidens, der Auferstehung und der Herrlichkeit des Herrn Jesus zu gedenken und Gott dankzusagen ...« (SC 106).

3.2.2 Hinsichtlich des *Gemeinschaftsbezugs* von Gottesdienst erscheint die liturgische Position der römisch-katholischen Kirche spannungsvoll. Zwar wurden ekklesiologische Fragen ausführlich erst in der dogmatischen Konstitution »Lumen Gentium« des II. Vaticanum thematisiert, doch nimmt die Liturgiekonstitution die Grundausrichtung bereits vorweg. Denn die – etwa in Artikel 11 von »Lumen gentium« – formulierte Einsicht, »daß die Kirche durch die Eucharistiefeier aufgebaut wird und sich in ihr vor allem manifestiert«[86], impliziert die Hochschätzung der Einzelgemeinden, in denen ja konkret die Eucharistie gefeiert wird.

Eine solche »eucharistische Ekklesiologie« steht allerdings in Spannung zu der nicht aufgegebenen »universalen Ekklesiologie«,[87] die die kirchliche Hierarchie und das Priesteramt hervorhebt. Hier begegnet also eine Grenze der liturgiereformerischen Ansätze des II. Vaticanum. Liturgiereform, die dem Gesichtspunkt der Gemeinschaft im biblischen Sinne der Koinonia mit Christus gerecht werden will, erfordert eine Kirchenreform, die hierarchische Strukturen relativiert, also in deutliche Beziehung zu Christus setzt.

Eine entsprechende Kritik setzte bereits hinsichtlich der – strikt hierarchischen – Durchsetzung der Liturgiereform an. Allerdings ist sie selbst wiederum – praktisch gesehen – nicht unproblematisch. Denn die in einem allgemeinen Subjektbegriff fundierte[88] Forderung nach allgemeiner Beteiligung der Getauften (und Gefirmten) an der Liturgiereform überspringt zum einen die Problematik eines Subjektverständnisses, das nicht spekulativ entworfen ist, sondern sich den empirisch erhebbaren Gebrochenheiten und Unzulänglichkeiten stellt, und erscheint zum anderen auch strukturell in einer Weltkirche nicht leicht praktikabel.

3.2.3 Für die nicht näher theologisch interessierten Katholiken war gewiss die Aufgabe des Lateinischen im gewöhnlichen Gemeindegottesdienst die wichtigste Konsequenz aus dem II. Vaticanum. An dessen Stelle trat die Landessprache.

86. E. J. Lengeling, Eucharistiefeier und Pfarrgemeinde. Aufgaben nach dem Konzil, in: A. Exeler, Hg., Die neue Gemeinde, Mainz 1967, 158.
87. Richter, Liturgiereform, 66.
88. So etwa bei Bopp, Defizite, 126 f.; vgl. aber die pneumatologisch argumentierende, also das II. Vaticanum als eine das, »was der Geist zu den Gemeinden spricht«, begreifende Gegenrede bei A. A. Häußling, Liturgiereform und Liturgiefähigkeit, in: ALW 38/39 (1996/97), 1-24.

»Da bei der Messe, bei der Sakramentenspendung und in den anderen Bereichen der Liturgie nicht selten der Gebrauch der Muttersprache für das Volk sehr nützlich sein kann, soll es gestattet sein, ihr einen weiteren Raum zuzubilligen, vor allem in den Lesungen und Hinweisen und in einigen Orationen und Gesängen ...« (SC 36 § 2).

Dadurch trat der Geheimnischarakter der Messe zugunsten besserer *Verständlichkeit* zurück. Die aus biblischer Perspektive problematische Betonung des Kultcharakters der Messe wich einer (potentiellen) Verstärkung der im weiteren Sinn gottesdienstlichen Dimension. Damit wurde ein wichtiges Anliegen Luthers aufgenommen.

Allerdings hatten dies und die ebenfalls vorgenommene Reduktion traditioneller Riten und Symbole auch schwierige Folgen für eine den kognitiven Bereich übersteigende Verständlichkeit des Gottesdienstes.[89] So protestierte z. B. der Psychoanalytiker Alfred Lorenzer vehement gegen die »Zerstörung der Sinnlichkeit«.[90] Obgleich diese Kritik nicht theologisch reflektiert war und z. B. die theologisch zentrale Frage nach der Unterscheidung von wahrem und falschem Gottesdienst ausblendete, macht sie auf das wichtige Faktum aufmerksam, dass bei Fragen der Verständlichkeit des Gottesdienstes auch die bisherige Tradition und die nicht einfach in diskursive Sprache auflösbare Symbolwelt beachtet werden müssen. »Verständlichkeit« umfasst also im gottesdienstlich-liturgischen Kontext mehr als kognitives Verstehen, sondern beinhaltet auch eine geschichtliche und symbolische Dimension.

Konnte diese Kritik von Gegnern der Liturgiereform aufgenommen werden, bemängelten auf der anderen Seite pastoral orientierte Theologen, dass die Konzilsväter die durch den gesellschaftlichen Wandel gegebene Inkulturationsaufgabe nicht hinreichend berücksichtigt hätten. So konstatiert Richter: »Es gibt weiterhin eine Diskrepanz zwischen der Gemeinde, die in unseren revidierten liturgischen Texten vorausgesetzt wird, und der Gemeinde, die in Wirklichkeit versammelt ist.« Ihm gilt das Messbuch »in Stil- und Texttradition« als »ein Zeugnis der bis zur Jahrtausendwende ausgeformten römisch-fränkischen Liturgie, ein Buch mit alten Texten also, die den Anforderungen an das Glaubensverständnis heutiger Gemeinden kaum voll entsprechen können.«[91]

Auf jeden Fall hat das II. Vaticanum aber damit, dass es die Liturgiewis-

---

89. Vgl. Bopp, Defizite, 125, die Hinweise auf allerdings nur vereinzelte Ergebnisse empirischer Forschung zur Rezeption der Liturgiereform in den Gemeinden.
90. A. Lorenzer, Das Konzil der Buchhalter. Die Zerstörung der Sinnlichkeit. Eine Religionskritik, Frankfurt 1981; sozialisatonstheoretisch führte G. Wilhelms, Sinnlichkeit und Rationalität. Der Beitrag Alfred Lorenzers zu einer Theorie religiöser Sozialisation, Stuttgart 1991, diese Kritik aus.
91. Richter, Liturgiereform, 69.

senschaft für die theologische Ausbildung zu einem unverzichtbaren Hauptfach erklärte,[92] eine wichtige Voraussetzung für einen verständlichen Gottesdienst geschaffen. Die dadurch initiierte, Anstöße der Liturgischen Bewegung aufnehmende und weiterführende Forschung ist vorbildlich für den gesamten Kontext christlicher Theologie und übersteigt weit die bis dahin übliche historische und kanonistische Engführung liturgiewissenschaftlicher Arbeit durch grundsätzliche, pastoral relevante Studien und Erkenntnisse zum Gottesdienst. Dabei rücken die – bereits von Guardini aufgeworfene – Frage nach der »Liturgiefähigkeit des Menschen« und die selbstkritische Frage nach der »Menschenfähigkeit der Liturgie« in den Mittelpunkt.[93]

Schließlich gab das Konzil auch wichtige Impulse zu einer Reform des Benediktionale, also der Segenshandlungen. Durch entschiedenen Rückgriff auf den Grundsatz der »bewußten, tätigen und leicht zu vollziehenden Teilnahme der Gläubigen und im Hinblick auf die Erfordernisse unserer Zeit« (SC 79) kam es zu einem 1978 als Studienausgabe veröffentlichten deutschen Benediktionale, das aus evangelischer Perspektive positiv durch seine biblische Grundprägung auffällt.[94] Dadurch wird eine wichtige Möglichkeit geschaffen, den Alltag der Menschen in die Perspektive des segnenden Handelns Gottes zu rücken und so liturgische Vollzüge in ihrer (im weiten Sinne) gottesdienstlichen Dimension verständlich zu machen.

3.3 Wirkung und Probleme

Grundsätzlich kann heute festgestellt werden: Die Liturgiekonstitution des II. Vaticanum hat einen unumkehrbaren Prozess eingeleitet. Wenn man diesen an den mit ihm verbundenen Erwartungen vergleicht, werden aber auch Probleme und neue Aufgaben deutlich.

1964 artikulierten die deutschsprachigen Bischöfe in einem Pastorale an die Priester ihre Hoffnungen folgendermaßen als »Erneuerung und Stärkung des religiösen Le-

---

92. S. 2. Kapitel (1.) Ökumenische Perspektive, wo Art. 16 der Liturgiekonstitution zitiert wird.
93. So der Untertitel des anlässlich der 50-Jahrfeier des Deutschen Liturgischen Instituts in Trier von B. Kranemann, E. Nagel, E. Nübold herausgegebenen Bandes »Heute Gottesdienst feiern. Liturgiefähigkeit des Menschen und Menschenfähigkeit der Liturgie«, dessen drei Hauptbeiträge, je von einem Soziologen, einem Dogmatiker und evangelischen Praktischen Theologen verfasst, die Weite gegenwärtiger katholischer liturgiewissenschaftlicher Arbeit eindrucksvoll demonstrieren.
94. H. Hollerweger, Das neue deutsche Benediktionale. Ein Arbeitsbericht, in: LJ 30 (1980), 69-89.

bens durch die liturgische Erneuerung«: »daß wir und unsere Gemeinden mitten in allen Gefahren, die heute den Glauben eines jeden Christen bedrängen, den Weg finden zu dem in der Liturgie gegenwärtigen und wirkenden auferstandenen Herrn«.[95]

3.3.1 Dem durch das Konzil initiierten liturgischen Aufbruch[96] folgte vielerorts schnell eine gewisse Ernüchterung. Bald wurde deutlich, dass in den Konzilstexten unterschiedliche (bzw. verschieden interpretierbare) ekklesiologische Ansätze nebeneinander standen.[97] In Spannung zur Betonung der Ortsgemeinde als dem Ort der Eucharistiefeier und damit auch der Bedeutung der sog. Laien fanden sich aus der vorkonziliaren Tradition stammende, universalkirchliche Tendenzen mit hierarchiestabilisierenden Elementen. Dazu kamen die vielfältigen Probleme bei der Umsetzung der konziliaren Theologie in der konkreten liturgischen Praxis.

Aus evangelischer Perspektive mit ihrem umfassenden, die Liturgie im engeren Sinne weit übersteigenden Verständnis von Gottesdienst (im Sinne von Röm 12,1 f.) überwiegt die Zustimmung zur biblischen Fundierung des in Sacrosanctum Concilium vorgelegten Liturgieverständnisses. Allerdings ist zu fragen, ob nicht doch eine bedenkliche Konzentration auf den liturgischen Vollzug vorliegt, hinter den der »Gottesdienst im Alltag der Welt« zu weit zurücktritt.

Aus ekklesiologischer Perspektive formulierte Richter – wie im Vorhergehenden schon erwähnt – dieses Problem folgendermaßen: »Es gibt weiterhin eine Diskrepanz zwischen der Gemeinde, die in unseren revidierten liturgischen Texten vorausgesetzt wird, und der Gemeinde, die in Wirklichkeit versammelt ist.«[98] Hier ist also die schwerwiegende Frage nach der zu-

---

95. Zitiert nach E. J. Lengeling, Die Konstitution des Zweiten Vatikanischen Konzils über die heilige Liturgie. Lateinisch-deutscher Text mit Kommentar, Münster ²1965, 9.
96. Vgl. zum Folgenden auch die Bestandsaufnahmen zur Liturgiereform des II. Vaticanum bei: K. Richter, Nicht genutzte Chancen der Liturgiereform, in: H. Ritt, Hg., Auferstehung. Ostern bis Pfingsten (Gottes Volk, Bibel und Liturgie im Leben der Gemeinde. Lesejahr C 4), Stuttgart 1989, 105-118; E. J. Lengeling, Zum 20. Jahrestag der Liturgiekonstitution, in: LJ 34 (1984), 114-124; R. Kaczynski, 20 Jahre Liturgiereform, in: MThZ 35 (1985), 52-66; Th. Maas-Ewerd, Hg., Lebt unser Gottesdienst? Die bleibende Aufgabe der Liturgiereform (FS B. Kleinheyer), Freiburg 1988; H. Becker, B. J. Hilberath, U. Willers, Hg., Gottesdienst – Kirche – Gesellschaft, St. Ottilien 1990.
97. H.-J. Pottmeyer, Die zwiespältige Ekklesiologie des Zweiten Vaticanums – Ursache nachkonziliarer Konflikte, in: TThZ 92 (1983), 272-283.
98. Richter, Liturgiereform, 69.

künftigen Gestalt der Kirche unabweisbar. Ist die »Norm« einer sich regelmäßig am Sonntag versammelnden Gottesdienstgemeinde – auch in der römisch-katholischen Kirche – aufrechtzuerhalten? Sollen dafür bewusst Schrumpfungsprozesse in Kauf genommen werden oder gilt es, den veränderten Partizipationsformen am Gottesdienst bei einer wachsenden Zahl auch katholischer Kirchenmitglieder gerecht zu werden?

3.3.2 Darüber hinaus stellen sich u. a. folgende konkrete Probleme:

(1) Amts- und Hierarchiefragen: Gerade am liturgischen Höhepunkt des Gemeindelebens, der Eucharistie, tritt die nach wie vor bestehende Amtshierarchie der römisch-katholischen Kirche deutlich zu Tage. Nur ein geweihter Priester darf die Eucharistiefeier leiten (oder muss man doch wieder sagen: die Eucharistie spenden?). In Gemeinden ohne Priester, in manchen Gegenden der häufigere Fall, findet deshalb sonntags ein sog. Wortgottesdienst statt, an dem aber oft kommuniziert wird. Die problematische Trennung zwischen Eucharistie und Kommunion wird dadurch beibehalten, das auf die Elemente bezogene dingliche Missverständnis der Eucharistie nahegelegt.

Ein zweites liturgisches Problem im Umfeld des Amtsverständnisses stellt der nach wie vor bestehende Ausschluss von Frauen vom Weihesakrament, also vom Bischofs-, Priester- und Diakonenamt dar.[99] Demzufolge ist die Leitung der Eucharistie nur Männern vorbehalten, die Frauen sind liturgisch deutlich degradiert.[100] Damit ist aber sozialisationstheoretisch die Ausübung der »participatio actuosa …« bei Mädchen und Frauen beschränkt, insofern die liturgisch an hervorgehobener Stelle agierenden Personen Männer sind.[101]

Kirchenrechtlich wohl überwindbar,[102] aber de facto noch gegeben und sozialisatorisch sehr problematisch ist der Ausschluss von Mädchen von der Aufgabe der Messdienerin.

---

99. Vgl. den Überblick bei K. Lüdicke, Die Stellung der Frau in der Liturgie nach geltendem Kirchenrecht, in: T. Berger, A. Gerhards, Hg., Liturgie und Frauenfrage. Ein Beitrag zur Frauenforschung aus liturgiewissenschaftlicher Sicht, St. Ottilien 1990, 369-383.
100. Vgl. den beeindruckenden Erfahrungsbericht von G. Jansen, Die Leitung des Gottesdienstes durch Frauen, in: Berger, Gerhards, a.a.O. 593-599.
101. Güntner, Participatio, 37f.
102. Lüdicke, Stellung, 380-382.

(2) Überbetonung der Eucharistie?: Das eben genannte Problem, dass eine Frau keine Eucharistiefeier leiten kann, weist auf die Kehrseite der Betonung der Eucharistie in der Liturgiekonstitution hin. Zwar formuliert – wie zitiert – Sacrosanctum Concilium ausdrücklich, dass Christus auch im Wort der Schrift u. a. gegenwärtig ist, doch führte die »eucharistische Ekklesiologie« des II. Vaticanum zu einer nicht unproblematischen Prägung der Frömmigkeit durch das Altarsakrament. In priesterlosen Gemeinden sind vielerorts sonntägliche Kommunionfeiern ohne Eucharistie die Regel. Dies verhindert u. a. eine angemessene Einschätzung des Wortes in seiner Bedeutung für christlichen Gottesdienst.[103]

Auch stellt sich die Frage nach der Häufigkeit von Eucharistiefeiern. Häußling äußert begründete Bedenken gegen die mancherorts übliche tägliche Eucharistiefeier.[104]

Außerdem ist zu bedenken, dass diese Feier, abgesehen von der Bedingung der Taufe, erhebliche spirituelle Voraussetzungen impliziert, umgekehrt aber die christliche und kirchliche Sozialisation in Deutschland weithin rückläufig ist. Für eine zunehmende Zahl von Menschen dürfte demnach die Eucharistiefeier eine Überforderung sein.

(3) Probleme des Alltagsbezugs: Klemens Richter moniert grundsätzlich die neuen liturgischen Formulare: »Die liturgischen Bücher gehen von einer Gemeinde aus, die fest im Glauben steht und möglichst täglich am Gottesdienst teilnimmt.«[105] Die liturgiegeschichtlich revolutionäre, wichtige biblische Impulse aufnehmende Formel von der »plena, conscia atque actuosa participatio« (SC 14) muss mit der vorfindlichen kirchlichen Situation vermittelt werden. Dabei droht auf der einen Seite eine zu starke Betonung der gewachsenen, wesentlich auf Betreuung zielenden Kirchenmitgliedschaft die biblische Perspektive zu verlieren, auf der anderen aber ein – etwa befreiungstheologisch argumentierendes – Betonen der Mündigkeit der einzelnen Getauften (und Gefirmten) die Realität zu überspielen und zur bloßen Forderung zu werden.

---

103. Zu weiteren Problemen s. Meyer, Eucharistie, 559.
104. A. A. Häußling, Normen der Häufigkeit liturgischer Feiern, in: ALW 20/21 (1978/79), 81-94, der u. a. als einsichtigen Grundsatz formuliert: »Die Häufigkeit liturgischer Begehungen vermindert sich mit der steigenden liturgischen Wertigkeit des jeweiligen Gottesdiensttyps.« (90)
105. Richter, Liturgiereform, 72.

3.4 Wirkungen in der Ökumene

Bis hin zur Entstehung des Evangelischen Gottesdienstbuchs hatten die liturgischen Perspektiven des II. Vaticanum weitreichende Folgen auch in anderen Kirchen. Dies legte sich auch in verschiedener Hinsicht nahe. Denn die Liturgiekonstitution nahm – wie gezeigt – wesentliche reformatorische Ansätze auf, und zwar methodisch durch den Bibelbezug, inhaltlich durch die Zentralstellung des Christusbezugs im Gottesdienstverständnis und den Rekurs auf das allgemeine Priestertum aller Gläubigen. So versuchte sie diese Impulse in die Gegenwart des 20. Jahrhunderts zu transformieren.

Allerdings verhinderte die kanonistische Entwicklung der letzten Jahre mit ihrer zunehmenden Stärkung der universalkirchlichen Seite und damit der päpstlichen Gewalt sowie der nach wie vor ausstehenden Anerkennung der reformatorischen Kirchen als »Kirchen« im Vollsinn den durchaus möglichen ökumenischen Impuls zur Altargemeinschaft.

Nach wie vor unterscheidet das Dekret »Unitatis redintegratio« zwischen »kirchlichen Gemeinschaften«, die mit der katholischen Kirche den Christusglauben und die Taufe gemeinsam haben, und den getrennten bzw. nichtkatholischen Kirchen, die dazu noch ein Priestertum in der apostolischen Sukzession sowie eine anerkannte Eucharistie aufweisen. »Nach dieser Kriteriologie gelten die unierten Ostkirchen als katholische Kirchen, die orthodoxen Kirchen als getrennte Kirchen und die Kirchen der Reformation als kirchliche Gemeinschaften (UR 14-24; c. CIC/1983).«[106]

Insofern enthält die liturgische Reform des II. Vaticanum gerade in ökumenischer Hinsicht noch Potenzial, das gegenwärtig bedroht erscheint.

4. Gottesdienst in den orthodoxen Kirchen – Impulse und Probleme

Während die beiden bisher dargestellten, in den evangelischen Kirchen und in der römisch-katholischen Kirche ausgearbeiteten liturgischen Konzepte historisch eng miteinander verbunden sind, führt ein Blick auf den orthodoxen Gottesdienst in eine schon in der Alten Kirche sich von der westlichen Liturgiefamilie unterscheidende liturgische Tradition.

---

106. S. Demel, Gestufte Gemeinschaft der christlichen Kirchen. Theologisch-rechtliche Aspekte für eine gelingende Ökumene auf gesamt- und teilkirchlicher Ebene, in: P. Krämer, S. Demel, L. Gerosa, L. Müller, Hg., Universales und partikulares Recht in der Kirche. Konkurrierende oder integrierende Faktoren?, Paderborn 1999, 95.

Entsprechend dem heuristischen und systematischen Interesse der hier vorgelegten Überlegungen können die durch die starke nationale Prägung der einzelnen orthodoxen Kirchen gegebenen und die noch einmal davon unterschiedenen Besonderheiten der mit Rom unierten orientalischen Kirchen übergangen werden.[107] Eine allgemeine Beschäftigung mit der Liturgie der orthodoxen Kirchen wird durch deren gemeinsames Fundament in der byzantinischen Liturgie und das durch die theologische Hochschätzung der Tradition gegebene weitgehende Beharren auf den überlieferten Formen ermöglicht.

Gegenwärtig kennt die byzantinische Liturgie drei Formen:[108]
– die Chrysostomus-Liturgie als den normalen eucharistischen Ritus an Sonn- und Werktagen,
– die Basilius-Liturgie, die an zehn Tagen im Kirchenjahr gefeiert wird, im Aufbau der Chrysostomus-Liturgie weitgehend gleicht,
– die Präsanktifikanten-Liturgie, die mittwochs, freitags und an einigen anderen Tagen der großen Fastenzeit zelebriert wird, ein Wortgottesdienst, an dem die am vorangegangenen Sonntag konsekrierten Elemente ausgeteilt werden.

4.1 Einführung in das orthodoxe Gottesdienstverständnis

Grundsätzlich dient der Gottesdienst in den orthodoxen Kirchen der »Vergegenwärtigung des Göttlichen«.[109] In ihm wird nicht nur das in Christus gekommene Heil verkündigt, sondern anschaulich und dramatisch zur Darstellung gebracht.

Wie intensiv hier der Mensch mit all seinen Sinnen angesprochen wird, geht aus dem Bericht eines Mädchens aus einem Flüchtlingslager hervor, das ansonsten völlig ausgestoßen und isoliert, intensiv einen orthodoxen Gottesdienst erlebt:

»Wir wollen unseren Bauch ganz dem Herrn hingeben, singt die dunkle, getragene Stimme von Vater Johannes aus der Tiefe des geschlossenen Altarraumes hinter der Ikonostase. Amen, antwortet der vielstimmige Chor, oben die Frauen und unten die Männerstimmen, meine eigene Stimme, die mit einfließt in die Harmonien, während ich singe, mit geschlossenen Augen, erschauernd, während die Lichter der weißen schlanken Kerzen, die vor den Ikonen stehen, in meinen Lidern funkeln, der süße Geruch des Weihrauchs aus dem goldenen Kessel, den Vater Johannes vor meinem geneigten Kopf schwenkt, mich angenehm benommen macht. Es hat die Dimension des Heiligseins, wenn sich in meinem Bauch etwas zusammenzieht bei den Worten, wir wollen unseren Bauch ganz dem Herrn hingeben. Daß das russische

---

107. Zur konfessionskundlichen Orientierung, die entsprechend dem Selbstverständnis der orthodoxen Kirchen den liturgischen Bereich berücksichtigt, s. H.-D. Döpmann, Die orthodoxen Kirchen, Berlin 1991.
108. K. Ware, Gottesdienst VI. Orthodoxe Kirche, in: TRE 14 (1985), 47.
109. H.-D. Döpmann, Gottesdienst im orthodoxen Kontext, in: H.-Chr. Schmidt-Lauber, K.-H. Bieritz, Hg., Handbuch der Liturgik, Leipzig ²1995, 128.

Wort für Bauch im Altkirchenslawischen das Wort für Leben ist, weiß ich nicht, und mein Bauch wird warm und weit, mein Bauch liegt vorn auf dem unsichtbaren Altar und gehört dem Herrn. Die Beine tun weh, wenn man fast drei Stunden steht und kniet, sich die Knie aufscheuert an dem Holzboden, ein wenig schwindlig bin ich vor Hunger, denn ich bin nüchtern, frei von irdischer Nahrung und bereit für das Fleisch Christi, das weiße Brot und den roten Wein aus dem mit funkelnden Edelsteinen besetzten Kelch. Nur frei von Sünden bin ich noch nicht, stehe noch mit befleckter Seele vor Gott und habe Angst vor dem Beichten. Vor dem bangen Augenblick, in dem ich nach vorn schreiten muß, in die Mitte des Raumes, wo Vater Johannes steht und seinen Arm unter dem goldenen Umhang hebt wie einen Flügel, unter dem ich verschwinde, unter dem es dunkel und heiß wird. Der krause Bart von Vater Johannes an meiner Wange, sein heißer Atem, der an meinem Ohr zischelt und kitzelt. Ich schweige. Keine meiner Sünden geht mir über die Lippen. Sag wenigstens eine Sünde, wispert Vater Johannes an meinem Ohr, vielleicht hast Du Deine Mutter einmal angelogen, sag es, und der liebe Gott wird dir verzeihen. Aber Vater Johannes ist nicht nur mein Richter, er ist auch gnädig. Er wartet noch ein Weilchen, läßt mich noch ein bißchen schwitzen und schmoren unter seiner dunklen Pelerine, dann höre ich ihn flüstern an meinem Ohr, na schön, der liebe Gott wird dir auch so verzeihen. Seine verzeihende Hand legt sich auf meinen Kopf und seine dunkle Stimme singt über mir, Altkirchenslawisch, vielleicht singt sie, gehe hin in Frieden, deine Sünden sind dir vergeben. Ich schlüpfe heraus aus der Dunkelheit mit geblendeten Augen, rein und von allen geliebt, versuche nicht zu blinzeln, schaue mit weiten, brennenden Augen ins Licht, das in Regenbogenfarben über den Kerzen flimmert. Otsche nasch, Vater unser. Der Baß von Andrej Sacharowitsch. Und die anderen stimmen ein: Der du bist im Himmel. Das ist das Ende des Gottesdienstes. Wir küssen, einer nach dem anderen, das kühle goldene Kreuz in Vater Johannes' Hand, zuerst das Kreuz, dann seine Hand, jemand löscht die Kerzen, jemand macht die Tür nach draußen auf, Tageslicht, Mittagslicht, ...«[110]

Die dramatische Struktur, die – in unterschiedlicher Weise interpretierbar –, den *Gottesdienst als Nachvollzug der Heilsgeschichte* erleben lässt, ist sowohl an dem Gesamtaufbau der Liturgie als auch in ihren einzelnen Elementen beobachtbar.

So wird die Liturgie von manchen Kommentatoren, wie etwa Theodor von Mopsuestia, inkarnationstheologisch folgendermaßen gedeutet:[111]

---

110. Zitiert nach H.-J. Thilo, Die therapeutische Funktion des Gottesdienstes, Kassel 1985, 51 f.
111. Auch die folgenden Übersichten sind entnommen: Ware, Gottesdienst, 48.

Beginn des Gottesdienstes	Alttestamentliche Weissagung, Geburt Christi
Kleiner Einzug	Taufe Christi
Evangelium	Christi Predigt in Galiläa
Großer Einzug	Einzug in Jerusalem, Passion, Grablegung
Konsekration, Kommunion	Auferstehung, Pfingsten

Andere, wie etwa Maximus Confessor, interpretieren denselben Ablauf eschatologisch:

Beginn des Gottesdienstes	Alttestamentliche Weissagungen, Geburt Christi
Kleiner Einzug	Passion, Auferstehung, Himmelfahrt
Evangelium	Wiederkehr Christi
Großer Einzug	Schau Gottes im künftigen Zeitalter
Konsekration, Kommunion	Vereinigung mit Gott in Ewigkeit

Bis ins Einzelne geht die Proskomidie am Anfang des Gottesdienstes heilsgeschichtlichen Ereignissen nach. Bei diesem Rüstakt wird – für die Gemeinde unsichtbar – die Zubereitung der Abendmahlsgaben sowohl im Angedenken an die Geburt Christi wie an seinen Opfertod folgendermaßen vollzogen.

»Für die Abendmahlsbrote (Prosphoren) verwendet man gesäuerten Teig (Mt 13,33). Die erste der – gewöhnlich fünf – Prosphoren symbolisiert die Person Jesu Christi. Im Gedenken an Jesu Kreuzopfer wird mit Hilfe eines Messers als Symbol der Lanze, mit der einer der Kriegsknechte Jesu Seite öffnete, unter an Geburt und Kreuzestod erinnernden Gebeten jenes quadratische Prosphorenteil herausgetrennt, das bei der Eucharistie als Christi Leib zur Kommunion dient. Im Rüstakt legt man es als ›Lamm‹ auf den Diskos (Patene), umgeben von den anderen Prosphoren entnommenen Partikeln für die Gottesmutter, die ›Wolke der Zeugen‹ des Alten und Neuen Testaments sowie besonders verehrte Heilige, schließlich – unter Einbeziehung der von Gemeindegliedern in den Altarraum gerichteten Prosphoren – für Lebende und Verstorbene, derer fürbittend gedacht werden soll.«[112]

Diesem Ansatz entsprechend kommt auch dem *Kirchenraum* große Bedeutung zu, der »als irdische(r) Himmel« und »Berührungslinie, die den Him-

---

112. Döpmann, Gottesdienst, 133.

mel mit der Erde vereint« verstanden wird.[113] Er eröffnet in seiner Grundstruktur erst die Möglichkeit eines dramatischen Nachvollzugs der Heilsgeschichte.[114] Von zentraler Bedeutung im Gottesdienstraum selbst, der ohne Gestühl ist und so freie Bewegungsmöglichkeiten lässt, ist die Bilderwand, Ikonostase[115] genannt. Seit Johannes von Damaskos (ca. 670 – vermutlich um 750), der sich theologisch gegen die Ikonoklasten durchsetzte, gelten die Ikonen als »Träger der göttlichen Gnade, die dem Abbild dargebrachte Verehrung geht auf das Urbild über«.[116] Durch die Unterscheidung zwischen Anbetung (griechisch: latreia), die nur Gott zukomme, und Verehrung (griechisch: time), die den Bildern entgegengebracht wird, versuchte Johannes, einerseits den Bedenken entgegenzutreten, die Bilderverehrung sei Götzendienst, auf der anderen Seite aber die volksfromme Praxis aufzunehmen und in ihr Recht zu setzen.

Dadurch sollte die Unfassbarkeit Gottes nicht angetastet werden, aber eine sinnenfeindliche, letztlich doketische Abstraktion des Christusglaubens vermieden werden. Besonders für wenig gebildete Menschen gewann durch die Ikonen der Gottesdienst große Anschaulichkeit.

4.2 Einsichten zum Gottesdienstverständnis

4.2.1 Die Zentralstellung der Eucharistie in den (meisten) orthodoxen Gottesdiensten – »Liturgie« bezeichnet hier die Eucharistie – impliziert zugleich deren deutlichen *Christusbezug*.
Auch die – häufig in Form von wertvollen Evangelienbüchern zum Ausdruck kommende – hervorgehobene Stellung der Evangelienlesung unterstreicht die Bedeutung der Christusbotschaft für den liturgischen Vollzug.

Dazu kommt die Zentralstellung des Osterfestes als »Fest der Feste«, die in der mehrere Gottesdienstarten miteinander verbindenden, mehrere Stunden umfassenden Osternacht ihren deutlichen Ausdruck findet, der im 20. Jahrhundert auch einen wichtigen Impuls für andere christliche Kirchen gab. Die Sonntage, als Wochenostern begangen und deshalb auch in der Fastenzeit fröhlich gefeiert, unterstreichen dies noch.

---

113. Zitat aus einer Predigt des Johann von Kronstadt bei Volp, Liturgik 1, 292.
114. S. die idealtypische Skizze eines heutigen ostkirchlichen Kirchenraums bei Volp, Liturgik 1, 290.
115. S. hierzu die Skizze ebd. 293; vgl. ebd. 294 die Skizze einer russisch-orthodoxen Ikonostase.
116. Ebd. 307.

4.2.2 Zum einen erscheint dem von außen kommenden Besucher einer orthodoxen Liturgie nicht nur der ganze Gottesdienst wenig einheitlich; auch die Teilnehmenden betätigen sich nicht selten sehr unterschiedlich. Dadurch kann schnell der Eindruck einer individualisierten Frömmigkeit entstehen. Allerdings hält der Gottesdienstraum mit seiner beschriebenen Bedeutung dies zusammen und stiftet so eine Einheit zwischen den Gläubigen, die keiner uniformen Betätigung – wie in den heutigen westlichen Kirchen weithin üblich – bedarf.

Eine Besonderheit des *Gemeinschaftsverständnisses* im orthodoxen Bereich ist die starke Betonung der Gemeinschaft mit den Verstorbenen und den Engeln. Zwar preisen auch die Abendmahlspräfationen der westlichen Kirchen die Gemeinschaft mit den Engeln, doch wird diese Verbundenheit der irdischen mit der himmlischen Kirche in der Göttlichen Liturgie mehrfach betont[117]. Dazu treten in fast jedem Gottesdienst Gebete für die Verstorbenen.

Hier kommt also ein aus der Antike stammendes Gemeinschaftsverständnis zum Tragen, das letztlich die den biologischen Tod übersteigende Bedeutung der Taufe und die kosmologische Dimension christlichen Glaubens zur Darstellung bringt – Glaubenseinsichten, die in der westlichen Welt mit ihrer anthropologischen Konzentration und ihrem Individualismus weithin verloren wurden.

Schließlich sind die Kinder in vorbildlicher Weise in die Gemeinschaft der Gläubigen dadurch integriert, dass die orthodoxen Kirchen an der altkirchlichen Verbindung von Taufe und Eucharistie bis heute festhalten, die Säuglingskommunion praktizieren[118] und hier deshalb auch kleine Kinder kommunizieren.

4.2.3 Im Gegensatz zur westlichen Entwicklung, die das Lateinische als Liturgiesprache und die daraus folgenden, u. a. von den Reformatoren kritisierten Probleme hervorbrachte, feiern die orthodoxen Kirchen ihre Liturgie in der jeweiligen Landessprache, ja z. T. wurden sogar die entsprechenden Übersetzungen Grundlage der betreffenden Schriftsprachen. Allerdings behielt man die damaligen Sprachformen bei, so dass z. B. das sog. Kirchenslawisch nur noch regelmäßigen Gottesdienstbesuchern vertraut ist.[119]

---

117. K. Chr. Felmy, Die Deutung der Göttlichen Liturgie in der russischen Theologie. Wege und Wandlungen russischer Liturgie-Auslegung, Berlin 1984, 9.
118. S. ausführlicher zur historischen Entwicklung der Taufkommunion bei Kindern B. Kleinheyer, Sakramentliche Feiern I. Die Feiern der Eingliederung in die Kirche (GdK 7,1), Regensburg 1989, 238-242.
119. Döpmann, Gottesdienst, 130.

Wie schon gezeigt, lässt der rituelle Vollzug im Einzelnen unterschiedliche Deutungen zu. »Jedem ist freigestellt, Individuelles hineinzuinterpretieren: verbindlich für die Gemeinschaft ist das Ritual, die wiederholte Ausführung, das Bewußtsein, *daß* getauft wird, *daß* Liturgie gefeiert wird, ›wie sie Brauch‹ ist.«[120] Das in 4.1. zitierte Beispiel des Erlebens eines Mädchens zeigt anschaulich die Weite und Kraft der dadurch ermöglichten Aneignungsprozesse des liturgischen Geschehens.

Dazu ermöglichen die im Gottesdienstraum vielfach begegnenden Ikonen eine gute Verbindung zum Alltag, insofern auch in den Privathäusern Ikonen aufgestellt sind und zum Gebet einladen.[121]

4.3 Wirkung und Probleme

4.3.1 Positiv konnte hinsichtlich der Verbindung der Gottesdienstgemeinde zu den Verstorbenen, der Beachtung des kosmologischen Horizonts christlichen Gottesdienstes, der liturgisch hervorragenden Osternachtfeier und des Beibehaltens des Zusammenhangs von Taufe und Eucharistie sowie der Anschaulichkeit liturgischen Handelns auf das *Traditionsbewusstsein* verwiesen werden.

Allerdings ist dies zugleich eine Gefährdung für die orthodoxe Liturgie. In manchem scheint sie in Ritualität zu erstarren. Konkret enthüllen nicht wenige Vollzüge in der Liturgie nur dem historischen Kenner ihren Sinn. So wird z. B. immer noch die Unterscheidung von Katechumenen- und Gläubigenmesse zelebriert, ohne dass dem noch eine Funktion – nicht einmal hinsichtlich eventuell ungetaufter Gottesdienstbesucher – zukäme.

Fraglich erscheint für einen aus der reformatorischen Tradition stammenden Betrachter zudem, ob in der Fülle der Ikonen, die neben Christus die »Mutter Gottes« sowie Heilige darstellen, nicht Christus als Zentrum des Glaubens aus dem Blick geraten kann. Die kirchlichen Traditionen, reichhaltig rituell ausgestaltet, dienen nicht nur der Anschaulichkeit, sondern können auch verwirren und vom Zentralen ablenken.

4.3.2 Darüber hinaus stellen sich u. a. folgende konkreten Probleme:

(1) Vermittlung mit Gegenwart: Wie gezeigt, spielen die Ikonen eine wichtige liturgische Rolle in den orthodoxen Kirchen. Gerade hier scheint es aber nicht zu gelingen, eine zeitadäquate Ausdrucksform zu finden. Die künst-

---

120. Volp, Liturgik 1, 300
121. Ware, Gottesdienst, 50.

lerische Entwicklung durch aus dem Bereich der Orthodoxie stammende Maler wie Jawlensky, Lissitzky, Kandinsky und Malewitsch, aber auch Chagall, aus Rußland vertrieben, konnte der Ikonenmalerei keine Impulse vermitteln.

(2) Ökumenische Distanz: Die Fixierung auf korrekte rituelle Vollzüge führt auch zu erheblichen Problemen orthodoxer Kirchen hinsichtlich des ökumenischen Dialogs. Besonders problematisch erscheint dies hinsichtlich der nicht nur in einigen radikalen Athos-Klöstern beobachtbaren Praxis, die Taufen anderer christlicher Kirchen nicht anzuerkennen, so dass es bei eventuellen Übertritten zu einer neuen Taufe kommt. Die hier zum Ausdruck kommende ekklesiologische Exklusivität, die den Anspruch der römisch-katholischen Kirche noch erheblich übersteigt, wirft die Frage auf, ob eine zu exklusive Fixierung der Theologie auf rituelle Vollzüge nicht zu einer Sektenmentalität führen kann.

(3) Amtsfragen: Schon die strikte Trennung von Klerikern und sonstigen Gläubigen etwa durch die Ikonostase macht auf eine problematische Klerikalisierung der liturgischen Vollzüge aufmerksam. Dies wird noch dadurch unterstrichen, dass – wie in der römischen Messe vor dem II. Vaticanum – wichtige Passagen des Gottesdienstes für die nichtgeweihten Gottesdienstteilnehmer unhörbar zelebriert werden. Hierdurch kann ein unbiblisches, das Priestertum aller Gläubigen vernachlässigendes Amtsverständnis entstehen.

Dazu kommt, dass auch in den orthodoxen Kirchen Frauen von der Leitung der Eucharistiefeier ausgeschlossen sind. Hier sind dieselben Probleme wie bezüglich der römisch-katholischen Kirche aufzuzeigen (s. 3.2.1).

4.4 Wirkungen in der Ökumene

Die wohl größte, auch für die Allgemeinheit der Christen in Deutschland erfahrbare Wirkung hat die durch die orthodoxe Liturgie beeinflusste Wiederentdeckung der Osternachtfeier.[122] Bereits seit dem 7. Jahrhundert setzte man in Rom die Ostervigil auf den Karsamstag, wo sie im Laufe der Jahrhunderte bis zum Vormittag vorrückte und es zu einer sachlich problematischen Spannung zwischen Ort im Kirchenjahr und Inhalt der Feier kam, die aber erst im 20. Jahrhundert zu ernsthaften Revisionsbemühungen in

---

122. H. Auf der Maur, Die Wiederentdeckung der Osternachtfeier in den abendländischen Kirchen des 20. Jahrhunderts, in: BiLi 60(1987), 2-25.

den westlichen Kirchen führte. Zwar hatte Pius Parsch bereits 1926/27 zu einer Erneuerung der Osternachtfeier aufgerufen, doch erst Pius XII. gestattete diesen bis dahin nur im Verborgenen in Klöstern zelebrierten Gottesdienst. Auf evangelischer Seite begegnet seit der Mitte der dreißiger Jahre, wesentlich durch Wilhelm Stählin angestoßen, die Osternachtfeier.

In der von der Mitte der fünfziger Jahre bis zum Ende des 20. Jahrhunderts für die meisten deutschsprachigen evangelischen Kirchen gültigen Agende 1 sind wichtige Impulse aus der orthodoxen Liturgie aufgenommen. So empfing der für die Agende 1 wesentlich theologisch verantwortliche Peter Brunner wichtige Impulse aus der Orthodoxie. Nicht zuletzt die Wiederentdeckung der kosmologischen Dimension christlichen Gottesdienstes[123] ist hier zu nennen.

Dazu ist grundsätzlich auf die zunehmend – unterstützt auch durch erfahrungswissenschaftliche Einsichten – größere Aufgeschlossenheit evangelischer Liturgik für die rituelle Dimension hinzuweisen. Gerade angesichts der Individualisierung und Pluralisierung auch im Bereich der Daseins-und Wertorientierung kommt Ritualen wachsende Bedeutung zu, insofern sie erheblich größere Deutungsräume eröffnen als das gesprochene Wort.

Auch die Liturgiereform des II. Vaticanum – und dadurch wiederum mittelbar das Evangelische Gottesdienstbuch von 1999 – ist durch die ostkirchliche Liturgietradition beeinflusst worden, vor allem hinsichtlich des Eucharistischen Hochgebets:[124]

»a) Von der jahrhundertealten Beschränkung auf ein und dasselbe Hochgebet ist man abgekommen und hat nun nach östlichem Brauch ein Angebot von mindestens fünf Hochgebet-Formularen.

b) Die Fürbitten für Lebende und Verstorbene stehen nicht mehr, wie im früheren römischen Kanon, vor und nach dem Einsetzungsbericht, sondern, wie ursprünglich, am Ende des Hochgebets.

c) Im Eucharistiegebet ist der Dank für die Erlösung nach östlichem Vorbild erweitert um den Dank für Gottes Schöpfung, aus der die Gaben stammen. Ebenso wurde die Anrufung des Heiligen Geistes stärker betont. Im orthodoxen Denken ist das Eucharistiegebet als Ganzes Anrufung des heiligen Geistes (Epiklese). Er bewirkt ja, daß sich das Opfer Christi vollzieht.

d) Das Herrengebet als gemeinsames Tischgebet der Versammelten wird nicht mehr dem Liturgen, sondern der Gemeinde zugeteilt.

---

123. P. Brunner, Zur Lehre vom Gottesdienst der im Namen Jesu versammelten Gemeinde, in: Leiturgia Bd. 1, Kassel 1954, 116-180.
124. S. umfassend B. Fischer, Östliches Erbe in der jüngsten Liturgiereform des Westens, in: LJ 27 (1977), 92-106.

e) In den neuen Liturgieformularen der römischen, nachkonziliaren Liturgie gibt es wörtliche Anleihen bei östlichen Liturgiegebeten.«[125]

Schließlich sind Ikonen in nicht wenigen deutschen Wohnungen anzutreffen. Leider gibt es keine Untersuchung darüber, welche Bedeutung sie für ihre Besitzer haben. Sind sie für manche Menschen Bestandteil eines cultus privatus und sei es nur inmitten des Alltags eine Erinnerung an eine andere transzendente Wirklichkeit?

125. Die wichtigsten Ergebnisse von Fischer (s. vorhergehende Anm.) zusammenfassend A. Ehrensperger, Gottesdienst. Visionen – Erfahrungen – Schmerzstellen, Zürich 1988, 44.

5. Kapitel: Anthropologische sowie kultur- und religionsgeschichtliche Perspektiven

Angesichts offenkundiger Probleme mit der Akzeptanz von Gottesdienst empfiehlt es sich, hinter die heute gebräuchlichen, konkreten Formen liturgischen Lebens zurückzutreten und die grundlegenden anthropologischen Bedingungen in den Blick zu nehmen, die den Rahmen für liturgisches Handeln abgeben:

1. Hierzu ist ein Blick in die Religions- und Kulturgeschichte unerlässlich. Theologisch wird damit der Einsicht Raum gegeben, dass Religion die »Lebensbedingung christlichen Glaubens« ist.[1]

2. Schon die Frage nach biblischen Perspektiven zum Gottesdienst im 2. Kapitel machte auf die Spannung zwischen christlichem Glauben und Religion aufmerksam, wie sie z.B. in der kultkritischen Tendenz mancher biblischer Schriften zum Ausdruck kommt. Deshalb gilt es in einem zweiten Durchgang, die durch Religions- und Kulturgeschichte vermittelten Grundbedingungen liturgischen Handelns kritisch aus biblischer Perspektive zu bedenken.

3. Ein dritter Durchgang soll dann kurz auf wichtige Entwicklungen in der Liturgiegeschichte aufmerksam machen, wobei es nicht um eine möglichst lückenlose genetische Rekonstruktion, sondern um die Kenntnis von wichtigen Problemen geht, die auch für die gegenwärtige Gestaltungsaufgabe von Interesse sind.

4. Schließlich werden die einzelnen Abschnitte durch Hinweise auf heutige Probleme sowie innovative Lösungsansätze abgeschlossen.

So ergibt sich als Aufbau der in diesem Kapitel dargestellten anthropologischen sowie kultur- und religionsgeschichtlichen Grundbedingungen:
1. Religions- und kulturgeschichtlich
2. Biblisch
3. Weitere Entwicklungen
4. Heutige Probleme, Ansätze, Innovationen.

Inhaltlich werden drei Grundbedingungen thematisiert, die auch bereits in den bisherigen Überlegungen wiederholt begegneten: die Zeit und der Raum liturgischen Geschehens sowie die für Liturgie konstitutiven sinnlichen Wahrnehmungs- und Ausdrucksformen des Menschen. Denn menschliches Leben und damit auch jedes Handeln finden innerhalb von Zeit und

---

1. G. Ebeling, Dogmatik des christlichen Glaubens Bd. 1, Tübingen ³1987, 138.

Raum statt. Zugleich sind Wirklichkeitsrezeption und -gestaltung auf sinnliche Vermittlung angewiesen.

1. Zeit

Für die Menschen als Lebewesen, die sich – in ihrer zeitlichen Begrenztheit – durch Weltoffenheit auszeichnen und damit auch durch das Vermögen zur Transzendierung ihres lebenszeitlichen Rahmens, ist die Strukturierung von Zeit seit langem ein wichtiges Problem.[2] Schon ein oberflächlicher Blick in die Kulturgeschichte zeigt, dass Zeitmessung häufig in engem Zusammenhang mit religiöser Praxis stand. Durch die Botschaft von der Auferweckung Jesu Christi erhielten vielerorts begegnende Hoffnungen auf ein Weiterleben Konkretion und zugleich Korrektur. Die liturgische Aufgabe, dieses Evangelium Gestalt gewinnen und damit auch für spätere Generationen erlebbar werden zu lassen, wirkte sich auf den unterschiedlichen Zeitebenen, der des Tages, der Woche, des Jahres und des Lebenszyklus des einzelnen Menschen aus. Dabei kann es im Folgenden nur um die Herausstellung großer Entwicklungslinien gehen, um die gegenwärtige liturgische Situation hinsichtlich des Umgangs mit Zeit in ihrer Genese besser zu verstehen. Die intensive Beschäftigung der letzten Jahre mit Fragen der Zeit in den unterschiedlichsten Wissenschaften[3] lässt vermuten, dass sich im Zeitempfinden gegenwärtig tiefgreifende Veränderungen vollziehen – mit erheblichen Auswirkungen für den christlichen Gottesdienst.

---

2. Zur – im wörtlichen Sinn – grundlegenden Bedeutung des Umgangs mit Zeit für das Glück des Menschen s. die Skizze von M. Theunissen, Negative Theologie der Zeit, Frankfurt 1991, 37-86.
3. Einen allgemein verständlichen Überblick gibt J. Rifkin, Uhrwerk Universum. Die Zeit als Grundkonflikt des Menschen, München 1988; in die philosophische Diskussion führt ein: W. Ch. Zimmerli, M. Sandbothe, Hg., Klassiker der modernen Zeitphilosophie, Darmstadt 1993; in die physikalische Diskussion: S. W. Hawking, Eine kurze Geschichte der Zeit. Die Suche nach der Urkraft des Universums, Reinbek 1988; in die pädagogische Diskussion: U. Rabe-Kleberg, H. Zeiher, Kindheit und Zeit. Über das Eindringen moderner Zeitorganisation in die Lebensbedingungen von Kindern, in: Zeitschrift für Sozialisationsforschung und Erziehungssoziologie 1984, 29-43; in die theologische Diskussion K. H. Manzke, Ewigkeit und Zeitlichkeit. Aspekte für eine theologische Deutung der Zeit, Göttingen 1992.

1.1 Religions- und kulturgeschichtlich

Grundlegend gilt, dass die Menschen vielfältigen Zeitrhythmen im eigenen Körper, etwa in Form der Wach- und Schlafzyklen, hormoneller Sekretionen u. ä., und in der Umwelt, etwa dem Gezeiten-, Lunar- oder Circannualrhythmus ausgesetzt sind. Darüber hinaus hat die Gattung Mensch erhebliche Freiheit im Umgang mit Zeit, was aber umgekehrt dazu nötigt, bewusst mit Zeit umzugehen.

Friedrich Heiler konstatiert am Beginn seiner immer noch lesenswerten knappen Übersicht über »Die Heilige Zeit«: »Der Begriff Zeit ist ein an sich religiöser: das lateinische tempus kommt von demselben Stammwort wie templum und temenos (von temnein, schneiden). Die heilige Zeit ist die ›Stelle, wo der Einschnitt erfolgt‹, die Kerbe, der außerordentliche, der entscheidende, gefährliche Augenblick. Dieser Augenblick hebt sich aus der Monotonie des Alltags heraus.«[4] Zeit ist also wesentlich ein kulturelles Produkt mit erheblichen religiösen Implikationen.

Der einzige universal gültige Zeitzyklus mit Bedeutung für die Sozialität scheint der *Wechsel vom Tag zur Nacht* zu sein,[5] alles andere unterliegt menschlichen Festlegungen. Zwar wird etwa in der Schichtarbeit dieser natürliche Rhythmus durchbrochen, aber arbeitsmedizinische Untersuchungen weisen auf die damit verbundenen gesundheitlichen Probleme hin; ebenfalls Probleme bereitet deshalb der Wechsel der Zeitzonen bei Flugreisen. Offensichtlich ist die Gestimmtheit der Menschen am Abend anders als am Morgen (was z. B. erhebliche Bedeutung für die Frage der Gottesdienstzeit hat). Von daher impliziert auch die Gottesdienstzeit, ob abends, mittags oder morgens, die Form der Wahrnehmung – auch wenn dies bis jetzt noch keine Berücksichtigung findet.

Ursprünglich war die Festlegung der »rechten« Zeit, etwa zur Saat oder zur Ernte, am Jahreswechsel der Natur orientiert und die Aufgabe des Priesters. Er koordinierte und integrierte dadurch das Leben der Menschen.[6] Angesichts dieser Bedeutung von Zeitmessung verwundert es nicht, dass es mit Herausbildung komplexer Sozialgebilde zu Auseinandersetzungen zwischen Priestern und weltlichen Herrschern um das Recht der Zeitbestimmung kam.

Zur Legitimation von Zeiteinteilung wurde von beiden die religiöse Unterscheidung zwischen Urzeit und Jetztzeit herangezogen, wie sie in den –

---

4. F. Heiler, Erscheinungsformen und Wesen der Religion, Stuttgart ²1979, 150 (im Original sind die griechischen Wort in Originalbuchstaben geschrieben).
5. R. A. Rappaport, Ritual, Time, and Eternity, in: Zygon 27 (1992), 10.
6. N. Elias, Über die Zeit. Arbeiten zur Wissenssoziologie II, Frankfurt ⁴1992, 19.

auf den jeweiligen Mythos bezogenen – Festen zur Darstellung kam. Dadurch wurde das gegenwärtige Geschehen als Wiederholung des ursprünglichen Ereignisses verstanden. Ingolf Dalferth erhellt den Hintergrund dieser Funktion von Zeitumgang: »In einer Welt, die als undurchschaubar und chaotisch erlebt wird, ermöglicht diese Differenz genau dadurch Lebensorientierung, daß sie alles Geschehen auf ein sinnstiftendes Ursprungsgeschehen zurückzubeziehen lehrt, das deutlich macht, um welch eine Art von Geschehen es sich handelt und wie man sich in einem Fall dieser Art wirklichkeitsadäquat verhält.«[7] Zugleich boten die besonderen Zeiten der Feste Gelegenheit, zu erfahren, »was ... in diesem Leben noch möglich ist.«[8]

Auf diesem Hintergrund ist auch erst die Bedeutung des Ringens um die staatliche Anerkennung bestimmter Feiertage, wie z. B. vor kurzem des Buß- und Bettags, oder der Arbeitsruhe am Sonntag zu verstehen. Es geht hier letztlich um die Frage, wem das Recht zur zeitlichen und kulturellen Integration einer Gesellschaft zukommt und damit wer die Grundorientierung vorgibt.

1.2 Biblisch

Biblisch finden sich die entscheidenden Zeugnisse zum Zeitverständnis in der Hebräischen Bibel. Dies mag nicht zuletzt daran liegen, dass die in manchen Schriften des Neuen Testaments noch nachklingende Naherwartung ein Nachdenken über eine angemessene Zeitstruktur erübrigte.

Grundlegend für das biblische Zeitverständnis ist zum einen – auf der Zeitebene des Jahres – die Tatsache, dass die Zeitstrukturierung nicht mythologisch, sondern geschichtlich begründet wird.

»In Israel ... werden die Naturfeste des Jahreszyklus konsequent historisiert, also in Erinnerung an Ereignisse der Geschichte des Volkes gefeiert: Pessach erinnert an den Exodus, das Wochenfest an die Gabe der Tora, das Laubhüttenfest an die Zeit in der Wüste.«[9] Dabei ist das Pessachfest für die frommen Juden mit einer Pilgerreise zum Tempel in Jerusalem verbunden.

Zum anderen ist – auf der Zeitebene der Woche – der *Sabbat* als hervorgehobener Ruhetag und mit ihm verbunden der Rhythmus der Sieben-Ta-

---

7. I. Dalferth, Gott und Zeit, in: D. Georgi, H.-G. Heimbrock, M. Moxter, Hg., Religion und Gestaltung der Zeit, Kampen 1994, 18.
8. K. Nagorni, Aufbruch und Wandlung. Über den Zusammenhang von Reisen und Religion, in: DtPfrBl 100 (2000), 358.
9. R. Kessler, Das Sabbatgebot. Historische Entwicklung, kanonische Bedeutung und aktuelle Aspekte, in: D. Georgi, H.-G. Heimbrock, M. Moxter, Hg., Religion und Gestaltung der Zeit, Kampen 1994, 92.

ge-Woche von großer Bedeutung. Auch letztere kann nicht – wie etwa die am Mondrhythmus orientierte Einteilung in Monaten, die in Israel keine Rolle spielt – von einem natürlichen Rhythmus abgeleitet werden, sondern gilt als eine auf Gott zurückgeführte Einrichtung, für die es bis heute noch keine allgemein befriedigende historische Herleitung gibt.[10]

Die vielleicht älteste Fassung des Sabbatgebots[11] in Ex 34,21 definiert den Sabbat ausschließlich negativ als »Tag, an dem man mit dem Arbeiten aufhören soll«.[12] Auffällig ist, dass hier jeder kultische Aspekt fehlt, ein auch weiter zu beobachtender Grundzug des biblischen Sabbatverständnisses.

»Über im engeren Sinne kultische Verrichtungen am Zentralheiligtum sind nur wenige Nachrichten überliefert: der allsabbatliche Wechsel der Schaubrote Lv 24,8; das zusätzliche Opfer am Sabbat Nu 28,9f.; Wachwechsel am Tempel 2 Kg 11,4-16; schließlich wird 2 Kg 16,18 noch eine gedeckte Sabbathalle am Tempel erwähnt.«[13]

Ex 23,12 weitet den Geltungsbereich des Sabbat noch aus, jetzt über den israelitischen Bauern hinaus auf alle von ihm abhängigen Arbeiter und die Arbeitstiere. In den beiden Dekalogfassungen wird dann das Gebot unterschiedlich begründet, sozial vom Exodus her (Dtn 5,15) und schöpfungstheologisch (Ex 20,11). Das Ruhen jeder Produktion dient sowohl den Menschen als auch der Schöpfung, wobei vor allem die schöpfungstheologische Begründung im Zusammenhang mit der ökologischen Frage in jüngster Zeit verstärkte Aufmerksamkeit fand.

So schreibt Jürgen Moltmann: »Der Sabbat ist das wahre Erkennungszeichen jeder biblischen, jeder jüdischen und auch jeder christlichen Schöpfungslehre. Die Vollendung der Schöpfung durch den Sabbatfrieden unterscheidet die Auffassung der Welt als Schöpfung von der Auffassung der Welt als Natur, denn die stets fruchtbare Natur kennt wohl Zeiten und Rhythmen, aber keinen Sabbat. Es ist der Sabbat, der die Welt als Schöpfung Gottes segnet, heiligt und offenbart.«[14]

---

10. S. die knappe Zusammenfassung bisheriger historischer Erklärungsversuche bei E. Spier, Der Sabbat, Berlin ²1992, 13. In diesem Zusammenhang ist auch an die unterschiedliche Wochenlänge in den einzelnen Kulturen zu erinnern (s. H. Auf der Maur, Feiern im Rhythmus der Zeit I. Herrenfeste in Woche und Jahr [GdK 5], Regensburg 1983, 20).
11. Eine Übersicht und historische Auslegung der den Sabbat betreffenden Textstellen findet sich in: E. Haag, Vom Sabbat zum Sonntag. Eine bibeltheologische Studie, Trier 1991, 7-124.
12. Kessler, Sabbatgebot, 93.
13. Spier, Sabbat, 18.
14. J. Moltmann, Gott in der Schöpfung. Ökologische Schöpfungslehre, München ²1985, 20.

Diese Betonung des Ruhens findet seinen Niederschlag auch in dem Verständnis des Tages, der – wie bis heute die abendliche Mahlzeit zu Beginn des Sabbat in jüdischen Familien zeigt – mit Sonnenuntergang beginnt, also mit der Ruhephase. Diese Tageseinteilung hat sich in den orthodoxen Kirchen bis heute gehalten, so dass hier liturgisch der Tag am Abend beginnt.

Daneben findet sich auch eine religiöse Gestaltung des Tages in Form eines Morgen- und Abendopfers (Ex 29,38-43; Num 28,1-8) als eine Selbstverständlichkeit des antiken Menschen, die offensichtlich keiner besonderen Erwähnung bedurfte (s. 1 Chr 23,30). Sie begegnet indirekt auch im Neuen Testament[15] und hat sich als Morgen- und Abendgebet bis heute in manchen christlichen Familien gehalten.

Dagegen wurde der Sabbat nicht bruchlos in das Christentum übernommen.[16] Die Entwicklung verlief hier in vier, teilweise weit über die neutestamentliche Zeit hinausreichenden Etappen, wobei es um eine Verhältnisbestimmung des Sabbat zum neuen Herrentag der Christen, dem *Sonntag*, ging:

»I Der Sabbat ist einziger Feiertag auch der Christen.

II Sabbat und Sonntag stehen als Feiertage nebeneinander.

III Der Sonntag verdrängt den Sabbat ...

IV Der Sonntag wird unter Aufnahme inhaltlicher und formaler Aspekte des Sabbat gestaltet.«[17]

Erich Spier kann anhand zahlreicher Beispiele aus der Kirchengeschichte zeigen, dass diese Entwicklung keinesfalls linear verlief, sondern dass auch in der Christenheit, bei den Siebenten-Tages-Adventisten bis heute, immer wieder eine Sabbatobservanz begegnet.[18] Erst langsam beginnt sich im Neuen Testament der »erste Tag der Woche« – so die Formulierung in der ältesten Erwähnung 1 Kor 16,2, im Zusammenhang mit der Kollekte für Jerusalem, also einer diakonischen Aktivität[19] – herauszukristallisieren. Am Tag der Auferweckung Jesu Christi versammelten sich die Christen abends –

---

15. Zusammenstellung von Belegen bei K. Berger, Gebet IV. Neues Testament, in: TRE 12 (1984), 55.
16. Zu den unterschiedlichen Interpretationen s. zusammenfassend Auf der Maur, Feiern, 32f.; zur weiteren Entwicklung im Judentum s. E. Spier, Der Sabbat, Berlin ²1992, 21-108; vgl. zur historischen Entwicklung W. Rordorf, Sabbat und Sonntag in der alten Kirche, Zürich 1972.
17. Spier, a.a.O. 109.
18. Spier, a.a.O. 109-118;129-135, verfolgt die Sabbatpraxis auch in christlichen Kirchen.
19. Hierauf weist besonders Haag, Sabbat 189, hin: »Die bei der Begehung des Sonntags in Erinnerung gerufene Koinonia der Erlösten bewährt sich sodann in der christlichen Solidarität mit den Hilfsbedürftigen und Armen«.

nach getaner Arbeit –, um gemeinsam ihres Herrn zu gedenken und das Mahl miteinander zu feiern, daher später auch die liturgische Bezeichnung »Wochenostern«. Bei der langsamen Ablösung des Sabbat dürfte auch die Sabbatkritik des irdischen Jesus (Mk 2,23-28) eine Rolle gespielt haben, mit der er aber nicht den Sabbat aufheben, sondern dessen menschenfreundlichen Grundsinn offen legen wollte. Historisch liegt der genaue Ursprung des »Herrentages« – so zuerst Apk 1,10 – im Dunklen. Im Neuen Testament wird lediglich von einer Gemeindezusammenkunft im Wochenrhythmus am Herrentagsabend berichtet. Auf jeden Fall folgte die Datierung dieses Tags dem Rahmen der jüdischen Woche, was zu deren Übernahme ins Christentum führte. Andere Zeitkonzepte – wie sie vielleicht Paulus in Gal 4,10 bekämpft – konnten sich nicht durchsetzen.

1.3 Weitere Entwicklung

1.3.1 Erst in der zweiten Hälfte des 2. Jahrhunderts begegnet – in Aufnahme der ja kultisch anderweitig verehrten Sonne und damit in einer neuen kosmischen Dimension – der Begriff Sonntag (Justin, Apol 1,67), wobei hier von einer Lesungen, Predigt, Gebet und Mahl umfassenden Zusammenkunft berichtet wird. Offensichtlich verlagerte sich im Lauf der Zeit die Eucharistiefeier auf den Morgen – eine angesichts der Universalität und auch physiologischen und psychischen Bedeutung der Tageszeiten schwerwiegende Veränderung –, ohne dass genauere Hinweise hierzu greifbar wären.

Bei Plinius (Ep. 10,96,7) wird von einer zweifachen Feier am Sonntag, morgens und wohl abends, berichtet. Nach diesem Dokument wurde aber die zweite Feier wegen Trajans Hetärenverbot aufgegeben.[20]

Karl-Heinrich Bieritz resümiert – von heute aus gesehen – die Entwicklung des Zeitverständnisses gewiss zutreffend: »Die Kette der Sonntage liefert ... dem christlichen Jahr die Grundbausteine und bestimmt so seine Grundgestalt. Im Zusammenhang des Festcodes behauptet der Sonntag sein eigenes Gewicht; Prägungen durch Feste und Festzeiten, wie sie sich später durchsetzen, sind sekundär ...«[21] Dabei ist aber zu beachten, dass erst ab Konstantin (wohl 337) der Sonntag allgemein als Feiertag eingeführt wur-

---

20. S. hierzu und den damit gegebenen Interpretationsproblemen W. Rordorf, Der Sonntag. Geschichte des Ruhe- und Gottesdiensttages im ältesten Christentum, Zürich 1962, 247-257; vgl. auch H. B. Meyer, Eucharistie (GdK 4), Regensburg 1989, 513.
21. K.-H. Bieritz, Das Kirchenjahr, in: H.-Chr. Schmidt-Lauber, K.-H. Bieritz, Hg., Handbuch der Liturgik, Leipzig ²1995, 465.

de, wozu, wenn auch mit Ausnahmen, die Feiertagsruhe und die Pflicht zum Gottesdienstbesuch, etwa für Soldaten,[22] gehörte.[23] Gegen Ende des 4. Jahrhundert begann man, die sonntägliche Arbeitsruhe mit dem Sabbatgebot zu begründen und so die Gleichstellung des Sonntags mit dem Sabbat zu vollziehen.[24] De facto setzte sich aber die Arbeitsruhe am Sonntag wohl nur langsam bis zum Ende des 6. Jahrhunderts allgemein durch.

In struktureller Parallelität und zugleich inhaltlicher Abgrenzung zum Judentum erhalten weitere Tage eine besondere Bedeutung. Seit etwa 100 begegnen Mittwoch und Freitag als Fastentage (im Judentum: Dienstag und Donnerstag).[25]

Doch schon bald prägten besondere Feiertage zunehmend die liturgische Zeit. Märtyrer- und Heiligenfeste breiteten sich – in der Tradition der Toten- und Heroenkulte der vorchristlichen Antike stehend, aber auch in Aufnahme jüdischer Wertschätzung verstorbener herausragender Persönlichkeiten – seit der zweiten Hälfte des 3. Jahrhunderts aus[26] und führten zu zahlreichen Feiertagen und Gottesdiensten. Nicht selten waren diese Feiertage mit Wallfahrten oder Prozessionen verbunden.

Inhaltlich drohte hier ein Verlust des fundamentalen Christusbezugs christlichen Gottesdienstes und damit letztlich eine Verdunkelung der Osterhoffnung, insofern den vielfältigen Heiligen und besonders Maria[27] Mittlerfunktion zugeschrieben wurde. Dagegen protestierten die Reformatoren, interessanterweise nicht nur aus theologischen, sondern auch aus ethischen und ökonomischen Gründen.[28] So klagt Luther 1520 in »Von den guten Werken«: »Wollte Gott, daß in der Christenheit kein Feiertag

---

22. Formalrechtlich führte erst das Corpus iuris canonici 1918 die Sonntagsmesspflicht ein (Auf der Maur, Feiern, 41).
23. Zur Sonntagsfrömmigkeit in der Orthodoxie s. P. Plank, Der Sonntag in den östlichen Kirchen, in: A. A. Altermatt, T. A. Schnitker, Hg., Der Sonntag. Anspruch – Wirklichkeit – Gestalt (FS J. Baumgartner), Würzburg 1986, 175-186.
24. Auf der Maur, Feiern, 47.
25. Zu weiteren Entwicklungen und theologischen Deutungen der einzelnen Wochentage s. ebd. 51 ff.
26. S. grundlegend H. Auf der Maur, Feste und Gedenktage der Heiligen (GdK 6,1), Regensburg 1994, 65-357; vgl. auch bibliographisch umfassend St. Wilson, Hg., Saints and their Cults. Studies in Religious Sociology, Folklore and History, Cambridge 1983.
27. S. die Übersicht zu den Marienfesten bei Auf der Maur, Feste, 123-130, wobei sich mittlerweile – unterstützt durch ein nach dem II. Vaticanum herausgegebenes, eigenes marianisches Messbuch und Lektionar für Wallfahrtskirchen – ein eigenes Marienjahr herausgebildet hat.
28. S. zum Folgenden Schulz, Ordnung, 362-365, wo sich auch Äußerungen von Bucer, Zwingli und Melanchthon finden.

wäre als der Sonntag, daß man unserer Frau und der Heiligen Feste alle auf den Sonntag legte. Dann unterblieben durch die Arbeit der Werktage viele böse Untugenden, würden auch die Länder nicht so arm und ausgezehrt. Aber nun sind wir mit vielen Feiertagen geplagt.« (WA 6,243).

Damit war – in Verbindung mit der Kritik an menschlichen Gelübden – auch das Wallfahrtswesen getroffen (s. z. B. WA 17 II, 465).

1539 schrieb Luther in »Von den Konziliis und Kirchen« noch radikaler: »Wir wissen ohne Ostern und Pfingsten, ohne Sonntag und Feiertag selig zu werden und können wegen Ostern, Pfingsten, Sonntag, Feiertag nicht verdammt werden, wie Paulus (Kol 2,16) lehrt.« (WA 50,559,6-9) Allerdings konnte er an anderer Stelle, etwa im Großen Katechismus, auf den Sinn des Sonntags als Versammlungstag der Gemeinde hinweisen (WA 30 I, 145,6-10).

Frieder Schulz systematisiert die verschiedenen reformatorischen Äußerungen zu »Grundsätze(n) für die zeitliche Regelung gottesdienstlicher Versammlungen nach reformatorischem Verständnis«:

»1. Sonn- und Feiertage sind ›Werk-Tage‹ Gottes, an denen er durch Wort und Sakrament sein Werk an der versammelten Gemeinde tut, nicht ›Werk-Tage‹ der Menschen ...

2. Für den Christen ist jeder Tag ›Gottesdienst-Tag‹, für den Liebesdienst am Nächsten ist jeder Tag ›Werk-Tag‹. Die Festlegung gottesdienstlicher Tage und Zeiten hat den Sinn, die Versammlung der Gemeinde zu ermöglichen, damit sie im Glauben gestärkt und zur Tat der Liebe ermuntert wird.

3. Der biblisch begründete wöchentliche Ruhetag bietet den arbeitenden Menschen die notwendige Erholung. Zugleich gibt er der Gemeinde Gelegenheit zusammenzukommen. Beide Funktionen hat der österliche Sonntag der Christenheit übernommen.

4. Als Tag des Herrn und damit als christlicher Grund-Feiertag ist der Sonntag Maßstab alles Feierns«.[29]

Der konkrete Inhalt der Sonntage und damit auch des Kirchenjahres wurde durch die jeweils im Gottesdienst verlesenen und gepredigten traditionellen Perikopen bestimmt.

Die hier zum Ausdruck kommende Hochschätzung des Sonntags setzte sich dann vierhundert Jahre später – auf dem Hintergrund der im 2. Kapitel skizzierten theologischen Grundentscheidungen – im II. Vaticanum auch für die römisch-katholische Kirche durch:

---

29. Ebd. 364.

So bestimmt die Liturgie-Konstitution Sacrosanctum Concilium: »Aus apostolischer Überlieferung, die ihren Ursprung auf den Auferstehungstag Christi zurückführt, feiert die Kirche Christi das Pascha-Mysterium jeweils am achten Tage, der deshalb mit Recht Tag des Herrn ... genannt wird. An diesem Tag müssen die Christgläubigen zusammenkommen, um das Wort Gottes zu hören, an der Eucharistiefeier teilzunehmen und so des Leidens, der Auferstehung und der Herrlichkeit des Herrn Jesus zu gedenken und Gott dankzusagen ... Deshalb ist der Herrentag der Ur-Feiertag ... Andere Feiern sollen ihm nicht vorgezogen werden, wenn sie nicht wirklich von höchster Bedeutung sind; denn der Herrentag ist Fundament und Kern des ganzen liturgischen Jahres« (Art. 106).

Dabei ist die – erst in diesem Jahrhundert wiedergewonnene – Übung der sog. Vorabendmesse, also eines Messgottesdienstes am Samstagabend, von Bedeutung. Abgesehen von den in der katholischen Liturgiewissenschaft diskutierten Problemen[30] verdient hier die Tageszeit, der Abend, besonderes liturgisches Interesse.

1.3.2 Im Zuge der allgemeinen institutionellen Konsolidierung der christlichen Kirche begann sich auch das auszubilden, was später von reformatorischen Theologen als »Kirchenjahr« bezeichnet wurde,[31] zuerst das *Osterfest*. Dieses ist als jährlich gefeiertes Fest ab etwa der Mitte des 2. Jahrhunderts nachweisbar, wobei die Feier in der Nacht bis zum »Hahnenschrei« gehalten wurde.[32] Gerade die besondere Zeit findet im Weiteren in der Lichtfeier deutlichen liturgischen Niederschlag. Diese ist ein gutes Beispiel für die Integrationsfähigkeit christlichen Gottesdienstes. Neben dem Lichtmotiv der Paschanacht und Feiern nächtlicher Mysterienkulte wurden hier wohl auch Elemente der Tauffeier und vor allem das tägliche Lichtanzünden am Abend aufgenommen.[33] Letzteres stellte einen deutlichen Zusammenhang von Alltag und liturgischer Feier her. Die in den folgenden Jahrhunderten im römischen Bereich zu verfolgende zeitliche Vorverlegung, schließlich auf den Samstagnachmittag,[34] führte zu problematischen Verkürzungen, die erst wieder im 20. Jahrhundert korrigiert wurden. Insgesamt kam es zur Ausbildung eines umfangreichen Festkreises.

---

30. S. z. B. G. May, Die Erfüllung der Feiertagspflicht des Meßbesuches am Vorabend der Sonn- und Feiertage, in: ThPQ 116 (1968), 148-165.
31. Erstmals gebrauchte wohl Johann Pomarius 1589 (Postille, Wittenberg) diesen Ausdruck (Schulz, Ordnung, 361 Anm. 6).
32. S. zu einzelnen Belegen Auf der Maur, Feiern, 67.
33. S. im Einzelnen ebd. 74.
34. Eine Zusammenstellung der sehr unterschiedlichen Gründe findet sich ebd. 84 f.

Schon im 2. Jahrhundert begegnen Nachrichten von einem Jahresostern, das die jüdische Passa-Tradition aufnahm, und sich in einem längeren Prozess zu einem umfassenden Festkreis entwickelte.

Während bis ins 3. Jahrhundert an Ostern auch der Kreuzigung gedacht wurde, gliederten sich dann zwei Vorbereitungstage aus, Karfreitag und -samstag. Seit dem 4./5. Jahrhundert entwickelt sich noch eine – schließlich vierzigtägige – Rüstzeit (so schon in Nicäa). Ebenfalls im 4. Jahrhundert begegnet in Jerusalem eine Palmsonntagsprozession. Eine ähnliche Entwicklung ist auch nach Ostern zu beobachten. Hier bildete sich seit dem 3. Jahrhundert eine Nachfeier heraus, die fünfzig Tage umfasste und durch das erstmals im 4. Jahrhundert bezeugte Pfingstfest, das Traditionen des jüdischen Schawuot (Wochenfest) aufnahm, abgeschlossen wurde.

Schließlich gab es – und gibt es bezüglich der orthodoxen Kirchen bis heute – beim Osterfest Probleme mit der Datierung. Während es wohl zuerst am 14. Nisan gefeiert wurde, datierten die meisten Kirchen auf Grund eines Beschlusses des Konzils von Nicäa (325) auf den ersten Sonntag nach dem ersten Vollmond, der auf die Frühjahrs-Tag- und Nachtgleiche folgt.[35]

Bei der Bildung des zweiten großen Festkreises, dem *Weihnachtsfest*, tritt noch ein anderer Zug christlicher Festgenese hervor, auch wenn er nicht in jeder Einzelheit historisch genau rekonstruierbar ist: die Integrationsfähigkeit für anderweitige heidnische Feste.[36]

Mehrere heidnische Feste wurden im Umfeld des späteren Weihnachtsfestes gefeiert und gaben auch Beiträge zu dessen symbolischer Ausgestaltung, ohne dass die Abhängigkeit im Einzelnen historisch jeweils genau bestimmbar wäre: der von Kaiser Heliogabalus (218-222) eingeführte Geburtstag des Sonnengottes (Natalis solis invicti), die römischen Saturnalien (17.-24. 12.), das Fest der ägyptischen Isis mit der Geburt des Horuskindes sowie im Mithras-Kult der Geburtstag des Sonnengottes;[37] Epiphanias, christlich durch das Evangelium von der Taufe Jesu bestimmt, »beerbte« wohl den Geburtstag des Aion (in Ägypten) bzw. den ägyptischen Wasser- und Nilkult.[38]

Für beide große Festkreise, die auch entsprechend ihres tragenden Christusbezugs in den reformatorischen Kirchen übernommen wurden, war die Tatsache von Bedeutung, dass Ostern und Epiphanias in der Alten Kirche die wichtigsten *Tauftermine* waren. Von daher erinnerte ihre Feier zugleich an

---

35. Zu den Problemen der Osterdatierung s. knapp J. Müller, Zum Gespräch um den Ostertermin, in: JLH 27 (1983), 112-118.
36. B. Klaus, Antikes Erbe und christlicher Gottesdienst. Eine kulturgeschichtliche Spurensuche, Stuttgart 1998, 55-90.
37. S. genauer Auf der Maur, Feiern, 165-176.
38. S. genauer zum Epiphaniasfest, zu seiner vermutlichen Entstehung und seiner in verschiedenen Gegenden differenten Entwicklung (mit unterschiedlichen Festthemen wie: Inkarnation, Taufe Jesu, später: Magier) ebd. 154-165.

die Taufe und fügte so Lebensrhythmus der Kirche und des einzelnen Christen zusammen. Erst mit der stärkeren Verbreitung der Kindertaufe im 5. Jahrhundert und der damit verbundenen Abkehr von festen Tauftermienen ging dieser Bezug verloren. Damit löste sich – im Nachhinein gesehen – die pädagogische Arbeit der Kirche an einem wesentlichen Punkt von ihrem liturgischen Leben, eine Entwicklung, die erst in neuerer Zeit unter den Vorzeichen zunehmender Entkirchlichung und Privatisierung des Religiösen in ihrer Problematik bewusst wird.

1.3.3 Die liturgische Strukturierung des Tages wurde vor allem im monastischen Leben zur Aufgabe, die durch die *Stundengebete (Horen)* gelöst wurde. Sie haben ihr biblisches Fundament in der Mahnung, »ohne Unterlass« zu beten (1 Thess 5,17; Luk 18,1), was zum einen das skizzierte besondere christliche Gottesdienstverständnis aufnimmt, das sich nicht auf kultische Vollzüge reduzieren lässt, zum anderen aber nach einer eigenen beispielhaften Gestaltung verlangt. Eine bereits sieben Gebete umfassende Ordnung findet sich in der Traditio Apostolica, die in der Tradition dem Hippolyt zugeschrieben wird. Abgesehen von Veränderungen hinsichtlich der genauen Zahl der Gebete in einzelnen Traditionen[39] ist die Besonderheit dieser vor allem im klösterlichen Bereich gepflegten Gebetsform die Einbeziehung der konkreten jeweiligen Tageszeit in den liturgischen Vollzug selbst, also z.B. den Tagesbeginn mit der aufgehenden Sonne oder umgekehrt die hereinbrechende Nacht.

Idealtypisch kann in etwa ein – in der Praxis allerdings unterschiedlich modifizierter – Dreistunden-Rhythmus rekonstruiert werden: Matutinae Laudes (Matutin; eingedeutscht: Mette, Morgengebet) (3 Uhr); Prim (6 Uhr); Terz (9 Uhr); Sext (12 Uhr); Non (15 Uhr); Vesper (18 Uhr); Komplet (Tagesabschlussgebet) (21 Uhr); Nokturn (Vigil, Nachtwache) (24 Uhr).[40]

---

39. S. den Überblick bei A. Gerhards, »Benedicam Dominum in omni tempore«. Geschichtlicher Überblick zum Stundengebet, in: M. Klöckener, H. Rennings, Hg., Lebendiges Stundengebet, Freiburg 1989, 3-33. Zu Recht konstatiert I. Vogel, Das Stundengebet, in: H.-Chr. Schmidt-Lauber, K.-H. Bieritz, Hg., Handbuch der Liturgik, Leipzig ²1995, 280 unter der Überschrift »Breviarium semper reformandum«: »Eine letztgültige Form scheint nicht zu finden zu sein. Der Wunsch, ein Gebet des ganzen Volkes zu schaffen, Verbesserungen, Vereinfachungen und wieder neue Wucherungen, so stellt sich die Geschichte der liturgia horarum dar.«
40. S. immer noch grundlegend H. Goltzen, Der tägliche Gottesdienst. Die Geschichte des Tageszeitengebets, seine Ordnung und seine Erneuerung in der Gegenwart, in: Leiturgia 3, Kassel 1956, 99-296; knapper Vogel, a.a.O. 271-293; aus katholischer Sicht s. Klöckener, Rennings, a.a.O.

Martin Luthers Haltung zu den Stundengebeten war ambivalent. Auf der einen Seite war er als Mönch tief von der Psalmenfrömmigkeit der Horen geprägt; auf der anderen Seite kritisierte er rechtfertigungstheologisch deren Pensumscharakter als Form der Werkgerechtigkeit. Sein Versuch, von Heiligenverehrung u. ä. gereinigte und um Katechismusstücke angereicherte Stundengebete in den Schulen einzuführen, nicht zuletzt um durch fortlaufende Lesungen die Bibelkenntnisse (und das Latein-Lernen) zu fördern, konnte sich auf die Dauer nicht durchsetzen. Auch Morgen- und Abendgottesdienste konnten sich im reformatorischen Bereich länger nur am Sonntag halten.[41] Erst im 19. Jahrhundert kommt es im evangelischen Bereich vereinzelt zu einer Rückbesinnung auf die Form des Stundengebets. So führte Wilhelm Löhe (1808-1872) in seinen Diakonissenhäusern Matutin und Vesper ein.[42] Ebenfalls nur sehr beschränkte Wirkung hatten Versuche, das Stundengebet auch sonst in der evangelischen Kirche wiederzubeleben, im Rahmen des liturgischen Aufbruchs in der ersten Hälfte des 20. Jahrhunderts.[43] Lediglich im Bereich von Rüstzeiten, Retraiten o. ä. scheint sich – jenseits des Alltags – das Stundengebet für Interessierte als Hilfe zu erweisen. Offensichtlich ist es nicht möglich, liturgische Formen des Umgangs mit Zeit zu repristinieren, ohne das veränderte Verhältnis zur Zeit zu bedenken. Gerade hier haben aber die monastischen Stundengebete zu einer Entwicklung geführt bzw. diese gefördert, die heutiges Leben auch hinsichtlich des Gottesdienstes entscheidend prägt, nämlich zur Linearisierung der Zeit.

1.3.4 Soweit wir sehen können, begann die Einführung des *Zeitplans* in Benediktinerklöstern. Entsprechend dem für diesen Orden typischen Ineinander von liturgischen Vollzügen und Arbeit (»ora et labora«) gab es die Notwendigkeit, das Klosterleben straff zu organisieren: »Eine Zeit war zum Beten vorgesehen, eine zum Essen, Baden, Arbeiten, Lesen, Nachdenken und Schlafen. Zur Sicherung der Regelmäßigkeit und des Gruppenzusammenhalts führten die Benediktiner die römische Idee der Stunden (Horen) wieder ein – eine Zeitvorstellung, die in der übrigen mittelalterlichen Gesellschaft wenig gebräuchlich war.«[44] Damit die jeweils zu bestimmter Stun-

---

41. In der anglikanischen Kirche haben dagegen in Form von Morning Prayer und Evening Prayer die täglichen Gebete in der Kirche bis heute Bestand, auch wenn sie wochentags meist nur vom Geistlichen und eventuell einigen Mitarbeiterinnen/Mitarbeitern gefeiert werden.
42. Vogel, Stundengebet, 282.
43. S. zum Einzelnen ebd. 283-286.
44. Rifkin, Uhrwerk, 107.

de vorgesehenen Beschäftigungen gemeinsam begonnen wurden, installierten die Benediktiner Glocken, nicht zuletzt um den Beginn der jeweiligen Stundengebete anzukündigen. Jeremy Rifkin resümiert: »Die Idee festgesetzter Zeiten für jede Tätigkeit war in sich revolutionär.«[45] Die Konsequenz dieses letztlich aus der Praxis der Stundengebete erwachsenen, gleichsam schon industriellen Umgangs mit Zeit ergab sich erst Jahrhunderte später mit der Einführung der mechanischen Uhr, auch als Hilfsmittel für die benediktinische Zeitdisziplin.[46] Im Gegensatz zu den antiken und mittelalterlichen Temporalstunden, die – jeweils an der Helligkeit der Jahreszeit orientiert – den Tag einteilten und so zu zwischen 30 und 90 Minuten differierenden Stundenlängen kamen, konnte jetzt die abstrakt festgelegte Zeitmessung der Äquinoktialzeit eingeführt werden, die bis heute Bestand hat und den Tag in zweimal 12 gleich lange Stunden gliedert. Hiermit beginnt eine Entwicklung, die durch mancherlei Einflüsse ökonomischer Art[47] und technische Innovationen[48] schließlich zu dem inhaltlich entleerten, linearen Zeitverständnis der Gegenwart führt.

1.3.5 Schließlich ist noch auf die bisher nur wenig wahrgenommene, für praktische Arbeit aber zunehmend bedeutungsvolle Herausbildung eines weiteren liturgischen Zeit-Rhythmus hinzuweisen, nämlich den an der *Lebensgeschichte der Einzelnen* orientierten. Zwar gab es wohl schon seit Beginn der christlichen Gemeinden liturgische Akte, bei denen Einzelne besonders hervorgehoben wurden: zuerst natürlich die Taufe, dann aber auch Einsegnung von besonderen Funktionsträgern und die Segnung mit Handauflegung bei Kranken. Die Taufe war, solange sie Ausdruck der entschiedenen Hinwendung eines Erwachsenen zur Gemeinde Jesu Christi war, der tiefgreifendste Einschnitt im Leben des Christen, wie es im Bild von der Wiedergeburt zu Tage tritt und bis heute in den sog. jungen Kirchen zu beobachten ist. Mit zunehmender Kindertaufpraxis und zugleich Selbstver-

---

45. Ebd. 108.
46. G. Dohrn-van Rossum, Zeit der Kirchen – Zeit der Händler – Zeit der Städte, in: R. Zoll, Zerstörung und Wiederaneignung von Zeit, Frankfurt 1988, 101, vermutet, dass die Äquinoktionalzeit wesentlich dadurch gefördert wurde, dass sie den scholastischen Vorstellungen geordneter Zeit entsprach.
47. J. Le Goff, Zeit der Kirche und Zeit des Händlers im Mittelalter, in: C. Honegger, Hg., Schrift und Materie der Geschichte. Vorschläge zur systematischen Aneignung historischer Prozesse, Frankfurt 1977, 393-414.
48. Hier ist vor allem die Eisenbahn als wesentlich Pünktlichkeit voraussetzendes und Beschleunigung ermöglichendes modernes Verkehrsmittel zu nennen (s. N. Neumann, Lerngeschichte der Uhrenzeit. Pädagogische Interpretationen zu Quellen von 1500 bis 1930, Weinheim 1993, 162-165).

ständlichwerden des Getauftseins trat dies zurück. Die sich – wie später noch ausgeführt wird – aus der Taufe entwickelnde Firmung bot dann einen gewissen Ansatzpunkt für die liturgische Darstellung des Bezugs Gottes auf den Einzelnen. Auch der sich schon in der Alten Kirche entwickelnde Brauch christlicher Bestattung und die erst im frühen Mittelalter allgemeinwerdenden christlichen Brautmessen sind in diesem Sinne wichtige Riten. Wuchs ihnen schon im Prozess der Aufklärung zunehmende Bedeutung zu, so sind sie – wie im 1. Kapitel gezeigt – mittlerweile zu den Hauptbezugspunkten der meisten evangelischen (und wohl mittlerweile auch katholischen) Christen in Deutschland zur Kirche geworden. Der damit entstehende neue liturgische Zeit-Rhythmus ist – in Entsprechung zur allgemeinen gesellschaftlichen und kulturellen Entwicklung – individualisiert, wenn auch deutlich familienbezogen, und wirft schwerwiegende Fragen für ein christlichem Gottesdienst angemessenes Gemeinschaftsverständnis auf.

1.4 Heutige Probleme und Lösungsversuche

Grundlegende Veränderungen im Umgang mit der Zeit gegenüber früheren Generationen sind heute unübersehbar. Liturgisch scheinen mir folgende Entwicklungen besonders wichtig:
– die *zunehmende Beschleunigung*,
– die *Herausbildung von Freizeit*, besonders des Urlaubs und die neue Stellung des Sonntags im Wochenende,
– die *neue Aufmerksamkeit für Übergänge im eigenen Lebenslauf*.
Liturgische Überlegungen, die zeitgemäß sein wollen und d. h. auch handlungsorientierend, werden diese Phänomene beachten müssen.

1.4.1 Ende des 19., Anfang des 20. Jahrhunderts fanden grundlegende, durch technische Innovationen ermöglichte Wandlungen statt, die das Zeitempfinden der Menschen zutiefst veränderten,[49] konkret einen – von den damaligen Menschen selbst schon empfundenen – Beschleunigungsdruck ausübten, der sich bis heute steigert, ohne absehbares Ende. Die Erfindung des Telegraphen, des Radios und des Telephons hoben bis dahin bestehende räumliche Begrenzungen für die Kommunikation auf. Seitdem kann – durch das Internet und Satelliten-Kommunikation noch einmal gesteigert – grundsätzlich jeder Mensch mit jedem Anderen, egal wo sie sich jeweils befinden, in unmittelbaren Kontakt treten und jedes Ereignis kann fast

---

49. S. hierzu und zu den Folgen für das Selbstgefühl der Menschen ausführlich H. Nowotny, Eigenzeit. Entstehung und Strukturierung eines Zeitgefühls, Frankfurt 1993.

gleichzeitig überall gewusst werden. Moderne Verkehrsmittel wie Eisenbahn, Auto und Flugzeug ermöglichen dazu eine bis zum Ende des 19. Jahrhunderts unvorstellbare Mobilität. Sie wird noch durch die ebenfalls erst seit etwa hundert Jahren durch den Ausbau der Elektrizität ermöglichte Erhellung der Nacht begünstigt, die eine weitgehende Unabhängigkeit vom jahreszeitlich jeweils gegebenen Tag-Nacht-Rhythmus gewährt. Wesentliche Triebfeder hinter diesen Entwicklungen war – zumindest auf den ersten Blick[50] – die Wirtschaft.

Eine gute Illustration hierzu ist die Tatsache, dass die ersten Telefone eingerichtet wurden, um die Börsenkurse schneller übermitteln zu können.[51]

Diese allgemeine Beschleunigung, von den meisten Menschen als zunehmende Zeitnot – trotz mehr »Freizeit« – empfunden, ist untrennbar mit einer allgemeinen Eingebundenheit in Zeitstrukturen verbunden. »Es macht einen Unterschied, ob ich, wie beispielsweise auch der mittelalterliche Mensch, in dem Bewußtsein lebe, daß Zeit vergeht, daß aber Zeit-Intervalle im Alltag recht großzügig bemessen sind und die Übertretung von Zeitnormen keine schwerwiegenden Sanktionen nach sich zieht, oder ob ich mich in einem engmaschigen Netz zeitlicher Anforderungen bewege, das zudem noch eine Reihe von Widersprüchen in sich birgt.«[52]

1.4.2 Etwa gleichzeitig zu diesen technischen Entwicklungen bildet sich die »Freizeit«, und dann der Urlaub, heraus. Im Zuge der Industrialisierung trennten sich zunehmend Wohn- und Arbeitsstätte, was u.a. die Unterscheidung von Arbeits- und Freizeit mit sich brachte. In den letzten hundert Jahren vollzog sich in Deutschland eine imposante Wendung hin zur »Freizeitgesellschaft«. Die von Erwerbsarbeit freie Zeit wuchs sprunghaft an. Für

---

50. Zur Erklärung der Tatsache, dass diese Entwicklungen von christlich geprägten Ländern ausgingen, s. die interessante Studie von E. Benz, Akzeleration der Zeit als geschichtliches und heilsgeschichtliches Problem, Wiesbaden 1977.
51. Nowotny, Eigenzeit, 25.
52. J. Rinderspacher, Die Kultur der knappen Zeit – Über Chancen und Grenzen individueller Zeitgestaltung, in: G. G. Voß, Hg., Die Zeiten ändern sich – Alltägliche Lebensführung im Umbruch, München 1991, 17. Zu Recht macht Rinderspacher auf einen dahinter stehenden grundlegenden Unterschied im Zeitverhältnis aufmerksam: »Haben Handlungen in weniger von zeitlichen Bezugssystemen durchdrungenen Gesellschaften im wesentlichen ihre eigene Dauer, die aus der inneren Sach- oder Soziallogik der Handlung resultiert, wie z.B. die Bereitung einer Mahlzeit oder der Verlauf eines Gesprächs, so richtet sich in der vom zeitlichen Netz geprägten Gesellschaft die Beschaffenheit der Sache zumeist an der für sie zur Verfügung stehenden Zeit aus – siehe das Schnell-Gericht.«(ebd.).

die Zeit des Wirtschaftsaufschwungs nach dem II. Weltkrieg gilt: »Innerhalb von 35 Jahren ... nahm die Freizeit am Feierabend um über 76 Prozent zu, wurden die 5-Tage-Woche und das verlängerte Wochenende eingeführt und verdreifachte sich die Zahl der Urlaubstage.«[53] Allerdings macht die Freizeitforschung darauf aufmerksam, dass »Freizeit« keineswegs nur frei disponible Zeit ist. Zunehmend handelt es sich hier um sog. Obligationszeit, also Zeit, in der soziale oder anderweitige Verpflichtungen – etwa der Familie, Verwandten oder einem Verein gegenüber – wahrgenommen werden müssen.

Bedeutungsvoll ist an der eben genannten Entwicklung für die Liturgik zweierlei:

1. Der Sonntag wird zu einem Bestandteil, genauer zum Ende des Wochenendes. Während dieses für jüngere, familiär noch nicht gebundene Menschen vornehmlich zur Partizipation an vielfältigen Angeboten der Vergnügungskultur dient, widmen sich die Älteren vornehmlich der Familie.

2. Für viele Menschen fallen die christlichen Hochfeste Ostern und Weihnachten (und auch teilweise Pfingsten) in die Urlaubszeit, die nicht selten außerhalb des Wohnorts verbracht wird. Dabei bahnen sich auf dem Urlaubsmarkt interessante Verschiebungen an. Das Bedürfnis nach Ruhe und innerer Muße wächst, wie z. B. in bestimmten Kreisen das Interesse an »Kloster auf Zeit«-Aufenthalten, aber auch an Meditationswochen u. ä. zeigt. Vereinzelt wird auf den schon seit alters beobachtbaren Zusammenhang von Reisen und Religion hingewiesen.

»Heute hat das Reisen eine wesentliche Funktion solcher Feste übernommen. Der Reisende realisiert durch seine Reise einen Teil seines nicht gelebten Lebens. Er sucht die Kontrasterfahrung zu seinem Alltag ... Er will eintauchen in eine andere Zeit und in einen anderen Raum als die, die Gewohnheit und Routine zu Hause bieten. Er sucht die Erfahrung der Verwandlung.«[54]

1.4.3 Schließlich fällt auf, dass zunehmend Übergänge im Lebenslauf, wie etwa die Einschulung eines Kindes, das Abitur, das Ende des Studiums, aber auch der Eintritt in den Ruhestand, runde Geburtstage, Paarjubiläen u. ä. festlich begangen werden, also die Aufmerksamkeit auf sich ziehen. Vermutlich hängt dies – abgesehen von der ökonomischen Prosperität, die sich in üppigen Festen zeigt – auch mit der Individualisierungstendenz heutiger Gesellschaft zusammen, zu der ja auch die eigenverantwortliche Wahl der jeweiligen Biographie gehört. Hier begegnet eine Entwicklung, die sowohl

---

53. H. W. Opaschowski, Psychologie und Soziologie der Freizeit, Opladen 1988, 35.
54. Nagorni, Aufbruch, 358.

hinsichtlich der liturgischen Kriterien des Gemeinschaftsbezugs als auch der Verständlichkeit von großer Bedeutung ist. Zeit wird weniger in allgemein feststehenden, vorgegebenen Rhythmen, sondern entsprechend dem jeweiligen Verlauf des eigenen Lebens wahrgenommen. Liturgisch ergibt sich daraus die Herausforderung, den Gemeinschaftsbezug und die Verständlichkeit liturgischen Handelns *biographiebezogen* zu gestalten.

1.4.4 So sind insgesamt tiefe Veränderungen im Zeitgefüge heutiger Gesellschaft in Deutschland unübersehbar. Manche der eingangs im 1. Kapitel dargestellten Beobachtungen finden hierdurch eine sozialempirische Erklärung.
Allerdings stellt sich darüber hinaus theologisch die Frage: Soll sich das liturgische Angebot an die genannten Entwicklungen anpassen oder hiergegen Widerstand leisten? Dabei wird eine Lösung noch dadurch erschwert, dass die eben genannten Befunde vor allem Menschen im Blick hatten, die auf Grund ihres Alters und ihrer ökonomischen Verhältnisse an den Angeboten der Freizeitgesellschaft partizipieren können. Dies trifft keineswegs für die ganze Bevölkerung, allerdings für deren deutliche Mehrheit zu. Eine um den Zusammenhang von liturgischer Feier und diakonischem Handeln wissende Liturgik kann aber die von der Erlebniswelt Ausgeschlossenen nicht außer Acht lassen. Zunehmend gehören – wie die Statistiken zur altersmäßigen Gliederung der Sozialhilfeempfänger zeigen – Kinder zum armen Teil der Bevölkerung.

Auf dem Hintergrund der Einsichten zur Bedeutung der Tageszeit für Wahrnehmung, aber auch neuer das Leben in der modernen Gesellschaft bestimmender Zeit-Rhythmen verdient die Wiederentdeckung der *Osternachtfeier* in den westlichen Kirchen besondere Beachtung. Ihre Attraktivität gerade für jüngere Erwachsene könnte ein Hinweis darauf sein, die Bedeutung der Tageszeiten und Jahreszeit für liturgisches Handeln neu zu bedenken.

2. Raum

Neben der Zeit ist der Raum die zweite grundlegende Rahmenbedingung für menschliches Leben. Die – oft übersehene – Bedeutung der Räume für den Glauben der Menschen tritt hervor, wenn man die in den jeweiligen Baustilen ausgedrückten religiösen Vorstellungen und das in der jeweiligen Theologie ausgearbeitete Glaubensverständnis miteinander vergleicht. Dabei geht nicht selten die Architektur der Dogmatik voraus.

Hierauf macht Harvey Cox an einem berühmten Beispiel aufmerksam: »Wenn früher ein Autor ein schlagendes Beispiel für die kulturelle Einheit eines Zeitalters anführen wollte, redete er über Thomas von Aquin's ›Summa Theologica‹ und die gotischen Kathedralen. Wer hat noch nicht gehört, daß jemand Notre-Dame als die ›Summa in Stein‹ apostrophierte? Nun hatte aber ... Notre-Dame schon viele Jahre Grünspan angesetzt, als Thomas von Aquin als Student nach Paris zog. Vielleicht sollten wir die Summa Theologica als ›Notre-Dame in Worten‹ bezeichnen.«[55]

2.1 Religions- und kulturgeschichtlich

Hermann Reifenberg konstatiert, damit vielfältige kultur- und religionsgeschichtliche Forschungen zusammenfassend, zu Recht: »der Mensch sucht bestimmte Plätze, natürliche oder selbstgestaltete, für gewisse Zwecke bevorzugt auf: die Stille des Waldes, die Berghöhe, einen rauschenden Wasserfall, die Weite des Meeres. Das besagt, der Mensch verspricht sich Impulse bestimmter Art, wenn er an einem gewissen Platz ist, wenn ihn eine Atmosphäre eigener Prägung umgibt. Ein solcher Raum ›spricht‹ etwa mehr zu ihm als ein anderer.«[56] In der Gegenwart tritt diese rationalistischer Weltsicht verschlossene Einsicht in »Revitalisierungsversuche(n) heiliger Stätten aus den vorgeschichtlichen Religionen Europas« unmittelbar durch neuheidnische Gruppierungen, mittelbar durch entsprechende touristische Angebote zu Tage.[57]

Auch die Beziehung des Menschen zum Göttlichen bzw. noch allgemeiner: zum Ultimaten bedarf einer räumlichen Konkretion. Schon sehr früh wurden offensichtlich einzelne Plätze abgegrenzt (»templum« leitet sich – wie »tempus« – vom griechischen »témenos« ab). Gräber und dann Friedhöfe galten als besondere Orte. Neben solchen »heiligen« Plätzen im Freien zogen Höhlen und Grotten die religiöse Aufmerksamkeit auf sich. Es entwickelten sich daraus sakrale, auch von Menschen mitgestaltete und dann errichtete Stätten, schließlich besondere Häuser, in denen Götterbilder aufbewahrt wurden, die Tempel.

Dabei ergaben sich im Einzelnen unterschiedliche Akzente in der Raumauffassung. Der heilige Raum bzw. die heilige Stätte wurden gedeutet als:
– »Macht-Raum«, also ein Raum, »in dem sich ›Macht‹ kundgetan hat bzw. kundtut«;

---

55. H. Cox, Verführung des Geistes, Stuttgart 1974, 264.
56. H. Reifenberg, Fundamentalliturgie Bd. 2, Klosterneuburg 1978, 315.
57. S. als ersten Hinweis und Einführung K.-J. Notz, Revitalisierungsversuche heiliger Stätten aus den vorgeschichtlichen Religionen Europas, in: U. Tworuschka, Hg., Heilige Stätten, Darmstadt 1994, 219-228.

- »Erlebnis-Raum«, also ein Raum, »an dem besondere, numinose Gefühle haften«;
- »Kult-Raum«, also ein Raum zum gemeinschaftlichen Vollzug des Kults;
- »Begegnungs-Raum«, also ein Raum, »an dem sich eine Symbolstiftung vollzieht«;
- »Übergangs-Raum«, also ein Raum, »der zur Nahtstelle zwischen Himmel und Erde, Transzendenz und Immanenz wird«.[58]

Der heilige Ort strahlt dabei jeweils in die alltäglichen Räume aus, wie z. B. die Asylfunktion von heiligen Hainen und Tempeln zeigt.[59]

Zwar erfolgte – wie im Folgenden dargelegt wird – im jüdisch-christlichen Bereich eine deutliche, theologisch begründete Distanzierung von naturreligiösen Raum-Konzepten. Doch hielten sich solche Vorstellungen im Bereich der Volksreligiosität bis zum heutigen Tag, mehr oder weniger approbiert von den offiziellen theologischen Instanzen.

2.2 Biblisch

Die besondere Bedeutung spezieller Orte ist im Alten Testament allein dadurch gegeben, dass Gott sie auserwählte. Dies gilt allgemein für das Land Israel, das Gott selbst seinem Volk gegeben hat (Lev 25,38). Daraus folgt auch die Verpflichtung, hier zu wohnen (Num 33,53) – eine Bestimmung, die in der jüngsten Politik Israels neue Aktualität bekam.[60] Konkretisiert wurde diese Zuwendung Gottes dann in Jerusalem und im Tempel (1 Kön 8,16) als Ort seiner Gegenwart (hebräisch: Schekhina) – eine ebenfalls hinsichtlich des Verbots, den (vermutlichen) Tempelbezirk und sein Allerheiligstes zu betreten, bis heute aktuelle Bestimmung.[61] Daneben findet sich aber im Alten Testament deutliche Kritik an einer besonderen Lokalisierung des göttlichen Einflusses. Jeremia wies auf die unlösbare Verbindung von Kult und Ethos hin (Jer 7,3-11) und sagte schließlich die Zerstörung des Tempels vorher (Jer 26,18). In Tritojesaja wird mit dem Hinweis auf Gottes Größe die Engführung auf den Tempel zurückgewiesen (Jes 66,1; vgl. auch 1 Kön 8,27).

Jesus nimmt nach neutestamentlichem Zeugnis diese Linien auf. Als Zwölfjähriger bezeichnet er den Tempel als »Haus meines Vaters« (Luk

---

58. Jeweils U. Tworuschka, Heiliger Raum und heilige Stätte aus der Sicht der Religionsphänomenologie, in: ders., Heilige Stätten, Darmstadt 1994, 8; ebd. 2-7 genauere Hinweise zu den jeweiligen Autoren und deren diesbezügliche Publikationen.
59. S. H. Wißmann, Asylrecht I. Religionsgeschichtlich, in: TRE 4 (1979), 315-318.
60. H.-J. Loth, Judentum, in: U. Tworuschka, Hg., Heilige Stätten, Darmstadt 1994, 58 f.
61. Ebd. 46.

2,49). Später aber kritisiert er – u. a. in direktem Bezug auf Jeremia (»Räuberhöhle«) – den ökonomischen Missbrauch des Tempels (Mk 11,15-17). In der johanneischen Fassung der sog. Tempelreinigung deutet er den Tempel dann auf seinen Leib hin (Joh 2,18-21). Damit kommt der für das Selbstverständnis christlicher Gemeinde nach biblischem Zeugnis grundlegende Sachverhalt zum Ausdruck: *Gottes Gegenwart ist in Jesu Gegenwart erfahrbar und deshalb werden – wie Paulus entfaltet – die an Jesus als den Christus Glaubenden zum Tempel Gottes* (1 Kor 3,11,15-17). Von daher verlor der Tempel, ja jeder besondere Ort eine herausgehobene Bedeutung für die Christen – auch wenn sie noch, jedenfalls teilweise, am Tempelgottesdienst teilnahmen. Die *Versammlung der Gläubigen* trat an seine Stelle. Hier erfolgte der »Hausbau« (griechisch: oikodome) (1 Kor 14,26).

Dass dies für antike Menschen ein höchst erstaunliches Raum-Programm war, geht aus dem Brief des Minucius Felix an Octavian hervor: »Warum haben sie (sc. die Christen, C. G.) keine Altäre, keine Tempel, keine Bilder/Statuen?« (»Cur nullas aras habent, templa nulla, nulla nota simulacra?«).[62]

Dementsprechend versammelten sich die ersten Christen in Wohnungen (Apg 1,13;2,46; 12,12), um miteinander das Abendmahl zu feiern, zu singen, zu beten, Gottes Wort zu hören und sich auszutauschen.

Insgesamt kann also konstatiert werden, dass Jesus Christus – und dann seine mit ihm verbundene Gemeinde – an die Stelle besonderer Orte wie eines Tempels getreten ist. Von daher erklärt sich auch die bis heute sichtbare Unterschiedlichkeit, den Bezug menschlichen Handelns auf Raum und in Raum für den Gottesdienst zu gestalten. Sie reicht vom prächtigen Dom bis zur Versammlung in einem Wohnzimmer, einem Kinosaal oder im Freien. Wichtig ist nur, dass der grundlegende Bezug zu Jesus Christus zum Ausdruck kommt und die konstitutiven liturgischen Vollzüge, Taufe, Abendmahl und Gemeindezusammenkunft möglich sind.

2.3 Weitere Entwicklung

Die Freiheit in der Raumgestaltung führte als Grundzug zu einer schon am Anfang der Kirchengeschichte hervortretenden großen Adaptionsfähigkeit von Außerchristlichem, sowohl hinsichtlich der Gestaltung von Gebäuden als auch deren Ausgestaltung. Zugleich enthält die Bibel Schilderungen von Gebäuden und Gegenständen, die im Laufe der Zeit Anlass zur Nachgestaltung gaben:

---

62. Zitiert nach Volp, Liturgik 1, 182.

»Arche Noah (Gen 6,14-16); Stiftshütte des Moses (Ex 25,10-40; 26,1-37; 27,1-21); Tempel Salomos (1 Kön 6,1-38; 7,13-51; 2 Chr 3,1-7). Dem Bibelleser wird sowohl durch den Propheten Ezechiel (Ez 40,1-42 ...; 43,13-17) als auch durch den Seher Johannes (Offb 21,9-27) in anschaulichen Bildern der nach dem Exil neu zu erbauende Tempel und das künftige Jerusalem als Himmelsstadt vor Augen gestellt. ... Nach ... 1 Kor 3,17 ... lag es ohne weiteres nahe, die Funktion und Stellung der einzelnen Mitglieder der Ecclesia durch architektonische Gleichnisse zu veranschaulichen. ... Im ersten Petrusbrief (2,5) wiederum werden die Mitglieder der Ecclesia als lebendige Steine angesprochen, aus denen sich das geistige Haus zusammenfügt.«[63]

2.3.1 Sobald dies politisch möglich erschien, baute man die Treffpunkte der Gemeinde aus. »So wuchsen allmählich schon vor Konstantin ausgedehnte Gemeindezentren mit Räumen für Katechumenen, zum Taufen (mit Vorbereitungszimmern), zum Feiern des Mahls (mit Räumen zum Abstellen der Gaben, die sog. Prothesis) aus den Wohnungen.«[64] Anschaulich tritt dies in der ältesten bis heute bekannt gewordenen Hauskirche in Dura Europos von der Mitte des 3. Jahrhunderts zu Tage.[65] Deutlich ist hier: »Im Unterschied zu den üblichen Kulträumen der Antike wertete man die Situation des Zusammenseins gegenüber dinglichen Heiligtümern auf.«[66] Interessant ist auch, dass sich diese »Hauskirche« keineswegs auf einen Sakralraum beschränkte, so dass z. B. Johannes Emminghaus sie als »Gemeindezentrum« bezeichnet.[67] Beachtung verdient auch die große Bedeutung der Taufe, die aus der Einrichtung eigener Baptisterien mit Vor- bzw. Umkleideräumen u. ä. hervorgeht. Zugleich zeigt sich hier die enge Verzahnung von Architektur und Theologie:

»Die Bausymbolik der Taufhäuser zeigte in spätantiker Zeit zwei verschiedene Deutungsstränge, je nachdem ob stärker das Mitsterben und Mitauferstehen mit Christus (Röm 6,3-5) oder die Waschung ... betont wurde. Im ersteren Falle greifen die Bauten auf Sepulkralräume ... zurück, im anderen Fall auf überkuppelte oder dünnschalige Thermensäle oder Baderäume.«[68]

63. G. Walter, Kirchenbau des Mittelalters als Bedeutungsträger, in: R. Degen, I. Hansen, Hg., Lernort Kirchenraum. Erfahrungen – Einsichten – Anregungen, Münster 1998, 185.
64. Volp, Liturgik 1, 185.
65. S. die Skizze ebd. 188.
66. Ebd. 186.
67. J. H. Emminghaus, Der gottesdienstliche Raum und seine Gestaltung (GdK 3), Regensburg 1987, 359.
68. Ebd. 401.

»Von Anfang an bildeten die in der Mitte des Raums aufgestellten und von allen Seiten frei zugänglichen Abendmahlstische einerseits und die Wasserbecken für Ganztaufen in eigenen Räumen ... die Brennpunkte der kirchlichen Gebäudekomplexe.«[69] Erst langsam kristallisierten sich aus funktionellen Gründen notwendige Elemente des Innenraums wie der Tisch (mensa), der zum Altar wurde, oder der Stuhl des Bischofs, der zur cathedra wurde, auch in ihrer sakralen Besonderheit heraus und förderten so die Entwicklung vom Versammlungs- zum Sakralraum. Dieser Prozess wurde durch die Umwandlung von heidnischen Tempeln in Kirchen noch vorangetrieben.

Die ersten Kirchbauten orientierten sich an der ursprünglich in öffentlichen und privaten Gebäuden gebräuchlichen Architektur der Basilika, also einer Versammlungshalle.[70] Sie wurde zugleich als »aula coelestis«, als Thronsaal des himmlischen Königs, verstanden. Daneben gab es auch Zentralbauten, die sich dann mit dem zentralen Raum als Kuppelbau im Osten durchsetzten und dort bis heute den Kirchenbau bestimmen. Im Weiteren entwickelten sich diese beiden Bautypen – z. T. auch in Mischformen – entsprechend der jeweiligen Stilepochen wie Romantik, Gotik, Renaissance und Barock weiter.[71] Dabei ist liturgisch wichtig, dass ab der Gotik der Altar und der Sitz des Priesters von der Gemeinde wegrückten und so die Raumaufteilung den Zerfall der – wie gezeigt: biblisch fundamentalen – Gemeinschaft widerspiegelte und förderte.[72] Die Gesamtanlage der Kirche wurde durch die seit dem 3. Jahrhundert auftauchende Ausrichtung zum Osten (sog. Ostung) bestimmt. Sie drückte – in Abgrenzung zur jüdischen Gebetswendung zum Jerusalemer Tempel – die Erwartung der Wiederkunft Christi aus; zugleich fügte sie damit die Kirche – verbunden und veranschaulicht mit einer »Art von Lichtregie«[73] – in das erwartete Endgeschehen mit ein.[74]

In der Innengestaltung, etwa bei Bildern nahmen die frühen Christen ebenfalls z. T. erstaunlich integrativ Motive ihrer heidnischen Umwelt auf.

---

69. R. Volp, Kirchenbau und Kirchenraum, in: H.-Chr. Schmidt-Lauber, K.-H. Bieritz, Hg., Handbuch der Liturgik, Leipzig ²1995, 492.
70. S. ausführlicher M. Ch. Murray, Basilika, in: ⁴RGG 1 (1998), 1151-1154.
71. S. zu den einzelnen Stilepochen Volp, Liturgik 1, 347-405, mit zahlreichen Abbildungen und Grundrissen anschaulich illustriert.
72. Zu weiteren architektonischen Entwicklungen s. ausführlich Emminghaus, Raum, 347-416.
73. Walter, Kirchenbau, 192; s. ebd. 193-195 zu den daraus sich in Verbindung mit der traditionellen Symbolik der Himmelsrichtungen ergebenden Konsequenzen.
74. Zu den daraus resultierenden Konsequenzen für die Innengestaltung der Kirchen, aber auch den liturgischen Vollzug, vor allem die Gleichrichtung von Priester und Gemeinde beim Gebet s. Emminghaus, Raum 379 f.

Dies wirft heute z. B. Probleme bei der Identifizierung von Mosaiken, etwa hinsichtlich Hermes- und/oder Christusdarstellungen, auf.

»Was man glaubte, entdeckte man in den Bewegungen und in den Bezügen des menschlichen und außermenschlichen Universums: Im antiken Sonnengott mit dem Sonnenwagen erblickt der Glaube Zeichen des ›sol invictus‹, des ›über das All hinfahrenden Helios‹ ... Jedes ›heidnische‹ oder weltliche Bild wird gleichsam von selbst Teil eines neuen Universums, neu entfaltet im universellen Geist Christi.«[75]

Erst ab dem Konzil von Elvira (304) kam es – sich allerdings letztlich über den Höhepunkt der Streitigkeiten im 8. und 9. Jahrhundert bis zur Reformation erstreckend – zu theologischen Auseinandersetzungen um den *Gebrauch der Bilder* (s. 3.3.1, (1)). In den orthodoxen Kirchen wurden die Bilder für die Liturgie so bedeutsam, dass gesagt werden kann: »Ein gottesdienstlicher Akt ohne Ikone ist in der Orthodoxen Kirche fast unvorstellbar.«[76] Dabei ist der Christusbezug häufig nur noch sehr vermittelt in den Heiligendarstellungen präsent, deren Verehrung – trotz theologisch klarer Differenz zur Anbetung Gottes – im volksfrommen Vollzug problematische Züge annimmt.

Die ursprünglich fernliegende Sakralisierung des Gottesdienstraums wurde durch folgenden Brauch über das Genannte hinaus gefördert: Schon seit dem 2. Jahrhundert begannen Christen die Märtyrer feierlich zu bestatten und an ihren Gräbern, vor allem an deren – Geburtstag (dies natalis) genannten – Todestag Gottesdienst zu feiern. Hier kam es dann ab dem 4. Jahrhundert zum Bau von Grabeskirchen. Die dabei zum Ausdruck kommende Sehnsucht nach Nähe zu »heiligen« Verstorbenen, dann auch von diesen berührten Gegenständen führte im Lauf der Zeit zu aus der sonstigen Religionsgeschichte bekannten »*heiligen Orten*«. Sie wurden (und werden) in Wallfahrten besucht, an deren heilkräftige Ausstrahlung bis heute in der Volksfrömmigkeit vor allem der orthodoxen, aber auch der römisch-katholischen Kirche geglaubt wird.

Aus solchem Gräberkult gehen z. B. die drei großen Wallfahrtsstätten der westlichen Christenheit, Jerusalem, Rom und Compostela, hervor.[77]

Der Umfang dieser Bemühungen tritt in den Kreuzzügen zu Tage, die – neben anderen Anliegen – einen Zugang zum »heiligen« Land und damit

---

75. Volp, Liturgik 1, 183 f.
76. Leonid Ouspensky, zitiert in G. Tsakalidis, Orthodoxie, in: U. Tworuschka, Hg., Heilige Stätten, Darmstadt 1994, 32.
77. A. Stock, Katholizismus, in: U. Tworuschka, Hg., Heilige Stätten, Darmstadt 1994, 11.

zu dessen Gnadengaben ermöglichen sollten. Inhaltlich ist auffällig, dass vor allem Marienwallfahrtsstätten begehrt waren (und sind). Im Laufe der Zeit entstand ein blühendes Reliquienwesen, bald eng verbunden mit dem Ablass.

2.3.2 Hier setzte bekanntlich der Protest der Reformatoren ein. Hinsichtlich der Fragen des Raum-Programms veränderten sie aber eher wenig. Dies dürfte nicht nur in der Tatsache begründet sein, dass die Reformatoren die mittelalterlichen Kirchen übernahmen (übernehmen mussten), sondern auch in der – bereits genannten – deutlichen Zurückhaltung gegenüber konkreten Gestaltungsfragen im liturgischen Bereich, die in der Konzentration auf das rechtfertigungstheologisch gesehen Zentrale begründet war.

So konnte Luther z. B. 1520 in »Von den guten Werken« schreiben: »Wo das Gebet danieder liegt, wird ihm (sc. dem bösen Geist, C. G.) niemand etwas nehmen, auch niemand widerstehen. Wo er aber gewahr würde, daß wir dieses Gebet üben wollten, wenn es gleich unter einem Strohdach oder in einem Saustall wäre, würde er es fürwahr nicht gehen lassen, sondern sich weitmehr vor diesem Saustall fürchten, als vor allen hohen, großen, schönen Kirchen, Türmen, Glocken, die irgend sein mögen, wo solch Gebet nicht darin wäre. Es liegt fürwahr nicht an Stätten noch Gebäuden, wo wir zusammenkommen, sondern allein an diesem unüberwindlichen Gebet, daß wir dasselbe recht zusammen tun und vor Gott kommen lassen.« (WA 6,239) Allerdings predigte er 1544 bei der Einweihung der Torgauer Schlosskirche und deutete das Geschehen im Gottesdienstraum theologisch (s. WA 49,588).

Es kam lediglich zu einigen Akzentverschiebungen im Kirchenraum. Insgesamt wurde wieder – unter Bezug auf die liturgischen Grundvollzüge – der *Charakter der Kirche als Versammlungsraum* (gegenüber dem Sakralraum) stärker hervorgehoben.

So heißt es z. B. in der Reformatio Ecclesiarum Hassiae von 1526: »An sämtliche Gläubige ergeht die Mahnung zum öffentlichen Gebet und Verlesen. Desgleichen sollen sie sich zum Mahl des Herrn fleißig einfinden. Übrigens sollen diese Handlungen von nun an nicht mehr im Chor, sondern in der Mitte der Kirche vorgenommen werden, auf daß alle beiderlei Geschlechts lernen, einträchtig und einmütig singen und zugleich Gottes Namen verherrlichen, denn alle sind in Christus Priester geworden.«[78]

Die Kanzel rückte – entsprechend der Betonung der Predigt – in den Mittelpunkt und richtete damit die Gemeinde aus; später wurden teilweise Taufstein, Altar, Kanzel und Orgel übereinander angeordnet. Fixiert wurde diese

---

78. Zitiert nach Volp, Liturgik 1, 361.

Ausrichtung – bis heute eine problematische Reduktion der aktiven Teilnahme am liturgischen Geschehen implizierend – durch die *Einrichtung eines festen Gestühls*. Das zog auch die Einrichtung von Emporen nach sich, da sonst durch den Platzverlust die Kirchen nicht mehr ausgereicht hätten. Die Bänke wurden durch die Länge der Predigten notwendig,[79] veränderten aber – ohne dass dies bewusst gewesen wäre – die liturgischen Kommunikationsbedingungen erheblich. Während man – wie zeitgenössische Darstellungen zeigen – vorher im Kirchenraum stand, kniete oder umherging und sich so recht ungezwungen im Raum bewegte, musste man jetzt auf einem Platz sitzen. Auch Tiere konnten nicht mehr – wie bisher – in die Kirche mitgenommen werden. Neben den langen Predigten, auf die sich die Menschen im Sitzen besser konzentrieren konnten, kam noch ein ökonomischer Grund hinzu, der die Einführung von Gestühl förderte und zu einer weiteren problematischen Entwicklung führte. Die Abschaffung des Ablass- und Stiftungswesens hatte in den reformatorischen Gemeinden zu erheblichen Einbußen geführt. Jetzt musste man für seinen Platz eine Gebühr bezahlen. Deren Höhe differierte je nach Güte des Platzes.[80] So kam es dazu, dass die ständische Gliederung der Gemeinde direkt in den Gottesdienst übertragen wurde.[81] Auch in den römischen Kirchen wurden schon bald im Mittelschiff Bänke aufgestellt, damit das Volk das »theatrum sacrum« bewundern konnte.[82]

Im Zuge der Reformation wurde noch einmal die Frage nach den Bildern aktuell. Die unter dem Begriff »Bilderstürmer« bekannt gewordenen radikalen Angriffe gegen die Ausgestaltung der Kirchen konnten sich insgesamt nicht durchsetzen, auch wenn sie im Bereich der von Zürich und Genf ausgehenden Reformbemühungen mehr Einfluss gewannen als im Luthertum.

2.3.3 Insgesamt muss bis ins 19. Jahrhundert hinein das Fehlen einer konstruktiven Reflexion der Raumgestaltung im Bereich evangelischer Kirche festgestellt werden. Die Unsicherheiten in der konkreten Architektur sowohl

---

79. Volp, Kirchenbau, 494, nennt – allerdings ohne Beleg – »die Würde presbyterialer Funktionen aller Getauften« als weiteren Grund für die Einführung der Bänke.
80. Noch im 19. Jahrhundert war die Vermietung der Sitze eine wichtige Einnahmequelle für die Gemeinde, um die sich z. B. Schleiermacher in seiner pastoralen Tätigkeit nachdrücklich und erfolgreich bemühte (s. A. Reich, Friedrich Schleiermacher als Pfarrer an der Berliner Dreifaltigkeitskirche 1809-1834, Berlin 1992, 119-124).
81. P. Poscharsky, Die Kanzel. Erscheinungsform im Protestantismus bis zum Ende des Barock, Gütersloh 1963, 65.
82. Volp, Kirchenbau, 495.

im äußeren als auch inneren Bereich der Kirche führten im sog. Eisenacher Regulativ (1861)[83] zu einer einseitigen Rückwendung zu Romanik und Gotik.[84]

Volp resümiert: »Der Kirchenbau des 19. Jahrhunderts ist die Spur eines verzweifelten Kampfes um religiöse Authentizität im Umfeld technologischen Fortschritts, dem man zunehmend mit Pathos und Belehrung meinte begegnen zu können, oft in neobyzantinischer Pracht oder aber in Auditorien mit riesigen Orgelprospekten vorgetragen.«[85]

Dagegen betonte das sog. Wiesbadener Programm (1891)[86] den Charakter der Kirche als »Versammlungshaus der feiernden Gemeinde«, eine deutliche Abwendung von der neobyzantinischen Pracht der damals ohne Gemeindebezug gebauten Kirchen, soziologisch in Entsprechung zum damals blühenden Vereinswesen verständlich.

Der I. Weltkrieg führte – auch – auf dem Gebiet des Kirchenbaus zu einer tiefen Zäsur. Jetzt wurde das von Cornelius Gurlitt erhobene Postulat »Die Liturgie ist die Bauherrin« (1906 auf dem Kirchbaukongress in Dresden vorgetragen) zum Programm. Architekten wie Otto Bartning versuchten dies umzusetzen.[87] Jetzt fanden auch moderne Baumaterialien wie Beton und Stahl Verwendung. Allerdings zogen – wie etwa Kirchenbauten im Umfeld der Agende 1 zeigen – problematische agendarische Entscheidungen entsprechende Kirchenbauten nach sich.[88] Zunehmend wurde städtebaulichen und soziologischen Überlegungen Aufmerksamkeit geschenkt. Nach dem Zweiten Weltkrieg kam es in Folge von Zerstörungen, aber auch von Umsiedlungen in bisher konfessionell anders geprägte Gebiete zu einer stürmischen Epoche des Kirchbaus. Dabei kristallisierte sich in den sechziger Jahren zunehmend die Tendenz zu Gemeindezentren mit Mehrzweckräumen heraus.

Auf katholischer Seite reichte die Repristinierung des (neo-)romanischen und (neo-)gotischen Stils bis ins 20. Jahrhundert. Erst der Aufbruch der Liturgischen Bewegung in den zwanziger Jahren legte das Fundament zu einer Neubesinnung auch auf dem Gebiet des Kirchenbaus. Das II. Vatica-

---

83. Abgedruckt z. B. in: W. Herbst, Hg., Evangelischer Gottesdienst. Quellen zu seiner Geschichte, Göttingen ²1992, 209-212.
84. Kritisch hierzu Volp, Liturgik 1, 377.
85. Volp, Kirchenbau, 498.
86. Abgedruckt z. B. in Herbst, Gottesdienst, 213.
87. S. hierzu als instruktives Beispiel den Grundriss der – allerdings nie ausgeführten – »Sternkirche«, in: P. Poscharsky, Ende des Kirchenbaues?, Stuttgart 1969, 17.
88. S. Volp, Liturgik 1, 385.

num nahm diese Impulse auf und bezog den Kirchenbau streng auf das in Sacrosanctum Concilium vorgetragene Gottesdienstverständnis:

»Beim Bau von Kirchen ist sorgfältig darauf zu achten, daß sie für die liturgischen Feiern und für die tätige Teilnahme der Gläubigen geeignet sind« (SC 124; vgl. auch 128).

2.4 Heutige Probleme und Lösungsversuche

2.4.1 Die gegenwärtige Situation des Kirchenbaus und -raums in Deutschland wird durch verschiedene Entwicklungen bestimmt, die insgesamt die herkömmliche Zentralstellung von Kirchen in Frage stellen:

1. Im Zuge der politischen Vereinigung Deutschlands kam in erschreckendem Ausmaß eine *Zerstörung und Verwahrlosung von Kirchen* auf dem Gebiet der früheren DDR zum Vorschein. Eingestürzte Dachstühle, vermoderte Innenräume von Kirchen u.a. dokumentieren sinnfällig den Niedergang des Christentums in diesem Teil Deutschlands und zugleich einen Verfall öffentlicher Kultur. Dazu kommen radikale Zerstörungen von wichtigen Kirchen, wie der Leipziger Universitätskirche, durch die SED-Machthaber. In nicht wenigen ostdeutschen Städten wurden auch Kirchen säkularisiert und dienen heute als Konzertsäle u.ä. Dabei ist für die Christen besonders gravierend, wenn in diesen Kirchen, in denen sie getauft oder konfirmiert wurden, heute kirchenfeindliche Rituale wie die Jugendweihe – z.T. unter Mitwirkung von (ahnungslosen?) Persönlichkeiten des öffentlichen Lebens – zelebriert werden.

2. Aber auch in manchen westlichen Großstädten, vor allem im Zentrum Berlins, stellt sich die Frage nach einer *Umwidmung von Kirchen*, deren Unterhalt die finanziellen Möglichkeiten ihrer Gemeinden übersteigt und deren Größe dem gegenwärtigen Glaubensbewusstsein angemessene Gottesdienste fast unmöglich macht. Noch krasser stellt sich dies in Ländern dar, in denen sich mancherorts die Bevölkerungsmehrheit – verursacht durch Migrationsbewegungen – zu einer nichtchristlichen Religion bekennt. So wurde z.B. in Birmingham, England, eine Kirche zu einem Hindu-Tempel umgewandelt.[89]

3. Weniger offensichtlich, aber wirkmächtig für das allgemeine Bewusstsein ist der Prozess der *Musealisierung von Kirchen* und – gleichsam als Gegenstück – der Sakralisierung herkömmlich profaner Bauten.

Zum einen werden Kirchen nicht nur in Museen umgewandelt, Kirchen

---

89. Faith in the City of Birmingham. The Report of a Commission set up by the Bishop's Council of the Diocese of Birmingham, Exeter 1988, 28.

werden durch Einbeziehung in touristische Programme auch in Form von kunsthistorischen Führungen zu Museen transformiert. Dabei können Auflagen des Denkmalschutzes dazu führen, dass nicht wenige Einrichtungen von Kirchen nur noch als Relikte früherer Zeiten aufbewahrt werden – wie z. B. Seitenaltäre –, ohne dass sie im heutigen liturgischen Vollzug Verwendung finden.[90]

Zum anderen machen Architekten darauf aufmerksam, dass – im Gegenzug zu einer »gemütlichen« Gestaltung von Kirchen – andere Bauten sakrale Züge annehmen.

So konstatiert Peter Kulka: »Der Kirchenbau wird zur gemütlichen Stube und verkommt nicht selten zum beliebigen Allerlei. Sakrales Bauen finden wir stattdessen im weltlichen Bereich. Ich denke hierbei z. B. an die Kunsttempel, die Statusbauten der großen Unternehmen und die Hallen der Großhotels«.[91]

Man muss nicht in Frankfurt/Main gewesen sein, um angesichts der dortigen protzigen Banken-Architektur eindrückliches Anschauungsmaterial hierfür zu haben; Ausflüge in Einkaufszentren oder Großkinos genügen.

2.4.2 Offensichtlich ist der *Zusammenhang zwischen Kirchengebäude und liturgischem Vollzug* gefährdet.

Auf katholischer Seite brachte die Liturgiereform des II. Vaticanum erhebliche Spannungen, weil die Kirchengebäude mit ihrer Konzentration auf den Altarraum und die hierarchische Gliederung der Gemeinde einen Rahmen schufen, der der aktiven Teilnahme der ganzen Gemeinde am Gottesdienst entgegenstand. Auch einzelne Elemente der Inneneinrichtung wie die Seitenaltäre oder das Tabernakel[92] waren in ihrer Bedeutung neu zu bedenken.

Auf evangelischer Seite bemühte man sich, angesichts des geringen Sonntagsgottesdienstbesuchs die mögliche Bedeutung von Kirche über den konkreten Gemeindegottesdienst hinaus wieder in Erinnerung zu bringen. Bereits 1958 unternahm die Bischofskonferenz der VELKD einen Vorstoß hinsichtlich der Öffnung von Kirchen.[93] 1986 nahm die Generalsynode dieses Thema von neuem auf. Die dabei initiierte Projektgruppe des Gemein-

---

90. S. die diesbezüglichen Anfragen von K. Richter, Kirchenräume und Kirchenträume. Die Bedeutung des Kirchenraums für eine lebendige Gemeinde, Freiburg 1998, 31.
91. Ebd. 29.
92. S. hierzu und zur dahinterstehenden Eucharistiefrömmigkeit ebd. 20-23.
93. S. hierzu und zum Folgenden Chr. Grethlein, »Kirchenpädagogik« im Blickfeld der Praktischen Theologie, in: Th. Klie, Hg., Der Religion Raum geben. Kirchenpädagogik und religiöses Leben, Münster 1998, 19-21.

dekollegs der VELKD entwickelte das kirchenpädagogische Konzept »Kirchen erzählen vom Glauben«.

In dem ähnlich ansetzenden Projekt der Gemeindeakademie Rummelsberg »Sprechende Räume« wurde als Intention formuliert: »Alte Kirchen erzählen Geschichten vom Glauben. Sie laden ein, Platz zu nehmen und zur Ruhe zu kommen. Besucher spüren, daß beides ihrer Seele gut tut, auch wenn sie die Sprache einer alten Kirche nicht mehr so recht verstehen. Dafür braucht es heute Menschen, die alte Kunstwerke neu zum Sprechen bringen. Haupt- und Ehrenamtliche in Gemeinden versuchen, Kunstgeschichte und Glauben angemessen zu verbinden.«[94]

Es fällt auf, dass diese teilweise museumspädagogische Methoden übernehmenden Ansätze stark am einzelnen Besucher orientiert sind und der Bezug auf den tatsächlich gefeierten Gottesdienst nicht immer deutlich hervortritt.[95] Allerdings ist dieses Problem teilweise durch die unter dem Stichwort »Musealisierung« genannte Diskrepanz zwischen tatsächlichem liturgischen Vollzug und Kirchengebäude aus früheren Zeiten gegeben, in denen ein anderes Gottesdienstverständnis leitend und dementsprechend auch die Feiergestalt anders war.

2.4.3 Insgesamt ist zu konstatieren: Die Frage der Raumgestaltung erfordert eine klare liturgische Konzeption. Hierbei ist von den neutestamentlichen Perspektiven zum Gottesdienst zum einen die grundlegende Participatio an Jesus Christus zur Darstellung zu bringen, zum anderen aber auch der daraus folgenden, also abgeleiteten Gemeinschaft der Feiernden untereinander Raum zu verleihen. Dazu sind die unterschiedlichen Gottesdienstformen vom sonntäglichen Abendmahlsgottesdienst über Schul- und Kindergottesdienste bis zu Kasualgottesdiensten mit kleinen Gemeinden zu bedenken. Eine *polyzentrische Raumgestaltung* legt sich von daher nahe.[96]

---

94. Zitiert nach: Grethlein, »Kirchenpädagogik«, 20; vgl. auch die gemeindepädagogische Dokumentation unterschiedlicher Bemühungen um eine »Kirchenpädagogik« in: Degen, Hansen, Hg., Lernort Kirchenraum.
95. Ausführlich begründet K. Raschzok, Der Feier Raum geben. Zu den Wechselbeziehungen von Raum und Gottesdienst, in: Th. Klie, Hg., Der Religion Raum geben, Münster 1998, 112-135, diese Kritik.
96. S. die bis ins Praktische gehenden Hinweise »Liturgie als Bauherrin des nachkonziliaren Gottesdienstraumes« in: Richter, Kirchenräume, 33-39, die auf Grund der festgestellten Konvergenz zwischen dem Gottesdienstverständnis der Reformatoren, vor allem Luthers, und des II. Vaticanum auch für den evangelischen Bereich von Bedeutung sind.

3. Sinnliche Wahrnehmungen und Ausdrucksmöglichkeiten

Implizit kamen bereits bei den Überlegungen zu Raum und Zeit als grundlegenden Bedingungen liturgischen Handelns sowie deren konkreter Gestaltung die sinnlichen Wahrnehmungs- und Ausdrucksmöglichkeiten in den Blick. Sie müssen jetzt wegen ihrer großen Bedeutung und wegen der langen, auch theoretisch noch nicht hinreichend überwundenen Vernachlässigung gerade im Bereich evangelischer Kirchen[97] eigens thematisiert werden. Dabei gilt es, eingangs auf die empirisch beschreibbaren Wahrnehmungsmodi und auf die unerschöpfliche Vielfalt menschlicher Ausdrucksweisen wenigstens kurz einzugehen. Die biblische wie auch die kirchliche Tradition hat sich hier reichlich bedient; neuerdings wird versucht, mit den Begriffen von Symbol und Ritual die besonderen Möglichkeiten, aber auch Grenzen gottesdienstlichen Handelns genauer zu bestimmen.

3.1 Anthropologisch, religions- und kulturgeschichtlich

Religionsphänomenologisch gilt: »In der Religion ist das Sinnliche Vorbereitung, Anreiz, Vehikel der geistigen Gotteserfahrung. Religiöse Erfahrung wird möglich, wenn irgendwelche äußeren Anlässe und Anregungen gegeben sind, und sie wird nur dadurch faßbar und mitteilbar, daß sie sinnliche Ausdrucksformen annimmt.«[98] Die dem entsprechende Vielfalt der Stimulation der Sinne und der hierauf zielenden kultischen Ausdrucksmittel kann auch nicht annähernd erfasst werden. Deshalb beschränke ich mich hier auf wenige Hinweise zur sinnlichen Wahrnehmung selbst in ihren verschiedenen Modi[99] und weise dann auf eine – in der Literatur vorgetragene – Typologie menschlicher Ausdrucksformen im Kult hin.

---

97. Vgl. nur den neuerlichen Versuch, eine »evangelische« Gottesdiensttheorie von einem durch einen abstrakten, hier systemtheoretischen Kommunikationsbegriff geprägten Glaubensverständnis her zu entwickeln, bei Chr. Dinkel, Was nützt der Gottesdienst? Eine funktionale Theorie des evangelischen Gottesdienstes, Gütersloh 2000, der – wieder einmal – mit einer Ökumenekritik verbunden wird (ebd. 19f.).
98. Heiler, Erscheinungsformen, 23.
99. Zur Bedeutung der einzelnen Sinne in paläontologischer Sicht s. die knappe Übersicht bei R. zur Lippe, Sinnenbewußtsein. Grundlegung einer anthropologischen Ästhetik, Reinbek 1987, 172f.

3.1.1 Die fünf Sinne des Menschen haben jeweils unterschiedliche Möglichkeiten und Grenzen, die aber neuerdings durch die elektronischen Medien teilweise modifiziert werden:[100]

1. Das *Gehör* befähigt durch die Rezeption von Schallwellen zur sprachlichen, musikalischen und allgemein klanglichen Kommunikation. Diese prägt den Menschen entscheidend. Ihr Mangel ist jedoch die Vergänglichkeit akustischer Wahrnehmung, was in Redewendungen wie alles sei »Schall und Rauch« zum Ausdruck kommt.

Erst neuere Reproduktionstechniken von akustischen Reizen, etwa durch Schallplatte und CD, reduzieren dieses Defizit.

2. *Visuelle Eindrücke*, ermöglicht durch die Rezeption von (elektromagnetischen) Schwingungen, können dagegen länger andauern, was sich z.B. die Schrift zu Nutzen macht. Insgesamt gilt der optische Bereich als besonders objektiv, also vom körperlichen Eigenempfinden nur wenig geprägt.

Allerdings bedarf es hier einer Einschränkung für die teilweise Sekundenbruchteile andauernden optischen Reize elektronischer Medien.

3. Die Umgangssprache macht mit dem Begriff des »Begreifens« auf die Fundamentalität des *Tast-* bzw. *Hautsinns* für menschliche Wirklichkeitsrezeption aufmerksam. Erst mittels seiner Haut, seines größten Organs, kann der Mensch in Kon-Takt zu seiner Mit- und Umwelt treten. Die Redewendung »keiner kann aus seiner Haut« macht zugleich auf die dadurch gegebene Begrenztheit und Individualität der Sinneswahrnehmung aufmerksam.

Auch hier ist mittlerweile angesichts virtueller Simulationen im Cyberspace auf Einschränkungen hinzuweisen.

4. Beim *Riechen* inhaliert der Mensch Duftmoleküle, die ursprünglich au-

---

100. Im Hintergrund der folgenden Ausführungen stehen die sehr detaillierten Studien von H. Reifenberg, jeweils im ALW veröffentlicht (Band und Jahrgang jeweils in Klammern nach dem Titel):
– Das akustische Element in der Liturgie. Phänomenologischer Aufriß zu den Bauelementen und Strukturen des Wortgottesdienstes (17/18, 1975/76; 145-160);
– Neue Schwerpunkte der Liturgie. Die Bedeutung des optischen Elementes im Gottesdienst (12, 1970, 7-33);
– Berührung als gottesdienstliches Symbol. Liturgisch-phänomenologische Aspekte des taktilen Elementes (27, 1985, 1-34);
– Geschmack gibt hier den Schein nur kund ... Liturgisch-phänomenologische Aspekte zu Geschmack und Mahl, speziell bei Benediktionen (15, 1973, 108-122);
– Duft – Wohlgeruch als gottesdienstliches Symbol. Liturgisch-phänomenologische Aspekte des odoratischen Elementes (29, 1987, 321-351).

ßerhalb seiner selbst sind und nimmt so wahr. Meist wird die Bedeutung des Geruchssinnes erst bei Missempfindungen bewusst. Dies verrät schon die Redewendung »den/die kann ich nicht riechen«.

Die große Verbreitung von Parfums u. ä. zeigt, dass Menschen der modernen Gesellschaften gerade hier besonders sensibel sind.

5. Schließlich ist – als zweiter chemischer Sinn – der *Geschmackssinn* zu nennen. Bei ihm kommt es – ähnlich dem Geruchssinn, mit dem er auch anatomisch eng zusammenhängt – zur Verschmelzung zwischen dem Schmeckenden und dem Objekt des Geschmacks. Dieser Sinn ist ebenfalls subjektiv sehr unterschiedlich ausgeprägt. Auf Grund seines Zusammenhangs mit der Nahrungsaufnahme ist er von großer Bedeutung für menschliches Leben.

Grundsätzlich gilt aber zu beachten, dass die eben vorgenommene Differenzierung der Einzelsinne nur theoretisch möglich ist. *Zentrale Bedeutung auch für die einzelne Sinneswahrnehmung hat die Integration aller Sinne.* Dies gilt ebenfalls für den Gehörsinn und weist auf die Problematik der – im Protestantismus teilweise bis heute noch üblichen[101] – einseitigen Hervorhebung dieses Sinns.

»Wenn die Hörinformation nicht mit anderen Arten sensorischer Information auf jedem Hirnniveau kombiniert würde, hätten wir Schwierigkeiten, die Bedeutung dessen zu erkennen, was wir gerade hören. Eine Kombination von Integration mit Gleichgewicht und Impulsen anderer Sinnesorgane ist nötig, um den Inhalt des Gehörten zu verstehen.«[102]

Auf die Sinne bezogen sind in der Kultgeschichte unterschiedlichste Materialien und Instrumente.

3.1.2 Gleichsam auf der anderen Seite des eben skizzierten Komplexes menschlicher Kommunikation finden sich die *Ausdrucksgebärden*[103]. Ronald Sequeira hat sie stichpunktartig folgendermaßen systematisiert und weist damit auf den diesbezüglichen großen Reichtum für liturgische Gestaltung hin:

»– Gebärden des ganzen Körpers. Dazu gehören:

---

101. So noch Dinkel, Gottesdienst, 107-110.
102. A. J. Ayres, Bausteine der kindlichen Entwicklung, Berlin 1984, 46; s. ebd. die anschaulichen, sonstige Erkenntnisse der Hirnforschung aufnehmenden Überlegungen, deren Ergebnis gut aus dem Untertitel dieses Buchs hervorgeht: »Die Bedeutung der Integration der Sinne für die Entwicklung des Kindes«.
103. S. ausführlich H. Wenz, Körpersprache im Gottesdienst, Leipzig ²1996.

das Gehen in all seinen Formen vom einfachen Schreiten bis hin zur Prozession bzw. zu Prozessionstänzen;
das Aufstehen (Bewegung) und das Stehen (Haltung);
das Hinsetzen (Bewegung) und das Sitzen (Haltung);
das Niederknien (Bewegung) und das Knien (Haltung);
das Sich-niederwerfen (Bewegung) und am Boden liegen (Haltung) auch prostratio genannt;
die Verneigung (Bewegung) und das Verharren in verneigter Haltung ...
– Gebärden, in die mehrere Körperteile einbezogen sind, wie z. B.:
Das Sich-bekreuzigen, das neben der Ausgangs- und Endhaltung der gefalteten Hände die Bewegung der Hand sowie das Berühren von Kopf, Brust und Schultern einschließt;
Die Segensgebärde und
Die Handauflegung ...;
Das an die Brust Schlagen u. a.
– Gebärden eines einzigen Körperteiles. Grundsätzlich kommen dafür alle Körperteile in Frage ...«[104]
Auch hier ist also religions- und kultgeschichtlich ein fast grenzenloser Vorrat an Kommunikationsmitteln beobachtbar.

Schließlich ist in diesem Zusammenhang wenigstens kurz auf die *bildenden Künste* und die *Musik*[105] als kultisch vielfach verwendete, ja in ihrer Genese untrennbar mit dem Kult verbundene Ausdrucksmittel hinzuweisen. Religionsgeschichtlich schon früh begegnen gestaltete Bilder, die sich auf Grund ihrer Dauerhaftigkeit sehr gut für den Kult eigneten. Dabei dienten sie zum einen als unmittelbarer Gegenstand der rituellen Verehrung, zum anderen lediglich als Hilfsmittel bei der Götterverehrung.[106] Vielleicht noch grundlegender wird der Mensch durch Töne erreicht. Klänge zu erzeugen, mit der eigenen Stimme, dem eigenen Körper oder Instrumenten, und zu hören gehört zur Grundausstattung des Menschen, dessen Stimmungen hierdurch ausdrückbar bzw. veränderbar sind. So dient von alters her Musik bei den verschiedensten Veranstaltungen der emotionalen Einstimmung, als Impetus zur Förderung gemeinsamen, affektiven Erlebens.

Die den ganzen Menschen berührende Seite des Klanglichen äußert sich

---

104. Sequeira, Gottesdienst, 30.
105. Zu den Schwierigkeiten einer genaueren begrifflichen Bestimmung von »Musik« und dann noch des Zusammenhangs von Musik und Liturgie s. knapp und systematisch prägnant Chr. Albrecht, Die gottesdienstliche Musik, in: H.-Chr. Schmidt-Lauber, K.-H. Bieritz, Hg., Handbuch der Liturgik, Leipzig ²1995, 510f.
106. S. grundlegend H. Belting, Bild und Kult. Eine Geschichte des Bildes vor dem Zeitalter der Kunst, Leipzig ²1991.

auch in dem Zusammenhang von Musik und *Tanz*, also der leiblichen Ausdruckshandlung des Gehörten.

3.2 Biblisch

Schon eine oberflächliche Durchsicht der Bibel zeigt die Reichhaltigkeit der sinnlichen Wahrnehmung und der Ausdruckshandlungen, von denen im Zusammenhang des Verhältnisses Gottes zu Menschen gesprochen wird.[107]

3.2.1 Zum Wahrnehmen der Taten Jahwes gehören nach alttestamentlichem Zeugnis grundlegend das *Hören* (s. z. B. Dtn 6,4; Jes 50,4 f.) und das *Sehen* (z. B. Ex 3, 3; Jes 6,1 f.). Von beidem ist bewusst, dass Gott ihr Schöpfer ist (s. z. B. Prov 20,12; Ps 94,9). Deshalb ist es durchaus sachgemäß, dass Hans Walter Wolff bei seiner Darstellung des »Wesen(s) des Menschen« mit diesen beiden Sinnen beginnt.[108] Allerdings spielen auch die anderen Sinne eine wichtige Rolle für die religiöse Praxis im Alten Testament, wie vor allem die Erwähnung der Sinne in den Psalmen, also konkreten Vollzügen der Frömmigkeit,[109] zeigt: der Tastsinn (s. z. B. Ps 139), häufig im Zusammenhang mit Handauflegungen oder Salbungen auch nur implizit erwähnt, der Geschmackssinn (s. z. B. Ps 34,9) und der Geruchssinn (s. z. B. Ps 141,2).

Für Jesu Handeln konstatiert Rupert Berger, in impliziter Kritik an einer Präferierung des Hörens: »Jesus kündet den Menschen das Heil nicht nur mit Worten an, sondern läßt es sie mit allen Sinnen in den realen Formen dieser Welt erfahren. Nicht nur, daß ›das Evangelium den Armen verkündet wird‹ – vielmehr: ›Blinde sehen wieder und Lahme gehen, Aussätzige werden rein und Tote stehen auf‹ (Mt 11,5). Er läßt sich selber mit den Sündern im Wasser des Jordan untertauchen; er spürt das Holz des Kreuzes auf seinen Schultern; er macht die Lebensfülle Gottes erfahrbar in dem Wein, den er die Hochzeitsgäste zu Kana aus den vorher leeren Wasserkrügen schöpfen läßt, in dem Brot und in den Fischen, über die er das Dankgebet spricht, um sie an die hungernden Volksscharen austeilen zu lassen.«[110]

Wird hier vor allem auf die die ganze leibliche Dimension, theologisch formuliert: die Geschöpflichkeit umfassende Zuwendung Gottes in Jesus zu

---

107. S. ausführlicher Sequeira, Gottesdienst, 20-23.
108. S. H. W. Wolff, Anthropologie des Alten Testaments, Gütersloh ⁶1994, 116-123.
109. Die hervorragende Rolle der Psalmen in liturgischen Vollzügen, aber auch in der Katechetik (s. E. Paul, Geschichte der christlichen Erziehung Bd. 1: Antike und Mittelalter, Freiburg 1993, 129-142) dürften nicht zuletzt mit dieser »Sinnlichkeit«, und damit Anschaulichkeit und Konkretheit, zusammenhängen.
110. R. Berger, Naturelemente und technische Mittel (GdK 3), Regensburg 1987, 254.

den Menschen hingewiesen, stellt Albrecht Grözinger u. a. in einer phänomenologischen Analyse der für die Entstehung christlichen Glaubens grundlegenden Erzählung von den Emmaus-Jüngern (Lk 24) heraus, dass eine herausragende Bedeutung des Gehörs biblisch nicht allgemein behauptet werden kann.

»Was im Hören nicht möglich war, geschieht jetzt im Sehen ... erst das Sehen des Brot-Brechens, das Erleben der Mahl-Gemeinschaft, die Wieder-Holung des Abendmahls, eine sinnlich-ästhetische Erfahrung also macht die zuvor gesprochenen Worte eindeutig.«[111]

Von daher ist also die umfassende Einbeziehung der Sinne in liturgische Vollzüge nicht nur eine methodische Aufgabe, sondern zugleich Ausdruck eines trinitarisch strukturierten Gottesverständnisses. Denn *die Bedeutung der Sinne ist* – nach dem eben Ausgeführten – *schöpfungstheologisch, christologisch und pneumatologisch begründet; in ihnen spiegelt sich also das Handeln Gottes in seiner begrifflich trinitätstheologisch strukturierten Vielfalt.* Umgekehrt droht eine Reduktion liturgischer Kommunikation auf primär einen Sinn, etwa das Gehör, indirekt das christliche Gottesverständnis (und damit auch das christliche Menschenbild) zu verzerren. Im Einzelnen kam es wohl schon im Neuen Testament nicht von ungefähr zu einer gewissen Priorität des Sehens und Hörens, insofern Menschen mit diesen Sinnen das geschichtliche Handeln Gottes am besten wahrnehmen können.[112]

3.2.2 Vor allem im Alten Testament begegnet die ganze aus der sonstigen Religions- und Kultgeschichte bekannte *Fülle von Ausdrucksmitteln, Materialien und Werkzeugen,* um mit Gott in Kontakt zu treten. So finden sich z.B. Nachrichten von religiösem Tanz[113] oder Opferhandlungen unterschiedlicher Form, verschiedensten Körperhaltungen bis hin zu extremen prophetischen Zeichenhandlungen, bei denen der ganze Körper als Ausdrucksmittel des göttlichen Willens (s. z.B. Jes 20) figuriert. Auch Bilder haben, wie neuere archäologische Funde zeigen, – trotz aller theologischer Kritik – eine gewisse Rolle im Jahwe-Kult gespielt.[114] Jedoch werden – wie exemplarisch die Erzählung vom Goldenen Kalb (Ex 32) zeigt – deutliche

---

111. A. Grözinger, Praktische Theologie und Ästhetik, München 1987, 101f.
112. S. immer noch grundlegend K. Lammers, Hören, Sehen und Glauben im Neuen Testament, Stuttgart ²1967.
113. S. genauer A. R. Sequeira, Spielende Liturgie. Bewegung neben Wort und Ton im Gottesdienst am Beispiel des Vaterunsers, Freiburg 1977, 76-82.
114. S. z.B. die zusammenfassenden Hinweise bei Chr. Uehlinger, Bilderkult III. Bibel, in: ⁴RGG 1 (1998) 1565-1570.

Grenzen dort markiert, wo Gottes Gegenüber und damit Souveränität durch menschliche Produkte vereinnahmt zu werden drohen. Musik gehört – wie etwa die Psalmen zeigen – selbstverständlich zum Lob Gottes dazu. Die Geschichte vom jungen David am Hof des schwermütigen Sauls (1 Sam 16,16.23) zeigt, dass man auch um die psychohygienische Wirkung der Töne wusste.[115]

Im Neuen Testament werden zwar allgemein im Kultus damaliger Zeit übliche Ausdruckshandlungen und Materialien vorausgesetzt, jetzt aber – in Tradition kultkritischer Prophetie – relativiert, d. h. in Beziehung gesetzt zum Nutzen für die Menschen. Am radikalsten kommt dies in der Erzählung von der sog. Tempelreinigung zum Ausdruck, in der das ökonomische Fundament des Tempelkultes in Frage gestellt wird (Mk 11,15-18 parr.). Deutlich werden auch die Kultbilder als menschliche Machwerke entlarvt (Apg 17,26). Über die musikalische Gestaltung der Gemeindezusammenkünfte wissen wir nichts Genaues, außer dass in den Gemeinden gesungen wurde (s. z. B. Eph 5,19 f.). Die Christus-Hymnen (Phil 2,5-11; Kol 1,12-20; Eph 1,3-14) zeigen lediglich, dass auch hier das Christus-Bekenntnis prägend war.

3.3 Weitere Entwicklung

Im Grunde erfordert die liturgische Entwicklung hinsichtlich der Bedeutung der Sinne und Ausdrucksgebärden die Entfaltung einer umfassenden Frömmigkeitsgeschichte.[116] Im Folgenden kann nur in kaum verantwortbarer Kürze auf wichtige Entwicklungen und Diskurse zu Fragen der Einbeziehung der Sinne und Ausdrucksgebärden hingewiesen werden, um hieraus liturgische Horizonterweiterung (sowohl in konstruktiver als auch kritischer Hinsicht) zu erhalten. Dabei werden nur am Rande zwei für liturgische Gestaltung grundlegende Ausdrucksformen, die bildende Kunst und die Musik, gestreift. Dies erscheint, wenn überhaupt, unter dem Gesichtspunkt vertretbar, dass sich vorliegendes Buch vornehmlich an Theologen und Theologinnen richtet und die Musik und Kunst – entsprechend ihrer Komplexität – in eigenständigen Wissenschaften und Berufsfeldern organisiert sind. So ist gerade die liturgische Gestaltung in diesen Hinsichten nicht

---

115. S. genauer zu den allerdings keine konkreten Auskünfte zur musikalischen Gestaltung in damaliger Zeit gebenden einschlägigen Stellen Ph. Harnoncourt, Die religiöse Bedeutung von Musik und Gesang (GdK 3), Regensburg 1987, 140-143.
116. Welche Fülle an Gesichtspunkten und Entwicklungen hier zu berücksichtigen wäre, zeigt eine Lektüre von A. Angenendt, Geschichte der Religiosität im Mittelalter, Darmstadt 1997, unter dieser Perspektive.

vom Pfarrer/der Pfarrerin allein zu verantworten; vielmehr sind diese auf den Dialog mit den Kirchenmusikern und – was in der Regel sehr viel schwerer sein dürfte – mit gestaltend tätigen Künstlern angewiesen.

3.3.1 Die Zeitgenossen der jungen Christen staunten – wie in 2.2. erwähnt – darüber, dass diese keine heiligen Orte, Götterbilder, besondere Gebäude oder Opfer kannten. Vielmehr trafen sich die frühen Gemeinden – nach der Ablösung vom Tempel- und Synagogengottesdienst – in Privathäusern, um gemeinsam das Herrenmahl zu feiern und sich im Glauben an den Auferstandenen zu festigen. Von daher wird christliche Liturgik bei aller kultur- und religionsgeschichtlich begründeten großen Bedeutung sinnlicher Kommunikation deren Funktion für den Kontakt zu Gott nicht aus dem Blick verlieren. Dem entspricht, dass es im Laufe der Kirchengeschichte und nicht zuletzt der konfessionellen Differenzierungen zu unterschiedlichen kommunikativen Formen kam, deren Recht und Problematik jeweils nur in der konkreten Situation angemessen zu beurteilen sind.

Im Folgenden seien kurze Hinweise für
– die Bilderfrage und
– die Paramentik als spezifisch liturgischer Textilkunst
gegeben; eine intensivere Beschäftigung hiermit ist aber nur durch das Studium von Spezialliteratur möglich (auf die in den Anmerkungen hingewiesen wird).

(1) In der Alten Kirche wird die Frage der Bedeutung sinnlicher Wahrnehmung vor allem anhand der Frage nach der *Bedeutung der Bilder* diskutiert.[117] Ab dem frühen 3. Jahrhundert sind bereits die ersten christlichen Bildzeugnisse nachweisbar, obgleich Theologen wie Origenes, Euseb von Caesarea oder Tertullian sich, z.T. in scharfer Form, gegen Bilder aussprachen. Doch waren die frommen Bedürfnisse nach Anschauung offensichtlich zu groß. Dogmatisch öffnete das Inkarnationsdogma, also der Glaube an das Eingehen Gottes in die Bedingungen irdischer Existenz in Jesus Christus, den Weg zur bildlichen Darstellung von heilsgeschichtlich Wichtigem. Dies zeigen die Bilderzyklen biblischer Geschichten im 4./5. Jahrhundert.

Für den Westen waren inkarnationstheologische Einsichten Augustins wirkungsvoll (s. De Trinitate VIII,5,7), der aber zugleich durch sein Verständnis der Wirklichkeit

---

117. S. auch zum Folgenden der knappe Überblick bei H. Ohme, Bilderkult VI. Christentum, in: ⁴RGG 1 (1998) 1572-1574.

als verbum visibile (lateinisch: sichtbares Wort) einer Dominanz der Bilder wehrte.[118]

Ab dem 6. Jahrhundert sind dann Bilder nachweisbar, denen Verehrung entgegengebracht wurde, zuerst Heiligenbilder, dann (»nicht von Hand gemachte«) Christusbilder und Marienbilder. Die Verehrung geschah in unterschiedlicher, kultgeschichtlich durchaus üblicher Art, z. B. durch Räuchern, Kerzen, Bekränzung, Kuss, Proskynese o. ä., ja die Bilder wurden zu Taufpaten erkoren, vermochten angeblich sogar Tote aufzuerwecken.[119] Die ausgiebig im sog. byzantinischen Bilderstreit (ca. 726-843) vorgetragenen Bedenken an dieser Praxis führten zu einer Lösung, die einerseits dem offensichtlich elementaren Bedürfnis nach bildlicher Darstellung religiöser Motive und andererseits der biblisch unübersehbaren kultkritischen Warnung vor einer Verwechslung von Gott und menschlichen Produkten Rechnung zu tragen suchte. Es wurde – maßgeblich gefördert durch Johannes von Damaskos (gest. um 750)[120] – zwischen »Verehrung« (griechisch: time) der Bilder und Anbetung (griechisch: latreia) Gottes unterschieden. Für den Westen gilt: »Erst das Hoch- und Spätmittelalter integrierte das gemalte Bild in den Kult ... Es erhielt einen Platz auf dem Altar und empfing Devotionsbezeugungen«, kurz: in den Bildern begegnete eine »sanctitas«.[121] Thomas von Aquin (1225 oder 1226-1274) fasste für den Westen folgende wichtige Funktionen von Bildern zusammen: Sie sollen die Andacht befördern, an das Beispiel der Heiligen erinnern und die Unwissenden belehren.[122] Allerdings zeigt dann auch im Westen die mittelalterliche Kultpraxis, dass dadurch zwar eine theologische Differenzierung gewonnen, aber noch nicht die Gefahr abergläubischer Praktiken im Volk gebannt war.

Die Reformatoren begegneten dem zwischen 1480 und 1520 einem Höhepunkt zustrebenden Bilderschaffen mit Zurückhaltung bzw. Kritik.[123] Luther kritisierte rechtfertigungstheologisch primär den Einsatz von Bildern als gutes Werk (in Form von Stiftungen),[124] war sich aber ihrer päda-

---

118. Volp, Liturgik 1, 410.
119. S. ausführlicher Angenendt, Geschichte, 371-373.
120. S. T. Nikolaou, Die Ikonenverehrung als Beispiel ostkirchlicher Theologie und Frömmigkeit nach Johannes von Damaskos, in: OstKSt 25 (1976), 151 f.
121. Angenendt, Geschichte, 372.
122. So knapp systematisierend nach W. v. Loewenich, Bilder V/2. Im Westen, in: TRE 6 (1980), 544.
123. S. immer noch H. v. Campenhausen, Die Bilderfrage in der Reformationszeit, in: ZKG 68 (1957), 96-128; M. Stirn, Die Bilderfrage in der Reformation, Heidelberg 1977.
124. W. v. Loewenich, Martin Luther. Der Mann und das Werk, München 1982, 212.

gogischen Bedeutung bewusst. Dementsprechend findet sich im Dekalog des Kleinen Katechismus keine Erwähnung des Bilderverbots. Die Schweizer Reformatoren lehnten dagegen Bilder in der Kirche ab, was dann auch zu Bilderstürmen führte. Sie behielten im Unterricht das Bilderverbot als zweites Gebot bei.

Im Tridentinischen Konzil war man bemüht, Missbräuche im Umgang mit Bildern abzustellen. Als Folge wurde jetzt erstmals zwischen profanen und heiligen Bildern, die dem liturgischen Bereich zugewiesen waren, unterschieden.[125] Damit begann eine Entwicklung, die zur Autonomie der Kunst von der Liturgie führte. Ein Endpunkt ist im 20. Jahrhundert, dass auch religiöse Themen für den säkularen Kunstbetrieb bearbeitet werden, ohne jeden Bezug auf den liturgischen Vollzug.

Hierdurch kam es zu einer für Gottesdienst wichtigen Verschiebung, die Volp folgendermaßen charakterisiert: »In dem Maße …, in dem sich die Kunst außerhalb der Kirche etablierte, gewann sie an theologischer Substanz und eigenständiger religiöser Qualität, die dem gottesdienstlichen Leben verlorenging.«[126] Er selbst macht aber zugleich auf die in dieser Entwicklung liegende *Ausweitung des gottesdienstlichen Bereichs* aufmerksam, indem er angesichts der »hohe(n) Thematik religiöser Fragen in der heutigen Bildproduktion« fordert, »selbst Museen als Kultorte und Vernissagen als Liturgien zu sehen«.[127]

(2) Eine spezifisch religiöse Form der bildenden Kunst entwickelte sich angesichts der Aufgabe, die Gewänder der liturgisch Leitenden sowie die textile Ausschmückung des Kirchenraums zu gestalten. Sie führte zur *Paramentik*.

Da sich die farblichen Gestaltungen an der jeweiligen Kirchenjahreszeit orientieren, zeigt sich hier der kaum trennbare Zusammenhang von Raum und Zeit in liturgischer Hinsicht.

Ursprünglich gab es in christlichen Gemeinden – entsprechend dem Fehlen eines kultischen Priesters – keine besonderen liturgischen Gewänder.[128] Doch besuchte man gewiss die Gemeindezusammenkunft in festlicher Klei-

---

125. Volp, Liturgik 1, 478.
126. Ebd. 481; allerdings verwendet hier Volp den Begriff des »Gottesdienstlichen« im engeren liturgischen, also auf den Kult bezogenen Verständnis.
127. Ebd. 500.
128. S. zum Folgenden ausführlicher: R. Berger, Liturgische Gewänder und Insignien (GdK 3), Regensburg 1987, 309-346; A. C. Piepkorn, Die liturgischen Gewänder in der lutherischen Kirche seit 1555, Lüdenscheid ²1987.

dung. Zu besonderen Anlässen, vor allem zur Taufe, bürgerte sich früh eine eigene (weiße) Gewandung ein.

Im 4. Jahrhundert begegnet erstmals eine kleidungsmäßige Differenzierung in der Gemeinde. Die Bischöfe erhielten als Zeichen ihrer Würde vom Kaiser bzw. unter dessen Duldung die Insignien und Kleider, die sonst hohen Staatsbeamten vorbehalten waren.

Noch in der Karolingerzeit finden sich Zeugnisse für das Wissen darum, dass die Priester ursprünglich im Alltagsgewand den Gottesdienst leiteten.

Eine eigene *Kleidung der Kleriker*[129] entstand erst durch einen tiefgreifenden Modewechsel im Gefolge der germanischen Völkerwanderung. Die ursprünglich römische Kleidung – Tunica (ein langes, leinenes Untergewand mit langen Ärmeln) und ein Übergewand (toga, dalmatica, paenula), das nach Rang und Mode variierte – wurde durch die germanischen Hosen verdrängt. Die Kleriker, bei denen sich damals ein besonderes Standesbewusstsein etablierte, machten diesen Modewechsel jedoch nicht mit.

Die liturgische Grundkleidung wurde ein bis zu den Knöcheln reichendes Gewand, die Albe (lateinisch albus: weiß, festlich). Der Chorrock ist hiervon eine kurze Form, die die Albe bei bestimmten Gelegenheiten ersetzen konnte. Als Farbe bevorzugte man – wohl entsprechend neutestamentlicher Vorbilder – Weiß. Eine eigene Segnung betonte ab dem 9. Jahrhundert die sakrale Bedeutung der liturgischen Kleidung.

Die weitere Entwicklung ging dann durch den größer und prunkvoller werdenden Zierrat vor allem auf dem Obergewand vom eigentlichen Kleidungsstück zum sog. Ornat. Dabei dienten einzelne Varianten der Kennzeichnung unterschiedlicher Klerikerränge (Rangkleidung). Von Anfang an spielte die Stola (früher: Orarium) eine besondere Rolle bei der Hervorhebung der Priester gegenüber den anderen liturgisch Agierenden. Sie ist ursprünglich ein im Bereich der staatlichen Hierarchie verwendetes Stoffstück, das um den Hals gelegt wird, und im kirchlichen Bereich – differenziert durch Breite, Drapierung usw. – den jeweiligen Weihegrad anzeigt. Vielfältig war die stoffliche und farbliche Gestaltung der liturgischen Kleidung. Erst im 19. Jahrhundert setzte sich in der römischen Kirche eine auf Überlegungen von Papst Innozenz III. (1198-1216) basierende Farbregelung durch.

---

129. S. nach wie vor grundlegend J. Braun, Die liturgische Gewandung im Occident und Orient. Nach Ursprung und Entwicklung, Verwendung und Symbolik, Freiburg 1907 (Neudruck: Darmstadt 1964).

Innozenz III. hatte in seinem Traktat »De servo altaris mysterio libri sex« eine systematische Farbliste rezipiert:

»Weiße Paramente braucht man zu den Festen Christi und Mariä, der Engel, der Geburt Johannes d. T., aller Bekenner und Jungfrauen, Allerheiligen, Bekehrung Pauli und Petri Stuhlfeier.

Rote Paramente (mit Neben-F. ›coccineus‹, also orangerot) verwendet man zu Pfingsten, den Festen des hl. Kreuzes (wahlweise Weiß), den Festen der Apostel und aller Märtyrer und Märtyrerinnen.

Schwarze Paramente beherrschen die Bußzeiten: Advent und Fasten, Karfreitag, außerdem das Totenofficium; die Neben-F. Violett kommt nur zum Fest der Unschuldigen Kinder und am Sonntag Laetare vor.

Grün schließlich (mit seiner Neben-F. Gelb) kennzeichnet alle festlosen Tage des Kirchenjahres.«[130]

Das Missale Romanum (1570) nahm hiervon Weiß, Rot und Grün (allerdings nicht die Nebenfarbe Gelb) auf. Violett und Schwarz traten als getrennte Farben hinzu.

In der Reformation lehnte Zwingli eine besondere liturgische Kleidung ab, Luther dagegen zählte diese Frage zu den Adiaphora. Er selbst trat seit 1524 auf die Kanzel mit der schwarzen Schaube, einem vor allem in Gelehrtenkreisen üblichen weltlichen Kleidungsstück. Das Abendmahl teilte er zeitlebens im Messgewand aus. Entsprechend dieser offenen Haltung gibt es bis heute in den verschiedenen lutherischen Kirchen und Gemeinden sehr unterschiedliche liturgische Gewänder. Bis ins 19. Jahrhundert hinein trugen auch in Deutschland lutherische Pfarrer das Messgewand (Kasel).[131] Erst die königliche Verordnung von Friedrich Wilhelm III. von Preußen (vom 1.1.1811), die in Preußen den schwarzen Talar einführte, ergab im Lauf der Zeit eine Vereinheitlichung im deutschen Protestantismus.

Der Siegeszug von Schwarz als Farbe des liturgischen Gewandes hatte in dieser Zeit verschiedene Gründe: »Schwarz war ... zweifellos eine beliebte Fest-, Würde- und Repräsentations-F. der Barockzeit geworden, sowohl in der Kleidung wie auch in der Raumausstattung ... In bürgerlichen Kreisen verband sich damit standesbewußte und gepflegte Seriosität nach dem Vorbild schwarz gekleideter Gelehrter und Beamter. Die Alltagstracht der Geistlichen war schwarz. Man hat weiter an die Verarmung durch den Dreißigjährigen Krieg erinnert, die die Beschränkung der Kirchenausstattung und die Notwendigkeit einer Allzweck-F. herbeiführte. ... Tatsächlich dürften neben den praktischen, wirtschaftlichen, geschmacklichen, kultu-

---

130. R. Kroos, F. Kobler, Farbe, liturgisch (in römisch-katholischer Kirche), in: RDK 7 (1981), 61 f.
131. Allerdings waren in einzelnen Gegenden – z.T. aus Armut (etwa in der Zeit des Dreißigjährigen Kriegs) – schon seit langem keine Messgewänder mehr vorhanden.

rellen und allgemein zeitgeschichtlichen wohl auch psychologische Gründe für die entstehende kirchliche Bevorzugung von Schwarz maßgebend gewesen sein. Schon im 17. Jh. bahnte sich ein Stimmungsumschwung im religiösen Bewußtsein an, wie er in Kirchenliedern und in der Andachtsliteratur zum Ausdruck kommt. Eine individuelle, ja subjektive Passionsfrömmigkeit stellte den leidenden und sterbenden Christus mehr als den auferstandenen in den Mittelpunkt. ... Damit legten sich wohl auch der Verzicht auf bunte und die Bevorzugung dunkler Buß- und Trauer-F. nahe, zumal das dem Feier-Stil und der Statuspflege der Zeit entgegenkam.«[132]

Farbpsychologisch und religionsphänomenologisch besagt Schwarz aber etwas anderes. Psychologisch gesehen ist Schwarz, wie das auch in der erwähnten Farbskala Innozenz III. zum Ausdruck kommt, die Farbe der Trauer, religionsphänomenologisch die »Zauber- und Totenfarbe«. Schwarz wird »besonders gebraucht in Zauberhandlungen, welche das Licht des Tages scheuen ... Schwarz werden die Totengeister und der Teufel vorgestellt, schwarz ist die Farbe der Opfer an die Unterweltsgötter.«[133]

Die Paramentik als Bekleidung von Gegenständen im Gottesdienstraum,[134] vor allem Kanzel, Ambo und Altar, aber auch der Wände, bekam im deutschsprachigen evangelischen Bereich durch Wilhelm Löhe einen Aufschwung, der in der textilen Fertigung – neben der Armenpflege – eine gute Ausdrucksmöglichkeit weiblicher Spiritualität sah und in Neuendettelsau eine entsprechende Tätigkeit bei den Diakonissen initiierte. In letzter Zeit wurde anhand der Fastentücher auf volkstümliche Formen der Paramentik im weiteren Sinne aufmerksam gemacht.[135]

3.3.2 Auch die Integration von Musik *und Klang in die Gemeindezusammenkunft bzw. den christlichen Gottesdienst verlief nicht problemfrei.*[136] Von Anfang an wurde – in Fortsetzung der jüdischen und synagogalen Tradition – in den christlichen Gottesdiensten gesungen (s. z.B. Kol 3,16 par.). Dagegen galten anfangs[137] – in Abgrenzung zu heidnischen, teilweise ekstati-

---

132. K. Goldammer, Farbe, liturgisch (im Protestantismus), in: RDK 7 (1981), 133.
133. Heiler, Erscheinungsformen, 125.
134. S. grundlegend I. v. Schulenburg, Hg., Grundfragen evangelischer Paramentik, Kassel 1955; Chr. Rietschel, Paramente und Geräte des evangelischen Gottesdienstes, Gütersloh 1968.
135. R. Sörries, Die alpenländischen Fastentücher, Klagenfurt 1988.
136. S. als Überblick mit reichen Literaturverweisen D. Schuberth, Kirchenmusik, in: TRE 18 (1989), 649-662.
137. Zumindest gibt es – im Gegensatz zur im Alten Testament vielfach bezeugten Verwendung unterschiedlichster Instrumente – keine Zeugnisse für Instrumentengebrauch in der Alten Kirche.

schen Kulten und zum Kaiserkult – Instrumente als heidnisch, vielleicht auch wegen ihrer Verwendung bei der Folter und Hinrichtung von Christen.

»Ein nordafrikanisches Fußbodenmosaik zeigt zum Beispiel, wie eine Hinrichtung (von Christen?) durch Raubtiere musikalisch von Orgel, Trompeten und Hörnern begleitet wird.«[138]

Die orthodoxen Kirchen bleiben bis heute beim frühchristlichen Instrumentenverbot und pflegen im Gottesdienst nur den Gesang. Auch im Westen dominierte bis weit ins Mittelalter hinein der Gesang, wobei sich etwa der sog. gregorianische Gesang (cantus choralis), ein unbegleiteter, einstimmiger Gesang, zur eigenen Kunstform entwickelte, die bis heute Menschen beeindruckt. Hinsichtlich der Texte des im Gottesdienst Gesungenen gab es ebenfalls wiederholt Auseinandersetzungen. So führten schon in der Alten Kirche Hymnen häretischer Gruppierungen zu zeitweiligem Verbot nichtbiblischer (bzw. nichtliturgischer) Gesänge.

Im Weiteren verbreiteten sich jedoch – nach dem Geschenk einer Orgel 757 an Pippin I. durch den Kaiser Konstantin V. Kopronymos – zwischen 1000 und 1800 die Orgeln, so dass mittlerweile fast jede Kirche in Mitteleuropa eine Orgel hat.[139] Dieses ursprünglich als heidnisch abgelehnte Instrument fand seinen Eingang in den Gottesdienst also über das höfische Zeremoniell, etwa nach dem Analogieschluss, »daß dem Herrn aller Herren das billig zuerkannt werden muß, was dem irdischen Kaiser recht ist«.[140] Dabei ist aber zu beachten, dass die ersten Orgeln einen sehr geringen Tonumfang hatten, teilweise etwa nur zehn Tasten umfassten. Erst im 17. Jahrhundert wurde es allmählich üblich, mit der jetzt besser ausgestatteten Orgel den Gemeindegesang zu begleiten.

Ebenfalls nur langsam setzten sich die Glocken, ursprünglich gleichermaßen als heidnisch abgelehnt, durch.[141]

Nicht zuletzt wohl wegen der persönlichen Musikalität Luthers[142] erlebte die Kirchenmusik in den in seiner theologischen Tradition stehenden Kirchen eine Blüte. Vor allem das von ihm geförderte Kirchenlied begünstigte wesentlich die Ausbreitung der Reformation. In der Instrumentalmusik stellte das wesentlich durch die reformatorische Theologie geprägte Werk

---

138. Albrecht, Musik, 513.
139. S. genauer, mit zahlreichen weiterführenden Literaturangaben H. M. Balz, Orgel, in: TRE 25 (1995), 390-396.
140. Albrecht, Musik, 519.
141. S. sehr übersichtlich zu Geschichte und Funktion des Glockenwesens Chr. Mahrenholz, Glocken I. Geschichtlich, in: ³RGG 2 (1958), 1621 ff.
142. S. immer noch W. Blankenburg, Luther und die Musik, in: Luther 28 (1957), 14-27.

Johann Sebastian Bachs[143] einen Höhepunkt dar, das aber zugleich über den Gottesdienst hinaus wies. Schon seine Passionen, für den liturgischen Gebrauch komponiert, überschritten die übliche Zeitdauer erheblich. Im Weiteren trat zunehmend die konzertante Aufführung an die Stelle der Musik im Gottesdienst. Allerdings wurde damit nur ein sich schon seit Jahrhunderten anbahnender Differenzierungsprozess offenkundig. Bereits im 13. Jahrhundert war durch die Motetten eine nicht mehr mit der Messe verbundene Musikgattung aufgekommen.

In diesem Zusammenhang weist Helmut Hucke auf das vor 1291 von Wilhelm Durandus d. J. verfasste »Rationale divinorum officiorum« hin, nach dem die von der Schola gesungenen Texte des Ordinarium missae zugleich von den Cappelani des Papstes gelesen werden müssen.[144]

Auf jeden Fall verliert im 18. Jahrhundert der Gottesdienst an Bedeutung auch für die Musikschaffenden, die sich religiösen Themen und Fragen zuwandten. Oskar Söhngen, der sich wohl im 20. Jahrhundert am intensivsten mit der Frage nach einer Theologie der Musik beschäftigende Gelehrte, notierte: »Mit den Abendmusiken Dietrich Buxtehudes († 1707) in der Lübecker Marienkirche wurde erstmals der Raum des Gottesdienstes verlassen und die Scheidung zwischen subjektiv betonter ›geistlicher Musik‹ und liturgiegebundener Kirchenmusik zum musikgeschichtlichen Ereignis.«[145] Die Wiederentdeckung des fast vergessenen Vokalschaffens Bachs im 19. Jahrhundert findet dann nicht mehr in der Kirche, sondern im Konzertsaal statt. Etwa parallel zur Entwicklung im Bereich der Bildenden Kunst vollzog sich in der Musik damit ebenfalls eine Entfernung von der Liturgie, die von einem weiten Gottesdienstverständnis allerdings auch als Ausweitung des gottesdienstlichen Bereichs interpretiert werden kann.

In den zwanziger Jahren des 20. Jahrhundert kam es dann zu musikalischen »Bewegungen«, zur Singebewegung und zur Orgelbewegung, die wichtige Impulse für die weitere kompositorische Arbeit im Bereich der »geistlichen Musik« gaben.[146] Insgesamt bestehen aber die grundsätzlichen

143. S. z. B. die Studie von G. Simpfendörfer, »Jesu, ach so komm zu mir«. Johann Sebastian Bachs Frömmigkeit im Spiegel seiner Kantaten, Berlin 1994.
144. H. Hucke, Geschichtlicher Überblick (GdK 3), Regensburg 1987, 151.
145. O. Söhngen, Was heißt »evangelische Kirchenmusik«? Methodologische Überlegungen zur Kirchenmusik-Geschichtsschreibung, in: ders., Musica sacra zwischen gestern und morgen, Göttingen 1979 (Erstveröffentlichung 1967), 57.
146. S. weit über die historische Rekonstruktion auf grundsätzliche systematische Verhältnisbestimmungen hinausgreifend G. A. Krieg, Die gottesdienstliche Musik als theologisches Problem. Dargestellt an der kirchenmusikalischen Erneuerung nach dem ersten Weltkrieg, Göttingen 1990.

Fragen nach einer angemessenen Verhältnisbestimmung zwischen Gottesdienst und Musik weiter, die einerseits die Musik nicht instrumentalisiert und andererseits an der Christuszentrierung christlichen Gottesdienstes festhält.[147]

Doch bewahrte die bis ins 20. Jahrhundert hinein übliche Personalunion von Kantor und Lehrer – in modifizierter Form in der DDR als Kantorkatechet präsent – eine Verbindung zwischen gottesdienstlicher Musik und allgemeiner musikalischer Erziehung in der Schule (bzw. in der DDR in der Gemeinde). Inzwischen ist diese Verbindung weithin verloren gegangen.

In der römisch-katholischen Kirche wurde zwar zum einen in der Enzyklika Pius XII. »Musicae Sacrae disciplina« (25.12.1955) die Musik der Liturgie untergeordnet, doch für die Gemeinden war die Stärkung des Gemeindegesangs wichtiger, wie sie etwa in der Liturgiekonstitution des II. Vaticanum formuliert wurde:

»Nichts ist feierlicher und schöner in den heiligen Feiern, als wenn eine ganze Gemeinde ihren Glauben und ihre Frömmigkeit singend ausdrückt.«

Dabei wird zwar dem Gregorianischen Choral als dem »der römischen Liturgie eigenen Gesang« Priorität eingeräumt, zugleich aber auch die Mehrstimmigkeit zugelassen (SC 116).

3.3.3 Abschließend sei noch kurz auf eine Ausdrucksform hingewiesen, die verschiedentlich in der Liturgiegeschichte begegnet, ohne dass sie sich umfassend durchsetzen konnte, nämlich den *Tanz*. Er ist die komplexeste und umfassendste Form menschlicher Bewegung und findet sich in den verschiedensten Kulten. Dabei reicht er vom streng geregelten Ablauf bis zum ekstatischen Ausdruck. Seine Stellung in der christlichen Liturgie war von alters her umstritten. Ähnlich wie bei der Musik stellen sich auch hier Probleme mit einer genauen Begriffsbestimmung.

Teresa Berger unterscheidet den »Sakraltanz« als »einen kultisch gebundenen Tanz mit rituellem Charakter (ohne oder mit magischer Funktion)«, den »religiösen Tanz« als »einen Tanz, der mit religiösen Festen oder Praktiken zusammenhängt, aber keinen kultischen Charakter hat« und den »liturgischen Tanz« als »den leibhaftigen Ausdruck von Glaubensvollzügen durch und in Bewegung im gottesdienstlichen Rahmen«.[148]

---

147. S. neben Krieg Chr. Krummacher, Musik als praxis pietatis. Zum Selbstverständnis evangelischer Kirchenmusik, Göttingen 1994; zur speziellen Frage nach dem Kirchenlied s. die Studie von U. Lieberknecht, Gemeindelieder. Probleme und Chancen einer kirchlichen Lebensäußerung, Göttingen 1994.
148. T. Berger, Liturgie und Tanz. Anthropologische Aspekte, historische Daten, theologische Perspektiven, St. Ottilien 1985, 13.

Es ist unstrittig, dass die Kirchenväter Gegner der Tanzes in der Gemeindezusammenkunft waren.[149] Durch entsprechendes Verbot sollten aus anderen Kulten bekannte Ausschweifungen verhindert werden und zugleich eine deutliche Grenze zu Heidentum und häretischen Gruppierungen gezogen werden. Doch zeigt die Tatsache, dass solche Verbote immer wieder von neuem ausgesprochen werden mussten: Offensichtlich brach der – schon genannte – Zusammenhang von Musik und Bewegung immer wieder auch im christlichen Gottesdienst durch. Ronald Sequeira vermutet, dass erst ab dem 17. Jahrhundert der liturgische Tanz im christlichen Abendland verlorenging.[150]

Eine vertiefte Beschäftigung mit der Gebärdensprache, aber auch mit andersreligiöser Tanzkultur, vor allem des Hinduismus, sowie Impulse aus der Frauenbewegung führten im 20. Jahrhundert zu einer Neuentdeckung des liturgischen Tanzes.[151] Besonders Erfahrungen aus Afrika und Asien, wo Tanzen im Kult traditionell üblich ist, geben für Europa Anregungen.

3.4 Heutige Probleme und Lösungsversuche

Die Berücksichtigung der Sinne und vielfältigen Ausdrucksmöglichkeiten ist nach wie vor ein Desiderat in vielen evangelischen Gottesdiensten. Hier kann ein Blick in die Liturgiegeschichte und die Tradition anderer Kirchen eine wichtige Bereicherung darstellen. Allerdings treten bei einem Bemühen um entsprechende Korrekturen auch neue Probleme auf, die der theologischen Klärung bedürfen.

Auf Schwierigkeiten, die in der heutigen kulturellen Situation begründet sind, machen dann Konkretisierungsversuche aufmerksam. Es ist angesichts der Differenzierung alltagsästhetischer Schemata kaum mehr möglich, eine alle Milieus und Altersgruppen umspannende Liturgie zu erstellen.

Eine theoretische Basis für eine Einbeziehung sinnlicher Wahrnehmungen und Ausdruckshandlungen in die Liturgie stellt die Rezeption von Ritualtheorien dar.

149. S. C. Andresen, Altchristliche Kritik am Tanz – ein Ausschnitt aus dem Kampf der alten Kirche gegen heidnische Sitte, in: ZKG 72 (1961), 217-262.
150. Sequeira, Liturgie, 103; vgl. auch den interessanten Hinweis von Berger, Liturgie und Tanz, 30, darauf, dass bis etwa 1700 in Deutschland teilweise »Dekan und Professoren einer theologischen Fakultät bei einer Promotion einen Tanz um den neuen Doctor Theologiae aufführten«.
151. S. z. B. G. Wosien, Sakraler Tanz, München 1988; ders., Tanz als Gebet, Linz 1990; ders., Tanz-Symbole in Bewegung, Linz 1995. Vgl. die klug abwägenden Überlegungen von V. Saftien, in: BThZ 8 (1991), 2-18; nachdrücklich für den Tanz im Gottesdienst plädiert Wenz, Körpersprache, 100-108.

3.4.1 Nachdem lange Zeit in der evangelischen Liturgik die menschlichen Sinne und Ausdrucksmöglichkeiten als lediglich »Äußeres« abqualifiziert wurden, hat sich in der liturgischen Praxis vieler Gemeinden jedenfalls teilweise ein grundlegender Wandel vollzogen.

Vor allem in Gottesdiensten, die zielgerichtet auf Kinder oder auch Jugendliche hin gestaltet sind, werden bewusst die verschiedenen Sinne angesprochen und Möglichkeiten zu einer Partizipation durch unterschiedliche Gebärden und andere Ausdrucksformen eröffnet. Diese Entwicklung ist aus theologischen und kommunikationstheoretischen Gründen nachdrücklich zu begrüßen. Ein Blick in die Liturgiegeschichte und heute in die Ökumene zeigt, dass dadurch traditionelle liturgische Gestaltungsformen wiedergewonnen werden, die vor allem in der Aufklärungszeit verlorengegangen waren. Von daher ist es wünschenswert, dass auch im regelmäßigen Gottesdienst am Sonntagmorgen solche Formen stärker als bisher Berücksichtigung finden.

Allerdings ist bei allem Bemühen um sinnlich ansprechendere und ausdrucksstärkere Gottesdienste darauf zu achten, dass dabei die Zentrierung christlichen Gottesdienstes auf Jesus Christus hinreichend Beachtung findet. Wie erwähnt ist biblisch gesehen die Participatio der Getauften an Jesus Christus grundlegend für christlichen Gottesdienst, der dann in der Liturgie seine expressive Gestalt findet. Erst davon abgeleitet bekommt die Gemeinschaft der Gemeindeglieder untereinander Bedeutung.

3.4.2 Zugleich ist vom Gesichtspunkt des Alltagsbezugs der Liturgie her, wie er von Paulus in Röm 12,1f. programmatisch formuliert wurde, auf die *Auswahl der* entsprechenden *Ausdrucksformen* zu achten. Hier kann ein Blick in die Alte Kirche weiterhelfen. Ein wichtiges Kriterium war dort offensichtlich, welchen Gebrauch mögliche Ausdrucksmittel (wie etwa Musikinstrumente) im sonstigen Leben fanden. Gewiss haben sich die in der ersten Zeit eher auf Abgrenzung vom Heidentum bedachten Ausschlüsse von instrumentaler Musik und vielleicht auch von Tanz im Laufe der Zeit zu Recht aufgeweicht, als sich der kulturelle und gesellschaftliche Kontext änderte. Entsprechend der zunehmenden Prägung der Kultur durch christliche Impulse ging die Gefahr eines Missverstehens oder einer Irritation einzelner Gemeindeglieder zurück. Allerdings ist die Grenze zu ekstatischen Vollzügen nie vollständig gefallen. Das von Paulus in der konkreten Auseinandersetzung mit enthusiastischen Praktiken in Korinth entwickelte Kriterium der Verständlichkeit steht dem entgegen. Deshalb ist es bedenklich, wenn gegenwärtige Vorstöße auf der theoretischen Ebene unter Rückgriff auf religionsphänomenologische Befunde unbefangen Begriffe wie

»Trance« oder »Ekstase« in die liturgische Diskussion einführen.[152] Werden dabei nicht die Grenzen christlichen Gottesdienstes verlassen bzw. letztlich neue Wege zu heidnischen Kulten gebahnt?

3.4.3 Hier ist theologisch daran zu erinnern, dass bei aller schöpfungstheologischer Bedeutung der Sinne und Ausdrucksformen doch auch ein *eschatologischer Vorbehalt* zu berücksichtigen ist. Albrecht Grözinger, der – wie erwähnt – sich um die Wiederentdeckung der ästhetischen Dimension in der Praktischen Theologie verdient gemacht hat, weist darauf nachdrücklich z. B. bei der Exegese der Erzählung von den Emmaus-Jüngern hin: »Das Sehen zieht sogleich wieder das Nicht-Sehen nach sich ... Das Sehen begründet ... keine Verfügungsgewalt über den Gesehenen. Sehen macht eindeutig, ohne dem Sehenden die Herrschaft darüber einzuräumen.«[153] So ist in liturgischem Zusammenhang das Ineinander von Gottes Erscheinung und Verborgenheit gegenüber menschlichen Wahrnehmungs- und Ausdrucksmöglichkeiten zu beachten. Auch eine die Sinne und Ausdrucksmöglichkeiten bewusst einbeziehende Liturgie kommt nicht über den in der Offenbarung Gottes begründeten eschatologischen Vorbehalt hinaus, den Paulus in 1 Kor 13,12 (nach der Übersetzung Luthers) folgendermaßen formulierte: »Wir sehen jetzt durch einen Spiegel in einem dunklen Wort (wörtlich: Rätsel, C. G.); dann aber von Angesicht zu Angesicht.«

3.4.4 Diese für liturgische Gestaltung grundlegende Einsicht kann theologisch auch die Schwierigkeiten bei der konkreten liturgischen Gestaltung auf Grund der ästhetischen Differenzierung im Bereich der Milieus relativieren. Wie erwähnt konnte der Kultursoziologe Gerhard Schulze in einer empirischen Untersuchung fünf Milieus herausarbeiten, die sich nicht zuletzt durch unterschiedliche ästhetische Vorlieben und differente Ausdrucksweise profilieren lassen. In der Diskussion um sog. Gottesdienste in neuer Form begegnet diese Differenzierung vor allem in den teilweise vehement geführten Diskussionen um die Musikart im Gottesdienst. Was für die Ohren des einen eine Wohltat ist, ist für eine andere kaum erträglich. Grundsätzlich gesehen steht hier christliche Gemeinde vor der schwierigen Aufgabe, in einer sich zunehmend in Lebensstilen ausdifferenzierenden Gesellschaft Räume und Zeiten zu schaffen, die für alle offen sind und in de-

---

152. Vgl. hierzu vor allem die pastoraltheologischen Überlegungen von M. Josuttis, Die Einführung in das Leben, Gütersloh 1996.
153. Grözinger, Theologie, 102.

nen zur Darstellung kommen kann, dass sich Gemeinde aus allen Getauften (und auch den zur Taufe Eingeladenen) aufbaut. Wie noch im dritten Teil deutlicher gezeigt wird, scheint der Biographiebezug eines Gottesdienstes die gemeinsame Feier zu erleichtern. Der eben genannte eschatologische Vorbehalt gegenüber dem liturgischen Handeln könnte die Bereitschaft zu ästhetischen Kompromissen vergrößern.

3.4.5 Es ist eine wichtige Aufgabe liturgischer Theorie, die sich der Bedeutung sinnlicher Wahrnehmung und verschiedener Ausdruckshandlungen für jede, also auch die liturgische Kommunikation bewusst ist, einen kommunikationstheoretischen Rahmen für die liturgische Gestaltung zu erarbeiten. Dieser muss gleichermaßen den eschatologischen Vorbehalt wie auch die Integrationsaufgabe berücksichtigen. Genau dieses leistet das Verständnis der Liturgie als Ritual und der liturgischen Kommunikation als einer symbolischen. Sie eröffnet einen entsprechenden theoretischen Rahmen.

Vor allem Werner Jetter wies auf die *integrative Kraft von Symbolen* hin, insofern diese zwar einen eindeutigen Richtungssinn haben, innerhalb dessen aber für unterschiedliche Interpretationen offen sind: »Symbole haben Brückenfunktion auf der Grenze. Sie dienen aber dort primär der Grenzüberschreitung, und erst dann auch der Grenzziehung. ... Sie gehören der Ausdrucksprache zu und stehen nicht unter dem Gesetz größtmöglicher begrifflicher Exaktheit. Sie sind gerade so Medien der Annäherung an Erfahrungen.«[154] Denn: »Symbolisierung ist also die ›Sprache‹, die etwas Gegebenes nicht ausdeutet, sondern zur Andeutung macht, es nicht abgrenzt, sondern in seinem Verweisungscharakter aufschließt, es zeigen läßt, daß mehr im Kommen und zu erwarten ist, als sich schon zeigt.«[155] Dazu vermutet Jetter: »Diese beiden Elemente, die stärkere, in die psychischen Bereiche hineinreichende existentielle Inanspruchnahme, und die stärkere Herausforderung der interpretativen Eigentätigkeit, die Gewährung eines freieren Spielraums für diese, sind wohl die Hauptwurzeln der integrativen Kraft der Symbole.«[156]

Zugleich betont er aber die Zweischneidigkeit symbolischer Kommunikation, insofern hier die Integration mit einer Undeutlichkeit bezahlt wird, die den zentralen Inhalt christlichen Glaubens, nämlich Jesus Christus, wo-

---

154. W. Jetter, Symbol und Ritual. Anthropologische Elemente im Gottesdienst, Göttingen 1978, 72.
155. Ebd. 78.
156. Ebd. 76.

zu auch dessen irdisches Wirken gehört, gefährden kann. Insofern ist darauf zu achten, dass im Gottesdienst immer wieder auch Raum für diskursive, also eher abgrenzende als integrierende Sprache bleibt.[157]

---

157. Ebd. 78f.

3. Teil: Evangelische Gottesdienste
in Deutschland –
Bestand und Innovationen

Es ist eine kaum beachtete Frage, an welchem Punkt die Erneuerung evangelischer Gottesdienste am besten einsetzen soll. Aus den vorhergehenden Überlegungen wurde die fundamentale Bedeutung der Zeit-Rhythmen für die liturgische Partizipation deutlich. Deshalb will ich an diesem Punkt ansetzen und die gegenwärtige liturgische Situation unter handlungsorientierender Perspektive von hier aus analysieren.

Nach wie vor scheint es fast selbstverständlich, vom sonntäglichen Gottesdienst auszugehen. Dafür spricht die kulturelle Bedeutung des Sonntags und dessen ökumenisches Ansehen, bis hin zur römisch-katholischen Sonntagspflicht. Vor allem die theologische Bestimmung des Sonntags als Herrentag, also der Christusbezug, legt die liturgische Zentralstellung der gemeindlichen Zusammenkunft am Sonntag nahe. Allerdings kann hier schon kritisch gefragt werden, ob dies den meisten Menschen in Deutschland noch bewusst ist. In eine andere Richtung weisen die in Kap. 5 skizzierten Veränderungen des Zeit-Rhythmus, vor allem das Eingehen des Sonntags in das Wochenende, sowie die im Zuge der Individualisierung zunehmende Bedeutung der Biographie Einzelner und damit der für sie jeweils wichtigen Ereignisse mit individuell verschiedenen Rhythmen. Die Tatsache, dass für die liturgische Praxis der meisten Evangelischen nicht mehr der Gottesdienst am Sonntagmorgen der wichtigste Bezugspunkt ist, macht nachdenklich. So steht eine beim sonntäglichen Gottesdienst ansetzende Reformbemühung in der Gefahr, primär auf einen kleinen Teil der Kirchenmitglieder ausgerichtet zu sein.

Dieses Problem umgeht ein Ansatz bei den Kasualien, also den liturgischen Feiern am Übergang im Lebenslauf. Der Biographiebezug ist hier konstitutiv, vor allem vermittelt über den nach wie vor für die meisten Menschen bestimmenden Bezug zur Familie. Allerdings ist theologisch fraglich, ob nicht in der Praxis zu oft der Christusbezug zurückzutreten droht. Das biographiebezogene Anknüpfen an sozialen und biologischen Veränderungen rückt häufig den Bezug zum Schöpfergott in den Mittelpunkt liturgischer Gestaltung, eine aus den biblischen Perspektiven zum Gottesdienst gesehen nicht unproblematische Entwicklung. Dabei drohen nämlich aus der Christusbotschaft resultierende, nicht unmittelbar mit der Biographie Einzelner vermittelbare Inhalte christlichen Glaubens verloren zu gehen.[1]

Theologisch zentral wäre – in Entsprechung zu der Einsicht des II. Vaticanum (SC 5) in die Bedeutung des Pascha-Mysteriums – der Einsatz

---

1. Vgl. R. Preul, Kommunikation des Evangeliums unter den Bedingungen der Mediengesellschaft, in: ders., R. Schmidt-Rost, Hg., Kirche und Medien, Gütersloh 2000, 35 f.

grundlegender liturgischer Besinnung bei der Osternachtfeier (Ostervigil) als der liturgischen Begehung der Grundlage christlichen Glaubens, des Oster-Geheimnisses (Pascha-Mysterium). Allerdings ist dieser Gottesdienst in der westlichen Liturgie im Mittelalter vor allem durch seine zeitliche Verschiebung auf den Morgen des Karsamstags weitgehend bedeutungslos geworden. Seine Neuentdeckung als Gottesdienst in der Osternacht im Laufe des 20. Jahrhunderts[2] erfasst zwar erfreulicherweise immer mehr evangelische Gemeinden, ist aber noch weit davon entfernt, zu einer allgemein üblichen, von einer großen Zahl gefeierten Zusammenkunft zu werden. Deshalb wäre zu befürchten, dass ein Ausgangspunkt hier die Tendenz hätte, die liturgische Partizipation einer insgesamt eher kleinen Zahl überzubewerten.

Allerdings kann theologisch der durch den Christusbezug gebotene Ansatz beim Ostergeschehen in einer biographiebezogenen Transformation dadurch gewahrt werden, dass der *Taufgottesdienst* den Ausgangspunkt bildet. Er *entspricht in vollem Umfang und gleichermaßen den beiden für gegenwärtige liturgische Gestaltung grundlegenden Kriterien, dem Christus- und dem Biographiebezug.* Die Taufe ist von ihrer Begründung, dem neutestamentlichen Zeugnis und ihren wesentlichen Inhalten her grundlegend auf Christus bezogen. In ihr ist der zentrale Inhalt christlichen Glaubens in einer den einzelnen Menschen zugewandten Form konkret präsent und erinnerbar. Dies scheint mir gegenwärtig angesichts des inhaltlich unbestimmten Erscheinungsbildes von Kirche und zugleich der Notwendigkeit deutlichen inhaltlichen Profils in einer pluralen und zunehmend durch nichtchristliche Konkurrenzen bestimmten Situation das wichtigste zu sein. Zugleich ist die Taufe aber, und dies dürfte ein wesentlicher Grund für ihre hohe Attraktivität sein, ein Akt an einem Individuum und damit in hohem Maße auf die Biographie des Einzelnen bezogen. Zumindest ist – bei entsprechender Gestaltung – ein solcher Biographiebezug unschwer möglich.

Die Erinnerung an weitere wichtige Kriterien für die liturgische Gestaltung, die in den vorausgehenden Kapiteln erarbeitet wurden, unterstreicht die liturgisch grundlegende Bedeutung der Taufe, z. B.:
– Die bei der Taufe notwendige Verwendung von Symbolen kann in der auf »Sicherheit« zielenden Risiko- und Erlebnisgesellschaft tiefere Schichten der Menschen erreichen als Worte.
– Taufe, im reformatorischen Sinn als ein das ganze Leben umspannender

---

2. S. knapp wichtige Stationen in der römisch-katholischen und den evangelischen Kirchen zusammenstellend H. Auf der Maur, Die Wiederentdeckung der Osternachtfeier in den abendländischen Kirchen des 20. Jahrhunderts, in: BiLi 60 (1987), 5-12.

Prozess verstanden, fordert eine enge Beziehung von liturgischem Akt und Alltag. Schon in der heute üblichen, sehr reduzierten Form der Taufpraxis ist der liturgische Akt durch das Taufgespräch, den Taufspruch und eventuell eine Taufkerze, bei entsprechender Ausrichtung auch durch die Konfirmandenarbeit mit dem sonstigen Leben der Tauffamilie bzw. des Täuflings verbunden.

– Die Taufe ermöglicht in vorzüglicher Weise durch die in ihrem Ablauf notwendigen Handgriffe und Zeichen eine aktive Partizipation von anderen als dem Pfarrer/der Pfarrerin, sei es bei der Vorstellung des Täuflings, dem Bringen und Einfüllen des Wassers, der Gestaltung der Taufkerze u. a. m.

– Bei der Taufe sind unterschiedliche Sinne und Ausdrucksmöglichkeiten beteiligt, bei Feier einer Taufeucharistie sogar der Geschmackssinn.

Zugleich weist diese Aufzählung darauf hin, dass die gottesdienstliche Bedeutung der Taufe eine Gestaltung erfordert, die sich der herausgearbeiteten Kriterien bewusst ist. Dies gilt vor allem für den über den einmaligen liturgischen Akt hinausreichenden, (im weiten Sinne) gottesdienstlichen Prozesscharakter und damit den Alltagsbezug der Taufe. Dass dabei auch die Feier der Osternacht in den Blick kommt, liegt in der Sachlogik der Taufe begründet, wie sie auf der Ebene der Gestaltung z. B. in der Transformation der Osterkerze zur Taufkerze sichtbar wird. Hier sind die erfreulichen, in vielen Kirchen zu beobachtenden Bemühungen um eine Erneuerung der Osternacht[3] aufzunehmen und weiterzuführen.

Allerdings muss darauf aufmerksam gemacht werden, dass dieser Einsatz bei der Taufe in einer gewissen Spannung zur Betonung der Eucharistie in der römisch-katholischen Liturgie nach dem II. Vaticanum steht. Wie gezeigt, ist aber hier gegenwärtig – angestoßen durch pastorale Probleme – ein Nachdenken im Gang. Umgekehrt gehört – wie noch auszuführen ist – zur Taufe im Vollsinn auch die Feier der Eucharistie. Hier hat evangelische Kirche von der orthodoxen Praxis zu lernen.

Auch erstaunt vielleicht die Absetzung der Taufe von den Kasualgottesdiensten, also der liturgischen Begehung von markanten Übergängen im Lebenslauf, unter die sie üblicherweise subsummiert wird. Doch zeigt zum einen ein kurzer Blick in die Taufstatistik interessante Veränderungen. Der Zusammenhang von Taufe und Geburt und damit zu dem hier gegebenen Übergang im Lebenslauf beginnt sich durch die zunehmend späteren Taufen langsam aufzulösen. Zum anderen verdunkelt eine Betrachtung der Taufe als Kasualie deren theologisch grundlegende Bedeutung,

---

3. S. die Zusammenstellung entsprechender liturgischer Formulare bei H.-Chr. Schmidt-Lauber, Das Pascha-Mysterium im Osterlob – Zur Feier der Osternacht, in: ders., Die Zukunft des Gottesdienstes. Von der Notwendigkeit lebendiger Liturgie, Stuttgart 1990, 396 Anm. 6.

grundlegend eben auch für Gottesdienste an Übergängen im Lebenslauf. Praktisch droht dabei die Aufgabe der Tauferinnerung in anderen liturgischen Formen aus dem Blick zu geraten.

Ein solches Verständnis von Taufe erlaubt eine deutlichere theologische und biographiebezogene Profilierung der Kasualgottesdienste, insofern diese als Formen der Tauferinnerung an bestimmten Wendepunkten des Lebens verstanden und so theologisch präziser interpretiert werden können. Dies soll im 7. Kapitel am Beispiel der Trauung gezeigt werden. Aus der zur Zeit ja wachsenden Anzahl der Kasualien wurde diese nicht nur wegen ihrer den binnenkirchlichen Horizont übersteigenden Verankerung im Bewusstsein vieler Menschen ausgewählt. Vielmehr eignet sie sich in besonderer Weise dazu, liturgische Probleme, die auch anderweitig bestehen, zu thematisieren:

Bei der Trauung ist gut der enge Zusammenhang von den jeweiligen gesellschaftlichen Vorstellungen und liturgischem Handeln zu studieren; dazu begegnet hier angesichts der hohen Zahl von konfessionsverschiedenen Ehen das ökumenische Problem besonders brisant; schließlich brechen im Umfeld der Trauungen durch allgemein gesellschaftliche Veränderungen grundsätzliche Fragen nach neuen Gottesdiensten auf.

Eine ebenfalls stark familienbezogene Form liturgischer Feier, die zumindest vom Anspruch her zugleich eine gelungene Form der Inkulturation des Christusbezugs in den Lebens-Rhythmus der Menschen darstellt, sind die Gottesdienste an hohen Feiertagen. Das 8. Kapitel behandelt exemplarisch das liturgische Handeln zu Weihnachten und Ostern. Neben deren herausragender Bedeutung in unserer Gesellschaft kann auch hier jeweils ein umfassenderes Problem exemplarisch dargestellt werden:

Weihnachten eignet sich sehr gut, die Frage nach den zivilreligiösen Gehalten christlichen Gottesdienstes zu thematisieren; bei Ostern geht es um die liturgische Darstellung des Grundes christlichen Glaubens.

Nach diesen in unterschiedlicher Weise biographiebezogenen und dadurch – wie die Analyse im 1. Kapitel zeigte – in hohem Maße nachgefragten Gottesdiensten thematisiert das 9. Kapitel die gottesdienstliche Feier des Sonntags. Ausgangspunkt ist hier die sich aus dem neuen Zeit-Rhythmus ergebende Aufgabe, die gottesdienstliche und liturgische Chance und Aufgabe des Sonntagsgottesdienstes neu zu profilieren. Hier soll zum einen auf Versuche hingewiesen werden, die bereits in der sozialen und schöpfungstheologischen Begründung des Sabbatgebotes begegnenden, nichtkultischen Implikationen aufzunehmen. Exemplarisch wird das Evangelische Gottesdienstbuch als ein Versuch dargestellt, verschiedene allgemeine liturgische Kriterien Gestalt werden zu lassen. Darüber hinaus muss aber wenigstens kurz der Kindergottesdienst Erwähnung finden, nicht zuletzt weil von hier Innovationen für eine stärkere Berücksichtigung der Sinne und Ausdrucksformen sowie teilweise neuer Zeitansätze ausgehen.

Den Abschluss bilden Überlegungen zu dem – neben der adäquaten Darstellung des Christusbezugs – wahrscheinlich dringlichsten Problem für evangelischen Gottesdienst, nämlich zum Alltagsbezug. Hier sollen Gebet und Segen als die beiden Vollzüge christlichen Lebens thematisiert werden, die zum einen wichtige Elemente öffentlichen Gottesdienstes, nicht zuletzt an Orten wie Schule und Krankenhaus, zum anderen aber auch Formen persönlicher bzw. familiärer Praxis pietatis sind.

6. Kapitel: Taufe als grundlegender christlicher Gottesdienst

Mein Plädoyer für die Taufe als die grundlegende liturgische Handlung und damit als Fundament des Gottesdienstes mag angesichts der weit verbreiteten Taufpraxis verwundern, auch wenn sich zunehmend mehr Gemeinden auf den Weg machen, die Taufe aus ihrem Nischendasein zu befreien und die mit ihr verbundenen biblischen Verheißungen ernst zu nehmen.[1] Deshalb ist es unerlässlich, in einem knappen historischen Rückblick sich der theologischen Bedeutung der Taufe zu vergewissern und zugleich wichtige Etappen ihrer Marginalisierung aufzudecken.

Dies ist auch auf Grund konkreter Probleme in der heutigen Taufpraxis wichtig. Denn hier überlagern sich verschiedene Motive der Taufe – in einer *Ungleichzeitigkeit*, die angemessenes liturgisches Handeln schwierig macht. Jahrhundertealte Einstellungen zu Kirche und Religion stoßen auf neue gesellschaftliche Entwicklungen im Raum menschlichen Zusammenlebens. Alte und entsprechend tiefgreifende Traditionen behindern Lösungsversuche.

In dieser Situation ist bei liturgischem Handeln ein langer Atem notwendig. Um die großartigen biblischen Taufperspektiven für heutige Menschen Gestalt gewinnen zu lassen, bedarf es nicht nur sorgfältiger liturgischer, sondern auch gemeindepädagogischer[2], seelsorgerlicher[3] und kybernetischer[4] Arbeit.

---

1. S. die gut ausgewählten Literaturhinweise »Kasualdidaktische Grundausstattung zur Taufe« in: F. Baltruweit, G. Ruddat, Gemeinde gestaltet Gottesdienst Bd. 2, Gütersloh 2000, 98-100.
2. S. hierzu das Kapitel »Bildung im Umfeld der Taufe« in: Chr. Grethlein, Gemeindepädagogik, Berlin 1994, 44-71.
3. Vermutlich hängen die Probleme einer stark psychologisch ausgerichteten Seelsorge mit dem christlichen Profil ihres Handelns auch mit der weitgehenden Ausblendung der Taufe zusammen. Die tröstliche Kraft der Taufe, früheren Seelsorgern wie Martin Luther wohl bekannt, scheint vergessen.
4. S. hierzu K.-P. Jörns, Die Taufe ordiniert zum geistlichen Stand. Eine Herausforderung nicht nur für die Praktische Theologie, in: J. Henkys, B. Weyel, Hg., Einheit und Kontext. Praktisch-theologische Theoriebildung und Lehre im gesellschaftlichen Umfeld (FS P. C. Bloth), Würzburg 1996, 213-237, der auf die weithin vernachlässigte Bedeutung der Taufe hinweist, an den reformatorischen Impuls des Priestertums aller Gläubigen erinnert und für ein den biblischen Verheißungen der Taufe angemessenes Ordinationsverständnis plädiert und die darin enthaltenen kybernetischen Chancen skizziert.

1. Historische Dimension: Bedeutung und Marginalisierung der Taufe

1.1 Taufe im Neuen Testament

Offensichtlich wurde seit Beginn der christlichen Gemeinde getauft.

Wahrscheinlich geschah dies zuerst in einem Gewässer, und zwar – entgegen früheren Annahmen – wohl durch Übergießen (sog. Infusionstaufe, auch Superfusionstaufe genannt), was wohl auch in den Taufbecken (piscinae) und Taufhäusern (Baptisterien) beibehalten wurde. Erst viel später kam im Zusammenhang mit dem Üblichwerden der Säuglingstaufe das Untertauchen (sog. Immersionstaufe) auf.[5]

Die viel diskutierte Frage, ob bereits zu neutestamentlicher Zeit Kinder getauft wurden,[6] ist historisch auf Grund fehlender Quellen nicht zu entscheiden.

Schon für Paulus war es selbstverständlich, dass alle Christen getauft sind (Röm 6,3; 1 Kor 12,13). Georg Kretschmar resümiert am Anfang seines umfangreichen, nach wie vor eine Fundgrube für historische Einzelheiten der altkirchlichen Taufpraxis darstellenden Beitrags in der »Leiturgia«: »Wenn man einen Christen im dritten Jahrhundert nach der zentralen gottesdienstlichen Handlung der Kirche gefragt hätte, dann hätte er in seiner Antwort von der Taufe, nicht vom sonntäglichen Herrenmahl gesprochen.«[7]

Durchmustert man das Neue Testament,[8] verwundert dies nicht. Begrifflich am klarsten stellt Paulus in Röm 6 die *Gaben der Taufe* dar:

Sie setzt den Menschen in eine enge *Beziehung zu Christus*. Paulus vergleicht dabei die Taufe mit dem Sterben Christi: »Begraben also sind wir mit ihm durch die Taufe in seinen Tod hinein, damit, wie Christus von den Toten auferweckt worden ist durch die Herrlichkeit des Vaters, so auch wir

---

5. S. zur Ausgestaltung der Taufstätten (Piscina und Baptisterien) B. Kleinheyer, Sakramentliche Feiern I. Die Feiern der Eingliederung in die Kirche (GdK 7,1), Regensburg 1989, 58-63.
6. Ausführlich sind die systematischen und historischen Argumente dokumentiert und analysiert bei H. Hubert, Der Streit um die Kindertaufe. Eine Darstellung der von Karl Barth 1943 ausgelösten Diskussion um die Kindertaufe und ihre Bedeutung für die heutige Tauffrage, Frankfurt 1972.
7. G. Kretschmar, Die Geschichte des Taufgottesdienstes in der alten Kirche, in: Leiturgia 5, Kassel 1970, 5.
8. Die mich bei diesem systematisierten Verständnis leitenden Überlegungen und biblischen Texte sind ausführlicher dargestellt in: Chr. Grethlein, Taufpraxis heute. Praktisch-theologische Überlegungen zu einer theologisch verantworteten Gestaltung der Taufpraxis im Raum der EKD, Gütersloh 1988, 159-183; vgl. dazu noch immer den vorzüglichen exegetischen Überblick bei G. Barth, Die Taufe in frühchristlicher Zeit, Neukirchen-Vluyn 1981.

in (der) neuen Lebenswirklichkeit wandeln.« (Röm 6,4)⁹ Lediglich hinsichtlich der Auferweckung besteht noch ein Unterschied zwischen den Getauften und Christus. Während Christus bereits auferweckt wurde, steht die Auferweckung den Christen noch in der Zukunft bevor.

Diese grundlegende, das biologische Leben übersteigende Verbundenheit der Getauften mit Christus wird in den weiteren Taufgaben, von denen im Neuen Testament berichtet wird, entfaltet:

1. So wird in der Taufe die *Sünde* (Singular!) *vergeben* (Röm 6,2.6-11; vgl. Apg 2,38 u.ö.). Es wird also ein grundlegend neues Verhältnis zu Gott eröffnet.

2. Dies äußert sich in der *Gabe des Heiligen Geistes*. Den Getauften wird dadurch ein neues Verhalten ermöglicht. Entsprechend der eschatologischen Grundstruktur der Taufe – die Auferweckung steht noch aus – ist hier der ethische Imperativ der Taufe platziert (Röm 6,11ff.).

3. Schließlich führt die Taufe in eine neue *Gemeinschaft der Getauften*. In ihr sind die traditionellen, sonst menschliches Leben prägenden Unterschiede aufgehoben. Alle Getauften sind – unabhängig von ihrer kulturellen Zugehörigkeit, ihrem sozialen Status und ihrem Geschlecht (Gal 3,28) – Glieder am Leib Christi (Röm 12; 1 Kor 12).

1.2 Taufe in der Alten Kirche

Die Taufe war offensichtlich von Anfang an mit Belehrung, modern formuliert: mit pädagogischen Bemühungen verbunden. Dies hat einen doppelten sachlichen Grund: Zum einen orientiert sich christlicher Glauben wesentlich am Handeln Gottes in der Geschichte Israels und im Geschick Jesu von Nazaret; entsprechende geschichtliche Kenntnisse müssen gelernt werden. Zum anderen ist – wie gezeigt – mit der Taufe ein bestimmtes ethisches Verhalten verbunden, sie hat also auch moralpädagogische Implikationen, die in Lernprozessen zu entfalten sind. Allerdings darf hier nicht »Lernen« o.ä. vorschnell mit der Institution Schule gleichgesetzt werden. Vielmehr handelte es sich, soweit auf Grund der Quellenlage zu sehen ist, von Anfang an um eng mit liturgischen Vollzügen verbundene Lernprozesse. Sie waren nicht pädagogisch geplant, hatten aber große pädagogische Wirkungen.

So berichtet die traditionell dem römischen Presbyter Hippolyt zugeschriebene Schrift, die unter dem Namen Traditio apostolica bekannt ist,¹⁰

---

9. Übersetzung von U. Wilckens, Der Brief an die Römer Bd. 2 (Röm 6-11), Neukirchen-Vluyn ²1987, 6.
10. Zu den neuesten historischen Erkenntnissen, die den Titel des Werks sowie die Ver-

von einem umfangreichen *Tauf-Katechumenat*, in dem liturgische Vollzüge und Belehrung eine enge Verbindung eingegangen waren. Weil in der weiteren Entwicklung der Taufpraxis, nicht zuletzt im 20. Jahrhundert, immer wieder hierauf zurückgegriffen wurde, sei die Schilderung aus dem Werk in Stichpunkten skizziert (in Klammern stehen die jeweiligen Kapitel):[11]

(XVI) Überprüfen der durch einen Bürgen (Paten) in die Gemeinde gebrachten Bewerber
(XVII) Dauer des Katechumenats: 3 Jahre
Lehrplan: christliches Leben; Unterweisungen
Gottesdienstteilnahme (ohne Teilnahme an der Eucharistie)

(XX) Zulassungsprüfung zur Taufe
Einzelexorzismus
Donnerstag: Selbstreinigung der Taufkandidaten
Freitag und Samstag: Fasten
Samstag: Versammlung der Taufkandidaten mit Gebet, Niederknien, Handauflegung und Exorzismus durch Bischof, anschließendes Ins-Gesicht-Blasen und Versiegelung der Stirn, der Ohren und der Nase
Nachtwache unter Lesungen und Belehrungen

(XXI) Taufmorgen (Hahnenschrei)
Gebet über dem (möglichst reinen und fließenden) Wasser
Entkleidung der Täuflinge
Taufe in der Reihenfolge Kinder, Männer, Frauen (ohne Schmuck)
Ölweihen
Aufstellung der Diakone
Absage an Teufel
Salbung, Taufakt, Salbung

(XXII) In der Kirche:
Handauflegung, Salbung, Siegelung, Kuss
Vaterunser
Friedenskuss
Taufeucharistie mit drei Kelchen (Wein, mit Honig vermischte Milch, Wasser)
Selbstverpflichtung der Neugetauften

fasserschaft Hippolyts und damit die traditionelle Datierung am Anfang des 3. Jahrhunderts fraglich erscheinen lassen, s. Chr. Markschies, Wer schrieb die sogenannte Traditio Apostolica? Neue Beobachtungen und Hypothesen zu einer kaum lösbaren Frage aus der altkirchlichen Liturgiegeschichte, in: W. Kinzig, Chr. Markschies, M. Vinzent, Tauffragen und Bekenntnis, Berlin 1999, 1-74.
11. R. Roosen, Taufe lebendig. Taufsymbolik neu verstehen, Hannover 1990, 9-54, stellt das altrömische Taufritual anschaulich dar und interpretiert es semiotisch auf die Zeichenverwendung hin.

Liest man die gesamte Schilderung bei »Hippolyt« nach, so erstaunt der Reichtum an Symbolen und rituellen Vollzügen. Dadurch erfuhren die Menschen unmittelbar den Ernst und die Bedeutung der Taufe. Ein Mensch, der zwei Tage gefastet und gewacht hatte, erlebte in großer Intensität den morgendlichen Gang zum Fluss, die Waschung und die Salbungen, sowie das Abendmahl im Kreis der Gemeinde, mit Friedenskuss zum Abschluss. Taufe bildete so zweifellos ein zentrales Datum im Leben eines Christen, an das er sich immer wieder – wohl bei jeder Mahlfeier – erinnerte und das schließlich im Sterben Trost spenden konnte. Ähnliches ist heute in den sog. Jungen Kirchen zu beobachten, wo z. B. einem Verstorbenen der Taufschein in den Sarg gelegt wird, um dessen Zugehörigkeit zu Christus zu dokumentieren.

Erstaunlich für heutige Leser und Leserinnen ist die große Rolle, die Exorzismen bzw. Absagen an den Teufel spielten. Die damaligen Christen waren sich der Gefahren des Glaubensabfalls in einer multireligiösen Umwelt bewusst. Die »Welt« wurde als bedrohlich wahrgenommen, die Gemeinde dagegen als Ort des Heils.

Theologisch ist die Grundstruktur der Initiationsliturgie in ihrem Wechsel zwischen Gebetsvollzügen und symbolischem Handeln eindrücklich: »Im Gebet wird jeweils worthaft proklamiert und also gedeutet, was die zugehörige Symbolhandlung auf leibhafte Weise ausdrückt.« Es gibt also keine distanzierenden Erklärungen – im Stile von: »Das Wasser bedeutet ...«; vielmehr vollzieht sich in der Taufe »ein anamnetisch-epikletisches Gebetsgeschehen, realisiert in Wort- und Zeichenhandlungen.«[12]

Schließlich ist auf die Bedeutung der Taufe für die Gemeinde hinzuweisen. Taufen fanden – zum Abschluss des Katechumenats – an festen Terminen, vor allem Ostern, dann auch zu Epiphanias (als Tag, an dem das Evangelium von der Taufe Jesu verlesen wurde), statt. Die Fastenzeit vor Ostern und auch die Fastenzeit vor Weihnachten, die Adventszeit, gehen auf die gemeinsame Taufvorbereitung von Taufbewerbern und Gemeinde zurück.

1.3 Reduktionen der Taufe

Seit dem 4. Jahrhundert, als das Christentum geduldet und dann sogar vom Kaiser nachdrücklich gefördert wurde, kam es in den Westkirchen, in deren Tradition auch die evangelischen Kirchen stehen, zu drei schwerwiegenden *Reduktionen des Taufrituals*:

---

12. A. Jilek, Die Taufe, in: H.-Chr. Schmidt-Lauber, K.-H. Bieritz, Hg., Handbuch der Liturgik, Leipzig ²1995, 299.

1. Wegfall des Zusammenhangs von Liturgie und Katechumenat

Zunehmend blieben Menschen, am bekanntesten Kaiser Konstantin, Katechumenen und schoben die Taufe bis zum Lebensende auf. Dahinter standen die Hoffnung auf die Sündenvergebung in der Taufe und das Problem, dass die strengen ethischen Maßstäbe des Christseins im normalen Leben nicht erfüllbar schienen. Das Katechumenat verlor dadurch an Bedeutung.

Endgültig kam diese pädagogische Institution zu ihrem Ende, als die Taufe von Kindern die bis dahin übliche Erwachsenentaufe ablöste. Zwar taufte man die Säuglinge nach dem gleichen Ritus wie bisher Erwachsene. Das pädagogisch ausgerichtete Taufkatechumenat wurde dabei auf kurze rituelle Handlungen reduziert, die am Anfang der Taufe im Schnelldurchgang vollzogen wurden. Dadurch entfiel – abgesehen von der mit dem Beichtinstitut gegebenen moralischen Unterweisung – für die große Mehrheit der Menschen (die keine Schule besuchen konnten) fast tausend Jahre lang eine geordnete Einführung ins Christentum. Die das Leben des Christen umfassend prägende Taufe – angefangen vom praebaptismalen Katechumenat über die postbaptismalen Mystagogien – wurde auf einen kultischen Akt reduziert.

Die im Zuge der sog. Germanenmission weithin praktizierten Taufen von Kollektiven, ohne dass die Einzelnen bekehrt worden wären, führten zu einem weiteren Verlust an Alltagsrelevanz der Taufe.[13]

2. Abspaltung der Firmung von der Taufe

Mit dem Aufkommen der Kindertaufe vollzog sich eine weitere Veränderung der Taufpraxis, die ebenfalls bis heute wirkt. Die Handauflegung und Segnung gliederten sich aus der Taufe aus und wurden – in längerer Entwicklung – zur sog. *Firmung*.[14]

Schon eine Analyse des skizzierten Taufrituals bei Hippolyt lässt im Bereich der symbolischen Handlungen den Wasserritus und die Handauflegung als die beiden bestimmenden Handlungen erkennen. Grund für ihr Auseinandertreten waren praktische Notwendigkeiten, ohne dass dabei die weitreichenden Konsequenzen in den Blick gekommen wären. Bei größer werdenden Gemeinden konnte der Bischof nicht jeweils unmittelbar nach der Geburt ein Kind taufen. Da aber gleichzeitig die Furcht zunahm, Neugeborene könnten ungetauft sterben und damit des Heils verlustig gehen, erhielten die Presbyter vor Ort, also die Gemeindeleiter, die Erlaubnis zur Taufe. Der Bischof behielt sich allein das Recht zur Handauflegung und Salbung, dann eben in ausgestalteter Form der Firmung, vor, eine bis heute die katholische Firmpraxis prägende Regelung.[15] Damit sollte – angesichts der Bedrohung durch Irrlehren – ein Zeichen der Einheit gesetzt werden.[16]

13. Ebd. 304f.
14. S. G. Kretschmar, Konfirmation und Katechumenat im Neuen Testament und in der Alten Kirche, in: K. Frör, Hg., Zur Geschichte und Ordnung der Konfirmation in den lutherischen Kirchen, München 1962, 13-35; Kleinheyer, Feiern, 191-236.
15. Zur genauen, nicht ganz widerspruchslosen Rechtslage nach dem II. Vaticanum s. Kleinheyer, Feiern, 234f.
16. Dies führte – auf dem Hintergrund des damals vorherrschenden hierarchischen

3. Abtrennung der Eucharistie von der Taufe

Im zwölften Jahrhundert kam es – gleichsam in einer verspäteten Konsequenz aus der Kindertaufe – zu einer weiteren tiefgreifenden Marginalisierung der Taufe. Die erste Kommunion wurde von der Taufe abgetrennt. Auf Grund der zunehmenden Hochschätzung der Vernunft – historisch wegen eines missverstandenen Väter-Zitats – erschien es geboten, erst »vernünftigere« Kinder zum Abendmahl zuzulassen.[17] Verbunden mit dem allgemeinen katechetischen Anliegen sowie dem Ziel einer würdigen Kommunion, wobei ja die Beichte selbstverständlich vorausging, führte dies in der Reformation zu einem Abendmahlsexamen. Dieses entwickelte sich – mit weiteren Elementen verbunden – zur Konfirmation. Sie galt – unbiblisch – bis in die fünfziger Jahre des 20. Jahrhunderts hinein auch in theologischen Fachkreisen als Abendmahlsadmission.[18]

Interessant ist, dass die orthodoxen Kirchen die beiden letzten Veränderungen nicht nachvollzogen. Insofern wahrt der orthodoxe Taufritus die Einheit der Wasserhandlung, Handauflegung und Salbung (Firmung) und Kommunion umfassenden Initiation bis heute, und zwar in dieser sachlich einleuchtenden Reihenfolge.[19] Pointiert formuliert: In der Orthodoxie kann noch am ehesten von einer Taufe im Vollsinn gesprochen werden, wenngleich auch hier deren pädagogischer Kontext weithin verloren gegangen ist.

1.4 Taufliturgie bei Luther

Angesichts dieser Reduktionen ist der Bedeutungsverlust der Taufe für Menschen im Mittelalter und von dort bis heute gut verständlich. Verstärkt wurde er noch durch eine problematische Entwicklung in den reformatorischen Taufformularen:[20]

> Denkens – dann dazu, dass bei der ersten grundsätzlichen Reflexion des Verhältnisses von Taufe und Firmung durch Hugo v. St. Victor († 1141) sogar die Überlegenheit der Firmung über die Taufe behauptet wurde (s. W. Maurer, Geschichte von Firmung und Konfirmation bis zum Ausgang der lutherischen Orthodoxie, in: K. Frör, Hg., Confirmatio. Forschungen zur Geschichte und Praxis der Konfirmation, München 1959, 14).

17. S. genauer Kleinheyer, Feiern, 241-245.
18. S. die diesbezüglichen historischen Analysen bei E. Kenntner, Abendmahl mit Kindern. Versuch einer Grundlegung unter Berücksichtigung der geschichtlichen Wurzeln der gegenwärtigen Diskussion in Deutschland, Gütersloh ²1981, 51-72.
19. Hier besteht bis heute ein schwerwiegendes Problem liturgischer Pastoral in den römisch-katholischen Gemeinden. Die dort übliche Reihenfolge Taufe – Erstkommunion – Firmung ist nur historisch zu erklären und sachlich unsinnig (vgl. zum hier herrschenden Gegensatz von kirchlichen Verlautbarungen und pastoraler Praxis H. B. Meyer, Eucharistie. Geschichte, Theologie, Pastoral [GdK 4], Regensburg 1989, 565).
20. Vgl. insgesamt zu den Taufliturgien von Luther, Zwingli und Calvin die Übersichten bei Jilek, Taufe, 307-309.

Zwar schätzte *Martin Luther* von seinem christozentrischen Schriftverständnis her die Taufe außerordentlich hoch und betonte ihre Bedeutung nachdrücklich.[21] Allerdings vermochte er nicht dieser theologischen Einsicht angemessene rituelle Gestalt zu verleihen, sondern verblieb weithin in den überkommenen Formen, jetzt lediglich in deutscher Sprache zelebriert.[22]

1523 veröffentlichte Luther erstmals sein »Taufbüchlein«; 1526 gab er es – nicht zuletzt auf Grund von kritischen Stimmen – in gestraffter Fassung heraus:

Taufbüchlein (1523)	Taufbüchlein (1526)
Exsufflatio[23]	Exsufflatio
Bezeichnung mit dem Kreuz auf Stirn und Brust	Bezeichnung mit dem Kreuz auf Stirn und Brust
Gebete	Gebet
Salzgabe[24]	
Sintflutgebet	Sintflutgebet
Exorzismus:	Exorzismus:
Darum, du leidiger Teufel	
So höre nun, du leidiger Teufel	
Ich beschwöre dich	Ich beschwöre dich
Gebet	
Evangelienlesung Mk 10,13-16	Evangelienlesung Mk 10,13-16
Handauflegung mit Vaterunser (kniend)	Handauflegung mit Vaterunser (kniend)
Ephata-Ritus[25]	
Einzug in die Kirche mit Segenswort	Zug zur Taufe mit Segenswort
Absage	Absage

21. Zur ersten genaueren Information s. G. Scharffenorth, Taufe und Kirchenmitgliedschaft in der Theologie Luthers und in den Kirchenordnungen der Reformation, in: Chr. Lienemann-Perrin, Hg., Taufe und Kirchenzugehörigkeit. Studien zur Bedeutung der Taufe für Verkündigung, Gestalt und Ordnung der Kirche, München 1983, 192-245.
22. S. F. Schulz, Luthers liturgische Reformen, in: ders., Synaxis, Göttingen 1997, 38-45; zum Gesamtzusammenhang der beiden Fassungen von Luthers Taufbüchlein s. M. Probst, Die westlichen Riten der Kindertaufe im Zeitalter der Reformation, in: LJ 35 (1985), 85-111.
23. Sog. Anblasung (dreimal), um den unreinen Geist zu vertreiben und Platz für den Heiligen Geist zu machen.
24. Der historische Ursprungssinn der Salzgabe lässt sich nicht mehr genau klären. Die allgemeine Funktion des Salzes als Fäulnishemmung bei Nahrungsmitteln legt es nahe, die Salzgabe als eine »von der Fäulnis der Sünde befreiende Handlung« zu deuten (R. Berger, Naturelemente und technische Mittel (GdK 3), Regensburg 1987, 281f.). Eventuell war die Salzgabe (sacramentum catechumenorum) auch ein Kommunionsersatz.
25. Dieser Ritus, eine Berührung der Nase und des Mundes mit Speichel (später Öl), nimmt Mk 7,34 auf und soll für die Erkenntnis der Wahrheit öffnen.

Taufbüchlein (1523)	Taufbüchlein (1526)
Glaubensbekenntnis	Glaubensbekenntnis
Tauffrage (an das Kind)	Tauffrage (an das Kind)
Taufe	Taufe
Ölsalbung[26] mit Begleitwort und Friedenswunsch	Begleitwort und
Überreichung des Westerhemdes	Überreichung des Westerhemdes
Überreichen der Taufkerze	Friedenswunsch

Liturgiegeschichtlich kommt allein dem Sintflutgebet am Beginn der Taufe Bedeutung zu,[27] auch wenn es – entgegen früherer Annahme – wohl Vorläufer hat. Diese als Gebet formulierte Wassermeditation enthält Luthers Tauftheologie in nuce:

»Allmächtiger, ewiger Gott, der Du hast durch die Sintflut nach Deinem gestrengen Gericht die ungläubige Welt verdammt und den gläubigen Noe selbacht nach Deiner großen Barmherzigkeit erhalten und den verstockten Pharao mit allen Seinen im roten Meer ersäuft und Dein Volk Israel trocken durchhin gefuhrt, damit dies Bad Deiner heiligen Taufe zukunftig bezeichnet, und durch die Taufe Deines lieben Kindes, unsers Herren Jesu Christi, den Jordan und alle Wasser zur seligen Sintflut und reichlicher Abwaschung der Sunden geheiliget und eingesetzt, wir bitten durch dieselbe Deine grundlose Barmherzigkeit, Du wolltest diesen N. gnädiglich ansehen und mit rechtem Glauben im Geist beseligen, daß durch diese heilsame Sintflut an ihm ersaufe und untergehe alles, was ihm von Adam angeborn ist und er selb dazu getan hat, und er, aus der Ungläubigen Zahl gesundert, in der heiligen Arca der Christenheit trocken und sicher behalten, allzeit brunstig im Geiste, fröhlich in Hoffnung Deinem Namen diene, auf daß er mit allen Gläubigen Deiner Verheißung ewiges Lebens zu erlangen wirdig werde durch Jesum Christum, unsern Herrn, Amen« (BSLK 539).

Dabei fällt auf, dass in diesem »Tauf-Hochgebet« die traditionelle Taufwasser-Epiklese einer Person-Epiklese weicht.

Beim Verfolgen der Frage, warum Luther seinen theologischen Impetus nicht so umsetzen konnte, dass es in der evangelischen Kirche tatsächlich zu einer (Wieder-)Entdeckung der mit der Taufe verbundenen Gaben kam, hilft eine zeichentheoretische Analyse seines »Taufbüchleins« weiter. Rudolf Roosen zeigte dabei eindrücklich, dass Luther – unwissentlich, aber wirk-

---

26. Die Ölsalbung soll den Täufling unmittelbar vor der Taufe stärken (Öl als Heilmittel) und schützen (der Gegner gleitet am eingeölten Körper im Ringkampf ab).
27. S. genauer zur weiteren Wirkungsgeschichte Schulz, Reformen, 45 Anm. 27.

mächtig – zum geringen Verständnis der Taufe beitrug, und zwar durch *Arbitrarisierung der Zeichen*.

Der Reformator vernachlässigte – wie schon im Sintflutgebet beobachtbar – die zum Verständnis wichtigen Symbole der Taufe in ihrer Eigendynamik. So geht er z.B. im Kleinen Katechismus an keiner Stelle auf den unmittelbar verständlichen Zeichencharakter des Wassers, etwa im Sinn des Abwaschens, Reinigens, Erfrischens o.ä. ein, sondern betont einseitig das Wort bzw. Gebot Gottes. Die Bedeutung des Zeichens wird also arbiträr (willkürlich), ohne Bezug auf das sinnlich Erfahrbare festgelegt, mit negativen Konsequenzen für die unmittelbare Verständlichkeit des liturgischen Vollzugs.

Roosen fasst die dadurch ausgelöste Entwicklung zutreffend zusammen: »Je mehr das Taufritual an innerer Anschaulichkeit verlor, desto stärker war man auch bemüht, die alten Taufbedeutungen zu bewahren, indem man sie wenigstens dogmatisch festschrieb. So enthalten die theologischen Schriften zur Sakramentenlehre häufig lange Listen, in denen die ›Bedeutungen‹ oder auch die ›Wirkungen‹ der Taufe aufgezählt werden. ... Eine Vielzahl weitreichender Deutungen und die auf das Symbol eines Symbols geschrumpfte Taufhandlung treten in ein krasses Mißverhältnis.«[28]

1.5 Weitere Marginalisierung

In der Folgezeit führten Aufklärung und Pietismus, die beide – je auf ihre Weise – das Subjektsein und damit die Entscheidungsfähigkeit des Menschen in den Mittelpunkt rückten, zu einer weiteren Marginalisierung der Taufe. Dagegen bekam die Konfirmation als Akt der Mündigkeit bzw. Entscheidung – trotz der Kritik Luthers an der Firmung[29] – zunehmendes Gewicht, verbunden mit einer Zuweisung der Kindertaufe zur Familie.

Deutlich treten diese Tendenzen z.B. bei Friedrich Schleiermacher hervor. Gegenüber der Kindertaufe äußerte er: »die Kinder können in den Cultus nicht gehören, der Cultus kann durch Geschrei gestört werden, da sondert sich die Taufe von selbst aus ... Daher ... die Taufe als Kindertaufe mehr der Familie angehört ...«[30] Dazu bestimmt er die Kindertaufe, gleichsam die gezeigte Marginalisierung vollendend, als ergänzungsbedürftig: »Die Kindertaufe ist nur eine vollkommne Taufe, wenn

---

28. Roosen, Taufe lebendig, 73.
29. So nennt Luther im »Sermon von dem ehelichen Leben« die Firmung »Affenspiel« und »ein[en] rechte[n] Lügentand« (WA 10 II, 282,15 ff.).
30. F. Schleiermacher, Die praktische Theologie nach den Grundsätzen der evangelischen Kirche im Zusammenhange dargestellt, hg. v. J. Frerichs, Berlin 1850, 141 f.

man das nach erfolgtem Unterricht hinzukommende Glaubensbekenntniß als den letzten dazu gehörigen Akt ansieht.«[31]

Beide – theologisch gesehen – bedenklichen Entwicklungen der Taufpraxis, die Familisierung – auf Kosten des Christus- und Gemeindebezugs – sowie die Dominanz der Konfirmation sind also nicht (nur) Fehldeutungen theologisch Ungebildeter, sondern von Theologen geförderte Entwicklungen.

Schließlich bleibt noch nachzutragen, dass alle Versuche, die Taufe durch andere Riten im Umfeld der Geburt zu ersetzen – zuletzt in der DDR durch die »Sozialistische Namensweihe«[32]–, sich in Deutschland nicht durchsetzen konnten.

2. Gegenwärtige Situation bei Taufbegehren

2.1 *Empirische Daten*[33]

Wie bereits angedeutet, verändert sich gegenwärtig die Taufpraxis erheblich. Dies eröffnet der liturgischen Gestaltung neue Möglichkeiten, den theologisch fundamentalen Christusbezug und den für liturgische Partizipation grundlegenden Biographiebezug zur Darstellung zu bringen.

Dabei sind die Differenzen zwischen den alten und den neuen Bundesländern zu berücksichtigen. Im Folgenden stehen die Entwicklungen im westlichen Teil Deutschlands im Vordergrund.

2.1.1 Nach wie vor wird fast jedes Kind evangelischer Eltern getauft. Trotzdem ist ein *Rückgang der Selbstverständlichkeit von Taufe* in Deutschland nicht zu übersehen, und zwar in dreifacher Hinsicht:

---

31. F. Schleiermacher, Der christliche Glaube nach den Grundsätzen der evangelischen Kirche im Zusammenhange dargestellt (1821/22), Teilband 2, hg. v. H. Peiter, Berlin 1980, 260.
32. S. knapp G. Planer-Friedrich, Taufe im Übergang. Die Bedeutung der Taufpraxis für den Gemeindeaufbau in den evangelischen Kirchen der Deutschen Demokratischen Republik, in: Chr. Lienemann-Perrin, Hg., Taufe und Kirchenzugehörigkeit. Studien zur Bedeutung der Taufe für Verkündigung, Gestalt und Ordnung der Kirche, München 1983, 372 Anm. 12.
33. Wenn nicht anders vermerkt, stammen die Zahlenangaben aus der jeweils als Statistische Beilage zum Amtsblatt der EKD veröffentlichten »Statistik über Äußerungen des kirchlichen Lebens in den Gliedkirchen der EKD«.

1. Die Taufe rückt zunehmend vom Zeitpunkt der Geburt weg. Statistisch findet dies seinen Niederschlag in der *Zunahme sog. Spättaufen*, also von Taufen nach vollendetem 1. und vor dem 14. Lebensjahr.

In den westlichen Gliedkirchen der EKD betrug der Anteil von in diesem Alter gespendeten Taufen 1963 7%; inzwischen stieg er 1996 auf 16% (in den östlichen Gliedkirchen auf 45%).
  Auch die sog. Erwachsenentaufen, also die Taufen von Menschen nach dem vollendeten 14. Lebensjahr, nehmen in den letzten Jahren einen größeren Anteil am Gesamt aller Taufen ein. Er stieg in den westlichen Gliedkirchen von 1970 1% auf 1994 6% (in den östlichen Gliedkirchen 1994 28,1%).
  Analysiert man die Spät- und Erwachsenentaufen näher, so fällt auf, dass sie zu nicht unerheblichem Teil Taufen im Zusammenhang des Konfirmandenunterrichts sind (sog. Konfirmandentaufen).

Im Osten Deutschlands ist nach gut 1000 Jahren die Kindertaufe nicht mehr der Regelfall; im Westen lockert sich der Zusammenhang von Taufe und Geburt. Es leuchtet unmittelbar ein, dass diese Entwicklung liturgische Herausforderungen beinhaltet. Denn sowohl die Resonanzmöglichkeit als auch die Ausdrucksfähigkeit entwickeln sich altersbezogen. Schon ein zwei- bis dreijähriges Kind muss auf seine Taufe vorbereitet und im Ritus mit seinen Äußerungsmöglichkeiten berücksichtigt werden, abgesehen von einer Konfirmandin oder einem im sozialen Sinn Erwachsenen.

2. Die Austrittsneigung ist in der Altersgruppe der jungen Eltern besonders hoch.

Dies spiegelt sich etwa in folgender Entwicklung: Während 1963 erst 2,5% der in Deutschland geborenen Kinder mindestens einen Elternteil ohne Kirchenmitgliedschaft hatten, stieg dieser Anteil bis 1996 auf ein Viertel (in Ostdeutschland auf 76%).

Paare, bei denen ein Partner aus der Kirche ausgetreten ist bzw. nie Kirchenmitglied war, begehren seltener die Taufe für ihre Kinder.

3. Dazu hat der Zuzug von Menschen, die aus nichtchristlichen Kulturkreisen kommen, Auswirkungen. Mittlerweile haben etwa 13% der Kinder (im Osten 2,2%) ausländische Eltern, von denen die meisten Muslime sind.

2.1.2 Weiterhin lassen kirchen- und religionssoziologische Daten eine *Veränderung* auch *bei der Zusammensetzung der Herkunftsfamilien* in einer für die liturgische Praxis bedeutungsvollen Weise vermuten:
  1. Die Zahl der Familien wächst, in denen mindestens einer der beiden

Eltern zu keiner christlichen Kirche gehört, für das Kind aber die Taufe begehrt wird.

Stammten 1963 (in den westlichen Gliedkirchen) erst 1,9 % der Täuflinge aus Familien mit einem »nichtchristlichen« – so der statistische Ausdruck – Elternteil, so steigt dieser Prozentsatz bis 1996 auf 13 % (in Ostdeutschland 12 %). Ja, es werden zunehmend Kinder aus Familien getauft, deren beide Eltern keiner christlichen Kirche angehören. Betrug dieser Anteil am Gesamt aller Taufen 1963 erst 0,3 %, so stieg er 1996 auf 3 % (in Ostdeutschland 9,3 %).

2. Dazu ist auf Grund der seit dreißig Jahren hohen Austrittszahlen aus der evangelischen Kirche zu erwarten, dass immer häufiger bei Taufen auch im westlichen Teil Deutschlands Menschen mitfeiern, die keine Kirchenmitglieder mehr sind. In Ostdeutschland bilden sogar in nicht wenigen Tauffamilien die Nichtgetauften die Mehrheit.

Im Taufgottesdienst kann somit nicht mehr eine unhinterfragte Selbstverständlichkeit christlichen Glaubens vorausgesetzt werden; vor allem in Ostdeutschland ist zunehmend der Einladungscharakter der Taufe für Ungetaufte zu beachten und liturgisch zu gestalten. Ganz praktisch äußert sich die zurückgehende kirchliche Gebundenheit in dem Problem, dass manche Eltern für ihr Kind keine Paten benennen können, die Mitglied in der evangelischen (oder überhaupt einer christlichen) Kirche sind.

2.1.3 Zusammengefasst ergibt ein kurzer Blick in die statistisch greifbare Entwicklung der Taufpraxis neue Anforderungen für die Gestaltung des Taufgottesdienstes.

1. Es gilt zu überlegen, wie Täuflinge in höherem Alter, angefangen von Kindergarten- über Schulkinder, vor allem Konfirmandinnen und Konfirmanden, aber auch im sozialen Sinne Erwachsene in ihren jeweils besonderen Resonanz- und Ausdrucksmöglichkeiten angemessen berücksichtigt werden können.[34]

2. Es ist zu beachten, dass an Taufen zunehmend Menschen teilnehmen, die entweder keine Beziehung zum christlichen Glauben haben oder sich bewusst von der Kirche trennten.

3. Schließlich erfordert die Tatsache liturgische Konsequenzen, dass in nicht

---

34. Hier legt sich eine Kooperation des Pfarrers/der Pfarrerin mit Menschen nahe, die religionspädagogisch mit Menschen der jeweiligen Altersstufe arbeiten, also Erzieherinnen des Kindergartens, Religionslehrerinnen oder Mitarbeitern der Erwachsenenbildung. Besondere Bedeutung gewinnt die Kooperation (mit sonderpädagogisch Ausgebildeten) bei Taufen von Menschen mit geistigen Behinderungen.

wenigen Gegenden Deutschlands das Christentum nicht mehr unangefochten »die« Religion ist.

Durch die beiden zuletzt genannten Entwicklungen gewinnt der Einladungscharakter der Taufe für Ungetaufte an Bedeutung, eine neue liturgische Aufgabe.

2.2 Taufmotive

Eng mit den eben durch Rückgriff auf Statistiken skizzierten Tendenzen sind die *Motive, die Taufe zu begehren*, verbunden. Sie sind zwar nicht in der Exaktheit statistischer Daten zu erfassen, doch prägen sie das soziale Umfeld, innerhalb dessen liturgisch gehandelt wird, erheblich.

Im Folgenden versuche ich vier besonders wichtige Taufmotive idealtypisch herauszustellen; in der konkreten Praxis begegnen sie meist in Mischformen.[35]

Ihre Kenntnis soll zum einen helfen, bei der Vorbereitung einer Taufe Mitteilungen der Taufeltern besser zu verstehen (und nicht vorschnell als theologisch unsachgemäß abzutun). Sonst kann es schon beim Vorgespräch zur Taufe zu Missverständnissen kommen. Zum anderen dient die Kenntnis möglicher Taufmotive auch als Hilfe für die inhaltliche Gestaltung der Taufe; konkret stellen die Motive einen wichtigen Bezugspunkt für eine verständliche Auslegung des Evangeliums – in Wort und Sakrament – dar.

1. Lange Zeit war in Deutschland die *Traditionsleitung* ein bedeutendes Motiv junger Eltern, für ihr Kind die Taufe zu begehren. Äußerungen wie »Die Oma will die Taufe« entlarven nicht nur theologiefremde Einflüsse. Vielmehr kann hier im Hintergrund die theologisch und pädagogisch sinnvolle Zuordnung der Taufe primär zur Familie stehen.

Die immer wieder zu hörende Entgegensetzung von »Familie« und »der Gemeinde« ist aus theologischen und pädagogischen Gründen verfehlt. Sie spiegelt nur ein verbreitetes parochiales Binnenklima wider und droht angemessenes liturgisches Handeln zu behindern. Theologisch ist schon bei Luther – wie die »Hausväter« als primäre Adressaten des Kleinen Katechismus zeigen – die liturgische und damit auch ekklesiologische Bedeutung der Familie im Blick. Biblisch ist in diesem Zusammenhang an die Weite des Bedeutungsumfangs von »ekklesia« im Neuen Testament zu erinnern, die nicht nur – wie heute umgangssprachlich – die Ortsgemeinde, sondern auch die Hausgemeinde und die allgemeine Ökumene umfasst. Pädagogisch ist die grundlegende sozialisatorische Bedeutung von Familie für das Christsein unstrittig.[36]

---

35. Ausführlicher sind die ersten drei Motive dargestellt in: Grethlein, Taufpraxis, 122-135.
36. S. knapp für die gegenwärtige Situation mit ihren Ambivalenzen Chr. Grethlein, Fa-

2. Auch kann sich hinter ähnlichen Worten das – zunehmend bedeutungsvollere – Motiv der »*Generationenvorsorge*« verbergen.

Hans Otto Wölber machte hierauf bereits 1959 aufmerksam. Demnach will »die ältere Generation ... der Kindesgeneration aus dem Motiv der Fürsorge und der unbedingt zu gewährenden Lebenschance die Möglichkeit einer religiösen Bindung gewähren. Es ist das sehr tief verankerte Moment irdischer Liebe, welches die Religiosität der Generationsvorsorge prägt.«[37]
Biblisch ist daran zu erinnern, dass – bei allen kritischen Äußerungen gegenüber familiären Bindungen – immer wieder die natürliche Liebe in der Familie zwischen den Generationen als Bild für die Liebe Gottes dient (z. B. Jes 66,13; Jer 31,9).

3. In den siebziger Jahren verstand man die Taufe im Zuge der Rezeption ethnologischer bzw. sozialpsychologischer Ritentheorien häufig als sog. *Schwellenritus*, also als rituelle Begleitung eines wichtigen Übergangs im Lebenslauf, eben hier anlässlich einer Geburt. Die vorhin aufgezeigte Entfernung der Taufe von der Geburt spricht gegen eine zu starke Betonung dieses Ansatzes. Doch weisen neuere Kasualtheorien auch auf andere Übergänge im Lebenslauf hin, wie Beginn der Kindergartenzeit, Einschulung eines Kindes u.a., Zeitpunkte, in deren Umfeld manche Spättaufe stattfindet.

4. Schließlich ist im Zuge allgemeiner *Ästhetisierung*, also der zunehmenden Empfindsamkeit und Aufmerksamkeit für Gestaltungsfragen, das Bewusstsein für die Bedeutung der rituellen Dimension gestiegen. »Ritus« ist für junge Erwachsene nicht mehr – wie in den siebziger Jahren – ein Schimpfwort, sondern etwas als wichtig und schön Empfundenes. Man ahnt, dass es »mehr« geben muss als das Messbare, und versucht dem Ausdruck zu verleihen, eben auch in einem Taufgottesdienst. Dabei kommt der sinnlich wahrnehmbaren Gestalt große Bedeutung zu. Denn angesichts der nicht mehr überblickbaren Optionen leisten alltagsästhetische Schemata die wichtige Aufgabe der Komplexitätsreduktion und ermöglichen dadurch Sicherheit.[38]

Liturgisch folgen aus den genannten Taufmotiven unterschiedliche Konsequenzen:

1. Der Familienbezug und der Charakter als Schwellenritual erfordern nicht nur eine Reflexion des Taufgottesdienstes hinsichtlich der durch ihn

---

milie IX. Pädagogisch, in: ⁴RGG 3 (2000), 22 f., und R. Lachmann, Familie X. Praktisch-theologisch, in: a. a. O., 23-26.
37. H.-O. Wölber, Religion ohne Entscheidung. Volkskirche am Beispiel der jungen Generation, Göttingen 1959, 117.
38. S. ausführlich G. Schulze, Die Erlebnisgesellschaft, Frankfurt 1992 u. ö., 34-91.

veränderten neuen Rollen (Eltern, Großeltern o.ä.). Dazu kommt die *Aufgabe, religiöse Lernprozesse in den Familien zu bestärken bzw. zu initiieren.*

2. Das Generationenvorsorge-Motiv beinhaltet *Ängste und Hoffnungen, auf die hin die biblisch verheißenen Taufgaben auszulegen sind,* nicht nur affirmativ, sondern auch kritisch.

3. Schließlich erfordert das – jedenfalls in manchen Milieus – wachsende ästhetische Bewusstsein eine *sorgfältige Gestaltung* auch sog. Äußerlichkeiten.

3. Neue Taufagenden

Die neuen Agenden in den evangelischen Kirchen versuchen, den genannten Veränderungen Rechnung zu tragen und so die Taufe verständlicher zu machen.

3.1 Agende der VELKD (1988)

1988 veröffentlichte die *VELKD* eine neue Taufagende.[39] Sie weist zwei große Abschnitte auf: »Die Taufe von Kindern« und »Die Taufe von Erwachsenen oder eines älteren Kindes«, wozu noch zwei Formulare »Taufe und Trauung« treten. Damit ist also zumindest ansatzweise der zunehmenden Ausdifferenzierung der Taufpraxis bezüglich des Taufalters Rechnung getragen.

Für die Taufe von Kindern werden zwei Formen angeboten. Die erste ist – in engem Anschluss an die Agende 3 von 1964 – in traditioneller Sprache gehalten. Allerdings ist auch hier – im Gegensatz zu früher – klargestellt, dass es sich beim Taufbekenntnis um den Glauben der Eltern (nicht des Kindes) handelt.

Deutlich familienorientierter ist die zweite Form. Sie setzt mit einer Begrüßung ein, die einladend an das Schöpfungshandeln Gottes erinnert:

---

39. Agende für Evangelisch-Lutherische Kirchen und Gemeinden Bd. III.1, Hannover 1988 (im Folgenden werden Zitate hieraus durch in Klammern gesetzte Seitenzahl kenntlich gemacht). Vorausgegangen waren 1978 erstmals veröffentlichte und 1984 überarbeitete Entwürfe des Liturgischen Ausschusses der VELKD zur Ordnung der Kindertaufe sowie ein entsprechender, 1984 erstmals publizierter Entwurf zur Erwachsenentaufe; vgl. hierzu auch die Taufformulare in G. Kugler, H. Lindner, Trauung und Taufe: Zeichen der Hoffnung, München 1977, 78-102, wo sich bereits vieles (z.T. verständlicher) findet.

»Liebe Taufgemeinde, liebe Familie N.! Heute wird ihr Kind (N.) in dieser Kirche getauft. Damit wird es/sie/er Gottes Liebe anvertraut und in die Gemeinschaft der ganzen Christenheit aufgenommen. (Hier sollte auf die besondere Situation der Familie und des Gottesdienstes kurz eingegangen werden, zum Beispiel:)

Ein kleines Kind in Händen zu halten, ist Grund genug, Gott dankbar zu sein. Wir dürfen das Wunder der Schöpfung neu spüren. Dieses Kind ist schon jetzt eine eigene, unverwechselbare Person. Auch wenn es noch ganz auf seine Eltern angewiesen ist, hat es Gaben und Begabungen, von denen wir noch gar nichts wissen.

Gott geht mit ihm seinen Weg. Daß wir dieses Kind und sein ganzes Leben Gott anvertrauen können, dafür sind wir dankbar.« (51f.)

In dieser Form entfällt die Frage nach dem Glauben der Eltern und Paten, die ganze Gemeinde spricht das Credo. Eltern und Paten versprechen lediglich das Bemühen um christliche Erziehung. Auch fehlt die Absage an das Böse.

Neu – im Vergleich zu den vorhergehenden Agenden – ist das Anknüpfen an das Sintflutgebet Luthers mit einer »Betrachtung zum Taufwasser«. Sie orientiert sich allerdings in ihren vier Formen wenig am sinnlich erfahrbaren Zeichencharakter des Elements, sondern rekurriert wesentlich auf biblische Motive.

Noch weitreichender sind die Neuansätze bei den Vorschlägen zur »Taufe eines Erwachsenen oder eines älteren Kindes«. Ausdrücklich wird hier – zu Recht – auf die Situationsabhängigkeit einer solchen Taufe verwiesen, die eine starre Ordnung verbietet. Allein die »Kernstücke« (Taufbefehl, Credo, Tauffrage, Wasserhandlung, Taufsegen) sind verbindlich. Dazu wird als Zeichen der Integration in die Gemeinde die Feier des Abendmahls empfohlen. Schließlich ist der Vorschlag bemerkenswert, entgegen der bisherigen Tradition erst nach der Taufhandlung eine kurze Ansprache zu halten, wobei die Taufe selbst als »Predigt« verstanden wird (111f.).

Problematisch erscheint hier lediglich, dass nur sehr sparsam der symbolische Schatz der Taufe aufgenommen wird. Die primär auf das – zu glaubende – Wort bezogene liturgische Grundhaltung Luthers hat sich offensichtlich bis heute durchgehalten.

3.2 Taufe in der Konfirmandenzeit

2000 stellten die VELKD – nach einem 1995 veröffentlichten Entwurf[40] – und die EKU im Zusammenhang mit der Agende zur Konfirmation aus-

---

40. Konfirmation. Entwurf der Agende für evangelisch-lutherische Kirchen und Gemeinden Bd. III, Teil: Konfirmation, hg. vom Lutherischen Kirchenamt, Hannover 1995.

führliche Hinweise und Vorschläge zur »Taufe in der Konfirmandenzeit« vor.[41] Damit wird der Tatsache Rechnung getragen, dass eine zunehmende Zahl von Taufen im Zusammenhang mit der Konfirmation steht. Sehr differenziert wird hier versucht, der unterschiedlichen Situation Rechnung zu tragen, aus der heraus ein Jugendlicher die Taufe begehren kann – etwa weil die anderen sich konfirmieren lassen, aber auch aus eigener Glaubensentscheidung, vielleicht in bewusster Abgrenzung von seinen Eltern. Die einzelnen Möglichkeiten des liturgischen Rahmens werden einleuchtend in ihren jeweiligen Chancen genannt:

»– Eine Taufe im Gemeindegottesdienst ... wird in besonderer Weise die Zugehörigkeit zur Gemeinde und deren Verantwortung für das Tauf- und Konfirmationsgeschehen deutlich machen. ...

– Wird die Taufe – in Gemeinden, in denen Kinder zum Abendmahl zugelassen sind und die Abendmahlsunterweisung erfolgt ist – mit der Feier des Abendmahls verbunden, kann dies die Aufnahme in die Abendmahlsgemeinde sinnfällig zum Ausdruck bringen.

– Eine Tauffeier innerhalb der Konfirmandengruppe, etwa im Verlauf einer Wochenendfreizeit, stellt für die Jungen und Mädchen die Zugehörigkeit zur Gruppe heraus. Dieser eher ›geschützte‹ Rahmen ist auch offen für liturgische Gestaltungsmöglichkeiten, die die speziellen Ausdrucksformen der Jugendlichen stärker aufnehmen. Dennoch sollte auch in diesem Falle an die Verbindung zur Gesamtgemeinde gedacht werden, etwa durch die Einladung eines Mitgliedes des Kirchenvorstandes.

– Eine Taufe in der Osternacht mit ihrer Lichtsymbolik, den Zeichenhandlungen und dem gemeinsamen Gang zum Abendmahl wird im Bewusstsein der Jugendlichen vor allem den Status-Übergang vom Katechumenat zum Getauftsein eindrücklich darstellen.

– Eine Taufe im Einsegnungsgottesdienst wird die konfessorischen Aspekte von Taufe und Konfirmation betonen und unterstreichen, dass Konfirmation und Taufe aufeinander bezogen sind.«[42]

Zu begrüßen ist angesichts der Bedeutung der Taufe, dass in den vier letzten Vorschlägen davon ausgegangen wird, dass ein selbständiger Taufgottesdienst gefeiert (und die Taufe nicht als ein Element in den sog. Hauptgottesdienst eingefügt) wird.

---

41. Konfirmation. Agende für evangelisch-lutherische Kirchen und Gemeinden und für die Evangelische Kirche der Union, neubearbeitete Ausgabe 2001, 36-72; wegen terminlicher Probleme auf der Ebene der Gliedkirchen ist die endgültige Übernahme durch die EKU auf 2002 verschoben worden.
42. Ebd. 39 f.

3.3 Taufbuch der EKU (2000)

Ebenfalls in den neunziger Jahren revidierte die EKU ihre Taufagende und erstellte ein neues »Taufbuch«.[43] Ausführlich werden hier theologische Grundlagen, liturgische Gestaltungsfragen und pastorale Aspekte dargestellt. Grundsätzlich rekurriert das Taufbuch auf die altkirchliche Konzeption eines Taufwegs »mit ›Stationen‹ der Einladung, Einübung und Reifung« (20), die je nach Alter des Täuflings unterschiedlich Gestalt gewinnen soll.

»Bei verantwortlich gehandhabter Kindertaufe können sich damit folgende Stationen des ›Taufwegs‹ ergeben: Nach einer (verbindlich zu machenden) Vorbereitungsphase (Taufseminar, Taufgespräche, Pateneinweisung) können am Taufsonntag Eltern sowie die Patinnen und Paten zur ›Tauf-Kommunion‹ eingeladen werden. In der Folgezeit bieten Gesprächskreise für junge Eltern, gottesdienstliche Tauf-Anamnesen (Beichte, Taufgedächtnis in der Osternacht, miterlebte Taufen) und Zusammenkünfte der Konfirmanden-Eltern Hilfe und Geleit für die häusliche Praxis Pietatis, in die das als Säugling getaufte Kind hineinwachsen soll« (S. 20).[44]

Entsprechend dem Weg-Konzept sollte nach dem Vorentwurf des Taufbuchs in den Gottesdienst Bewegung kommen, indem verschiedene Orte einbezogen werden, z. B.: »die Eröffnung im Eingangsbereich – die Verkündigung im Bereich von Kanzel und Lesepult – die Taufe im Bereich des Taufsteins – die Sendung vom Altar aus« (Vorentwurf 17). In der approbierten Endfassung von 2000 ist dies leider nur noch vage als eine »denkbare« Möglichkeit angedeutet (22) und damit eine gute Möglichkeit, Sinn- und Feiergestalt aufeinander zu beziehen, vergeben.

Das Bemühen, den Prozess-Charakter der Taufe durch die Tauferinnerung und die liturgische Ausgestaltung der Taufe zur Darstellung zu bringen, eröffnete neue Möglichkeiten für eine den biblischen Perspektiven angemessenere Taufpraxis.

Auch in der rituellen Ausgestaltung, die je nach Situation um die Kernhandlung herum vorgenommen werden kann, ist eine erfreuliche Fülle festzustellen. U. a. sind Salbung, Hefata-Ritus[45], Übergabe der Taufkerze und des Taufgewands möglich.

---

43. Taufbuch. Agende für die Evangelische Kirche der Union Bd. 2, Berlin 2000 (im Folgenden werden Zitate hieraus durch in Klammern gesetzte Seitenzahl kenntlich gemacht).
44. Leider wurde der im Vorentwurf des Taufbuches (Taufbuch, Vorentwurf einer Revidierten Taufagende der Evangelischen Kirche der Union, o. O., o. J., 16) stehende Hinweis auf ein »Gemeinde-Tauffest« weggelassen, eine wichtige und gut praktikable Möglichkeit, die Bedeutung der Taufe für Gemeinde zur Darstellung zu bringen.
45. Hier findet sich allerdings als Anmerkung (113*): »Durch Beschluss der Kirchenlei-

Schließlich enthält das Taufbuch im Anhang Hinweise zu »*Fürbitte, Danksagung, Kindersegnung*« (144f.) sowie ein Formular für die »Fürbitte und Danksagung mit Kindersegnung« (145-149) und für »Fürbitte und Danksagung anlässlich der Geburt eines Kindes« (150-152), wobei ersteres nicht für den Gebrauch in der Westfälischen Kirche zugelassen ist (145*). Hierdurch sucht man Menschen entgegenzukommen, die ihr Kind nicht taufen, aber für seine Geburt danken bzw. es im Gottesdienst segnen lassen und so der Gemeinde vorstellen wollen. Diese Handlung wird im sonntäglichen Gemeindegottesdienst vor dem Fürbittengebet und dem Segen platziert; es soll auf jeden Fall eine Verwechslung der Kindersegnung mit einer Taufe vermieden werden. Vielmehr gilt die Kindersegnung als die erste Station auf dem Taufweg. Ob dies bei dem ersten im Taufbuch vorliegenden Modell einer Kindersegnung gelingen wird, in deren Zentrum die Verlesung des Kinderevangeliums steht – bisher ein locus classicus der Kindertaufe –, erscheint sehr fraglich.

Es muss angesichts der Ungleichzeitigkeit der Taufpraxis und ihrer Belastung durch unsachgemäße Verzerrungen in der Vergangenheit vor einer neuerlichen Marginalisierung der Taufe gewarnt werden. Dass diese Gefahr durch die Einführung einer Kindersegnung besteht, wird offenkundig, wenn man die konkrete praktische Situation in den Blick nimmt. In der Regel werden wohl theologisch besonders interessierte Gemeindeglieder die Kindersegnung begehren, die Probleme mit der Kindertaufe haben. Daraus ergeben sich aber erhebliche Schwierigkeiten für den zukünftigen Gemeindeaufbau. Im Konfirmandenunterricht sind dann z.B. zwei Gruppen von Jugendlichen zu erwarten: bewusst christlich erzogene ungetaufte Jugendliche und kirchlich distanziert aufgewachsene Getaufte. Dass dies zu einer weiteren Abwertung der Taufe führen kann, liegt auf der Hand.

Bedenklich ist auch, dass einem eigenständigen Taufgottesdienst keine Priorität eingeräumt wird. Der »Einschub« in die Liturgie des Gemeindegottesdienstes wird zuerst genannt. Es gilt: »Die Taufe findet in der Regel im Gottesdienst der Gemeinde« statt.[46] Hier verhindert ein offensichtlich auf die Parochie reduziertes Gemeindeverständnis ein Begreifen des Besonderen der Taufe und ihre angemessene Gestaltung als eines eigenständigen liturgischen Aktes.

tung vom 9.1.2000 nicht zum Gebrauch empfohlen in der Evangelischen Kirche im Rheinland.«

46. Die Taufagende in der »Reformierten Liturgie« (Wuppertal 1999) sieht die Taufe nur als »Teil des sonntäglichen Gottesdienstes« (303) vor. Hier wird auch, wie die Einführung in die Tauf-Agende zeigt, die Wirkung der Taufe einseitig als Aufnahme in die christliche Gemeinde bestimmt, ohne dass der Begriff »Gemeinde« in seiner neutestamentlichen Umfassenheit im Blick wäre.

4. Liturgiedidaktische Anstöße und Perspektiven: Taufe als Zentrum christlichen Lebens

Im Folgenden werden zwei bereits in der Praxis erprobte Modelle vorgestellt, die in mehrfacher Hinsicht für die Taufpraxis weiterführend sind:

Zuerst steht ein umfassender Vorschlag zu einer tauforientierten Gemeindearbeit, der den Prozesscharakter und Alltagsbezug von Taufe sowohl durch Empfehlungen zur Vorbereitung der Taufe als auch durch Vorschläge zur Tauferinnerung unterstreichen will. Dabei kommen inhaltlich die Grundsymbole der Taufe und organisatorisch die Frage des Tauftermins in den Blick.

Das zweite Modell entstammt dem Bereich der römisch-katholischen Kirche und versucht die neue Situation liturgisch aufzunehmen, dass in Deutschland zunehmend Erwachsene die Taufe begehren. Hier wird – im Sinne einer ökumenischen Liturgik – ein Impuls gegeben, der unter Rückgriff auf ältere liturgische Riten auch für die evangelische Kirche von großem Interesse ist.

4.1 »Einladung zur Taufe – Einladung zum Leben« als Gemeindeaufbau-Programm

Das Modell »Einladung zur Taufe – Einladung zum Leben« wurde Ende der achtziger Jahre im Gemeindekolleg der VELKD erstellt.[47] Es versucht, Angebote zu Taufeinladung, Taufe und Tauferinnerung in den Rahmen der jeweils aktuellen Fragen und Probleme der Kinder und ihrer Eltern einzuzeichnen.[48]

Auf Taufe soll dabei in einladender und erinnernder Weise in verschiedensten Institutionen und Veranstaltungen hingewiesen werden: angefangen von der Einladung zur Taufe durch Material, das beim Frauenarzt bzw. in Kliniken ausliegt, bei geburtsvorbereitenden Kursen, Mutter-Kind-Gruppen bis hin zur Berücksichtigung von Kindergarten, Kindergottesdienst, Einschulungsgottesdiensten, Christenlehre und Religions- sowie Konfirmandenunterricht.

---

47. Konzept und Materialien sind in zwei Bänden als Ringbucheinlagen publiziert: R. Blank, Chr. Grethlein, Hg., Einladung zur Taufe – Einladung zum Leben, Stuttgart 1993 bzw. 1995. Der erste Band bezieht sich auf Taufen an Kindern unter sechs Jahren, der zweite Band auf Taufen an Kindern und Jugendlichen bis einschließlich zur Konfirmation.
48. S. die Übersichtsgraphik in Chr. Grethlein, Unterwegs zu einer Neuentdeckung der Taufe, in: E. Domay, Hg., Taufe. Gottesdienste, Predigten, Gestaltungsvorschläge, liturgische Texte, Gottesdienstpraxis: Serie B, Gütersloh 1993, 17.

Institutioneller Ausgangspunkt sind jeweils schon bestehende Angebote der Kirchengemeinde. Im Ansatz dieses Modells wird also versucht, familiäre und kirchengemeindliche Ebene in ihrem – möglichen – Zusammenhang (nicht in ihrem eventuellen Gegensatz) zu sehen. Zwei Grundentscheidungen versuchen dies konkret Gestalt werden zu lassen: zum einen die strikte Orientierung an den Grundsymbolen des Taufritus, zum anderen der Hinweis auf die Bedeutung von festen Taufterminen als Ermöglichung von Tauferinnerung.

Die liturgische Besonderheit der Taufe gegenüber anderen Formen christlichen Gottesdienstes liegt auf der Gestaltungsebene in ihren Symbolen. Die Taufe umfasst fünf (bzw. bei Feier des Abendmahls mit Brot und Wein sieben) *Grundsymbole*:

– *Kreuz* (in Form der Bezeichnung mit dem Kreuz [Obsignatio crucis] am Beginn der Taufhandlung),
– *Namen* (und zwar sowohl die Nennung des dreieinigen Gottes als auch des Täuflings),
– *Wasser* (im Mittelpunkt der Taufhandlung),
– *Handauflegung* (bei der Segnung des Täuflings und bei eventueller Mutter- bzw. Elternsegnung),
– *Licht* (Kerze, ursprünglich von der Osterfeier in die Taufe eingewandert).

Sie beziehen sich in elementarer Form auf grundlegende Bedürfnisse jedes Menschen.

Nicht selten werden – im Zuge der Neuentdeckung der kommunikativen Kraft von Symbolen – auch andere Symbole, wie Baum, Himmel o. ä., in Taufgottesdiensten verwendet. Da sie aber nicht unmittelbar mit der Taufe verbunden sind, besteht die Gefahr, dass die Taufe unverbunden neben dem durch das Symbol gegebenen Verkündigungsinhalt steht. Zudem ist die Konzentration auf wenige, aber aussagekräftige und elementare Symbole angesichts der Diffusion im Bereich der Daseins- und Wertorientierung auch pädagogisch gesehen sinnvoll, nicht zuletzt um der Tauferinnerung willen.

Die liturgiedidaktische Aufgabe ist es, die genannten Grundsymbole entsprechend der konkreten Situation so zu gestalten, dass dabei Taufmotive und soziales Umfeld aufgenommen und christlich gedeutet werden, so dass sie später auch der Tauferinnerung dienen können. In der Regel empfiehlt es sich, um Überfrachtungen zu vermeiden, ein Symbol besonders herauszugreifen und auszugestalten (u. a. auch in der Predigt aufzunehmen). Hierbei ist darauf zu achten, dass die Ambivalenz des jeweiligen Symbols zur Darstellung kommt. Denn christlicher Glauben zeichnet sich – entgegen einer Spaßkultur, die die Schattenseiten des Lebens verdrängt – durch einen realistischen Wirklichkeitsbezug aus, der auch Leiden und Tod nicht ausblendet. Eine gute Kontrolle kann die Tatsache sein, dass auch behinderte Kinder getauft werden und der Zuspruch Gottes – entgegen heute verbreiteten Wertmaßstäben – auch ihnen gilt und liturgisch zur angemessenen Darstellung kommen soll.

Die folgenden Beispiele bieten erste Anregungen für eigene Entdeckungen:[49]

In der Praxis zeigt sich, dass das Symbol des *Namens* eine leichte Verknüpfung zwischen Biographie und göttlichem Handeln ermöglicht. Denn in Deutschland sind die meisten Vornamen, ohne dass dies allgemein bewusst ist, christlich geprägt. Ein Namenslexikon[50] kann hierüber im konkreten Fall schnell Aufschluss geben. Die Erklärung des durch den Namen gegebenen Hintergrundes wird auch von der Kirche Fernstehenden aufmerksam gehört.

Beim Symbol des *Wassers* – etwa ausführlich durch eine kleine Prozession, in der Kinder das Taufwasser zum Taufstein bringen, durch eine Wassermeditation und durch Singen von Tauflieder zum Wasser gestaltet – ist es gut möglich, die Ambivalenz des Taufgeschehens, in dem es um Tod und Leben geht, auszudrücken. Entgegen der Reduktion auf eine biblische und damit nur wenigen Menschen unmittelbar zugängliche Deutung empfiehlt es sich, konkret den erfahrbaren Eigenschaften von Wasser nachzugehen.[51] Bei älteren Kindern kann deren Umgang mit Wasser aufgenommen werden (z. B. durch Hinweis auf dessen erfrischenden Charakter bei einer Wanderung, der unschwer die Gabe des Geistes in der Taufe anschaulich werden lässt).

Die *Handauflegung* ist dagegen ein Symbol, das sich zur Deutung der Taufe von Säuglingen anbietet. Denn das Auflegen der Hand gehört zur alltäglichen Kinderpflege, als Beschwichtigung (etwa bei Schmerz und Krankheit) oder als Ermunterung. Eltern können hier darauf aufmerksam werden, dass sie als Vertreter Gottes an dem Kind handeln, getragen durch die Zuwendung Gottes. Vielleicht entdecken sie auch, dass sie ihr Kind durch Handauflegung häufig »segnen«, also unter den Schutz Gottes stellen.

Kerzen sind mittlerweile im Alltag der Familien weit verbreitet. Ihr *Licht* und ihre Wärme sind unmittelbar erfahrbar und laden dazu ein, der lebensspendenden Kraft

---

49. Die genannten fünf Grundsymbole sind ausführlich, auch in pädagogischen und liturgischen Zusammenhängen dargestellt in Blank, Grethlein, Einladung.
50. S. die Zusammenstellung einschlägiger Titel bei Baltruweit, Ruddat, Gemeinde 2, 81 Anm. 49.
51. Vgl. auch den interessanten Versuch von S. Göttrup-Fopp, Ein Kind wird mit Wasser getauft – Konsequenzen für die Religionspädagogik aus einer semiotischen Lektüre von Taufformularen, in: B. Dressler, M. Meyer-Blanck, Hg., Religion zeigen. Religionspädagogik und Semiotik, Münster 1998, 214-240, gemeindepädagogische Anregungen aus Komponentenanalyse und einigen möglichen Pfaden zu »Kind« und »Wasser« zu gewinnen.

Gottes auf die Spur zu kommen; die Tatsache, dass sich die Kerze beim Brennen verzehrt, verhindert eine lebensferne Sentimentalität.

Am schwierigsten ist die Konzentration einer Taufe auf das Symbol des *Kreuzes*. Zwar ist dieses als Zeichen der Vollkommenheit kulturgeschichtlich alt. Doch erfordert seine spezifische Brechung durch die Erinnerung an den Kreuzestod Jesu Christi ein gewisses Glaubenswissen und auch kognitive Kraft. Bei Taufen von Erwachsenen, die auf einen bewegten Lebensweg zurückblicken und vielleicht aus dem Scheitern heraus den Weg zum Glauben gefunden haben, bietet aber eine Beschäftigung mit dem Kreuz große Tiefe.

Angesichts der Sprachlosigkeit vieler junger Erwachsener in religiösen Zusammenhängen hat sich die Einrichtung von Taufelternseminaren bewährt. Hier können z. B. anhand der Taufsymbole wichtige Fragen eigenen Selbstverständnisses als Eltern, nicht zuletzt hinsichtlich der Erziehungsaufgabe, bedacht werden. Taufeltern-Seminare, die mindestens drei und höchstens sieben Eltern (bzw. Elternteile) umfassen sollten, legen die Einführung fester Tauftermine in der Gemeinde nahe.[52] Noch wichtiger ist, dass allein auch sonst im allgemeinen Bewusstsein verankerte Tauftermine eine realistische Möglichkeit zur Tauferinnerung bieten, und zwar in doppelter Weise: Feste Tauftermine eröffnen die Möglichkeit, die Taufen stärker in das Gemeindeleben zu integrieren; zugleich eröffnen Tauftermine an herausgehobenen Tagen den Täuflingen später die Möglichkeit zur leichteren Tauferinnerung. Konkret legen sich in Anknüpfung an die Alte Kirche Ostern und Epiphanias, auch Pfingsten nahe.

Manche Gemeinden haben mit dem zweiten Weihnachtsfeiertag oder Erntedank gute Erfahrungen gemacht.

Sehr empfehlenswert ist auch, die üblichen Gemeindefeste mit Taufen zu verbinden.[53] Hier kann dann das jeweils in der Taufe besonders ausgedeutete und erlebte Symbol zugleich den Charakter des Gemeindefestes prägen.

Ein offenes Problem dieses Konzeptes ist die Frage der Paten. In einer Situation, in der sich teilweise Eltern nicht in der Lage zu einer expliziten christlichen Erziehung sehen, aber gleichwohl die Taufe für ihre Kinder begehren,

---

52. Die immer wieder diskutierte Frage nach der Verpflichtung von Elternseminaren und festen Taufterminen kann nur konkret vor Ort entschieden werden. Am problemlosesten dürfte es sein, Seminar und feste Termine zuerst als Angebot einzuführen. Bei Gelingen eines für junge Eltern interessanten Seminars und des abschließenden Taufgottesdienstes werden nach bisheriger Erfahrung diese Angebote durch Mund-zu-Mund-Propaganda zu Selbstläufern. Auf jeden Fall sollte man sich um eine Einheitlichkeit auf Kirchenkreis- bzw. Dekanatsebene bemühen.

53. Vgl. hierzu die Anregungen in: G. Ruddat, Inventur der Gemeindepädagogik. Oder: Gemeindefest als gemeindepädagogisches Paradigma, in: EvErz 44 (1992), 445-465.

kommt solchen »Glaubensbegleitern«[54] zunehmende Bedeutung zu. Dies gilt selbstverständlich auch für jugendliche oder erwachsene Taufbewerber. Versuche, dass Presbyter oder gar Gemeinden eine Patenschaft übernehmen, haben sich nicht durchsetzen können. In der Profilierung des Patenamtes als eines wichtigen Beitrags zum Leben evangelischer Kirche liegt noch eine Aufgabe vor uns. Vielleicht können die Erfahrungen, die im folgenden Modell mit Begleitern im Rahmen von Erwachsenentaufen gemacht wurden, weiterhelfen.

4.2 Liturgisches Modell des Erwachsenen-Katechumenats

Während das eben skizzierte Modell sich auf Taufen an Kindern bis zum Konfirmationsalter erstreckt, haben die römisch-katholischen Diözesen Augsburg, Münster und Würzburg ein innovatives Modell zur liturgischen Gestaltung des Erwachsenen-Katechumenats eingeführt.

Angesichts neuerer Entwicklungen im Zuge der Vereinigung Deutschlands, aber auch der Ansiedelung von Menschen aus Gebieten etwa des Ostblocks, in denen Taufen schwierig waren, haben sie Anregungen des II. Vaticanum aufgenommen, ein geordnetes Erwachsenen-Katechumenat einzuführen.

Die Liturgiekonstitution (Sacrosanctum Concilium) fordert in Art. 64: »Ein mehrstufiger Katechumenat für Erwachsene soll wiederhergestellt und nach dem Urteil des Ortsordinarius eingeführt werden. So soll ermöglicht werden, daß die Zeit des Katechumenats, die zu angemessener Einführung bestimmt ist, durch heilige, in gewissen Zeitabschnitten aufeinanderfolgende Riten geheiligt werden.« Dies wird noch einmal im Missions-Dekret Art. 13f. aufgenommen und ausgeführt.

Dabei greift das Modell auf Erfahrungen in Frankreich und den USA mit einem liturgisch, pädagogisch und kirchenrechtlich geordneten Katechumenat zurück.[55] Besonderer Wert wird hier darauf gelegt, dass in dem stufenförmigen Aufbau des Katechumenats alltägliche Erfahrungen mit christlichen Traditionen verbunden werden.

Konkret sind zwei, jeweils wiederum mehrfach unterteilte Stufen vorgesehen:[56]

---

54. So G. Adam, Grundlagenforschung in der evangelischen Religionspädagogik, in: Religionspädagogische Beiträge 24 (1989), 159.
55. F.-P. Tebartz-van Elst, Der Erwachsenenkatechumenat in den Vereinigten Staaten von Amerika. Eine Anregung für die Sakramentenpastoral in Deutschland, Altenberge 1993.
56. Einen knappen informativen Überblick bietet F.-P. Tebartz-van Elst, Vor der Taufe den Glauben feiern? Katechumenale Stufenriten als Paradigmen für eine missiona-

1. Nach einer Orientierungsphase (Praekatechumenat) folgt die feierliche Feier der Aufnahme in das Katechumenat, die vier Symbolhandlungen umfasst: Zeugnis von Taufbewerbern (u. a. persönliche Antwort auf die Frage, was sie »von der Kirche Gottes erbitten«[57]) und Paten (Bereitschaftserklärung); Bezeichnung der Sinne mit dem Kreuzzeichen, um die Ganzheitlichkeit der Entscheidung zu symbolisieren; Überreichung der Bibel; Überreichung des Kreuzes.

2. Die Feier der Zulassung zur Taufe, die am Beginn der österlichen Bußzeit stattfindet (also altkirchlich gesprochen der Eintritt in das Photizomenat[58]), führt Ortsgemeinde, in der die bisherige katechetische Vorbereitung stattfand, und Bischof zusammen: Ritus der Sendung durch die Gemeinde in Form eines Empfehlungsschreibens der Ortsgemeinde an den Bischof, das verlesen wird; Ritus der Zulassung durch bischöfliche Handauflegung.

3. Die Taufe selbst findet dann in der Osternacht statt. Dabei werden Taufe, Firmung und Eucharistie gleichermaßen gefeiert, also die Einheit der Initiation zurückgewonnen.

Wie bereits die neuen Agenden und das Modell des katholischen Erwachsenen-Katechumenats zeigen, erfordert eine angemessene Gestaltung der Taufe eine Einbeziehung pädagogischer und auf den Gemeindeaufbau bezogener Überlegungen. Taufe kann nicht auf die einmalige liturgische Handlung beschränkt werden, sondern ist ein das ganze Leben umfassender Prozess. Die gemeindepädagogische Arbeit im Umfeld der Taufe, die Einladung zu ihr und die Erinnerung an sie, sind also nicht nur aus werbetaktischen, sondern sachlichen Gründen wichtig. Dabei gilt, dass die beste Einladung und Tauferinnerung ein anschaulicher Taufgottesdienst ist.

4.3 Tauftermin

Es ist sachlich angemessen, dass bei den beiden genannten Modellen zur Erneuerung der Taufpraxis *Ostern als fester Tauftermin* eine wichtige Rolle spielt. Im Gegensatz zu Weihnachten, wo – wie im 8. Kapitel gezeigt wird – eine christliche Prägung in der deutschen Gesellschaft unübersehbar ist, scheint dies für Ostern so nicht mehr vorzuliegen. In dieser Situation könnte eine verstärkte Einladung zur Taufe an Ostern bei der nach wie vor gege-

---

rische Liturgie, in: B. Kranemann, K. Richter, F.-P. Tebartz-van Elst, Hg., Die missionarische Dimension der Liturgie. Zeitgemäße Gottesdienstformen Bd. 2, Stuttgart 1999, 16-31.

57. Zitat aus dem Formular ebd. 25.
58. Das Photizomenat (von griechisch »phos« = Licht) bezeichnet in der Alten Kirche den Eintritt des Katechumenen in die unmittelbare Taufvorbereitung.

benen Attraktivität von Taufe in mehrfacher Hinsicht positive Wirkungen haben:

1. Eine inhaltliche Prägung von Ostern durch die Taufe macht wieder auf den christlichen Grund dieses Festes, die Passion und Auferweckung Jesu Christi aufmerksam.

2. Dazu ermöglicht der österliche Tauftermin in hervorragender Weise die Tauferinnung für die an diesem Tag Getauften (und zwar in Zusammenhang mit dem Kirchenjahr).

3. Schließlich trägt eine Wiedergewinnung von Ostern als Tauftermin zu einer liturgisch ausgewiesenen und so unmittelbar erlebbaren Konzentration der Gemeindearbeit bei.

Eine solche stärkere Verklammerung von Ostervigil und Taufe könnte auf die Dauer dazu führen, dass der im Westen verlorengegangene Zusammenhang von Taufe und Abendmahl wiedergewonnen wird. Bei der – theologisch zu begrüßenden – Praxis der Kindertaufe bedeutet dies jedoch, dass die lange verdrängte Frage der Kinder- und Säuglingskommunion aufgenommen werden muss. Nur die orthodoxen Kirchen haben – wie erwähnt – diesen Zusammenhang nie aufgegeben. Vielleicht könnte ein Anschluss hieran auch die so problematische Praxis in den evangelischen Gemeinden Deutschlands korrigieren, dass nur ein kleiner Teil der Kirchenmitglieder regelmäßig kommuniziert.

Aus diesem Blickwinkel ist es tragisch, dass in den evangelischen Kirchen Deutschlands – maßgeblich gefördert durch das »Forum Abendmahl« auf dem Nürnberger Kirchentag 1979[59] – zuerst eine Wiederentdeckung des Abendmahls erfolgte, und erst sehr viel später die Taufe in den Blick kam.[60] Ich vermute, dass dies jedenfalls teilweise die geringe Ausstrahlungskraft der Bemühungen um das Abendmahl auf die Gesamtzahl der Kirchenmitglieder erklärt.

Entsprechende Bemühungen um die Kinder- und Säuglingskommunion werden in den Gemeinden allerdings behutsam vorgehen müssen, da eine solche Reform jahrhundertelange Gepflogenheiten in Frage stellt und deshalb leicht verunsichernd wirken kann.

---

59. S. G. Kugler, Hg., Forum Abendmahl, Gütersloh 1979.
60. S. z. B. die sog. Berliner Taufthesen auf dem 23. Deutschen Evangelischen Kirchentag (1989) bei P. Cornehl u. a., Auf dem Weg zur Erneuerung der Taufpraxis, in: ZGP 8 (1990/1), 20-22.

7. Kapitel: Gottesdienste am Übergang im Lebenslauf – das Beispiel Gottesdienst anlässlich einer Eheschließung

1. Gottesdienste an Übergängen im Lebenslauf als taufbezogene Segensgottesdienste

Wie im 1. Kapitel beschrieben, erfreuen sich die sog. Kasualgottesdienste[1] insgesamt großer Beliebtheit. Die biographischen Anlässe, an denen um einen Gottesdienst nachgesucht wird, scheinen sogar (wieder) zuzunehmen. Bevor am Beispiel des liturgischen Handelns anlässlich einer Eheschließung konkret die für eine angemessene liturgische Gestaltung zu beachtenden Fragen und Probleme bedacht werden, ist wenigstens kurz auf den besonderen theologischen und damit auch liturgischen Ort dieser Gottesdienste an Übergängen im Lebenslauf hinzuweisen.

1.1 *Pastoraltheologische Bedenken*

Lange Zeit standen die Kasualien, auch Amtshandlungen genannt, im Schatten praktisch-theologischer Reflexion.[2] Zu einem viel diskutierten Thema machte sie die vehemente Kritik von Rudolf Bohren 1960: »Unsere Kasualpraxis – eine missionarische Gelegenheit?«[3] Aus der Perspektive der Pfarrer protestierte Bohren gegen die »Baalisierung« der Kasualgottesdienste. Zwar konnte sich seine Empfehlung nicht durchsetzen, die Kasualgottesdienste aus der verbeamteten Volkskirche wieder in die Hauskirche zurückzuholen, sie also von den »Hausvätern« durchführen zu lassen.[4] Vor allem sein mangelndes Einfühlungsvermögen in die Wünsche, Sehnsüchte, Hoff-

---

1. Im Folgenden besteht dadurch eine gewisse Unschärfe beim Bezug auf die Fachdiskussion, dass fast durchgehend in der praktisch-theologischen Diskussion die Taufe – mehr oder weniger theologisch und empirisch reflektiert – unter die »Kasualien« subsummiert wird (s. dagegen die Einleitung zum 3. Teil dieses Buchs).
2. S. den knappen Überblick bei E. Winkler, Tore zum Leben, Neukirchen-Vluyn 1995, 17-24; ausführlich stellt den jetzigen weitgehenden common sense der praktisch-theologischen Forschung dar U. Wagner-Rau, Segensraum. Kasualpraxis in der modernen Gesellschaft, Stuttgart 2000.
3. Inzwischen mit einem Nachwort versehen: R. Bohren, Unsere Kasualpraxis – eine missionarische Gelegenheit?, München ⁵1979.
4. S. die zusammenfassende Darstellung der Position Bohrens und die zurückhaltende, aber wichtige Schwachstellen zutreffend markierende Kritik hieran bei E. Wölfle, Zwischen Auftrag und Erfüllung. Eine pastoraltheologische Untersuchung und Begründung der volkskirchlichen Bestattung, Stuttgart 1993, 17-26.

nungen,⁵ aber auch Ängste, aus denen heraus Menschen solche liturgischen Handlungen begehren, verstellte Bohren den Blick für die Realität. Sein Protest macht aber auf den Zusammenhang von Beurteilung der Kasualgottesdienste und der Auffassung von Gemeinde, also auf das bereits im 1. Teil formulierte *Problem eines für liturgische Vollzüge angemessenen Gemeinschaftsverständnisses* aufmerksam. Ein reduktionistisches, an ausgesprochenen Bekenntnissen orientiertes Verständnis von Gemeinde wird die Attraktivität von Gottesdiensten an Übergängen im Lebenslauf nur als »eine Wunde am Leib der Kirche«⁶ verstehen können.

1.2 Erfahrungswissenschaftliche Horizonterweiterung

In der Folgezeit trat im Gegenzug die erfahrungswissenschaftlich geschulte Wahrnehmung der Besonderheit von Situationen in den Vordergrund, hinsichtlich derer liturgische Begleitung erbeten wird. Karl-Fritz Daiber stellte z. B. 1973 die Trauung als »Ritual« vor. In vornehmlich soziologischer Perspektive nennt er drei Funktionen der Trauung:
- die jeweilige Integration der Familien, die an der Trauung beteiligt sind,⁷
- die »rituelle Überwindung der Sprachlosigkeit angesichts der Sinnfrage«,⁸
- die Stabilisierung des Einzelnen, des Paares und auch indirekt der ganzen an der Trauung beteiligten Gruppe.

Yorick Spiegel erwies dann noch genauer am Beispiel der Begleitung des Trauerprozesses die Erklärungskraft des sozialpsychologischen Konzepts »rites de passage«. Dabei zeigte er, wie hierdurch sowohl die psychologische als auch die soziale Seite eines Übergangs im Lebenslauf in seiner Kohärenz dargestellt und eine Grundlage für kirchliches Handeln gelegt wird, die an der Begleitung von Menschen interessiert ist.⁹

»Das Ritual der ›rites des passage‹ kommt zur Anwendung, wenn der Statusübergang eines Individuums innerhalb einer sozialen Gruppe vollzogen wird. Der Statusübergang, der psychisch gesehen zumeist einen langwierigen Prozeß der Trennung von dem bisherigen und Adaption an den neuen Status bedeutet, wird im

---

5. Bohren spricht durchgängig abwertend von »Bedürfnissen« (zur Problematik dieses zumindest umgangssprachlich missverständlichen Begriffs s. D. Greiner, Segen und Segnen. Eine systematisch-theologische Grundlegung, Stuttgart ²1999, 371 ff.).
6. Bohren, Kasualpraxis (1960), 3.
7. K.-F. Daiber, Die Trauung als Ritual, in: EvTh 33 (1973), 588 f.
8. Ebd. 589.
9. Y. Spiegel, Der Prozeß des Trauerns. Analyse und Beratung, Gütersloh ⁸1995, 93-123.

Ritual vorweggenommen und symbolisch dargestellt, wobei derjenige vor allem zum Symbolträger wird, der den Statuswechsel vollzieht.«[10]

Zwar verblieben seine Ausführungen vornehmlich im psychologischen Bereich. Durch die Hineinnahme des Ritus-Begriffs legte er aber gleichsam nebenbei den Grund für eine neue Sicht des liturgischen Handelns bei Kasualien.

In den siebziger Jahren machten religionssoziologische Forschungen auf die Chancen und Veränderungsnotwendigkeiten der Kasualpraxis aufmerksam. Bei der Auswertung der ersten Kirchenmitgliedschaftsumfrage der EKD 1975 wies Joachim Matthes auf das Problem eines exklusiven Ansatzes beim Lebenszyklus hin. Denn schon damals zeigte sich ein Auseinandertreten zwischen dem »normalen« Lebenslauf, dessen Verlauf die traditionellen liturgischen Handlungen (zu Geburt, Geschlechtsreife, Partnerwahl und Tod) markierten, und den tatsächlichen individuellen Lebensgeschichten.[11] Matthes forderte auf Grund dieser Erkenntnis eine *integrale Amtshandlungspraxis.*[12]

Hierunter versteht er die »Verknüpfung der verschiedenen an der einzelnen Amtshandlungspraxis beteiligten Lebenswirklichkeiten« und die »Erweiterung des Amtshandlungsgeschehens um fortsetzendes seelsorgerliches Handeln im Hinblick auf die verschiedenen beteiligten Lebenswirklichkeiten«.[13]

Liturgisch gesehen ist dies – im Sinne eines umfassenden biblischen Gottesdienstverständnisses – ein wichtiges Widerlager gegen eine rituell-kultische Reduktion kirchlichen Handelns an Übergängen im Lebenslauf.

1.3 Praktisch-theologische Interpretationen

Eine religiöse Präzisierung fand dieser Zugang durch die (Wieder-)Entdeckung, dass ein *Segen* im Zentrum der Gottesdienste anlässlich eines Übergangs im Lebenslauf steht. Angeregt durch die 1968 erschienene exe-

---

10. Ebd. 101.
11. W.-E. Failing, Die kleine Lebenswelt und der umfassende Sinn. Weisheit des Alltags und kasuelles Handeln der Kirche, in: ders., H.-G. Heimbrock, Gelebte Religion wahrnehmen. Lebenswelt – Alltagskultur – Religionspraxis, Stuttgart 1998, 209 f., spricht von »verschliffene(n) Übergänge(n)«.
12. J. Matthes, Volkskirchliche Amtshandlungen, Lebenszyklus und Lebensgeschichte, in: ders., Hg., Erneuerung der Kirche – Stabilität als Chance?, Gelnhausen 1975, 96 ff.
13. Ebd. 101.

getische Studie von Claus Westermann[14] unternahm z. B. Ferdinand Ahuis den Versuch, die Kasualien von hierher theologisch zu begreifen.[15]

Die Kasualgottesdienste sind Ausdruck des vorhergehenden Handelns Gottes und werden als diakonisches Handeln verstanden. Sie können »zu einer ersten Berührungsstelle zwischen bestimmten Menschen und der Kirche werden«.[16]

Dabei trat der liturgische Vollzug wieder in den Mittelpunkt des Interesses. Inhaltlich ordnete Ahuis die Kasualien – entsprechend der Unterscheidung Westermanns zwischen dem rettenden und dem segnenden Handeln Gottes – der Schöpfungstheologie zu.

Dorothea Greiner macht zu Recht darauf aufmerksam, dass – auch abgesehen von exegetischer und systematisch-theologischer Kritik an der hier aufgenommenen Unterscheidung Westermanns – das konkrete, trinitarische Segenswort im liturgischen Vollzug zu diesem Ansatz im Widerspruch steht.[17] Segen lässt sich demnach nicht auf den ersten Glaubensartikel reduzieren.

Eine weitere Bereicherung erfuhr die Kasualdebatte dadurch, dass der Biographiebezug der konkreten Übergänge im Lebenslauf theologisch gedeutet wurde. Überzeugend konnte hier Wilhelm Gräb die Erschließungskraft der *Rechtfertigungslehre* erweisen. In dieser Perspektive geht es in den Kasualien um die »Rechtfertigung von Lebensgeschichten«.[18]

Die These lautet: »Den zu einer Amtshandlung Kommenden geht es um lebensgeschichtlich motivierte Wahrnehmung ihrer Kirchenzugehörigkeit und darin inhaltlich um Teilhabe an den Gründen, welche die Kirche für die Rechtfertigung von Lebensgeschichten hat.«[19]

Die für liturgisches Handeln erforderliche inhaltliche Näherbestimmung der Rechtfertigungslehre weist schon in der Theologie des Paulus auf die Taufe hin.[20] An ihr wird dem Einzelnen rituell zugeeignet, was begrifflich in der Rechtfertigungslehre ausgearbeitet ist.

---

14. C. Westermann, Der Segen in der Bibel und im Handeln der Kirche, München 1968.
15. F. Ahuis, Der Kasualgottesdienst. Zwischen Übergangsritus und Amtshandlung, Stuttgart 1985.
16. Ebd. 160.
17. Greiner, Segen, 369.
18. Unter Rückgriff auf 1987 vorgetragene Überlegungen W. Gräb, Lebensgeschichten – Lebensentwürfe – Sinndeutungen. Eine praktische Theologie gelebter Religion, Gütersloh 1998, 172-202.
19. Ebd. 201.
20. S. im Einzelnen den Abschnitt »Die Integration der Taufe in Rechtfertigungsbotschaft und theologia crucis bei Paulus« in Barth, Taufe, 92-106.

Von daher ergibt sich ein sowohl Biographiebezug als auch erforderliche theologische und liturgische Bestimmung umfassendes Verständnis der Gottesdienste anlässlich von Übergängen im Lebenslauf. Sie sind *primär liturgische Vollzüge, in denen der Segen des dreieinigen Gottes auf die jeweils konkrete Lebensgeschichte appliziert wird. Eine nähere Bestimmung von Segen zeigt, dass diese Gottesdienste dadurch zugleich Erinnerungen an die Taufe sind* (bzw. im besonderen Fall auch Einladungen zu ihr).

Diese Zusammenhänge hat in liturgischem Kontext Frieder Schulz eindrücklich anhand einer Auslegung von Eph 1,3-14 ausgeführt.

Er interpretiert den Inhalt der trinitarischen Segensformel knapp, aber theologisch umfassend: »Der trinitarisch ausgeformte Segen bringt ... die heilsgeschichtliche Erstreckung des göttlichen Wirkens als Schöpfung, Erlösung und Heiligung zum Ausdruck. Auf diese Weise ist das bei Westermann in segnendes und rettendes Handeln aufgespaltene Wirken Gottes beisammengehalten und mit dem für das Bleiben und Wachsen wesentlichen, bei Westermann fehlenden pneumatologischen Aspekt verbunden.«[21] Wenn man dieses trinitarische Segensverständnis in Beziehung zu dem Menschen als Segensempfänger setzt, legt sich – gleichsam als biographische Konkretion des Handelns des dreieinigen Gottes – der Bezug auf die Taufe nahe. Nicht von ungefähr stellt Eph 1,3-14, der »kardinale neutestamentliche Text über den Segen«,[22] den Segen in tauftheologischer Terminologie dar. Offensichtlich ist die Taufe gleichsam der »Segen aller Segen«[23]. Und zwar gilt dies sowohl für Segnungen vor als auch nach der Taufe.

Gottesdienste anlässlich eines Übergangs im Lebenslauf gewinnen durch solches Verständnis große Weite, aber zugleich auch theologische und liturgisch darstellbare Präzision.

Im Folgenden wird die Integrationskraft dieses Ansatzes, der historische Entwicklungen wahrnehmen lässt, für die Berücksichtigung empirischer Befunde offen ist und durch ökumenische Kontakte lernt, am Beispiel des liturgischen Handelns anlässlich einer Eheschließung (bzw. herkömmlich der Trauung) vorgestellt.

Es sei nur darauf hingewiesen, dass dies auch für die beiden anderen »klassischen« Kasualien ausweisbar ist:

Für die Konfirmation liegt die Erschließungskraft eines segens- und tauftheologischen Ansatzes auf der Hand, denn sie ist ja in ihrem Vollzug wesentlich durch Tauferinnerung und Segnung bestimmt. Dies ist wohl – entsprechend der gegen-

---

21. F. Schulz, Segnende Kirche und christlicher Glaube, in: Gemeinsame Arbeitsstelle für gottesdienstliche Fragen 28/97, 52 f.
22. Ebd. 56.
23. So ebd. 58 im Zitat einer französischen Ärztin.

wärtigen Konfirmationspraxis – besser in einem gemeindepädagogischen Argumentationsgang zu erweisen.[24]

Für die Bestattung ergibt sich bei einem tauftheologischen Ansatz eine bisher im evangelischen Raum noch wenig beachtete Weitung, auf die die Praxis in den katholischen und orthodoxen Kirchen weist. Wenn man die etwa in Röm 6 nachzulesende, biblische Verheißung ernst nimmt, dass die Taufe über den biologischen Tod hinaus in den Leib Christi eingliedert, erscheint nicht nur ein Handeln am Verstorbenen in Folge einer Aussegnung liturgisch möglich. Vielmehr gilt es liturgische Vollzüge aufzunehmen, in denen die bleibende Präsenz des Verstorbenen als Glied am Leib Christi zur Darstellung kommt. Die dadurch eröffnete zeitliche Weite, die von der Vergangenheit bis ins Eschaton ragt, impliziert eine kritische Distanz zur gegenwärtig verbreiteten Gegenwartsfixierung, die große seelsorgerliche Bedeutung haben dürfte.

Hinsichtlich eventueller »neuer« Gottesdienste am Übergang im Lebenslauf kann – neben den Anregungen etwa zur Tauferinnerung – das hier skizzierte tauf- und segenstheologische Verständnis ein Kriterium für deren Angemessenheit sein.

2. Die kirchliche Trauung bzw. der Gottesdienst anlässlich einer Eheschließung

Sexualität und Ehe begegnen in der Kulturgeschichte der Menschheit in unterschiedlichsten Formen. Dabei ist von Anfang an eine große Nähe der hiermit verbundenen, jeweils kulturell bedingten Vollzüge zur Religion unübersehbar. Offensichtlich stößt der Mensch sowohl hinsichtlich seiner Fähigkeit, mit einem (bzw. mehreren) Menschen des anderen Geschlechts zu leben, und der damit verknüpften Zeugung von Nachkommen auf »Grenzen seines Machens und Verfügens, seiner eigenen Schöpferkraft und wird sich seiner Schicksalsabhängigkeit und seiner Geschöpflichkeit in elementarer Weise bewußt«.[25]

Die kirchliche Trauung bezieht sich auf einen Entschluss von zwei Menschen, der untrennbar mit den grundlegenden sexuellen, sozialen, emotionalen und auch ökonomischen Bedingungen menschlichen Lebens verbunden ist. Entsprechend der kulturellen Prägung aller dieser Bereiche ist auch das kirchliche Handeln anlässlich einer Eheschließung großen Wandlungen unterworfen.

---

24. S. hierzu meinen Versuch (Grethlein, Gemeindepädagogik, 181-227).
25. H.-H. Jenssen, Die Trauung, in: H.-Chr. Schmidt-Lauber, K.-H. Bieritz, Hg., Handbuch der Liturgik, Leipzig ²1995, 392.

Sehr deutlich ist dies für das 20. Jahrhundert an den verschiedenen kirchenrechtlichen und dogmatischen Bestimmungsversuchen in der römisch-katholischen Kirche zu erkennen, die durch das Beharren auf der Formpflicht ihre jeweilige Position fixieren (und eben dann auch modifizieren) muss.[26]

Heute betrifft die Pluralisierung der Daseins- und Wertorientierung unmittelbar die Ehe als institutionalisierte Verbindung von Mann und Frau und stellt vor schwerwiegende pastorale Probleme. Zugleich eröffnet das kirchliche Handeln anlässlich einer Eheschließung aber die Möglichkeit, Gottes Handeln an diesem für die Biographie der Einzelnen vorzüglichen Ereignis zur Darstellung zu bringen. Der dabei zweifellos bestehenden Gefahr, dass religiöses Reden und Tun zu einer äußerlichen Staffage verkommen, kann konzeptionell durch die eingangs des 3. Teils ausgeführte Verankerung der Gottesdienste an Übergängen im Lebenslauf in der Taufe gewehrt werden. In diese Richtung weist auch die ökumenische Aufgabe, ein Fundament für eine gemeinsame liturgische Handlung anlässlich einer Eheschließung zu finden. Allerdings muss dieser Taufbezug im konkreten pastoralen und liturgischen Handeln verständliche Gestalt gewinnen.

Um sich auf dem Feld liturgischen Handelns anlässlich einer Eheschließung orientieren zu können, ist eine grobe Kenntnis wichtiger historischer Etappen auf dem Weg zur heutigen Trauungspraxis unerlässlich, insofern diese bis in die heutige liturgische Praxis hineinreichen. Dabei ist angesichts der großen Zahl konfessionsverschiedener Ehen in Deutschland auch das Auseinandertreten des evangelischen und römisch-katholischen Ehe-Verständnisses und Trau-Ritus herauszuarbeiten. Sodann gilt es, kurz die Situation von Ehe in der gegenwärtigen Gesellschaft und die daraus resultierenden Anfragen an ein theologisches Eheverständnis und das liturgische Handeln zu skizzieren, bevor die gegenwärtig gültige Agende vorgestellt und in ihrer Bedeutung kritisch gewürdigt werden kann. Der abschließende Abschnitt wird auf neuere liturgische Vorschläge im Umfeld der Trauung einzugehen haben.

2.1 Historische Dimension: die langsame Entwicklung kirchlicher Trauung[27]

2.1.1 Ein Blick in die Bibel zeigt eine große *Pluriformität des Zusammenlebens von Mann und Frau*: angefangen von den polygamen Erzvätern und Königen Israels über die Leviratsehe, also die Übernahme der (sohnlos ge-

---

26. S. Hell, Die konfessionsverschiedene Ehe, Freiburg 1998, 273-322.
27. S. zum ganzen ausführlicher B. Kleinheyer, Sakramentliche Feiern II (GdK 8), Re-

bliebenen) Witwe durch einen Verwandten des verstorbenen Ehemanns (Dtn 25,5-10), bis hin zu unterschiedlichen Äußerungen zur Frage der Ehescheidung (Dtn 24,1 f. versus Mk 10,1-12). Dabei war lange Zeit der Eheschluss wesentlich eine Angelegenheit der Familie, seine rituelle Ausgestaltung Ausdruck der Familienreligion.

In Tob 7 f., einer Schrift aus der Mitte des 2. Jahrhunderts v. Chr., findet sich das Zeugnis von einer solchen familienreligiös geschlossenen Ehe:
– Bitte an Brautvater um Hand der Tochter,
– Brautvater nimmt die Hand der Braut,
– gibt sie dem Bräutigam in die Hand,
– spricht den Segen über beide,
– Schreiben des Ehebriefs,
– Loben Gottes,
– gemeinsame Mahlzeit,
– Braut und dann Bräutigam gehen in die Kammer.
Zwar wissen wir nicht historisch genau, inwieweit diese Szene typisch war. Auffällig – und für die tiefen religionsgeschichtlichen Wurzeln der späteren kirchlichen Trauung sprechend – ist jedoch die Ähnlichkeit mit späteren Riten, auch in anderen Kulturkreisen.

Ein systematisierender Blick auf die zahlreichen biblischen Texte zu Ehe und Eheschluss ergibt nur zwei Konstitutiva von Ehe aus christlicher Sicht:
  1. Ehe ist eine die Ganzheit des Menschen umfassende Lebensgemeinschaft.

So zeigt das Alte Testament z. B. am Fehltritt des Davidsohns Amnon (2 Sam 13,1-5) die fatale Konsequenz eines nicht auf ganzheitliche Begegnung zielenden sexuellen Verlangens. Das Begehren schlägt schnell in Missfallen um.[28]

2. Ehe ist grundsätzlich auf die ganze Lebensdauer bezogen.

Dies wird bereits im Alten Testament theologisch begründet. Entsprechend der Gesamtkonzeption des Dekalogs ist das (nach dem lutherischen Katechismus) 6. Gebot im grundlegenden 1. Gebot verankert, d. h.: Wer die Gottheit Gottes anerkennt, der Israel aus Ägypten geführt hat, bricht keine Ehe.

Wirkungsgeschichtlich bedeutsam, bis hinein in die heutige Trauagende, wurde die klare Stellungnahme Jesu, die diese beiden Einsichten aufnimmt und – vor dem Hintergrund selbstverständlicher Monogamie – auf die Frage der Ehescheidung hin konkretisiert. In einem Logion, das sich auf die

  gensburg 1984, 76-93, 100-137; zur Eheschließung in den ostkirchlichen Patriarchaten ebd. 94-100.
28. H. W. Wolff, Anthropologie des Alten Testaments, Gütersloh ⁶1994, 255 f.

Schöpfungsüberlieferung bezieht und bis heute im Traugottesdienst verlesen wird, konstatiert Jesus: »Was Gott zusammengefügt hat, soll der Mensch nicht scheiden.« (Mk 10,9 par.)

Wolfgang Schrage erklärt: »Die Ehe ist eine gute Ordnung des Schöpfers und um des Menschen willen gemacht, so wie auch der Sabbat um des Menschen willen gemacht ist, nicht umgekehrt. Diesem ursprünglichen Schöpferwillen und dem Geschöpf dient auch das Wort Jesu über die Scheidung, nicht einer kasuistischen Rechts- oder Kirchenordnung. Liebe ist auch hier entscheidender Impuls und letzte Instanz. Das deutet sich vor allem darin an, daß das Verbot der Ehescheidung der damals weithin rechtlosen Frau einen Schutz verleiht, der über die Schutzfunktion der Scheidung, die der Frau immerhin das Recht auf eine neue Ehe einräumt, weit hinausgeht.«[29]

Paulus betonte, dass auch das Heiraten »im Herrn« geschehen solle (1 Kor 7,39b), was dann in Eph 5,25 f. christologisch ausführlicher aufgenommen wird. Dieses theologisch bestimmte, aber für konkrete Ausgestaltungen offene Eheverständnis ermöglichte es den frühen Christen weitgehend[30], sich den jeweils gültigen staatlichen Eheschließungsformen unterzuordnen:

Im römischen Recht galt der Grundsatz: »Consensus facit nuptias«, die gegenseitige Übereinstimmung begründet die Ehe.[31] Hierbei stand das gegenseitige Eheversprechen der Brautleute im Vordergrund des Eheschlusses.

Allerdings warf dieses grundsätzlich bis heute unser Eherecht prägende Eheverständnis im Mittelalter ein Problem auf, nämlich den sog. geheimen Eheschluss (klandestine Ehen). Solche ohne Zeugen nur durch das Ja-Wort der Verlobten geschlossenen Ehen waren insofern problematisch, als die Tatsache des Eheschlusses nicht beweisbar war und dadurch etwa die Möglichkeit zur Bigamie eröffnet wurde. Es zeigte sich, dass um der Rechtssicherheit willen neben dem Konsens Öffentlichkeit beim Schließen einer Ehe wichtig ist.

Im germanischen Recht war dagegen der Begriff der »Copulatio« konstitutiv. Hier war entsprechend der patriarchalischen Gesellschaftsordnung eine Umsippung der Braut notwendig (Munttrauung). Durch die Ehe ging nämlich die Frau von der väterlichen Sippe in die ihres Ehemanns über. Dementsprechend musste die Braut bei Eheschluss durch einen aus ihrer Sippe stammenden Vormund dem Bräutigam und seiner Sippe übergeben werden, ein öffentlicher Akt.

---

29. W. Schrage, Ethik des Neuen Testaments, Göttingen ⁵1989, 103 f.
30. Nur das Anbeten heidnischer Gottheiten war für sie ausgeschlossen.
31. S. R. Puza, Katholisches Kirchenrecht, Heidelberg 1986, 302.

2.1.2 Die weitere Entwicklung skizziert Rolf Schäfer zutreffend: »Je stärker der Konsens bei der Eheschließung betont wurde, desto mehr wurde aus der Übergabe der Braut an den Bräutigam ein wechselseitiges Zusammengehen der beiden«.[32] Dabei musste nicht mehr ein Mann aus der Sippe der Braut der Übergebende sein; zunehmend trat der Priester an dessen Stelle, übernahm also eine ursprünglich in den familiären Kontext gehörende Rolle bei der Trauung.

Diese *Verkirchlichung* eines ursprünglich – bereits im Alten Orient – in den familiären Bereich gehörenden Aktes hatte aber liturgische Vorläufer, die sich etwa seit dem 3. Jahrhundert herauszubilden begannen:

1. Alfred Niebergall weist – in der Forschung allerdings nicht unbestritten – darauf hin, dass Tertullian (Ad uxorem 2,8.6) am Übergang vom 2. zum 3. Jahrhundert die Eucharistie im Zusammenhang mit der Heirat von Christen nennt.[33]

2. Im Laufe der Zeit, genauer ab dem 4. Jahrhundert greifbar, entwickelte sich der Brauch der Segnung der Braut (benedictio nuptialis), verbunden mit deren Verhüllung (velatio nuptialis). Dabei waren wohl nicht der Segen, der ja schon in Tob 7 f. begegnet, und die Verhüllung das Neue, sondern die Tatsache, dass ein Kleriker, nicht mehr der Vater, diese Riten vollzog.

Kleinheyer versucht auf Grund der römischen Sakramentare und anderer liturgischer Texte eine Rekonstruktion der möglichen Entwicklung:

»Segnung durch den kirchlichen Amtsträger im Haus der Braut; Segnung in Verbindung mit der ›velatio‹; Segnung (nur gelegentlich?) auch einen oder mehrere Tage vorher; Segnung und Verschleierung beider Partner ...; Segnung in Verbindung mit der Messe, entweder erst vor der Entlassung oder schon vor der Spendung der Eucharistie.«[34]

Zuerst scheinen die Priester bei der Eheschließung zu einer Benedictio verpflichtet worden zu sein; dagegen betonte Papst Nikolaus I. noch 866 – offensichtlich gegenüber der anderen Auffassung der Griechen –, dass Segnung und Verhüllung nicht notwendig seien. Es bestand also im Westen Formfreiheit bei der Eheschließung.

In anderen Gegenden, z.B. Gallien, ist seit dem 6. Jahrhundert – an Stelle der Benedictio nuptialis – die Einsegnung in der Brautkammer (benedictio in thalamo) bezeugt.

Es ist historisch nicht geklärt, ob es auch im Westen die sich im Osten durchsetzende, bis heute geübte Krönung (bzw. Bekränzung) der Brautleute gab.

32. R. Schäfer, Zur kirchlichen Trauung, in: ders., Gotteslehre und kirchliche Praxis, Tübingen 1991, 136.
33. S. genauer A. Niebergall, Ehe und Ehescheidung in der Bibel und in der Geschichte der alten Kirche, hg. v. A. M. Ritter, Marburg 1985, 132-148.
34. Kleinheyer, Feiern II, 90.

Auf jeden Fall dauerte es, mit erheblichen regionalen Differenzen, bis weit ins Mittelalter hinein, dass die Eheschließung aus dem Kreis der Familie in die Öffentlichkeit trat, »in facie ecclesiae« geschlossen und dann zunehmend ein kirchlicher Akt wurde.

2.1.3 Deutlich findet sich die Trennung zwischen Eheschließung – vor der Kirchentür (sog. Brauttorvermählung)[35] – und anschließendem Gottesdienst noch in *Martin Luthers Traubüchlein.* Dieses wurde als Anhang in den Kleinen Katechismus aufgenommen und prägte so die weitere evangelische Trauagenden.

Die Trauung gliedert sich im Traubüchlein folgendermaßen:
Aufgebot von der Kanzel
Trauung vor der Kirche
– Pfarrer: »Hans, willst Du Greten zum ehlichen Gemahel haben?« Dicat: »Ja« – und umgekehrt
– Paar gibt sich gegenseitig die Ringe
– Pfarrer fügt die Hände von beiden zusammen und spricht Mt 19,6
– Pfarrer: »Weil denn Hans N. und Greta N. einander zur Ehe begehren und solchs hie offentlich fur Gott und der Welt bekennen, darauf sie die Hände und Trauringe einander gegeben haben, so spreche ich sie ehlich zusammen im Namen des Vaters und des Sohns und des heiligen Geists, Amen.«
Vor dem Altar:
– Lesen von Gen 2,18. 21-24
– Vermahnung mit Eph 5,25-29. 22-24; Gen 3,16-19; Gen 1,27 f. 31; Spr Sal 18,22
– Ehegebet.

In der Einleitung zum Traubüchlein betont Luther die Berechtigung der regional unterschiedlichen Bräuche und konstatiert, »weil die Hochzeit und Ehestand ein weltlich Geschäft ist, gebührt uns Geistlichen oder Kirchendienern nichts, darin zu ordnen oder regieren, sondern lassen einer iglichen Stadt und Land hierin ihren Brauch und Gewohnheit« (BSLK 528).

Doch darf dies nicht zu einer theologischen Missachtung der Ehe führen. Vielmehr gilt: »Denn ob's wohl ein weltlicher Stand ist, so hat er dennoch Gottes Wort für sich und ist nicht von Menschen ertichtet oder gestiftet wie der Münche und Nonnen Stand« (BSLK 529). So erklärt sich Luther zu Segnung und Gebet anlässlich einer Eheschließung bereit. Dies wird – in heute immer noch aktueller Weise – begründet: »denn wer von dem Pfarrherr oder Bischof Gebet und Segen begehrt, der zeiget damit wohl an (ob er's gleich mit dem Munde nicht redet), in was Fahr und Not er sich begibt

---

35. Ebd. 102-107.

und wie hoch er des göttlichen Segens und gemeinen Gebets bedarf zu dem Stande, den er anfähet, wie sich's denn auch wohl täglich findet, was Unglücks der Teufel anricht in dem Ehestande mit Ehebruch, Untreu, Uneinigkeit und allerlei Jammer« (BSLK 530). Zugleich unterbindet eine öffentliche Zeremonie die problematische Praxis der klandestinen Ehen.

Schon bald rückte – auch in evangelischen Kirchen – der öffentliche Eheschluss in die Kirche. Die lehrmäßige Spannung zwischen Ehe als »weltlich Ding« und zugleich »Ordnung Gottes« kam in der Feiergestalt nicht mehr zum Ausdruck.

2.1.4 Wirkmächtig verstärkte dann das *Tridentinum*[36] den kirchlichen Charakter der Trauung, in dem es zum einen deren Bestimmung als Sakrament bekräftigte und zum anderen die Formpflicht einführte,[37] ohne dass es jedoch zu einer einheitlichen Ritengestalt gekommen wäre. In der Folge wurde auch die Brauttorvermählung untersagt.

Das Tridentinum verfolgte auch hinsichtlich des Eheschlusses das Anliegen, der reformatorischen Auffassung entgegenzutreten. Dazu wurde dogmatisch die Sakramentalität der Ehe unterstrichen.[38] Kirchenrechtlich wurde die Kompetenz der Kirche hinsichtlich des Eherechts (Ehehindernisse, Frage der Gültigkeit) behauptet. Schließlich ging es den Konzilsvätern darum, durch die Einführung der Formpflicht die klandestinen Ehen endgültig zu unterbinden.

Ungeachtet der tiefreichenden konfessionellen Unterschiede in der Eheauffassung übernahmen die christlichen Kirchen in Deutschland die Aufgabe des Eheschlusses. Das Preußische Allgemeine Landrecht (1794) bestimmte entsprechend in § 136: »Eine vollgültige Ehe wird durch die priesterliche Trauung vollzogen.«[39] Der ursprünglich in der Familie bzw. dann in der Öffentlichkeit vollzogene Akt der Kopulation wird jetzt vom Pfarrer zelebriert. Die Segnungshandlung, das ursprüngliche Anliegen kirchlichen Handelns, tritt zumindest im Bewusstsein der Bevölkerung zurück. Nicht ganz nebensächlich waren zu einer Zeit ohne allgemein geregelte Pfarrgehälter die Stolgebühren, die bei Vornahme einer Trauung dem Pfarrer zustanden.

36. Ausführlich über das Eheverständnis des Tridentinum informiert Hell, Ehe, 163-190.
37. Der Priester hatte die Formel zu sprechen: »Ego vos in matrimonium conjugo in nomine Patris ...«, wobei aber ähnliche Formulierungen gemäß dem jeweiligen regionalen Ritus erlaubt blieben.
38. Zu den erheblichen Schwierigkeiten dabei s. Hell, Ehe, 166-176.
39. Allerdings handelte der Pfarrer hier nicht aus eigenem Recht, sondern im Auftrag des Staates.

2.1.5 Einen tiefen Einschnitt in diese Entwicklung stellt – rechtsgeschichtlich als Wirkung des Code civil Napoleons, tagespolitisch im Zusammenhang des Kulturkampfes – die *Zivilstandsgesetzgebung* von 1875 dar. Denn hier wurde die Ziviltrauung als allgemein verbindlich eingeführt. Die Proteste der römisch-katholischen Kirche, von Papst Leo XIII. (1878-1903) in der Enzyklika »Arcanum divinae sapientiae« (1880) bis hin zur Denkschrift der Deutschen Bischofskonferenz zum Familienrechtsgesetzentwurf 1953, waren vergeblich. Bis heute sieht sich die römisch-katholische Kirche durch die Pflicht zur Ziviltrauung in ihren Rechten beschnitten und erkennt für ihre Mitglieder eine nur zivilrechtlich geschlossene Ehe nicht an.[40] Zwar gab es auch in der evangelischen Kirche anfangs protestierende Stimmen gegen die neue Rechtslage. Doch wurden – im Gegensatz zur katholischen Kritik – keine grundlegenden ehetheologischen, sondern kirchenpolitische (Übermacht des Staates) und handfest ökonomische Gründe (Wegfall der Stolgebühren) angeführt.

Auf die Dauer hin erkennt die evangelische Kirche die staatliche Trauung als vollgültig an. Dies führt allerdings zu gewissen Problemen in der liturgischen Gestaltung. Während in der römisch-katholischen Trauung – nach dem Selbstverständnis dieser Kirche – die Ehe erst gültig geschlossen wird und deshalb natürlich auch Konsens und Kopulation im Gottesdienst erfolgen, ist nach evangelischer Auffassung die kirchliche Trauung streng genommen ein Gottesdienst anlässlich einer – bereits vor dem Standesbeamten vollzogenen – Eheschließung, primär also eine Segnungshandlung. Der Konsens der Ehegatten wird – als vor dem Standesbeamten abgegeben – vorausgesetzt.[41]

Bevor diese Probleme anhand der konkreten Agenden diskutiert werden können, ist noch ein Blick auf die gegenwärtige Situation der Ehe als Institution am Beginn des 21. Jahrhunderts zu werfen.

2.2 Gegenwärtige Situation der Ehe

Einige neuere gesellschaftliche Entwicklungen hinsichtlich der Ehe sind auch für die liturgische Feier eines Eheschlusses von Bedeutung:

40. Zu den sehr komplizierten, im Laufe des 20. Jahrhundert veränderten Bestimmungen des römisch-katholischen Kirchenrechts bezüglich der Erlaubtheit bzw. der Gültigkeit des zivilen Eheschlusses von Katholiken mit Nicht-Katholiken (wobei zunehmend zwischen Getauften und Ungetauften differenziert wird) s. ausführlich Hell, Ehe, 273-322.
41. Offen bleibt hier nur die Frage der Kopulation, die bei der standesamtlichen Eheschließung nicht vollzogen wird.

2.2.1 Zuerst ist in den letzten dreißig Jahren ein *Rückgang beim Begehren evangelischer Trauungen*[42] zu konstatieren, und zwar in mehrfacher Hinsicht.[43]

Bei Paaren mit zwei evangelischen Partnern: hier begehrten 1963 noch 85% aller Paare eine kirchliche Trauung, 1984 nur noch 69%, 1996 schließlich 66%, allerdings mit erheblichen regionalen Differenzen. Bei Paaren mit einem evangelischen und einem römisch-katholischen Partner wurden von 100 Ehen 1996 31% in einer evangelischen und 29% in einer römisch-katholischen Kirche getraut. Erheblich geringer war der Anteil der evangelischen Gottesdienste bei Paaren, von denen ein Partner evangelisch und der andere anderschristlich oder nichtchristlich war: 17% in den westlichen, 4% in den östlichen Gliedkirchen.

Gravierender ist, dass hinsichtlich der Gesamtzahl der Eheschlüsse in Deutschland der Anteil der in einer evangelischen Kirche eingesegneten Ehen zurückgeht. Wurden 1963 noch 43% aller Ehen von einem evangelischen Pfarrer gesegnet, waren dies 1984 nur noch 28%. Daraus lässt sich für die kirchliche Trauung als Erstes schließen, dass ihre Selbstverständlichkeit zurückgeht. Berücksichtigt man, dass offensichtlich zunehmend auch durch Freunde o. ä. organisierte »Zeremonien« stattfinden,[44] kann vermutet werden: Es ist zumindest in Bereichen mit geringen Trauziffern wie vor allem Großstädten und fast Gesamt-Ostdeutschland zunehmend mit einer spezifisch christlichen Motivation bei Traubegehren zu rechnen. Das früher dominierende Motiv der Traditionsleitung tritt demgegenüber an Bedeutung zurück. Wenn dies zutrifft, dürfte auch das Interesse an einer Mitgestaltung bei der Vorbereitung des Gottesdienstes wachsen.

Der konstatierte (prozentuale) Rückgang von evangelischen Trauungen hängt mit mehreren Faktoren zusammen. Die Ehe wird von Personen in einem Alter geschlossen, in dem – wie die Statistik des Kirchenaustritts zeigt – die Distanz zur Kirche besonders groß ist. In Folge der Ansiedlung von Menschen aus anderen Ländern und der Vereinigung Deutschlands nimmt die Zahl von Ehewilligen zu, die keiner christlichen Kirche angehören. Al-

---

42. Ich verwende hier und im Folgenden diesen, m. E. theologisch problematischen Begriff als Zitat der entsprechenden Agende und der kirchenamtlichen Statistik.
43. Die folgenden Daten entstammen, wenn nicht anders vermerkt, der jeweiligen Statistischen Beilage zum Amtsblatt der EKD.
44. Eine gewisse Vorbildfunktion hierfür dürften wohl massenmedial verbreitete »Trauungen« haben. Auch aus der Ehepastoral wird immer wieder berichtet, dass bestimmte Vollzüge, Lieder o. ä. unter Hinweis auf entsprechende Fernseh-»Trauungen« gewünscht werden. Zumindest teilweise steht dabei – unausgesprochen – der Wunsch nach Öffentlichkeit im Hintergrund. S. auch das Beispiel eines Anbieters von Ritualen am Anfang der Ehe bei Failing, Lebenswelt, 208.

lerdings zeigt die höhere Zahl des Begehrens von Taufen, Konfirmationen und Bestattungen, dass auch Gründe, die speziell in der Institution Ehe liegen, eine Rolle spielen. Dazu kommt noch, dass zunehmend vor allem jüngere Menschen z. T. jahrelang ohne Eheschluss gemeinsam leben.

2.2.2 Offensichtlich löst sich die lange Zeit auch gesetzlich abgestützte *Gleichsetzung von Eingehen einer sexuellen Gemeinschaft und Eheschluss auf.* Andere traditionelle Funktionen des Eheschlusses wie Gründung eines eigenen Hausstandes, Eintritt in die ökonomische Selbständigkeit sind ebenfalls zurückgetreten.[45]

Hierfür spielen verschiedene Entwicklungen eine Rolle, u. a. die Verbesserung von Verhütungsmitteln, die größere auch berufliche Selbständigkeit von Frauen, die längeren Ausbildungszeiten bei gleichzeitiger früherer Abkoppelung von den Herkunftsfamilien, insgesamt die größere Flexibilisierung und Mobilität des Lebens eines großen Teils gerade der jüngeren Menschen. Schon diese unvollständige Auflistung lässt vermuten, dass es sich hier um einen irreversiblen Prozess handelt. Offensichtlich vollzieht sich zur Zeit – wie bereits mehrmals in der Sozial- und Kulturgeschichte – eine tiefgreifende Veränderung hinsichtlich der Ehe. Das Beharren auf traditionellen Vorstellungen von Ehe, meist mit deutlich patriarchalem Hintergrund, ist hier pastoral nicht hilfreich, aber auch theologisch angesichts des skizzierten biblischen Befundes nicht angemessen.

2.2.3 Ein weiteres Indiz tiefgreifender Veränderungen in den letzten Jahrzehnten ist die zunehmende *Scheidungshäufigkeit.* Mittlerweile wird in Deutschland fast jede dritte Ehe geschieden.[46] Auch hier spielen verschiedenste Faktoren ineinander. Angesichts des nach wie vor bestehenden – übrigens in § 1353 I 1 BGB von 1976 erstmals expressis verbis formulierten – Grundsatzes des Eheschlusses auf Lebenszeit und der daraus folgenden erheblichen finanziellen Folgen einer Scheidung sind die Gründe für die hohe Zahl der Ehescheidungen nicht nur in moralischen Kategorien zu erfassen. Das 1976 eingeführte neue Scheidungsrecht, das nicht mehr dem Schuld-, sondern dem Zerrüttungsprinzip folgt, ist ein deutlicher Hinweis darauf,

---

45. S. R. Nave-Herz, Die Hochzeit. Ihre heutige Sinnzuschreibung seitens der Eheschließenden, Würzburg 1997, 42.
46. In der Öffentlichkeit wird allerdings kaum beachtet, dass diese Zahl auch anders gelesen werden kann: Zwei von drei Ehen enden mit dem Tod eines Partners. Eine übersichtliche Zusammenstellung wichtiger amtlicher Statistiken zu Ehe und Ehescheidung findet sich in: H. Engstler, Die Familie im Spiegel der amtlichen Statistik, Bonn 1997.

dass traditionelle moralische Kategorien hier keine Allgemeingültigkeit mehr beanspruchen können. Die Tatsache, dass – im Gegensatz zu früheren Jahren – deutlich über die Hälfte der Scheidungsbegehren von Frauen ausgeht, weist auf einen Zusammenhang mit der Frauenemanzipation hin. Heute wird manche Ehe geschieden, die früher auf Grund der materiellen Abhängigkeit der Frauen bestehen blieb. Für die konkrete Trennung einer Ehe dürften – neben psychologischen Gründen – auch soziale Veränderungen, vom hohen Grad an Arbeitslosigkeit bis hin zur zunehmend geforderten Mobilität auf Grund beruflicher Anforderungen, aber auch verbreitete Alkoholabhängigkeit u. ä. von Bedeutung sein. Ferner ist die geringere Kinderzahl zu nennen, insofern nach wie vor die Scheidungsquote bei kinderlosen Ehepaaren höher liegt, und die Zahl der Kinder offensichtlich dämpfend auf die Scheidungsabsicht wirkt.[47]

Das liturgische Handeln ist von dieser Entwicklung unmittelbar betroffen, insofern auch Geschiedene die Ehe begehren. 1996 war bei 11,3 % aller evangelischen Trauungen ein geschiedener Partner beteiligt.

Dies macht auf einen weiteren wichtigen Gesichtspunkt aufmerksam, von dem aus neues Licht auf den Anstieg der Scheidungsziffern fällt. Die Tatsache, dass viele Geschiedene wieder eine Ehe schließen, zeigt: Für diese Menschen ist nicht die Institution an sich in der Krise, sondern sie sind an deren Realisierung zwar gescheitert, aber trotzdem erscheint ihnen Ehe so attraktiv, dass sie einen neuen Versuch wagen. Rosemarie Nave-Herz konstatiert: »Die Zunahme der Ehescheidungen ist nicht die Folge eines gestiegenen Bedeutungsverlustes der Ehe; ... vielmehr ist der Anstieg der Ehescheidungen Folge gerade ihrer hohen psychischen Bedeutung und Wichtigkeit für den einzelnen, so daß die Partner unharmonische eheliche Beziehungen heute weniger als früher ertragen können und sie deshalb ihre Ehe schneller auflösen. Zuweilen in der Hoffnung auf eine spätere bessere Partnerschaft.«[48] Diese Einsicht hat erhebliche Bedeutung auch für das pastorale Handeln im Umfeld der Ehe. Offensichtlich fehlt z. T. eine realistische Einschätzung der Möglichkeiten und Grenzen einer Ehe, theologisch gesprochen: die Einsicht in ihre Weltlichkeit.

2.2.4 Eine besondere Spielart der Veränderungen im Umfeld der Ehe stellt die vor allem bei jüngeren Menschen mittlerweile verbreitete Form von *Le-*

---

47. 1995 hatten 54,7 % der in Deutschland geschiedenen Ehen zum Zeitpunkt der Scheidung gemeinsame minderjährige Kinder (s. Engstler, a. a. O. 77).
48. R. Nave-Herz, Familie heute. Wandel der Familienstrukturen und Folgen für die Erziehung, Darmstadt 1994, 118.

bensgemeinschaften Unverheirateter dar. 1995 lebten 14,9 % der ostdeutschen und 10,6 % der westdeutschen 25-34-Jährigen unverheiratet zusammen.[49]

Noch eine andere Akzentuierung verrät folgender statistischer Wert: 1995 waren 60,2 % aller kinderlosen Paare (Partnerin unter 25 Jahre alt) mit gemeinsamem Haushalt nicht miteinander verheiratet.[50] Eine 1992 durchgeführte Analyse zeigt, dass Paare im Durchschnitt 3,6 Jahre vor der Eheschliessung bereits zusammenlebten. Doch münden viele dieser nichtehelichen Verbindungen in eine Ehe ein. Häufig wird erst im Zusammenhang mit einem Kinderwunsch oder einer Schwangerschaft geheiratet. Ehe wird zunehmend mit Familie gleichgesetzt.[51]

2.2.5 Schließlich ist auf die zunehmende Akzeptanz anderer sexueller Lebensformen hinzuweisen.

Deutlich tritt dies in dem Gesetzentwurf der beiden die Regierungskoalition tragenden Parteien über *homosexuelle Partnerschaften* vom 8.11.2000 hervor. Danach soll für homosexuelle Paare auch in Deutschland die Möglichkeit bestehen, ihre Partnerschaft amtlich registrieren zu lassen. Zwar bemüht sich der Gesetzgeber, wohl nicht zuletzt aus verfassungsrechtlichen Gründen, eine Verwechslung mit der Ehe zwischen Mann und Frau auszuschließen. Doch zeigt die Diskussion in den Massenmedien unter dem Stichwort »Homo-Ehe«, dass in der Öffentlichkeit der Eindruck einer alternativen, eben gleichgeschlechtlichen Form der Ehe vorherrscht.

2.2.6 Insgesamt lässt sich konstatieren:
 1. Die Ehe hat zwar ihre Monopolstellung verloren, ist aber in Deutschland nach wie vor mit großem Abstand die am häufigsten gewählte soziale Lebensform Erwachsener.
 2. Die Funktion der Hochzeit hat sich tiefgreifend verändert. Sie lässt sich sozialpsychologisch hinsichtlich der Partnerwahl als »rite de confirmation«, hinsichtlich des meist mit der Eheschließung verbundenen Kinderwunsches als »rite de passage« bezeichnen.[52]
 3. Angesichts des zurückgehenden Anteils evangelischer Trauungen hin-

---

49. Engstler, Familie, 51.
50. Ebd. 53.
51. Die Besonderheit der Familienoption wird noch deutlicher, wenn man zugleich eine weitere Tendenz bedenkt. Gegenwärtig werden in den alten Bundesländern etwa nur noch drei von vier Frauen in ihrem Leben Mutter (s. ebd. 89 f.).
52. Nave-Herz, Hochzeit, 47 f.; jetzt knapp auch in R. Nave-Herz, Ehe V. Soziologisch, in: ⁴RGG 2 (1999), 1077 f.

sichtlich der Gesamtzahl der Eheschließungen ist zu vermuten, dass es zunehmend eine bewusste Entscheidung wird, einen (evangelischen) Gottesdienst anlässlich der Eheschließung zu begehren.

2.3 Neue Trauagenden

2.3.1 Wichtige liturgische Innovationen treten zu Tage, wenn man die Entstehung der seit 1988 gültigen Trauagende der VELKD[53] in ihrer Genese rekonstruiert. Sie löste die seit 1963 bestehende Agende[54] ab, wobei ein veröffentlichter Reformentwurf durch die Lutherische Liturgische Konferenz von 1983[55] weiterführende Vorschläge unterbreitete, die leider nur teilweise und merkwürdig unentschlossen in die amtliche Agende aufgenommen wurden.

Liturgisch geht es vor allem um die Frage der Konsequenzen aus der theologischen Einsicht, dass die Trauung im eigentlichen Sinn vor dem Standesbeamten vollzogen wurde. An die Stelle des früheren Konsenses in der Kirche – als Relikt der in 1.2.4. skizzierten Verkirchlichung des Eheschlusses – tritt zunehmend die Bestimmung des Gottesdienstes anlässlich einer Trauung als Segnung. Die neue theologische Akzentuierung wird schon in der Formulierung der Begrüßung deutlich:

Während es 1964 hieß: »Ihr seid zum Hause Gottes gekommen, um euch trauen zu lassen«, formulierte der Reformvorschlag: »Ihr seid ... zur Kirche gekommen, weil ihr für euren gemeinsamen Lebensweg um Gottes Segen bitten wollt.« Hier wird also das irreführende Wort »trauen« – die Trauung erfolgte ja bereits vor dem Standesbeamten – vermieden. Stattdessen wird das Thema Segen als Zentrum der Handlung intoniert. Die Agende von 1988 bringt beide Formulierungen als Alternativen.

Die Betonung des Segens als Ausdruck eines eigenen Verständnisses des kirchlichen Aktes tritt im Vorschlag von 1983 auch im Kollektengebet zu Tage:

Es beginnt: »Allmächtiger Gott und Vater, du hast Mann und Frau füreinander geschaffen und der Ehe deinen Segen verheißen.« 1964 hieß es an dieser Stelle noch

---

53. Agende für Evangelisch-lutherische Kirchen und Gemeinden Bd. III Teil 2, Hannover 1988.
54. Agende für Evangelisch-lutherische Kirchen und Gemeinden Bd. III, Berlin 1964, 139-154; zu deren theologischem Hintergrund s. Chr. Mahrenholz, Die Neuordnung der Trauung, Berlin 1959.
55. Lutherische Liturgische Konferenz, Hg., Trauung. Das kirchliche Handeln bei einer Eheschließung. Überlegungen, Ordnung der Texte zur Revision der kirchlichen Trauungsagenden, Hannover 1983.

unter exegetisch problematischem Bezug auf eine Ordnungstheologie: »Allmächtiger Gott und Vater, der du den Ehestand gestiftet und deinen Segen verheißen hast denen, die in diesem Stand gehorsam leben ...« Auch hier stellt die Agende von 1988 beide Texte als Alternativen nebeneinander.

Am deutlichsten tritt das Grundproblem beim sog. Eheversprechen hervor:

1964 wurde die Frau (und der Mann entsprechend modifiziert) gefragt: »N. geborene N., willst du diesen N.N., den Gott dir anvertraut, als deinen Ehemann lieben und ehren und die Ehe mit ihm nach Gottes Gebot und Verheißung führen in guten wie in bösen Tagen, bis der Tod euch scheidet, so antworte: Ja, mit Gottes Hilfe.« Der Entwurf von 1983 bietet dagegen neun Alternativen an, und zwar in den drei Grundformen Erklärung, Anrede und Fragen. Dabei wird die Frau jeweils mit dem Ehenamen angesprochen, ein deutliches Zeichen dafür, dass die Ehe bereits geschlossen wurde. Das Führen der Ehe nach dem Willen Gottes ist jetzt eindeutig als Thema markiert.

Die Agende von 1988 macht wieder einen Schritt zurück und bringt als erste Form die Frage von 1964, wobei jetzt aber bei beiden der Ehename genannt wird. Dazu sind drei alternative Formen der Erklärung vorgesehen, eine bloße »Anrede« fehlt.

Schließlich ist die neue Akzentuierung des Gottesdienstes bei der – fakultativen – Ringübergabe unübersehbar:

Während sich 1964 noch fakultativ die Kopulationsformel fand: »Im Namen des Dreieinigen Gottes spreche ich euch zusammen«, entfällt sie sowohl im Entwurf als auch in der Agende von 1988.

Ein Vergleich mit Privatagenden zeigt, dass die amtliche Agende sich den neuen, durch die Zunahme von Scheidungen ergebenden Problemen noch nicht hineichend stellt.[56] Bei Luther war – wie zitiert – bereits die »Gefährdung des Ehestandes« im Blick.

Deutlich ist in dieser Hinsicht der Vorschlag in der verbreiteten Agende »Gottesdienst menschlich« ausgearbeitet. Schon bei der Begrüßung heißt es: »Wir sind zusammengekommen, weil uns daran liegt, daß diese Ehe gelingt. Wir wollen bedenken, was christlicher Glaube für die Ehe bedeuten kann. ...«[57]

2.3.2 Angesichts der im vorhergehenden Abschnitt skizzierten Veränderungen der Situation muss noch ein Blick auf die Bemühungen um die *gottes-*

---

56. Vgl. auch die ausführlichere diesbezügliche Kritik von Wagner-Rau, Segensraum, 197-200.
57. F. K. Barth, G. Grenz, P. Horst, Gottesdienst menschlich. Eine Agende, Wuppertal 1990, 61.

dienstliche Feier anlässlich einer Eheschließung von konfessionsverschiedenen Partnern geworfen werden. Dabei wird evangelische Liturgik von der katholischen Schwesterkirche auf ein wichtiges, im evangelischen Bereich bisher weithin übersehenes Element aufmerksam gemacht, die *Tauferinnerung*.

Bis in die sechziger Jahre des 20. Jahrhunderts hatte die römisch-katholische Kirche einen gemeinsamen Gottesdienst unter Beteiligung von Geistlichen beider Konfessionen strikt untersagt.[58] Ihre Mitglieder, die sich in einer evangelischen Kirche trauen ließen oder ihrer Verpflichtung zur katholischen Kindererziehung nicht nachkommen wollten, wurden unverzüglich exkommuniziert.

Auch hier schuf erst das II. Vaticanum die dogmatischen Grundlagen, um diese gegenüber den Kirchenmitgliedern zunehmend unhaltbare Position zu überwinden. Theologisch zentral war im Dekret über den Ökumenismus (Unitatis redintegratio) der Hinweis auf die Taufe als »sakramentales Band der Einheit« (22). Dieser tauftheologische Ansatz lockerte die bis dahin vorherrschende juristische Fixierung auf das Verständnis der Ehe als Vertrag, insofern er dieses um die Interpretation der Ehe als Bund erweiterte.

Das hatte auch ekklesiologische Folgen mit erheblicher Bedeutung für die Feier einer gemeinsamen Trauung. Denn die Anerkennung der Taufe führt zu einem theologisch weiteren Begriff von Kirche. Von daher bekommt die Ehe von zwei Getauften als – so die Formulierung in der dogmatischen Konstitution über die Kirche (Lumen gentium) – »eine Art Hauskirche« (11) ekklesiologische Qualität.

Ein erster, wenn auch noch sehr verhaltener Vorstoß in dieser Richtung findet sich in der 1966 erlassenen Instructio »Matrimonii sacramentum«.[59] Hier wird erstmals darauf verzichtet, dass bei einer Mischehe der nichtkatholische Teil die katholische Taufe und Erziehung von Kindern versprechen muss, ein nachhaltiges Bemühen bleibt nach wie vor gefordert. Dazu wird, wenn auch mit großen Einschränkungen, die Anwesenheit eines nichtkatholischen »Religionsdieners« bei einer kirchlichen Trauung konzediert.

Für die konkrete liturgische Praxis in Deutschland waren die Ausführungsbestimmungen der Deutschen Bischofskonferenz zu dem 1970 ergangenen Motuproprio »Matrimonia mixta« von Papst Paul VI. entscheidend. Hierin wird die Beteiligung eines nichtkatholischen Pfarrers an einer römisch-katholischen Trauung und umgekehrt die Beteiligung eines katholischen Priesters an einer evangelischen Trauung erlaubt. »Im ersten Fall ist zur Gültigkeit das Erfragen des Ehewillens beider Partner durch den katholischen Seelsorger erforderlich, im zweiten Fall die Einholung der Dispens von der katholischen Formvorschrift.«[60]

---

58. Sehr differenziert unter ausführlicher Kommentierung der einzelnen päpstlichen und sonstigen kirchenamtlichen Verlautbarungen stellt Hell, Ehe, 273-322, die Entwicklung der Beurteilung der konfessionsverschiedenen Ehe sowie die daraus resultierenden liturgischen Konsequenzen dar.
59. S. genauer ebd. 298-301.
60. Ebd. 309.

Auf der Basis eines vertieften Verständnisses der Taufe als Einheitsband und der ekklesiologischen Bedeutung von Familie erstellten die Deutsche Bischofskonferenz und der Rat der EKD 1971 eine Ordnung zur »Gemeinsame(n) kirchlichen Trauung«, die für konfessionsverschiedene Brautleute vier Möglichkeiten der gottesdienstlichen Feier ergab:[61]
– die evangelische Trauung durch einen evangelischen Pfarrer, wobei der katholische Partner sich eine Formdispens einholen muss, soll für ihn diese Ehe gültig sein,
– die evangelische Trauung unter Mitwirkung eines katholischen Priesters, wozu ebenfalls für den katholischen Teil eine Formdispens erforderlich ist,
– die römisch-katholische Trauung durch einen katholischen Priester,
– die römisch-katholische Trauung unter Mitwirkung eines evangelischen Pfarrers.

1995 wurde dann, nachdem sowohl – wie berichtet – die evangelischen Kirchen als auch die römisch-katholische Kirche ihre Trauagende reformiert hatten, eine Neuordnung der Trauung konfessionsverschiedener Paare von der Deutschen Bischofskonferenz und dem Rat der EKD verabschiedet. Hier ist deutlich das Bemühen zu spüren, eine – so der Titel der Formulare – »Gemeinsame Feier« zu ermöglichen. Durch die Abwechslung der beiden Amtsträger in den verschiedenen Teilen des Gottesdienstes soll dieses Miteinander deutlich werden. Hatte man 1971 noch zwei Kurzansprachen aneinander gereiht, um im Verkündigungsteil beide Konfessionen zu Wort kommen zu lassen, was sich in der Praxis aber als problematisch erwies, ist jetzt folgende sinnvolle Lösung gefunden: Jeweils der Gastpfarrer hält die Predigt.

Auch 1995 muss der Tatsache des konfessionell differenten Eheverständnisses Rechnung getragen werden. Bei der Trauung in der katholischen Kirche darf – entsprechend dem sakramentalen Eheverständnis – die Ertragung des Konsenses nicht fehlen.

Theologisch und liturgisch weiterführend ist – gegenüber der Fassung von 1971 –, dass die Taufe als Grundlage für das segnende Handeln der Kirche deutlich hervortritt.

So heißt es eingangs in der katholischen Kirche: »Am Beginn Ihrer Hochzeitsfeier wollen wir der Taufe gedenken, die uns zu Christen gemacht und auf den Weg geru-

---

61. Im Folgenden ist nur die rechtliche Situation des römisch-katholischen Kirchenmitglieds im Blick. Nach evangelischem Verständnis wurde ja die Ehe vollgültig vor dem Standesbeamten geschlossen; deshalb hat der folgende Gottesdienst keine Bedeutung für die rechtliche Gültigkeit einer Ehe.

fen hat, den Sie von jetzt an gemeinsam gehen werden. Wir besprengen uns dazu mit Weihwasser und bitten Gott, er möge in allen die Gnade der Taufe erneuern.«[62]

Es muss evangelische Liturgiker nachdenklich machen, dass bei der Gemeinsamen Feier in einer evangelischen Kirche solche klaren Bezüge auf die Taufe fehlen. Gerade für die evangelische Kirche mit ihrer Betonung des Segens im Gottesdienst anlässlich einer Eheschließung muss nachdrücklich dessen theologische und biographische Verortung zur Darstellung kommen. Und dies geschieht am besten durch einen ausdrücklichen (und hoffentlich eindrücklichen) Bezug auf die Taufe.

2.4 Überlegungen und Hinweise zu liturgischen Problemfeldern

Entsprechend der vielfältigen, in 1.2 skizzierten Veränderungen stellen sich dem liturgischen Handeln im Umfeld der Ehe etliche Probleme. Im Folgenden seien eigens behandelt:
– Gestaltung von Gottesdiensten anlässlich einer Eheschließung mit einem ungetauften Partner;
– Frage der Wiedertrauung Geschiedener, wozu auch die Frage einer eventuellen liturgischen Gestaltung der Ehescheidung gehört;
– liturgische Feier von Ehejubiläen;
– Frage der Segnung gleichgeschlechtlicher Paare.

2.4.1 Auf Grund der Einwanderung von nichtchristlichen Menschen, vor allem Muslimen, aber auch der Zunahme von ungetauften Menschen aus deutschen Herkunftsfamilien, besonders aus dem Beitrittsgebiet, kommt es zunehmend zu *Eheschließungen von Evangelischen mit Ungetauften*.

Dabei sehe ich im Folgenden von dem Fall ab, dass sich der Ungetaufte im Katechemunat befindet. In diesem Fall gilt – entsprechend altem kirchlichen Brauch, der auch in der römisch-katholischen Kirche Gültigkeit hat – dasselbe wie bei der Eheschließung von zwei Getauften. Der Katechumene hat ja bereits den Taufweg betreten, den er – entsprechend dem Prozesscharakter der Taufe – auch nach der Taufe als rituellem Vollzug weiter beschreiten wird.

---

62. Gemeinsame Feier der kirchlichen Trauung. Ordnung der kirchlichen Trauung für konfessionsverschiedene Paare unter Beteiligung der zur Trauung Berechtigten beider Kirchen, hg. von der Deutschen Bischofskonferenz und dem Rat der Evangelischen Kirche in Deutschland, Leipzig 1995, 33. Vgl. hierzu auch das Eingangsgebet der katholischen Trauung (ebd. 35): »Gütiger Gott, du hast uns neu geschaffen in der Taufe und führst uns durch das Wort des Lebens. Gib, daß die Brautleute N. und N. dein Wort mit lauterem Herzen aufnehmen und ihre Ehe aus der Kraft der Taufe leben.«

Häufig wird in einem solchen Fall keine kirchliche Handlung begehrt. Wenn der evangelische Teil dies aber wünscht, sind bei der Gestaltung einige besondere Gesichtspunkte zu bedenken. Dabei gilt grundsätzlich: Eine Einsegnung solcher Paare in einem Gottesdienst erscheint möglich, insofern der Segen Gottes, unmittelbar in seiner Schöpfung erfahrbar, für alle Menschen gilt. Allerdings ist in diesem Fall die sonst fakultative Fortsetzung der Trauung mit einer Abendmahlsfeier nicht sinnvoll, weil – nach allgemeinem ökumenischem Konsens und der Sachlogik des Abendmahls als Feier der mit Christus durch die Taufe Verbundenen – allein die Taufe den Zugang zum Tisch des Herrn eröffnet.

Biblisch ist auch daran zu erinnern, dass nach 1 Kor 7,12 ff. die Christen an einer Ehe mit Nichtchristen festhalten sollen, ja dass sogar ein Ausstrahlen an »Heiligkeit« erhofft wird. In der VELKD-Agende von 1988 werden als Voraussetzungen für ein liturgisches Handeln genannt:

»wenn a) beide Ehepartner gewillt sind, eine monogame Ehe auf Lebenszeit zu führen,

b) der nichtchristliche Partner erklärt, den evangelischen Gatten in der Ausübung seines Glaubens nicht zu behindern,

c) keine Absprache über nichtchristliche Kindererziehung getroffen ist,

d) der nichtchristliche Partner den Wunsch nach einer kirchlichen Handlung ausdrücklich billigt.«

Dazu wird festgehalten: »Eine andere religiöse oder weltanschauliche Eheschließungszeremonie soll daneben nur stattfinden, wenn sie im Heimatland des Nichtchristen zur rechtlichen Gültigkeit der Ehe notwendig ist.«[63]

Die Gestaltung eines solchen Gottesdienstes hängt von der konkreten Situation ab. Es ist auf der einen Seite darauf zu achten, dass es nicht zu einer synkretistischen Vermischung verschiedener religiöser Vorstellungen kommt, auf der anderen Seite ist bei Formulierung der Gebete und der Auswahl der Schriftlesungen die andere religiöse Überzeugung zu achten. Hierbei ist eine Gratwanderung unvermeidlich.

Zwar ist mit Menschen, die sich zu einem anderen als dem christlichen Glauben bekennen, ein gemeinsames Gebet unmöglich. Das Gebet ist aber – in Beachtung von 1 Kor 14,23 – möglichst so zu gestalten, dass es dem Anderen keinen Anstoß gibt, sondern ihn vielleicht dazu einlädt, dem christlichen Glauben näher zu treten. Demnach sind etwa trinitarische Formulierungen zu vermeiden, wenn einer der Ehepartner Muslim oder Jude ist. Dies erscheint angesichts der biblischen Rede von Gott auch möglich, ohne theologisch verantwortungslos zu werden. Eine biblisch bestimmte Anamnese kann hier verhindern, dass die Anrede Gottes undeutlich

---

63. Agende 1988, 140.

wird. Umgekehrt wird dem nichtchristlichen Ehepartner in einer evangelischen Kirche der Blick auf das Kreuz nicht erspart werden können.

Konfessorische Fragen an die Ehepartner sind beim Gottesdienst anlässlich einer Eheschließung eines Christen mit einem Ungetauften zu unterlassen. Dies erscheint aber auf Grund des evangelischen Eheverständnisses ohne weiteres möglich.

Die Agende von 1988 schlägt stattdessen eine »Anrede« vor:
»N.N. und N., geborene N., haben miteinander den Bund der Ehe geschlossen. Sie haben mit uns aus dem Wort der Bibel den Willen Gottes gehört, daß Ehegatten einander lieben, ehren und achten, in Freud und Leid sich gegenseitig beistehen und einander nicht verlassen, bis der Tod sie scheidet. Jesus sagt: Was Gott zusammengefügt hat, das soll der Mensch nicht scheiden. Für diese Eheleute bitten wir um Gottes Beistand und Segen.«[64]

2.4.2 Mit der Frage nach der *Wiedertrauung Geschiedener* wird ein pastoral und ökumenisch, aber auch theologisch heikles Gebiet betreten. In der lutherischen Agende von 1988, aber auch in der Trauagende der Reformierten Kirche von 1999 fehlt jeder Hinweis hierauf. Während noch vor dreißig Jahren Geschiedene in vielen evangelischen Gemeinden nicht getraut wurden, ist dies heute – angesichts sonst sinkender Trauzahlen – anscheinend weithin zu einer Selbstverständlichkeit geworden. Beides ist weder theologisch noch liturgisch und pastoral befriedigend.

Von römisch-katholischer Seite wird die Wiederverheiratung Geschiedener abgelehnt. Wiederverheiratete Geschiedene sind sogar – trotz der Versuche einzelner deutscher Bischöfe, die Bedeutung des Einzelgewissens gegenüber der kirchenrechtlichen Norm stärker zu betonen[65] – strikt von der Kommunion ausgeschlossen. Allerdings bleibt dabei ausgeblendet, dass his-

---

64. Ebd. 136.
65. Die Konfliktzone wird am deutlichsten an der Frage, ob geschiedene Wiederverheiratete zur Kommunion zugelassen werden können. Einem Vorstoß der drei Bischöfe der oberrheinischen Provinz (1993: »Grundsätze für eine seelsorgerliche Begleitung von Menschen aus zerbrochenen Ehen und von wiederverheirateten Geschiedenen«) entgegnete ein restriktives Lehrschreiben der Kongregation für die Glaubenslehre (1994: »Schreiben an die Bischöfe der katholischen Kirche über den Kommunionempfang von wiederverheirateten geschiedenen Gläubigen«), das wiederum gehorsam und zurückhaltend zugleich von den drei deutschen Bischöfen aufgenommen und interpretiert wurde (1994: »An die hauptberuflich in der Seelsorge tätigen Damen und Herren in den Diözesen Freiburg i. Br., Mainz und Rottenburg-Stuttgart«). Vgl. zum Sachproblem klug ekklesiologisch und sakramententheologisch argumentierend M. Kaiser, Warum dürfen wiederverheiratete Geschiedene (nicht) zu den Sakramenten zugelassen werden?, in: StZ 211 (1993), 741-751.

torisch im Laufe der Kirchengeschichte immer wieder entsprechende Ausnahmen geschaffen wurden – und bis heute in den orthodoxen Kirchen bestehen[66] –, ohne das grundsätzliche Verbot der Ehescheidung durch Jesus in Zweifel zu ziehen.[67] Angesichts der weithin unterschiedslosen Traupraxis in vielen evangelischen Kirchen wird allerdings umgekehrt selbstkritisch gefragt werden müssen, ob diese Praxis nicht in Spannung zu dem im Gottesdienst zitierten Mt 19,6 steht. Ein problematisches Zeichen setzen hier die keineswegs seltenen Scheidungen von Pfarrersehen. Die z. B. in Württemberg vorgesehene Form, am Beginn einer Trauung mit einem Geschiedenen ein Schuldbekenntnis einzuschalten, kann leicht als erniedrigend missverstanden werden.[68]

Eine angemessenere liturgische Form ist nur zu finden, wenn die Scheidung in ihrer Spannung zum liturgischen Vollzug – in der ersten Ehe – genauer bestimmt wird. Wenn Ehe – wie nach evangelischem Verständnis – ein »weltlich Ding« ist, für dessen ordnungsgemäßen Vollzug der Staat zuständig ist, ist dieser auch für die Modalitäten von Scheidung und Wiederverheiratung zuständig. Liturgisch bleibt dann das Problem, dass sich die beiden Getrauten dem über ihnen öffentlich ausgesprochenen Segen entzogen haben.

Aus dieser Sicht gewinnen Versuche, die Ehetrennung liturgisch zu gestalten, Interesse. Hier kann es aber keinesfalls – gleichsam als neuer Kasualie – darum gehen, die Ehescheidung religiös zu überhöhen oder gar zu legitimieren.[69]

Ein interessanter Versuch in einer anderen Richtung ist der Vorschlag aus dem reformkatholischen Freckenhorster Kreis zu einem Ritual anlässlich einer Ehescheidung:

---

66. S. näher N. Kühn, Die Ehetrennung im Kirchenrecht der Orthodoxen Kirchen des Byzantinischen Ritus, in: OS 16 (1977), 3-27.
67. Das Verfahren zur Nichtigkeitserklärung einer Ehe ist für manche ein Ausweg aus der schwierigen Situation. Es stellt aber mitunter eine erhebliche ökumenische Belastung dar, wenn dabei evangelische Christen von Institutionen der römisch-katholischen Kirche befragt oder vorgeladen werden.
68. Ähnliche Probleme wirft die Vorschrift in orthodoxen Kirchen auf, bei Paaren mit einem geschiedenen Partner die dort üblich Krönung zu unterlassen. In der Praxis wird sie häufig nicht beachtet.
69. Zu Recht betont deshalb das Vorwort des Agenden-Entwurfs der United Church of Christ (USA) »for recognition of the end of a marriage«: »The service is penitential in nature and cannot be construed to be an encouragement of divorce or a depreciation of marriage.« (zitiert nach F. Schulz, Benedictio nuptalis. Evangelische Marginalien zu einer katholischen Darstellung der Riten um Ehe und Familie, in: ders., Synaxis, Göttingen 1997, 299 Anm. 69).

Nach einem Gebet spricht der Liturg:

»Vor Jahren haben Sie in der Kirche vor dem Priester gestanden, um sich den Segen zu holen für das Jawort zum gemeinsamen ehelichen Leben ›bis der Tod uns scheidet‹.

Nun stehen Sie wieder hier, um den Beistand der Kirche und den Segen Gottes zu erbitten in der Stunde, in der Sie dieses Jawort zurückgenommen und die Lebensgemeinschaft aufgekündigt haben.«

Nach Hinweisen auf die Spannung zwischen kirchlicher Ehelehre und der eigenen Erfahrung werden die Erfahrungen des Enttäuschtseins u. ä. artikuliert. Von da aus wird auf die Differenz zwischen der Liebe von Menschen, die erkalten kann, und der Liebe Gottes zu den Menschen aufmerksam gemacht. Zugleich wird an die bleibende Liebe und Bindung an die Kinder erinnert.

Das Ritual endet damit, dass die Geschiedenen sich die Hand geben:

»Geben Sie jetzt einander die Hand:

Dies soll Zeichen dafür sein, daß sie einander danken für all das Gute und das Glück, das Sie voneinander empfangen haben.

Zeichen aber auch dafür, daß Sie einander um Verzeihung bitten und Verzeihung gewähren, wenn etwas zu verzeihen ist.

Und es soll auch Ausdruck dafür sein, daß Sie einander Glück und alles Gute für die Zukunft wünschen, in der Sie jetzt jeder für sich gehen werden.

Ich schließe mich diesem Wunsch an und gebe Ihnen den Segen Gottes mit auf den Weg:

Gott unser Vater, der Quell und Ursprung alles Guten,

gewähre Ihnen seinen Segen und erhalte Sie unversehrt an Leib und Seele.

Er bewahre Sie im vertrauenden Glauben, in unerschütterlicher Hoffnung und in der Geduld verstehender Liebe.

Er ordne Ihre Tage an seinem Frieden, erhöre Ihre Bitten heute und immerdar; am Ende Ihrer Jahre schenke er Ihnen das ewige Leben.

Das gewähre Ihnen Gott der Vater und der Sohn und der Heilige Geist. Amen.«[70]

Theologisch gesprochen wird hier der Versuch gemacht, den in der Trauung gesprochenen Segen Gottes auf die neue Lebenssituation zu transformieren.

Dies erscheint möglich, wenn – wie in Kapitel 10 näher ausgeführt – Segen im biblischen Sinn als Gebetshandeln mit Anamnese, Epiklese und Doxologie als Grundbestandteilen verstanden wird. Denn sowohl Anamnese als auch Epiklese sind nicht ohne Berücksichtigung der konkreten Situation des Menschen zu formulieren; die Doxologie dagegen hält Gottes unverbrüchliche Treue, auch jenseits menschlichen Fehlverhaltens, fest.

70. Zitiert nach dem Beitrag von A. Kehl, »Gott nimmt sein Jawort zu uns Menschen nie zurück« im als Manuskript 1998 erschienenen Heft »Scheidung und Wiederheirat« des Freckenhorster Kreises (15-18); vgl. auch U. Buschmann, Gottesdienstliches Formular anlässlich einer Scheidung, in: DtPfrBl 93 (1993), 231 f.

Dass dies kein billiger Akt ist, wird schon daraus deutlich, dass die Geschiedenen sich die Hand reichen, einander danken und erst dann freigeben. Gewiss ist ein solches friedliches Auseinandergehen heute eher selten. Allerdings ist zu bedenken, dass die neuen rechtlichen Regelungen, die von einem gemeinsamen Sorgerecht für die Kinder nach der Scheidung ausgehen, eine Trennung voraussetzen, die den späteren Dialog über die Erziehung der Kinder ermöglicht. Theologisch ist zu prüfen: Muss nicht eine solche Transformation des Segens Gottes ausgesprochen werden, bevor vielleicht eine erneute Ehe wieder gesegnet wird? Ekklesiologisch ist daran zu erinnern, dass, wenn die beiden Eheleute getauft sind, ihre Auseinandersetzung zugleich ein Streit im Leib Christi ist.

2.4.3 Zugegebenermaßen erreicht Kirche mit Ritualen im Umfeld der Scheidung Grenzen, an denen leicht momentaner Zeitgeist die biblische Orientierung verdrängen kann. Deshalb erscheint es bei solchen Versuchen auf der anderen Seite wichtig, mit der *Feier von Ehejubiläen* die Gabe der Ehe liturgisch zur Anschauung zu bringen.[71] Auch hier kommt es zu einer Modifikation des bei der Trauung vor fünfundzwanzig (Silberne Hochzeit) oder fünfzig Jahren (Goldene Hochzeit) gesprochenen Segens.

So schlägt die VELKD-Agende von 1988 u. a. folgende Passagen im Segensgebet vor:
    Nach Lob und Dank folgt als Bitte:
»Behüte uns davor, bitter zu werden im Alter, wenn unsere Kräfte nachlassen, wenn Krankheit uns zur Last wird, wenn wir die junge Generation nicht mehr verstehen und wir uns von ihr nicht mehr verstanden fühlen. ...«
    Als Segensformel dient Ps 121,7 f.:
»Der HERR behüte euch vor allem Übel.
Er behüte eure Seele.
Der HERR behüte euren Ausgang und Eingang
Von nun an bis in Ewigkeit.«[72]

Eine solche der veränderten Lebenssituation entsprechende Modifizierung des Segens kann auch verhindern, dass die liturgische Feier eines Ehe-Jubiläums zur Demonstration moralischer Werkgerechtigkeit wird. Sie bringt vielmehr die Hoffnung auf das segnende Handeln Gottes und damit die Bedürftigkeit menschlichen Lebens vor Gott zur Darstellung.

---

71. Wohl nicht zuletzt auf Grund der gestiegenen Lebenserwartung finden sich entsprechende Gottesdienste – nach vereinzelten Vorläufern im 18. Jahrhundert – erst vermehrt im 19., und dann vor allem 20. Jahrhundert (s. Kleinheyer, Feiern II, 148-150; Schulz, Benedictio, 297 f.)
72. Agende 1988, 85.

Pastoral ist es ein interessanter Versuch, die Trauung eines jungen Paares und das Ehejubiläum eines älteren gemeinsam vorzubereiten und in einem Gottesdienst zu feiern. Das junge Paar kann durch die Erfahrungen des älteren ermutigt, das ältere durch die Hoffnungen des jüngeren vor Erstarrungen bewahrt werden.[73]

2.4.4 Ein ganz neues Problem stellt sich am Rande des liturgischen Handelns anlässlich einer Ehe durch die neue gesellschaftliche Bewertung gleichgeschlechtlicher Partnerschaften. Der Ende 2000 in den Deutschen Bundestag eingebrachte Entwurf eines »Gesetzes zur Beendigung der Diskriminierung gleichgeschlechtlicher Gemeinschaften« will solchen Paaren einen rechtlichen Rahmen geben, und zwar als »ein eigenes familienrechtliches Institut«.[74] Dazu gehört, dass – in deutlicher Parallelität zur Ehe – die *Eingetragene Lebenspartnerschaft* vor dem Standesamt geschlossen und, falls nötig, vor Gericht getrennt wird; auch die Unterhaltsrechte und -pflichten, gegenseitige Vertretungsrechte, vermögens-, erb- und mietrechtliche sowie eventuell notwendige sorgerechtliche Konsequenzen sind analog zur Ehe konstruiert.

Wenn diese Vorstellungen Gesetz werden, ergibt sich für evangelische Kirche – mit ihrer traditionellen und schöpfungstheologisch einsichtigen Orientierung am jeweiligen staatlichen Handeln, insofern darin die wesentlichen biblischen Perspektiven zum Zusammenleben aufgenommen sind – eine neue Situation.[75] Dann gilt es nämlich klar zu entscheiden, ob der Homosexualität gegenüber kritische biblische Stimmen als Ausdruck der damaligen Zeit oder von allgemein gültigen sexualethischen Normen zu gelten haben. Falls – wie gegenwärtig weithin – in der evangelischen Ethik ersteres angenommen wird,[76] gibt es keinen entscheidenden Grund mehr für evangelische Liturgik, sich der Segnung einer Eingetragenen Partnerschaft zu verweigern, wenn diese – wie im Gesetzentwurf vorgesehen – auf Lebens-

---

73. Diesen Hinweis auf die pastorale Praxis verdanke ich Klemens Richter.
74. Der entsprechende Gesetzesentwurf sowie die modifizierte Beschlussempfehlung des Rechtsausschusses des Deutschen Bundestages ist als Drucksache 14/4545 veröffentlich. Die folgenden Zitate entstammen diesem unschwer im Internet über die Homepage des Bundesjustizministeriums zugänglichen Dokument.
75. So zu Recht H. Ringeling, Homosexualität als Frage kirchlichen Handelns, in: ZEE 31 (1987), 165.
76. Vgl. zum Ganzen die Übersicht über die einzelnen Positionen und die Entwicklung der Diskussion von M. Steinhäuser, Homosexualität als Schöpfungserfahrung, Stuttgart 1998, 213-296, der selbst für ein schöpfungstheologisches Begreifen von Homosexualität plädiert.

dauer angelegt ist und alle Lebensbereiche der Beteiligten umfasst, also den biblischen Grundsätzen für sexuelles Leben entspricht.

Zu bedenken sind dabei für die konkrete liturgische Praxis vor Ort noch die eventuellen Konsequenzen für die Ökumene und die Einheit konkreter Gemeinden. Um hier zu vertretbaren Regelungen zu kommen, ist eine Rückbesinnung auf die evangelische Sicht der Ehe, und dann auch abgeleitet der Eingetragenen Partnerschaft, hilfreich. Der entscheidende Schritt geschieht jedesmal vor dem Standesbeamten. Es geht also hinsichtlich der Frage der Segnung von in Eingetragener Partnerschaft Lebenden nur um eine Frage der kirchlichen Ordnung, keine Bekenntnisfrage. Eine Gemeindespaltung wäre also ein nicht zu akzeptierender Preis für die Einführung einer entsprechenden liturgischen Handlung.

Es kann für evangelische Kirche auch nicht, wie früher von einzelnen homosexuellen Aktionsgruppen gefordert, um eine zeichenhafte Anerkennung homosexueller Partnerschaften durch einen kirchlichen Segnungsakt gehen. Solchen Forderungen liegt letztlich – übertragen formuliert – ein katholisches Eheverständnis zugrunde.

8. Kapitel: Gottesdienste an Feiertagen – Weihnachten und Ostern

Schon bei den allgemeinen anthropologischen sowie kultur- und religionsgeschichtlichen Perspektiven im 2. Teil (5. Kapitel) begegnete die Dimension der Zeit als grundlegend für Gottesdienst und liturgisches Handeln. In der Gegenwart ist unübersehbar, dass – neben den auf den Lebenslauf Einzelner bezogenen Gottesdiensten – viele Menschen vor allem an Feiertagen in die Kirche gehen. Wie im 1. Kapitel (1.3) skizziert, erfreuen sich besonders die Gottesdienste am Heiligabend großer Beliebtheit; im Zusammenhang mit den Überlegungen zur Taufe (im 6. Kapitel) trat bereits die Feier der Osternacht in den Blick. Um die Chancen und Grenzen dieser Konzentration der liturgischen Partizipation vieler Kirchenmitglieder und darüber hinaus anderer, aus der Kirche ausgetretener oder auch ungetaufter Menschen genauer zu erfassen, muss kurz der Blick in die Geschichte gelenkt werden. Dort begegnen nämlich bei der Herausbildung und Entwicklung des sog. Kirchenjahres tiefgreifende Transformationsprozesse. Deren Kenntnis kann zu einer differenzierteren Einschätzung der gegenwärtigen Situation verhelfen, insofern sich gegenwärtig wieder Wandlungen im Verständnis der Feiertage anbahnen.

Die Konzentration auf Ostern und Weihnachten kann nicht nur durch den Hinweis auf die gegenwärtige Bedeutung dieser Feste, auch für die liturgische Partizipation, gerechtfertigt werden. Sie führen auch durch ihren Christusbezug elementar ins Zentrum christlichen Glaubens.

Andere kirchen- und theologiegeschichtlich und teilweise in bestimmten Regionen wichtige Feiertage[1] bleiben ungenannt. Auch für sie gilt es, zu einer den Kriterien des Christus- und Biographiebezugs entsprechenden liturgischen Praxis zu kommen.

---

1. Im evangelischen Bereich ist hier vor allem an den Reformationstag, den Buß- und Bettag sowie die letzten Sonntage im Kirchenjahr und das Erntedankfest zu denken. Knappe historische Informationen hierzu finden sich aus evangelischer Perspektive bei K.-H. Bieritz, Das Kirchenjahr. Feste, Gedenk- und Feiertage in Geschichte und Gegenwart, München 1987.

1. Historische Dimension: Entstehung und Wandel der beiden wichtigsten christlichen Feiertage

Eine zeittheoretische und kulturgeschichtliche Durchsicht der Entstehung und Entwicklung des christlichen Festkalenders entdeckt unschwer mehrere sich überlagernde Dimensionen. Deren unterschiedliche Berücksichtigung führte im Laufe der Zeit zu Neuakzentuierungen und auch Wandlungen im Verständnis des Festes und seiner liturgischen Feier und enthält zugleich Anregungen für liturgische Innovationen.

Die beiden für die Erstellung eines Jahreskalenders möglichen astronomischen Bezugssysteme haben im Kirchenjahr jeweils ihren Niederschlag gefunden:
- Ostern ist auf den ersten Sonntag nach dem Vollmond, der auf die Tag- und Nachtgleiche im Frühjahr folgt, terminiert und so am lunaren Zyklus orientiert;
- Weihnachten mit seinem feststehenden Datum wird dagegen vom solaren Kalender bestimmt.

Unterschiedlich sind auch die religiösen bzw. kulturellen Traditionen, die in beiden rezipiert (und transformiert) wurden:
- Ostern ist – in seiner ursprünglichen Fassung – ein »Äquivalent des jüdischen Pessach«;[2]
- Weihnachten wird dagegen vor allem durch das hellenistische Natalmotiv (natale = jährliches Gedächtnis der Geburt, später erweitert auf Tag der Verherrlichung, Thronbesteigung)[3] geprägt.

1.1 Osterfestkreis

Die Pascha-Tradition enthält mit dem Blutopfer-Mahl des Lammes und dem Motiv des Auszugs aus Ägypten zwei Pole, die jeweils zu unterschiedlichen Interpretationen und Festtraditionen führten. Auf der einen Seite trat in christologischer Interpretation die Erinnerung an die *Passio*, auf der anderen Seite in anthropologischer Perspektive das Motiv des *Transitus*, also eines Übergangs des Menschen (etwa vom Laster zur Tugend), stärker in den Vordergrund.[4]

Im Osterstreit der Alten Kirche ging es nicht nur um eine Terminfrage, sondern auch darum, wie diese zueinander spannungsvollen Festinhalte integriert und litur-

---

2. K.-P. Jörns, K.-H. Bieritz, Kirchenjahr, in: TRE 18 (1989), 580f.
3. H. Auf der Maur, Feiern im Rhythmus der Zeit I (GdK 5), Regensburg 1983, 168.
4. Jörns, Bieritz, Kirchenjahr, 582.

gisch gefeiert werden können. Das Abrücken des Konzils von Nicäa vom jüdischen Termin des 14. Nisan markierte hier eine wichtige Entscheidung. Das Passa-Fest der Christen wurde dadurch in den Sonntag integriert, wodurch festthematisch die Auferweckung größeres Gewicht bekam.[5]

Der von Dionysius Exiguus 525 vorgeschlagene Zyklus bei der Bestimmung des Ostertermins führte – nach verschiedenen Auseinandersetzungen – weithin zu einer Einigung beim Ostertermin. Erst mit der gregorianischen Kalenderreform von 1582, die die Ungenauigkeit des bis dahin gültigen julianischen Kalenders – immerhin eine Diskrepanz von zehn Tagen zwischen Kalender und Jahreszeit – korrigierte, kam es zu den bis heute andauernden Differenzen zwischen Ost- und Westkirchen beim Ostertermin. Denn die meisten orthodoxen Kirchen schlossen sich dieser Kalenderreform nicht an.[6]

Durch die Ausrichtung an der Tag- und Nacht-Gleiche werden Ostern und die Schöpfung in eine Beziehung gesetzt.

1.1.1 Entsprechend ihrer großen Bedeutung entfaltete sich im Laufe der Zeit die Pascha-Feier, die ursprünglich in der Osternacht stattfand und wohl aus Nachtwache sowie einem Gedächtnis- und Agapemahl (Augustin, Sermo. 219: »mater omnium vigiliarum« [Mutter aller Nachtwachen]) bestand:[7]
– eine fünfzigtägige Ausstrahlung, bereits im 3. Jahrhundert nachweisbar, die später zum Pfingstfest – und im vierzigtägigen Abstand zum Himmelfahrtsfest – führte;
– die Einbeziehung der Taufe, im 4. Jahrhundert, und der Lichtfeier, im 4./5. Jahrhundert;
– die Entfaltung des sog. Triduum Sacrum, also die Vorlagerung von Karfreitag und -samstag, gegen Ende des 4. Jahrhunderts;
– etwa gleichzeitig die Herausbildung der Heiligen Woche, beginnend mit dem Palmsonntag, und
– einer eng mit dem Taufkatechumenat zusammenhängenden, vierzigtägigen Vorbereitungszeit (Quadragesima), vor die sich im 6. Jahrhundert noch eine weitere Vorfastenzeit[8] schob.

---

5. K.-H. Bieritz, Das Kirchenjahr, in: H.-Chr. Schmidt-Lauber, K.-H. Bieritz, Hg., Handbuch der Liturgik, Leipzig ²1995, 463.
6. Zu neueren Vorstößen, hier Abhilfe zu schaffen, s. Auf der Maur, Feiern, 140f. Dieser weist zu Recht darauf hin, »daß eine zukünftige Festsetzung des Osterdatums nicht nur im Gespräch mit allen christlichen Kirchen, sondern zugleich auch mit der jüdischen Religionsgemeinschaft geschehen müßte« (141).
7. S. jeweils ausführlicher mit historischen Belegen ebd., 70-83.
8. Sie bestand aus dem 3., dem 2. und dem Sonntag vor der Fastenzeit. Im Zuge der Kalenderreform nach dem II. Vaticanum wurde sie in der römisch-katholischen Kirche abgeschafft, findet sich aber noch im evangelischen liturgischen Kalender.

So kam es zu einer Ausgestaltung der Pascha-Feier mit unterschiedlichsten Elementen. Diese kompensierten offensichtlich das im Zuge der zurücktretenden Naherwartung unvermeidliche Abnehmen des österlichen Charakters des Sonntags und sollten die Bedeutung der Osterbotschaft für die Einzelnen wach halten. Besondere Bedeutung hat hierbei die enge (wenn auch wohl nie ausschließliche) *Verbindung von Osternacht und Initiation*. Hier kamen Christus- und Biographiebezug zu einer einmaligen Verbindung.

An der ein wesentliches Kennzeichen des österlichen Gottesdienstes bildenden *Lichtfeier* lässt sich exemplarisch zeigen, wie unterschiedliche Traditionen bei der liturgischen Ausgestaltung von Ostern zusammenflossen:
- Lichtmotiv des Pascha als Transitus vom Dunklen zum Hellen;
- Einflüsse spätantiker Mysterienkulte;
- Einflüsse der Tauffeier;
- das tägliche Lichtanzünden am Abend, verbunden mit einem Lob- und Dankspruch über dem Licht, der liturgisch zum Lobpreis der Osternacht (Exsultet) wird.[9]

Unter dem christologischen Vorzeichen wurden also Elemente aus dem kosmisch-vegetativen Bereich, der Kultur- und Religionsgeschichte sowie anderen christlichen Liturgien und dem gewöhnlichen Alltag aufgenommen. Diese Erweiterungen spiegeln auch theologische Akzentverschiebungen wider:
- Taufe und Lichtfeier betonten die Aktualität und den unmittelbaren Personenbezug von Ostern, die Erwartung der Wiederkunft des Herrn trat dagegen zurück. Dazu begegnet schon in Predigten des 4. Jahrhunderts das Motiv des Frühlings, also eine Naturerfahrung.
- Die Feier des Triduums und der Heiligen Woche zeigen deutlich eine Historisierungstendenz. Das Geschick Jesu sollte möglichst genau nacherlebt werden. Dadurch entsteht die Gefahr, dass die Einheit des Pascha-Geschehens zergliedert wird.

1.1.2 Gravierend war in der Folgezeit, also vom 6. Jahrhundert an, die Vorverlegung der Ostervigil. Begann diese ursprünglich am Samstagabend und schloss am frühen Ostermorgen, so wanderte sie aus verschiedenen Gründen[10] bis zum frühen Morgen des Samstags. Einen Schlusspunkt stellte das – bis 1951 bestehende[11] – Verbot Papst Pius V. dar, nach der Mittagsstunde des Karsamtags eine Eucharistie zu feiern.

---

9. Auf der Maur, Feiern, 74.
10. S. ebd. 84f.
11. S. genauer die Einführung zum Gottesdienst der römisch-katholischen Kirche im 4. Kapitel (3.).

Ebenfalls problematisch war der Wegfall der Taufe. Im Zuge der aus abergläubischer Furcht möglichst nahe am Geburtstermin vollzogenen Taufen von Kindern verlor der Initiationsritus seinen Platz in der Ostervigil. Allerdings entfiel nur die Taufhandlung. Andere Elemente aus der Taufliturgie blieben bestehen und gehörten jetzt zu einer Taufwasserweihe.[12]

Luther hatte keine Kenntnis von dem früheren, theologisch sehr sinnvollen Zusammenhang von Taufe und Ostervigil und polemisierte nur gegen die Anhäufung von vielen für die Menschen un- bzw. missverständlichen Riten (s. BSLK 536).

Im Laufe der Zeit, vor allem im Barock, lagerten sich – regional unterschiedlich – verschiedene Brauchtümer und Sitten an die Osterfeiern sowie die liturgische Osterzeit an. Hier sind zuletzt Prozessionen und szenische Darstellungen wie etwa die Passionsspiele von Oberammergau zu nennen. Musikalisch entstanden Motetten und Passionen wie die von Johann Sebastian Bach. Im Weiteren überschritten sie den liturgischen Raum und wanderten in Konzertsäle aus. Hansjörg Auf der Maur fasst Bedeutung und Problem dieser Entwicklung treffend zusammen: »Die große Bedeutung dieses Brauchtums war es, das ganze öffentliche und private Leben durch den Rhythmus der Osterliturgie mitzuprägen. Es war eine wichtige Brücke zwischen der damals schon erstarrten offiziellen, universalen Liturgie und dem konkreten Leben des Alltags. Gerade weil aber die theologischen Kerntexte der offiziellen Liturgie nicht mehr verstanden und erlebt wurden, sondern fast nur noch und viel intensiver das Brauchtum an der Peripherie, hat sich das Verständnis der Osterfeier stark und oft äußerst bedenklich verschoben.«[13]

Erst im 20. Jahrhundert kam es zu einer Wiederentdeckung der Osternacht, die mittlerweile offensichtlich vor allem bei Menschen im jüngeren bis mittleren Erwachsenenalter gerne gefeiert wird. Wie im 6. Kapitel erwähnt, wird jetzt wieder teilweise versucht, die Osternacht als vorzüglichen Taufzeitpunkt zu etablieren, nicht zuletzt wegen der dadurch gegebenen Möglichkeit zur Tauferinnerung und damit zugleich Einsicht in den Prozess des Christusförmig-Werdens.

1.2.3 Noch weniger Beachtung findet die liturgische Feier des *Pfingstfestes* in Deutschland. Ursprünglich markierte Pfingsten – wie erwähnt – das Ende der fünfzigtägigen österlichen Freudenzeit (woher auch der Name stammt: griechisch Pentekoste = fünfzigster Tag). Eine Durchsicht der liturgischen

---

12. S. genauer Auf der Maur, Feiern, 94f.
13. Ebd. 127f.

Formulare zeigt, dass thematisch bald neben die Vollendung der Osterzeit die Feier der Ankunft des Heiligen Geistes trat.[14] Im Laufe der Zeit vollzog sich eine zunehmende Abkoppelung vom Osterfest. Kalendarisch führte dies zur Herausbildung von drei bzw. zwei Feiertagen und einer Oktav; inhaltlich trat der Bezug auf Tod und Auferstehung Jesu Christi hinter die Feier des Heiligen Geistes zurück. Dabei wurde liturgisch die Spannung zwischen dem Dank für die Geistgabe – Pfingsten ist so ein traditioneller Tauftermin – und der Bitte um den noch ausstehenden Geist bestimmend.

Auch an dieses Fest lagerten sich zahlreiche Bräuche an, angefangen vom Schmücken der Kirchen und Häuser mit grünen Zweigen und Blumen bis hin zu ekstatischen Wasser- und Lärmbräuchen. Demgegenüber trat die religiös-christliche Bedeutung zunehmend zurück. Pfingsten ist heute für die meisten Deutschen ein »Reise- und Ausflugsfest«[15].

Für diese – auch durch wiederholte Versuche einer Neuprofilierung des Festes[16] nicht korrigierbare – Entleerung des Festes dürften unterschiedliche Gründe von Bedeutung sein. Das Unvermögen, die seit Beginn des 20. Jahrhunderts sich weltweit schnell ausbreitende sog. Pfingstbewegung[17] in die großen Kirchen zu integrieren, weist auf theologische und ekklesiologische Probleme. Offensichtlich liegt die Option einseitig auf einer reglementierten Liturgie, die wenig Öffnung für spontane, leiblich expressiv vorgetragene Impulse hat. Dazu blieb Pfingsten vom Geistthema her abstrakter als vor allem Weihnachten mit seiner anschaulichen Festerzählung sowie entsprechender Symbolik.

1.2 Weihnachtsfestkreis

Während sich das Osterfest deutlich auf jüdische Praxis bezieht, sind Weihnachten und die es im Laufe der Zeit umgebenden Feste auf den solaren Kalender bezogen und verdanken sich in ihrer materialen Ausgestaltung weitgehend der Rezeption heidnischer Riten und Bräuche.

Hier ist die Vielfalt der aufgenommenen und teilweise wieder abgegebenen Traditionen von Anfang an noch größer als bei Ostern. Auch vollzogen sich teilweise erhebliche Wandlungen.

14. S. genauer ebd. 123.
15. G. Ruddat, Feste und Feiertage VI. Praktisch-theologisch, in: TRE 11 (1983), 137.
16. S. die knappe Zusammenstellung entsprechender Vorstöße bei K.-H. Bieritz, Pfingsten/Pfingstfest/Pfingstpredigt III. Praktisch-theologische Aspekte, in: TRE 26 (1996), 388.
17. Zu deren liturgischen Aufbrüchen und Formen s. B. Lang, Heiliges Spiel. Eine Geschichte des christlichen Gottesdienstes, München 1998, 422-453.

1.2.1. Dies zeigt sich schon beim Versuch, Herkunft und Motive des wohl ältesten Festes im Bereich dessen, was heute als Weihnachtsfestkreis bezeichnet wird, zu rekonstruieren, nämlich von *Epiphanie* (griechisch: Erscheinung; 6. Januar). Ursprünglich wohl aus Ägypten stammend[18] geht dieses Fest wahrscheinlich auf die liturgische Begehung der Taufe Jesu in gnostischen Kreisen zurück.

»Nach gnostischer Auffassung nimmt der Logos in der Taufe Besitz vom Menschen Jesus, wodurch er Sohn Gottes und der Christus wird. Die Taufe ist so Zeugung und Geburt des Christus, des vollkommenen Aions und des Lichtes. Die Verschmelzung der Menschennatur Jesu mit dem göttlichen Logos wird zudem auch gesehen als Heilige Hochzeit. So sind in dieser gnostischen Feier die Motive von Zeugung und Taufe mit dem Motiv des Lichtes und der Heiligen Hochzeit verbunden.«[19]

Es ist ungewiss, wie dieses Fest in die Großkirche von Ägypten eindrang. Von dort aus verbreitete sich das Epiphanie-Fest in der zweiten Hälfte des 4. Jahrhunderts auch im Westen. Hier verband es sich mit verschiedenen Inhalten: der Menschwerdung, der Anbetung der Magier, der Taufe Jesu, dem Weinwunder zu Kana. Dementsprechend lagerten sich auch unterschiedliche Riten und Bräuche im Laufe der Jahrhunderte an dieses Fest an: Wasserweihe, verschiedene Benediktionen, liturgische Spiele u. ä. Ab dem 12. Jahrhundert prägt die damals einsetzende Dreikönigsverehrung – schon seit dem 8. Jahrhundert glaubt man, die drei namentlich zu kennen – zunehmend die Begehung des Tages. Das hieraus entstehende Sternsingen ist bis heute – teilweise in Verbindung mit einem Engagement für Menschen in der Zweidrittel-Welt – gebräuchlich. Allerdings trat das Epiphaniefest am 6. Januar zumindest im Westen bald in den Schatten des Weihnachtsfestes.

Im liturgischen Kalender der evangelischen Kirchen schimmert die frühere Bedeutung des Epiphanie-Festes noch durch, insofern die ihm folgenden Sonntage danach benannt sind (je nach Ostertermin höchstens sechs). Die nachkonziliare Kalenderreform beginnt dagegen hier die Zählung der »Sonntage im Jahreskreis«.

---

18. Hier feierte man in der Nacht vom 5. auf den 6. 1. die Geburt des Sonnengottes Aion aus der Jungfrau Kore, verbunden mit einem Wasserschöpfen aus dem Nil. Beide Motive boten sich für eine Feier der Taufe Jesu an. S. ausführlich hierzu, bis hin zur Gegenwart, B. Klaus, Antikes Erbe und christlicher Gottesdienst. Eine kulturgeschichtliche Spurensuche, Stuttgart 1998, 133-165.
19. Auf der Maur, Feiern, 156.

1.2.2 Die frühesten Zeugnisse von einem *Weihnachtsfest* am 25.12. stammen aus dem Rom des 4. Jahrhunderts. Wahrscheinlich[20] verdankt sich der Termin der an Integration des Staatswesens interessierten synkretistischen Religionspolitik Kaiser Konstantins. Danach liegt Weihnachten auf dem Termin des (275 von Kaiser Aurelian eingeführten) »Natalis solis invicti« (lateinisch: Geburtstag der unbesiegten Sonne),[21] jetzt als »Natalis solis iustitiae« (lateinisch: Geburtstag der Sonne der Gerechtigkeit). Ursprünglich umfasste diese Feier – entsprechend der damaligen Weite des Begriffs »natalis« – nicht nur die Feier der Geburt, sondern auch der Offenbarung Christi. Von daher ist auch zu erklären, dass das bisherige Offenbarungsfest, Epiphanie, sich durch das Thema der Magier und der Taufe Jesu neu profilierte und umgekehrt Weihnachten ausschließlich dem Geschehen in der Krippe von Betlehem galt.[22] Schon bald bildeten sich in Rom drei Messen zur Weihnacht heraus, in der heiligen Nacht selbst, dann am Morgen und am Tag.

Auch hier ist eine Aufnahme unterschiedlicher Elemente und Motive zu konstatieren:
– vom wahrscheinlichen religionsgeschichtlichen Ursprung her die Bedeutung von Sonne und Licht;
– vom biblischen Inhalt her der Bezug zum Geburtstag, teilweise verbunden mit dem Taufmotiv;
– vom Termin her die Verortung im Dunkeln.

Spätestens ab Papst Leo wird Weihnachten als »sacramentum natalis Christi« in engster Einheit mit dem Osterfest gesehen.[23]

In der Reformationszeit kam es zur Einführung der *Christvesper*, also eines Gottesdienstes am Abend. Damit wollte man »unordentlichem« Treiben in der Nacht entgegenwirken.[24] Dies zeigt auch, dass sich ab dem Mittelalter vielfaltige Bräuche um das Weihnachtsfest gerankt hatten.

Seit dem 13. Jahrhundert wird von Krippenspielen berichtet; dazu kamen Krippen mit Figuren aus der Heiligen Geschichte und deren legendarischer Fortschreibung (z.B. Ochs und Esel), die zuerst in der Kirche aufgestellt wurden, später zur Weihnachtszeit auch im Wohnzimmer der Bürger Einzug hielten. Gerade in diesem *Übergang von Liturgie der Kirche*

---

20. Daneben findet sich in der Literatur die These, der 25.12. sei Resultat einer Berechnung des Geburtstermins Jesu gewesen (s. hierzu genauer ebd. 166f.).
21. S. ausführlich zum religionsgeschichtlichen Hintergrund des antiken Sonnenkultes Klaus, Erbe, 58-84.
22. S. Auf der Maur, Feiern, 168.
23. Ebd. 169.
24. Bieritz, Kirchenjahr, 479.

zur Feier im eigenen Haus bzw. der Familie[25] scheint eine Besonderheit des Weihnachtsfestes zu liegen, nicht zuletzt wohl durch reformatorische Einflüsse geprägt. Ab dem 16. Jahrhundert begegnet – erstmals auf einem Kupferstich von L. Cranach (1509) – ein mit Stern und Lichtern geschmückter Tannenbaum, der dann im Laufe der Jahrhunderte seinen Weg in die Wohnzimmer fand.

Dieser Brauch nimmt kulturgeschichtlich viel ältere Vorstellungen wie die des Paradiesbaumes und der grünen Lebenszweige auf. Auch die Nüsse und Äpfel stehen in langen symbolischen Traditionen. Vielleicht verdanken sich die Kerzen einer Übertragung aus dem Osterfest.[26]

Ingeborg Weber-Kellermann weist darauf hin, dass wohl das Aufstellen von Weihnachtsbäumen im Kriegswinter 1870/71 in den Lazaretten, Unterständen und Quartieren der Soldaten wesentlich zur Durchsetzung dieses Symbols in deutschen Familien beigetragen hat: »Heimweh und Familiengefühl, Friedenssehnsucht und nationaler Stolz, ja: deutscher Chauvinismus, das alles waberte nun im weihnachtlichen Lichterglanz. Und die heimgekehrten Sieger sorgten dafür, daß bald in jedem deutschen Haus ebenso ein Weihnachtsbaum erstrahlte wie im Schloß des Kaisers.«[27]

1.2.3. Auch die jahreszeitliche Ausdehnung des Weihnachtsfestes verlief disparater als die von Ostern. Die heute allgemein als Vorbereitungszeit geltende *Adventszeit* geht wohl auf die Quadragesima des Martinsfestes zurück, also eine Fastenzeit vom 11. November bis zum 6. Januar.[28] An Epiphanie hatte sich ja – entsprechend der Evangelienlesung von der Taufe Jesu – ein allgemeiner Tauftermin gebildet, auf den man sich durch Fasten vorbereitete. Anderweitig begegnet eine sechswöchige Vorbereitungszeit. Erst Gregor I. reduzierte sie auf vier Wochen.

Neben dem vorweihnachtlichen Charakter, der sich in Sitten wie dem Adventssingen äußerte, begegnen offensichtlich aus dem Heidnischen kommende Bräuche, die aus dem Umfeld der Wintersonnenwende stammen und den Kampf der bösen Mächte mit dem Licht begehen.[29]

---

25. S. die genaueren historischen Hinweise in: K. Hoffmann, Civil Religion in Deutschland (BRD) am Beispiel des Weihnachtsfests, in: LWB-Dokumentation Nr. 12 (1982), 10-12.
26. Bieritz, Kirchenjahr (1987), 177.
27. I. Weber-Kellermann, Das Weihnachtsfest. Eine Kultur- und Sozialgeschichte der Weihnachtszeit, Luzern 1978, 118.
28. Auf der Maur, Feiern, 180; hier ist zu berücksichtigen, dass am Samstag und Sonntag nicht gefastet wurde, also in dieser Zeit 16 Tage fastenfrei waren.
29. S. zum Einzelnen ebd. 184.

Der Adventskranz ist wohl recht jungen Datums. Ein – allerdings 24 Kerzen umfassender – Vorläufer findet sich im Rauhen Haus von Johann Wichern; seine heutige Form mit vier Kerzen fand er wohl erst im Zusammenhang der evangelischen Jugendbewegung zwischen den beiden Weltkriegen.

Trotz aller historischen Unbestimmtheit ist unübersehbar: Weihnachten zog noch mehr als Ostern verschiedenartigste Motive und Bräuche auf sich. In Deutschland ist seine Integration in die häusliche Atmosphäre besonders nachdrücklich gelungen, wohl wesentlich auch Ergebnis evangelischer Frömmigkeit.

2. Gegenwärtige Situation

Wie erwähnt, prägen Weihnachten und Ostern als Festkreise gegenwärtiges gesellschaftliches und – vor allem Weihnachten – familiäres Leben. Dies hat einen rechtlichen und gesellschaftlichen Hintergrund. Erst nachdem dieser kurz zur Kenntnis genommen ist, können Veränderungen im Stellenwert der hohen christlichen Feiertage in ihrer Reichweite angemessen verstanden werden.

2.1 Rechtlicher Hintergrund

Der christliche Festkalender ist, besonders wenn man die Heiligenfeste[30] bzw. einzelne, regional unterschiedlich gewichtige Daten aus Namenskalendern[31] dazunimmt, sehr reichhaltig. Für die meisten Menschen haben aber nur die Feste Bedeutung, die durch die staatliche Gesetzgebung arbeitsfrei gehalten werden. Allgemein anerkannte, mit Arbeitsruhe verbundene Feiertage sind in Deutschland: Neujahrstag, Karfreitag, Ostermontag, 1. Mai (Tag der Arbeit), Christi Himmelfahrt, Pfingstmontag, 3. Oktober (Tag der deutschen Einheit) sowie 1. und 2. Weihnachtsfeiertag. Dazu kommen die Feiertage, die auf einen Sonntag fallen und für die schon deshalb in der Regel Arbeitsruhe gilt.

Die sieben[32] kirchlichen von diesen neun Feiertagen gehören in den

---

30. S. Ph. Harnoncourt, Gesamtkirchliche und teilkirchliche Liturgie, Freiburg 1974, 63-245.
31. S. hierzu F. Schulz, Das Gedächtnis der Zeugen. Vorgeschichte, Gestaltung und Bedeutung des Evangelischen Namenkalenders, in: ders., Synaxis, 384-425.
32. Neujahr kann als Oktavtag zu Weihnachten ins Kirchenjahr eingefügt werden. Die wechselhaften Motive und Themen, die dieser Tag im Lauf der Geschichte auf sich zog (s. genauer Bieritz, Kirchenjahr [1987], 193-195), zeigen aber eine große theo-

Weihnachts- bzw. Osterfestkreis; die anderen verdanken sich unterschiedlicher gesellschaftlicher bzw. staatlicher Daten und Erinnerungen.

Einige Feiertage, die sog. stillen Tage, genießen einen besonderen Schutz: Karfreitag, Volkstrauertag und Totensonntag/Ewigkeitssonntag. An ihnen sind dem Charakter der Tage unangemessene Veranstaltungen verboten.

Hier zeigt sich eine deutliche christliche Prägung des öffentlichen Feiertagskalenders in Deutschland, gleichsam ein Hineinragen des liturgischen Bereichs in das allgemeine öffentliche und private Leben. Jedoch ist eine gewisse Brüchigkeit dieser Synthese im Zusammenhang mit dem Aufheben der Arbeitsruhe am Buß- und Bettag, einem im 19. Jahrhundert unter dem Einfluss des preußischen Königs eingebürgerten evangelischen Feiertag, unübersehbar. Zu den genannten, für das ganze Bundesgebiet mit Arbeitsruhe verbundenen Feiertagen treten in manchen Bundesländern noch weitere christliche Festtage hinzu.

Von evangelischer Seite ist dies der Reformationstag (Brandenburg, Sachsen, Sachsen-Anhalt, Thüringen), Buß- und Bettag (Sachsen), katholischerseits Fronleichnam (Baden-Württemberg, Bayern, Hessen, Nordrhein-Westfalen, Rheinland-Pfalz, Saarland, Teile von Sachsen und Thüringen), Mariae Himmelfahrt (Teile von Bayern, Saarland), Allerheiligen (Baden-Württemberg, Bayern, Nordrhein-Westfalen, Rheinland-Pfalz, Saarland), von beiden Epiphanias (Baden-Württemberg, Bayern, Sachsen-Anhalt). Augsburg schließlich feiert am 8. August das Friedensfest.

Hieran ist die bis heute bestehende regionale und konfessionelle Differenz in Deutschland hinsichtlich der Feiertage ersichtlich.

2.2 Gestaltung der Feiertage

Große Unterschiede bestehen hinsichtlich der liturgischen Partizipation der Menschen an den Feiertagen. Wie eingangs erwähnt, ziehen vor allem die Gottesdienste am Heiligabend viele Menschen an. Schon am ersten Weihnachtsfeiertag sind dagegen die evangelischen Gottesdienste in der Regel nur noch spärlich besucht. Die früher vollen Gottesdienste zu Karfreitag haben sich ebenfalls geleert.[33] Umgekehrt scheinen sich Osternachtfeiern

---

logische Unbestimmtheit. Im Bewusstsein der meisten Deutschen dürften solche liturgischen Bemühungen aber nicht präsent sein; mittlerweile findet in nicht wenigen Kirchen auch kein Gottesdienst mehr statt.

33. Für 1996 berichtet die amtliche EKD-Statistik, dass 1,3 Millionen Menschen in evangelischen Kirchen Gottesdienst feierten, was einem Anteil von 4,8 % der Kirchenmitglieder entspricht.

für jüngere und mittelalte Erwachsene einer wachsenden Attraktivität zu erfreuen. Ansonsten gehören für die meisten Menschen die arbeitsfreien christlichen Feste in den Freizeit- und zunehmend Kurzurlaubsbereich. Dies führt gerade in Gegenden, in denen wohlhabendere Menschen leben, zu Problemen für die Feier der Gottesdienste.

2.2.1 Ein näherer Blick zeigt vor allem für *Weihnachten* eine deutliche, weit über den eigentlichen Festtag hinausreichende Ausstrahlung. Schon Wochen vor Beginn der Adventszeit beginnt sich der Handel mit entsprechenden Angeboten und Werbemaßnahmen auf das bevorstehende Fest vorzubereiten. In vielen Städten und Vorgärten werden Lichterketten aufgezogen, also das alte Symbol des Lichts (gegen die Finsternis) in einer modern technischen Vermittlung zur Darstellung gebracht. In den Kaufhäusern und auf den Weihnachtsmärkten in den Innenstädten erklingen – in mehr oder weniger geschmackvollem Arrangement – Weihnachtslieder. Kommerzielles Angebot und Sehnsucht der Menschen nach Helligkeit, Frieden und wohl auch Feier der Heiligen Nacht sind eine unentwirrbare Verbindung eingegangen, der einseitige Konsumkritik nicht gerecht wird. Vielmehr ist in einer so stark ökonomisch geprägten Gesellschaft wie der gegenwärtigen ein Fest ohne Verbindung zu diesem Bereich nicht vorstellbar. Manches hiervon kann als nur kommerziell abgetan werden. Stärkere Beachtung verdient aber die Tatsache, dass nach wie vor – und in den letzten Jahren wohl sogar etwas ansteigend – in Familien in der Vorweihnachtszeit gebastelt wird.

1994 gaben bei einer Befragung des Allensbacher Instituts 38 % der Westdeutschen an, in der Vorweihnachtszeit zu basteln bzw. Handarbeiten zu machen.[34]

Auch in den meisten Kindergärten und vielen Schulen, vor allem in den unteren Jahrgangsstufen, werden Krippenspiele, Bastelarbeiten o.ä. vorbereitet, manchmal besinnliche Geschichten zur Weihnacht vorgelesen. Für viele Menschen besonders wichtig ist der Brauch, sich gegenseitig zu beschenken. Eine nur negative Sicht hiervon, die z.T. von der irrigen, vielfach zu lesenden Annahme ausgeht, die *Geschenksitte* sei erst jüngeren Datums, ist verfehlt.

Das Schenken zu Weihnachten scheint sich – für das Westfälische kann dies exemplarisch nachgewiesen werden[35] – aus Geldgeschenken und anderen Gaben (z.B. Weinspenden) für Bedienstete entwickelt zu haben, die bis ins 15. Jahrhundert zu-

---

34. Nach K.-F. Daiber, »Vorweihnachtszeit«. Pastoralsoziologische Einführung, in: E. Domay, Gottesdienst Praxis Serie B, Gütersloh 1995, 10.
35. Wie auch sonst hinsichtlich der liturgischen Feiern und kirchlichen Feste bestehen

rückreichen.³⁶ In einer Predigt werden 1571 – auch für heutige Ohren aktuell – fünf Arten von Geschenken genannt: »Geld, Eßwaren, Spielzeug, Bekleidung und Schulausstattung«.³⁷ Schon vor dem Dreißigjährigen Krieg war es in der Oberschicht üblich, in der Familie zu Weihnachten zu schenken. Im 17. und 18. Jahrhundert wich diese Sitte wohl teilweise den Nikolausgeschenken – für die Kinder – und den Neujahrsgeschenken – für die Erwachsenen. Im 19. Jahrhundert, vor allem ab etwa 1850, zeigen dann Zeitungs-Annoncen deutlich die Bedeutung von Weihnachtsgeschenken.

Allerdings muss – entsprechen der krassen sozialen Unterschiede – zwischen Geschenken bei Armen – oft nur einige Nüsse o. ä. für die Kinder – und sehr reichhaltigen Geschenken bei Reichen unterschieden werden.³⁸ Demnach ist die gegenwärtig in manchen Kreisen verbreitete Klage über die Kommerzialisierung eher eine – problematische – Klage über den gestiegenen Wohlstand breiter Bevölkerungsschichten, die sich jetzt ebenfalls den Luxus größerer Geschenke leisten können, als im eigentlichen Sinn Kritik an den gegenwärtigen Festbräuchen.

Aus kultursoziologischer Perspektive weist Karl-Fritz Daiber darauf hin: »Das gegenseitige Geschenk ist recht verstanden und recht praktiziert ein hohes Kulturgut. Es ist und bleibt Symbol menschlicher Zuneigung und Zuwendung.«³⁹ Interessanterweise beginnt sich das Sich-gegenseitig-Beschenken, obwohl in geringerem Umfang, auf das Osterfest auszudehnen.

Gesamtgesellschaftlich ist die Integrationskraft des Weihnachtsfestes kaum zu überschätzen. Bei der Konsultation des Lutherischen Weltbundes zu »*Civil religion*« wurde dieses Konzept für Deutschland nicht von ungefähr am Beispiel des Weihnachtsfestes erläutert. Als grundlegendes Symbol fungieren *Nadelbaum und Kerzen*, zwei religionsgeschichtlich alte Zeichen.

Nach Klaus Hoffmann erhält Weihnachten in Deutschland »eine im ideologischen Konsens aller Menschen festgelegte Deutung als Fest des Friedens und der Menschenliebe (bzw. Menschlichkeit)«.⁴⁰ Hierdurch fühlen sich alle Menschen verbunden. Der Hinweis auf die Geschenke zeigte schon, dass dies Konsequenzen für den sozialen Nahraum hat. Das Spendenaufkommen bei Aktionen für Notleidende in der Zweidrittel-Welt, greifbar etwa in

---

hier im Einzelnen beträchtliche regionale Differenzen. Allgemeine Grundtendenzen sind jedoch fast überall im deutschen Sprachraum feststellbar.
36. D. Sauermann, Von Advent bis Dreikönige. Weihnachten in Westfalen, Münster 1996, 85-87.
37. Ebd. 145.
38. S. zur Illustration ebd. 146 die Geschenkliste der Annette von Droste-Hülshoff von 1845, die auch heute noch – mit geringen Variationen – in gut situierten Familien Anklang finden würde.
39. Daiber, Vorweihnachtszeit, 12.
40. Hoffmann, Civil Religion, 2.

den jedes Jahr zum 1. Advent begonnenen Aktionen von »Brot für die Welt« und anderen kirchlichen Organisationen, dokumentiert die sozialethische Relevanz des von Weihnachten ausgehenden Zivilreligiösen. Diese tritt auch in den Weihnachtsansprachen führender Politiker hervor.

2.2.2 Weniger ausgeprägt strahlt *Ostern* in die heutige Gesellschaft und die Familien. Zwar gibt es auch hier – etwa analog dem Engagement für die Zweidrittel-Welt zu Weihnachten – Bemühungen, den Festcharakter zu aktualisieren, etwa politisch durch die Ostermärsche oder spirituell durch die Aktion »Sieben Wochen ohne«. Doch ist es bis jetzt noch nicht gelungen, hiermit größere Bevölkerungskreise zu erreichen. Wohl am meisten ist von der Feier der Osternacht zu erwarten.[41]

Wie schon der kurze Blick in die Genese beider großer christlicher Feste zeigt, war Weihnachten von Beginn an deutlich zivilreligiös und gesellschaftsintegrierend profiliert, während bei Ostern biblisch-theologische Inhalte im Zentrum standen. Trotzdem war Ostern das erste große christliche Jahresfest und stand lange im Zentrum des Festkalenders. Auf dem Hintergrund der den elementaren Dunkel-Hell-Gegensatz aufnehmenden Osternachtfeier unterstützte die Verbindung von Ostern mit der Taufe wesentlich die Prägekraft dieses Festes für die Christen und später die christliche Gesellschaft. Doch beides, Symbolik in der Nacht und Verbindung der Taufe, kam in Wegfall.

Interessanterweise ist Ostern in Gesellschaften mit (orthodoxen) Kirchen, die diese beiden Gestaltungsformen beibehielten, zum grundlegenden Fest geworden.

Dazu kam spätestens im 20. Jahrhundert verbreitete Skepsis gegenüber der Auferstehungsbotschaft. Ostern als christliches Fest tritt hinter Osterhasen, -eiern, Frühlingsfeiern u. ä. zurück. Allerdings sind bei näherem Hinsehen auch gegenwärtig in eine säkulare Gestaltung der Feiertage transformierte Spuren liturgischer Begehung sichtbar:
– Der – spätestens seit Goethes Faust – sprichwörtliche Osterspaziergang nimmt etwas von der Verbindung zwischen Ostern und Schöpfung, konkret den Frühjahrsbeginn, auf.
– Zunehmend werben Touristik-Unternehmen für Osterurlaub in Griechenland (oder anderen Ländern mit mehrheitlich orthodoxer Bevölkerung) mit Hinweisen auf die dortigen Osterfeiern.
Doch fehlt es offensichtlich noch an Formen, die für Ostern eine Integra-

---

41. Zu deren neuerlicher Rezeption als tatsächlicher Gottesdienst in der Osternacht s. knapp im 4. Kapitel (4.3).

tion von Liturgie und dem gegenwärtigen Leben ermöglichen. Die in vielen Gemeinden mit Osternachtfeiern angebotenen Osterfrühstücke sind ein Versuch, neuere Entwicklungen in der Lebensgestaltung[42] in die christliche Festkultur zu integrieren.

3. Agendarische Formen

3.1 *Form des Stundengebets*

Entgegen einer Stagnation bzw. einem leichten Rückgang der zum Sonntagsgottesdienst Kommenden nimmt deren Zahl – sogar von einem erheblich höheren Ausgangsniveau aus – am Heiligabend zu, und auch die Osternachtfeiern finden verstärkte Aufmerksamkeit.

In dieser Situation ist es – von außen gesehen – erstaunlich, dass für die Gottesdienste an Heiligabend und in der Osternacht keine amtliche Agende vorliegt. Im Evangelischen Gottesdienstbuch heißt es lediglich lapidar zur Christvesper: »Die Christvesper wird in der Regel in einer besonderen Form ohne Abendmahl gefeiert.«[43] Und: »In der Regel wird die Osternacht in einer besonderen Form gefeiert.«[44] Offensichtlich herrscht an diesen beiden so wichtigen liturgischen Terminen ein kirchenamtlich agendarisch nicht bestimmter Freiraum. Von daher kann es im Folgenden nur darum gehen, weithin zu beobachtende Tendenzen zu nennen.

Es ist an Weihnachten und Ostern auffällig, dass die meisten Menschen an liturgischen Formen teilnehmen, die nicht der üblichen Messform bzw. dem Predigtgottesdienst folgen, sondern liturgiegeschichtlich in der Tradition der Stundengebete stehen.[45] Der Heiligabendgottesdienst wird weithin als Christvesper bezeichnet, in vielen Gemeinden wird dazu später eine Christmette gefeiert; die Osternacht ist eine Vigil. Allerdings sind sie dabei als Einzelgottesdienste des ursprünglichen Zusammenhangs als ständiges Gebet entkleidet.

Vielerorts löste sich vor allem die Christvesper von der Form eines Stundengebets ab; in ihrem Zentrum steht häufig ein Krippenspiel. In Christvesper sowie Ostervigil tritt aber – wie in Stundengebeten üblich – die

---

42. Ein deutlicher Ausdruck hierfür sind die zunehmenden Offerten von Frühstück oder sog. Brunch in Cafés und Lokalen.
43. Evangelisches Gottesdienstbuch. Agende für die Evangelische Kirche der Union und für die Vereinigte Evangelisch-Lutherische Kirche Deutschlands, Berlin 1999, 252.
44. Ebd. 316.
45. S. näher hierzu 5. Kapitel 1.3.3.

Predigt, wenn überhaupt gehalten, zurück. Dazu wird – weithin[46] – die besondere Tageszeit in ihrer den Sinngehalt der Liturgie erschließenden Symbolik aufgenommen. Dadurch – und auch durch konkrete liturgische Elemente wie das Bienenlob in der Osternacht oder den Tannenbaum in der weihnachtlichen Kirche – wird der Bezug des Christusfestes zur Schöpfung anschaulich.

3.2 Osternacht und Weihnachtsgottesdienste

3.2.1 Aus den zahlreichen inzwischen vorliegenden kirchlichen und privaten Agenden zur *Osternacht* besticht der 1983 für die evangelisch-reformierten Kirche in der deutschsprachigen Schweiz veröffentlichte Entwurf.[47]

Er gliedert sich in fünf Teile:
- Wortgottesdienst mit alttestamentlichen Lesungen (Gen 1, Ex 14, Ez 37)
- Lichtfeier und Osterevangelium (Hereintragen des Lichts, Mt 28, Osterlob [Exsultet])
- Predigt – Tauffeier – Dank (Homilie, Röm 6, Taufe, Bittgebet um Bewahrung des Glaubens, Dank für Glaubenszeugen)
- Österliches Mahl
- Abschluss (Gebet, Sendung, Segen).

Hier wird in straffer und dramaturgisch bewusster Weise die Osternacht gefeiert.

Zweifellos besteht in der Feier der Osternacht die Gefahr, sich in den Traditionen einer an Lesungen, Gebeten und Symbolen so reichhaltigen Liturgie zu verlieren.[48] Bei aller Freude an liturgischer Gestaltung darf aber nicht die kritische, inhaltlich

---

46. Hinsichtlich der Christvesper scheint sich allerdings durch die frühe Zeit, teilweise schon 15 Uhr, eine gewisse Ablösung vom Dunklen anzubahnen. Es müsste untersucht werden, welche Auswirkung dies für die Feier- und dann auch Sinngestalt des Gottesdienstes hat.
47. Liturgie Bd. 3: Abendmahl, hg. im Auftrag der Liturgiekonferenz der evangelisch-reformierten Kirche in der deutschsprachigen Schweiz, Bern 1983, 119-143. Auf die Qualität dieser Agende macht – im Vergleich mit den entsprechenden römisch-katholischen, christkatholischen und evangelisch-lutherischen Formularen – nachdrücklich Auf der Maur, Wiederentdeckung, 15 f., aufmerksam.
Stärker experimentellen Charakter hat die Osternacht, wie sie seit 1983 in Hamburg St. Katharinen gefeiert wird (s. mit vorbildlicher liturgischer Reflexion P. Cornehl, Die längste aller Nächte. Zumutungen der Osternacht, in: ders., M. Dutzmann, A. Strauch, Hg., In der Schar derer die da feiern. Feste als Gegenstand praktisch-theologischer Reflexion [FS F. Wintzer], Göttingen 1993, 117-133).
48. S. die ausführliche Darstellung und Kommentierung des wirkungsgeschichtlich sich

weithin entleerte Situation von Ostern in der gegenwärtigen Gesellschaft vergessen werden, die zur Elementarisierung und damit auch zu Konzentration und Straffung drängt. Auch die Tatsache, dass mit liturgischen Vollzügen wenig Vertraute in der Osternacht den Weg in die Kirche finden, erfordert eine übersichtliche Gestaltung dieser Vigil.

Sowohl das Hereintragen des Lichtes erst im zweiten Teil des Gottesdienstes als auch das dem entsprechende, langsame Hereinnehmen von Gesang und Musik unterstreichen die Dramatik des Gefeierten. Positiv hervorzuheben ist ebenfalls die – reformatorisch in Form des Danks für Glaubenszeugen modifizierte – Rezeption der Heiligenlitanei, die einer Verengung des Blicks auf die Gegenwart wehrt. Die in bestimmten Jahren vorgesehene Lesung von Apk 19 – anstelle von Röm 6 – bringt noch die eschatologische Dimension des Geschehens eindrücklich zu Gehör.

Der katholische Liturgiewissenschaftler Hansjörg Auf der Maur, der sich zeitlebens intensiv um die liturgische Feier des Pascha-Mysteriums bemüht hat,[49] regte nachdrücklich eine ökumenische Gestaltung der Osternacht an: »Es wäre von der Sache her ein Gebot der Stunde, daß in jeder Stadt und in jedem größeren Ort neben den Osternachtfeiern auf Pfarreiebenen auch eine übergreifende ökumenische Ostervigil gefeiert würde.«[50] Zwar ist dies – wie er weiß – gegenwärtig für eine das Abendmahl umfassende Zusammenkunft noch nicht möglich. Doch hier könnten evangelische Gemeinden vielleicht die Initiative ergreifen. Markus Jenny schlägt als Procedere vor: »Wenn man die österliche Mahlfeier nicht weglassen will, wird man ihre Gestaltung einer der beteiligten Konfessionen überlassen, deren Verantwortliche dann darüber zu entscheiden haben, ob und in welcher Weise sie den Teilnehmern aus den anderen Konfessionen eucharistisches Gastrecht gewähren oder sie sogar zur Mitwirkung in der Liturgie und beim Austeilen der Kommunion einladen wollen oder können.«[51] Gewiss steht dieses Vorgehen in Widerspruch zu den einschlägigen Bestimmungen des römisch-katholischen Kirchenrechts. Doch sollten sich evangelische Gemeinden

---

durchsetzenden gallikanisch-römischen Osterlobs bei Schmidt-Lauber, Pascha-Mysterium, 395-421.

49. S. eindrücklich seine postum veröffentlichte Vorlesung: H. Auf der Maur, Lobpreis und Anrufung Gottes im sakramentlichen Vollzug. Eine noch immer unterbelichtete Dimension westlicher Sakramententheologie und Praxis, in: P. M. Zulehner u. a., Hg., Zeichen des Lebens. Sakramente im Leben der Kirchen – Rituale im Leben der Menschen, Ostfildern 2000, 179-198, in der die drei Lobpreisungen der Paschavigil (über dem Licht, dem Wasser und Brot und Wein) theologisch entfaltet werden.
50. Auf der Maur, Wiederentdeckung, 19.
51. So in: Liturgie Bd. 3, 378.

nicht ausschließlich hiernach richten. Denn nicht wenige katholische Gemeinden und Pfarrer sind zu einer über die gegenwärtigen rechtlichen Bestimmungen hinausgehenden Gastfreundschaft bereit.

Wer weiß, dass auch die Feier der Osternacht sich nur durch Ungehorsam gegenüber der kirchlichen Obrigkeit in der römisch-katholischen Kirche sowie durch kluges Gewährenlassen der Leitung des Wiener Erzbistums bis zur letztendlichen kirchlichen Approbation entwickeln konnte,[52] wird diesen Vorschlag nicht abwegig finden.

3.3.2 Ganz anders ist die liturgische Situation an *Weihnachten*. Wenn ich recht sehe, hat sich hier in den letzten zwanzig Jahren eine deutliche Differenzierung der liturgischen Feiern am Heiligabend vollzogen:
1. Die vor allem bei Familien mit kleineren Kindern beliebten Gottesdienste am (späten) Nachmittag des Heiligabend sind meist schlicht aufgebaut und verzichten auf im sonstigen Gottesdienst übliche Formeln. Das Verlesen der bekannten Weihnachtsgeschichte nach Luk 2, gemeinsames Singen bekannter Weihnachtslieder sowie die Vorführung eines Krippenspiels sind die Hauptinhalte eines Gottesdienstes, der in seiner besonderen Atmosphäre durch Kerzen, Tannengrün und überfüllten Kirchenraum geprägt ist. Nicht selten entfällt eine eigene Predigt.
2. Ganz anders sind meist die Gemeinde und die Stimmung in einem späteren Christnacht-Gottesdienst. Während es bei Krippenspiel und vielen Kindern fröhlich und bisweilen unruhig zugeht, herrscht in der Christmette eine eher besinnliche Atmosphäre. Hier ist der Ort für eine meditativ ausgerichtete Predigt.

4. Liturgiedidaktische Innovationen

4.1 *Kirchenjahr als liturgische Aufgabe*

Klaus-Peter Jörns und Karl-Heinrich Bieritz resümieren am Ende ausgedehnter Erörterungen zum Kirchenjahr: »Das Kirchenjahr ist noch anders als das einzelne Fest geeignet, Gedächtnis im Blick auf Lebenssinn zu prägen, indem es in der jeweiligen Gegenwart des Gottesdienstes die bezeugte Vergangenheit und die verheißene Zukunft mit Gott erinnert. Entgegen der partikularistischen Betrachtung der Welt im einzelnen erlaubt das Kirchenjahr den Blick auf die Welt im ganzen.«[53]

---

52. S. Auf der Maur, Wiederentdeckung, 5-9.
53. Jörns, Bieritz, Kirchenjahr, 595.

Damit ist auch die *gesellschaftliche Bedeutung des Kirchenjahrs* formuliert. Sie erfordert in der Gegenwart wohl eine gestufte liturgische Praxis. Auf der einen Seite wäre es nicht zuletzt in Hinblick auf die Zukunft fatal, wollte man – pointiert gesprochen – die gegenwärtige Reduktion des Kirchenjahres im Leben der meisten Menschen auf den Heiligabend und anschließend einige ruhige Tage zur Jahreswende, sowie für manche die Feier der Osternacht und eventuell eine Frühlingsreise allgemein festschreiben. Auf der anderen Seite wäre es eine Illusion, versuchte man die differenzierte liturgische Feiertradition des Kirchenjahres unakzentuiert zur Grundlage gemeindlichen Lebens zu machen. In dieser Situation ist es angemessen, mehrgleisig zu verfahren. Es ist wichtig, dass die liturgische Reichhaltigkeit des Kirchenjahres nicht zu einer lebensfernen Reliquie verkommt. Hier haben Kommunitäten oder klösterliche Gemeinschaften, die auch sonst in einer gewissen Distanz zu den »Normalitäten« der Gesellschaft leben, eine wichtige Aufgabe. Über Einkehrtage u. ä. können sie Nichtmitgliedern die Möglichkeit bieten, partiell an diesem liturgischen Schatz teilzuhaben. Zugleich wird es in den Kirchengemeinden darauf ankommen, die allgemein gesellschaftlich verankerten Festzeiten in ihrer biblischen Prägung in Erinnerung zu halten. Menschen, die jedes Jahr nur an Heiligabend (und vielleicht noch in der Osternacht) in die Kirche gehen, sind auf eine eindrückliche Feier angewiesen, die über den Tag hinaus wirkt. Von grundlegender Bedeutung sind hier:

1. Elementare Wahrnehmungsformen, die die abendliche bzw. nächtliche Stunde des Gottesdienstes sowie dessen jahreszeitliche Platzierung ermöglichen.

Das – jahrhundertelange – Vorziehen der Ostervigil auf den Samstagmorgen hat zu deren Marginalisierung geführt. Trotz aller positiven Erfahrungen, die es in den letzten zwanzig Jahren mit Feiern der Osternacht gab, wird es wohl noch lange dauern, bis sie in Deutschland wieder im Leben der Christen den ihr zustehenden Stellenwert bekommt.

Von daher scheint es mir bedenklich, den ersten Gottesdienst am Heiligabend zu weit in die Nachmittagsstunden vorzuziehen. Der Kirchgang bei zumindest anbrechender Dunkelheit schafft eine Atmosphäre für die liturgische Feier, auf die nicht leichtfertig verzichtet werden sollte. Nur so macht die seit Beginn des Weihnachtsfestes grundlegende Symbolik von Hell und Dunkel Sinn.

2. Hervorheben der das Fest begründenden biblischen Texte.

Von hieraus gilt es, die bestehenden Perikopenordnungen kritisch zu überprüfen. Episteltexte dürften in der Regel die Gemeinde am Heiligabend überfordern, ins Zentrum gehört die lukanische Weihnachtsgeschichte.

In der Osternacht gilt es wesentliche Texte zu Schöpfung, Bedrohtheit der Menschen und Auferstehung zu Gehör zu bringen. Am günstigsten dürfte sein, wenn wesentliche Aussagen der Texte auch in den Anamnesen der Gebete und in den Liedern wiederkehren.

Auf jeden Fall ist auf einen ausdrucksstarken Vortrag der biblischen Lesungen zu achten. Das in der Alten Kirche wichtige Amt des Lektors sollte wieder aufgewertet werden, wozu eine entsprechende Sprechschulung der Lektoren (etwa durch Schauspieler) gehört.

3. Konzentrierte *Verwendung weniger, aber ausdrucksstark inszenierter Symbole.*

Bei der Auswahl der Symbole ist neben der Erschließungskraft für die Botschaft des Evangeliums auch deren Verankerung im Alltag der Menschen ein wichtiges Kriterium. Von daher dürfte der Kerze gegenwärtig eine besondere Bedeutung zukommen. Der in manchen Gemeinden gepflegte Brauch, am Ende des Gottesdienstes eine Kerze mit nach Hause zu geben, ist ein guter Ansatz, insofern das Entzünden der Kerze daheim eine Erinnerung an den Gottesdienst ermöglicht. Die liturgische Feier kann so Impulse geben für den Gottesdienst im weiten Sinn.

Konkret werden bei der liturgischen Gestaltung – entsprechend der Regionalität des Brauchtums – vor Ort Besonderheiten zu berücksichtigen sein.

Allerdings stellt sich heute ein neues Problem: Zweifellos stabilisieren die um die beiden großen Christfeste liegenden Ferienzeiten das gesellschaftliche Gedächtnis hinsichtlich grundlegender christlicher Einsichten. Zugleich ermöglichen die freien Tage aber das Verreisen, das allerdings nur ökonomisch Gutsituierten möglich ist (und von daher bestimmte Gemeinden besonders betrifft). Hier stellt sich die »Frage, wie kirchliche Festfeier und Urlaubszeit miteinander verbunden werden können«.[54] Jörns und Bieritz regen »Modelle (an), die eine Feier der ›Heiligen Woche‹ (als Kirchenjahr in einer Grundform) mit einer Zeit gemeinsamen Lebens am Wohn- oder Urlaubsort verbinden, evtl. mit dem Kennenlernen fremder liturgischer und geistlicher Traditionen.«[55] Dabei genügen schon flüchtige liturgiegeschichtliche Kenntnisse, um wahrzunehmen, dass es sich hier keineswegs nur um eine Anpassung an moderne Lebensgewohnheiten handelt. Vielmehr zeigen sowohl die allgemeine Religionsgeschichte als auch die christliche Liturgiegeschichte: In der Form der Wallfahrt o. ä. gewann das Wissen darum Gestalt, dass intensive religiöse Zuwendung durch einen Ortswechsel begünstigt wird.

54. Ebd. 594.
55. Ebd.

In Ferienorten folgt aus der Tatsache, dass Urlauber die Gottesdienste an den Festtagen besuchen, eine besondere liturgische (und homiletische) Herausforderung. Neben klarem liturgischem Aufbau, der eine schnelle Orientierung und damit Mitfeier erlaubt, ist eine ökumenisch reflektierte Gestaltung wichtig. Denn die Urlauber gehören nicht selten verschiedenen Konfessionen an.

4.2 Christus- und Biographiebezug durch Taufe

Bei der Feier christlicher Festtage ist heute von allen liturgischen Feiern der *Zusammenhang zwischen Liturgie und Gottesdienst im weiten Sinn* am ehesten greifbar. Schon die Ausdehnung der Festzeiten ab dem 4. Jahrhundert, die schließlich zu mehrwöchigen, ja sogar mehrmonatigen Festkreisen führte, ist ein unübersehbarer Ausdruck des Bestrebens, das alltägliche Leben von den bedeutendsten Ereignissen, auf denen christlicher Glauben basiert, bestimmen zu lassen. Wesentlich war zuerst für die persönliche Wirkung sowie die christologische Prägung der Feste der für Ostern, aber auch für den Weihnachtsfestkreis geltende Zusammenhang mit der Taufe. Die Vorbereitung auf dieses für die christliche Existenz entscheidende Ereignis ging mit der Ausdehnung der Feste Hand in Hand. Durch die christologische Einbindung, die auf der Ebene der Person den in der jeweiligen biblischen Festerzählung gegebenen Christusbezug bekräftigte, konnten sich die Feiern von Ostern und Weihnachten weit für die Rezeption von Bräuchen öffnen, die nicht selten aus heidnischen Kulten stammten. Problematisch wurde die Situation u. a. dann, als der Bezug zur Taufe verloren ging.

Die biographische Bedeutung der Feste machte sich jetzt zunehmend an später zugewachsenen Bräuchen fest. Die lange Zeit im Gottesdienst in einer fremden Sprache verlesenen biblischen Texte zum Fest traten zurück. Das gilt besonders für die abstrakte Osterbotschaft. Vor allem spielerische Darstellungen der jeweiligen Festgeschichten, konkret vor allem Passions- und Krippenspiele, hielten den christlichen Grund der Feste in Erinnerung – allerdings in z. T. problematischen Interpretationen und für das spätere historische Bewusstsein nicht nachvollziehbar handgreiflichen Darstellungen.

Für eine stärkere Profilierung des Christusbezugs können – in Aufnahme der guten Erfahrungen in früherer Zeit – die (in Kap. 6 skizzierten) Veränderungen in der Taufpraxis eine Grundlage sein. Durch die zunehmende Entfernung des Taufbegehrens vom Zeitpunkt der Geburt entsteht nämlich die Möglichkeit, wieder feste Tauftermine einzurichten. Ostern und Tage um Weihnachten bzw. Epiphanias bieten sich hierfür an. Die Taufe an einem der Christusfeste ermöglichte zum einen ein deutlicheres, biographiebezogenes Bewusstsein ihres christologischen Fundaments; zum anderen würde die Tauferinnerung durch die Aufnahme des Brauchtums zu den Christusfesten anschaulicher. Die Kerzen am Weihnachtsbaum erinnerten dann z. B. zugleich an die Taufe – und vielleicht sogar an Ostern.

Ein solcher Versuch, durch feste Tauftermine biographiebezogen die Christusbotschaft von Ostern und Weihnachten zur Darstellung zu bringen, übersteigt den Rahmen von Liturgie im engeren Sinn. Hier eröffnet das – mögliche – Zusammenspiel von liturgischer Gestaltung und gemeindepädagogischen Bemühungen (bis hinein in den schulischen Religionsunterricht und kirchliche Schulen) die Chance zur Vertiefung.

Dazu sind beispielsweise Festvorbereitung im Kindergarten, im Kindergottesdienst, in der sonstigen Kinder- und Jugendarbeit, in Religions- und Konfirmandenunterricht, aber auch in Erwachsenen- und Seniorenbildung möglichst in den Festgottesdiensten am Heiligabend und in der Osternacht aufzunehmen. Dies muss nicht in ausführlicher verbaler Weise geschehen; eine bewusst Zusammenhänge darstellende Verwendung etwa von Kerzen (vorzüglich der Osterkerze) ist oft eindrücklicher.

9. Kapitel: Gottesdienstliche Feier des Sonntags

1. Historische Dimension

In Kapitel 5 kam der Sonntag im Zusammenhang mit Überlegungen zur Zeit als einer entscheidenden Bedingung liturgischer Gestaltung bereits in den Blick (vor allem 1.2). Historisch ergab sich dabei u. a. Folgendes:
 1. Der alttestamentliche Sabbat bezog sich ursprünglich (primär) auf die Arbeitsruhe; der kultische Aspekt fehlte (weithin).
 2. Der christliche Sonntag, der sich langsam im Gegenüber zum Sabbat herausbildete, war von Anfang an durch die – ursprünglich wohl tägliche – Zusammenkunft der Christen bestimmt. Erst ab dem 4. Jahrhundert begann er – in einem jahrhundertelangen Prozess – zu einem Tag der Arbeitsruhe zu werden.
 3. Zuerst fand die sonntägliche Zusammenkunft am Abend statt; ihre wesentlichen Inhalte waren Lesungen, Predigt, Gebete und Mahl.
 In der Folgezeit verlagerte sich der Gottesdienst auf den Sonntagmorgen. Von Anfang an gab es Klagen über mangelnden Besuch des Sonntagsgottesdienstes (s. Hebr 10,25; Did II 59,2 f.).

Um das Jahr 300 wurde etwa – gewiss nicht ohne Grund – auf dem Konzil zu Elvira (can. 21) bestimmt: »Wenn jemand, der in der Stadt wohnt, an drei Sonntagen nicht zur Kirche kommt, dann soll er für kurze Zeit ausgeschlossen werden, damit er als Gemaßregelter erscheint.«[1]

Der Sonntag verlor seit dem frühen Mittelalter seine herausgehobene Stellung in der kirchlichen Zeit. Denn die Eucharistie wurde, ausgehend von Mönchs- und Klerikergemeinschaften, täglich gefeiert. Sie war als Officium in den Zeitansatz der Stundengebete eingegliedert.[2] Dazu vermehrten sich die Heiligenfeste u. ä. Gegen diese Entwicklung protestierte dann – wie erwähnt – Luther, der wieder auf die grundlegende Bedeutung des Sonntags hinwies. In den reformatorischen Kirchen, vor allem in Genf[3] und Zürich, löste sich der Zusammenhang von Sonntag und Abendmahl in umgekehrter Richtung. Das Abendmahl wurde in den evangelischen Gemeinden nur we-

---

1. Zitiert nach A. Adam, R. Berger, Pastoralliturgisches Handlexikon, Freiburg 1980, 480.
2. Meyer, Eucharistie, 514.
3. Allerdings hatte Calvin eine sonntägliche Abendmahlsfeier befürwortet, ohne sich damit aber durchsetzen zu können (s. B. Buschbeck, Die Lehre vom Gottesdienst im Werk Johannes Calvins, Marburg 1968, 192 f.).

nige Male im Jahr gefeiert; ansonsten fand sonntags ein Predigtgottesdienst (bzw. ein Messgottesdienst ohne Abendmahl) statt.

Der Besuch des sonntäglichen Gottesdienstes war teilweise bis ins 19. Jahrhundert eine obrigkeitlich überwachte Pflicht und/bzw. unterlag der Kirchenzucht. In unterschiedlicher Weise suchte man dem zu entgehen: durch Zu-Spät-Kommen oder früheres Gehen. Auch der sprichwörtliche Kirchenschlaf war – wie etwa Schwätzen o. ä. – ein Versuch, mit der Zwangssituation Sonntagsgottesdienst zurechtzukommen.[4] Angesichts der durchschnittlichen Länge des Sonntagsgottesdienstes von etwa drei Stunden im 17. und 18. Jahrhundert verwundert dies nicht.

Peter Cornehl beschreibt:»eine Stunde Eingangsliturgie, Kirchenmusik, gelegentlich Amtshandlungen; über eine Stunde Predigt (mit Liedern und Gebeten eine Art Gottesdienst im kleinen); anschließend Kirchengebete, Abkündigungen, Verlesungen von Aufgeboten und Reskripten, z. T. mit weiteren Amtshandlungen, Abendmahl bzw. Schlußliturgie.«[5]

Sobald sich aber in evangelischen Gegenden die Sonntagspflicht lockerte, änderte sich das Kirchgangsverhalten der Mehrheit: »Tendenziell geht nur noch eine Minderheit – die spätere ›Kerngemeinde‹ – regelmäßig Sonntag für Sonntag zum Gottesdienst. Die Kirchgangssitte der Mehrheit dagegen bewegt sich hin auf eine Kombination von Gottesdienstbesuch an den hohen Feiertagen des Jahres und an den hohen Festen der Familie.«[6] Auf der anderen Seite sind Versuche zu beobachten, den Sonntag stärker mit der übrigen Woche zu verbinden. So kommt in der Mitte des 19. Jahrhunderts die Sitte des Wochenspruchs auf. Er sollte – nach Georg Christian Dieffenbach (1822-1901) – gemeinsam mit einem täglich wiederholten Lied die Zeit zwischen den Sonntagen prägen.[7] Allerdings setzte diese Anregung eine bestehende Hausandacht voraus und erreichte auch im modifizierten Vorschlag einer Kirchenjahres-Bibellese des Berneuchener Kreises im 20. Jahrhundert[8] nur einen kleinen Teil der evangelischen Christen.

Nach einem kurzen, vorübergehenden Aufschwung im sonntäglichen Gottesdienstbesuch nach dem II. Weltkrieg versuchte man mit der in den

4. S. anschaulich E. Koch, Beteiligung oder Distanz – Die Religion der kleinen Leute und der Gottesdienst der Institution Kirche, in: R. Morath, W. Ratzmann, Hg., Herausforderung: Gottesdienst, Leipzig 1997, 93-97.
5. P. Cornehl, Gottesdienst VIII. Evangelischer Gottesdienst von der Reformation bis zur Gegenwart, in: TRE 14 (1985), 58.
6. Ebd. 63.
7. S. F. Schulz, Die Ordnung der liturgischen Zeit in den Kirchen der Reformation, in: ders., Synaxis, Göttingen 1997, 380.
8. Ebd. 381.

lutherischen Kirchen 1954 eingeführten, in den unierten Kirchen 1959 (weitgehend) übernommenen Agende 1 des sog. Hauptgottesdienstes[9] auf einer Sitte des regelmäßigen Gottesdienstbesuchs aufzubauen. Die stark historisch und ohne Berücksichtigung erfahrungswissenschaftlicher Erkenntnisse unmittelbar theologisch begründete[10] Gottesdienstform stellte an die Gemeindeglieder erhebliche Anforderungen der Vertrautheit mit liturgischen Elementen. Die Einführung einer sechs Reihen umfassenden »Ordnung für die Predigttexte« (1958) setzte bei der Gemeinde regelmäßigen sonntäglichen Kirchgang voraus. Allerdings war dies bereits damals eine nicht durch die Realität gedeckte Illusion.

In katholischen Gegenden verzögerte sich diese Entwicklung zumindest in ländlichen Gebieten erheblich. In den letzten zehn Jahren lässt aber – wie im 1. Kapitel (1.1) erwähnt – hier ebenfalls der sonntägliche Messbesuch stark nach.

Insgesamt durchlief die sonntägliche Zusammenkunft der Gemeinde im Lauf der Zeit mehrere wesentliche und tiefgreifende Veränderungen:
- *der zeitliche Wechsel vom Abend auf den Morgen;*
- *die Nivellierung im Mittelalter durch die große Messhäufigkeit;*
- *im Zuge der Reformation die Nivellierung durch die seltene Abendmahlsfeier;*
- *schließlich ein deutlicher Rückgang des regelmäßigen sonntäglichen Kirchgangs*, nach Aufhebung entsprechenden Zwangs und Nachlassen der sozial stützenden Sitte.

Von daher gewinnen Überlegungen zur liturgischen Gestaltung des Sonntags größere Spielräume als allgemein bewusst:

1. Zum einen ist der zeitliche Ansatz für den Gottesdienst offen. Die wesentlich durch die mittelalterliche Einfügung des sonntäglichen Gemeindegottesdienstes in das Pensum der Stundengebete begründete vormittägliche Gottesdienstzeit ist keineswegs zwingend. Selbst der Wochen-Rhythmus dürfte lange Zeit nur in den Städten, nicht auf dem Land üblich gewesen sein. Auch die grundsätzliche Relativierung der Datierung auf den Sonntag durch die Reformatoren ist in diesem Zusammenhang in Erinnerung zu rufen. Nur wenig bekannt ist, dass auf Seiten der römisch-katholischen Kir-

---

9. S. zur grundsätzlichen Problematik dieses Terminus F. Schulz, Was ist ein Hauptgottesdienst?, in: JLH 25 (1981), 82-89, der dessen schwierige Entstehungsgeschichte rekonstruiert.
10. S. Chr. Mahrenholz, Kompendium der Liturgik. Agende I für evangelisch-lutherische Kirchen und Gemeinden und Agende I für die Evangelische Kirche der Union, Kassel 1963, 17.

che wiederholt Vorschläge zur Verlegung der Sonntagsmesse gemacht wurden.[11]

2. Zum anderen ist heute die grundsätzliche Frage unübersehbar – und tritt in der anschließenden Gegenwartsanalyse noch stärker hervor –, warum Menschen den Sonntag liturgisch feiern sollen und welche Konsequenzen daraus für die konkrete Feiergestalt, auch ihren zeitlichen Rhythmus, zu ziehen sind. Auf jeden Fall ist historisch gesehen die Verbindung von Arbeitsruhe und liturgischer Feier nicht zwingend.

2. Gegenwärtige Situation

2.1 Rechtlicher Hintergrund

In Übernahme von Art. 139 der Weimarer Reichsverfassung bestimmt Artikel 140 des Grundgesetzes: »Der Sonntag und staatlich anerkannte Feiertage bleiben als Tage der Arbeitsruhe und der seelischen Erhebung geschützt.«[12] Ende der neunziger Jahre vor allem in den neuen Bundesländern zu beobachtende Versuche, einen verkaufsoffenen Sonntag regelmäßig zu etablieren, sind vorerst fehlgeschlagen.[13] Einzelne Vorstöße konnten sich nicht durchsetzen, zumal der ökonomische Nutzen fraglich ist. Nachhaltig wurde nicht zuletzt von den beiden großen Kirchen auf das gefährdete Gut eines gemeinsamen Freiraums und der damit gegebenen sozialen Möglichkeiten hingewiesen.[14]

---

11. S. hierzu im Einzelnen B. S. Nuß, Der Streit um den Sonntag. Der Kampf der katholischen Kirche in Deutschland von 1869 bis 1992 für den Sonntag als kollektive Zeitstruktur. Anliegen – Hintergründe – Perspektiven, Idstein 1996, 349, wobei sowohl der Priestermangel als auch das Verhindertsein vom sonntäglichen Kirchgang als Gründe herangezogen wurden.
12. Zur historischen Entwicklung der Sonntagsgesetzgebung und deren jeweiliger (theologischer) Begründung s. F. Heckmann, Arbeitszeit und Sonntagsruhe. Stellungnahmen zur Sonntagsarbeit als Beitrag kirchlicher Sozialkritik im 19. Jahrhundert, Essen 1986, 22-33; zur gegenwärtigen rechtlichen Situation s. genauer K.-H. Kästner, Sonn- und Feiertage zwischen Kultus, Kultur und Kommerz. Rechtsgrundlagen des geltenden Schutzes von Sonn- und Feiertagen, in: Die Öffentliche Verwaltung (1994), 464-472.
13. Zur Sonntagsarbeit in der Industrie im 19. Jahrhundert und der kirchlichen Kritik hieran s. Heckmann, Arbeitszeit, 76-83.
14. In dem Gemeinsamen Wort der Deutschen Bischofskonferenz und des Rates der Evangelischen Kirche in Deutschland »Den Sonntag feiern« vom 1. Advent 1984 tritt aber auch das große Problem auf Seiten der Kirchen hervor, gemeinsam die liturgische Bedeutung des Sonntags für die Gegenwart aufzuweisen. Etwa ein Drittel

Tatsächlich wird die Sonntagsruhe aber seit geraumer Zeit durch vermehrte Ausnahmegenehmigungen für Sonntagsarbeit ausgehöhlt. Hier sind vor allem Dienstleistungen im Freizeitgewerbe, aber auch kostspielige technische Produktionen, die nicht ausgesetzt werden sollen, zu nennen.

Der Freizeitforscher Horst W. Opaschowski prognostiziert: »Wir müssen Abschied nehmen von der Normalarbeitszeit. In der Rund-um-die-Uhr-Gesellschaft der Zukunft geraten die Zeitblöcke von Arbeit und Freizeit durcheinander. Schon heute leisten mehr als zwei von fünf Beschäftigten (43,5 %) regelmäßig oder gelegentlich Nacht-, Schicht- oder Wochenendarbeit. Die berufliche Arbeit am Wochenende wird sich für immer mehr Beschäftigte zur neuen Norm entwickeln.«[15]

In einer solchen Situation ist aus liturgischer Perspektive darauf hinzuweisen, dass eine staatlich verordnete Arbeitsruhe die sonntägliche Zusammenkunft der Gemeinde zwar erleichtert, aber keineswegs – wie die Geschichte zeigt – notwendig ist. Vielmehr gilt es primär, die Bedeutung des sonntäglichen Gottesdienstes für heutige Menschen ausdrücklich zu machen. Dazu ist genauer zu analysieren, wie gegenwärtig Deutsche in ihrer Mehrheit den Sonntag verbringen und, soweit es möglich ist, nach den Gründen für dieses Verhalten zu fragen.

2.2 Gestaltung des Sonntags

Grundlegend für das Verständnis des Sonntags ist – wie im 5. Kapitel (1.4.2) bereits erwähnt – dessen Integration in das Wochenende und mittlerweile in die sog. Freizeit als größere zeitliche Einheiten.

International bringt dies die Empfehlung R 2015 vom 1.1.1976 der »Internationalen Organisation für Standardisierung«, einer Unterorganisation der UNO, zum Ausdruck, im gesamten öffentlichen und im ökonomisch-technischen Bereich den Sonntag als letzten Tag der Woche zu betrachten.[16]

So nennt Karl-Fritz Daiber den heutigen Sonntag treffend eine »Symbiose aus Sabbat, christlichem Sonntag und modernem Freizeitweekend«.[17] Insgesamt ist für die deutsche Bevölkerung das freie und damit disponible Wochenende ein hohes Gut. Das zeigt die verbreitete Ablehnung von Samstags-

---

des Textes beschäftigt sich nur mit dem – von den Kirchen selbst verantworteten – Problem, dass eine gemeinsame Eucharistiefeier nicht möglich erscheint.
15. H. W. Opaschowski, Feierabend? Von der Zukunft ohne Arbeit zur Arbeit mit Zukunft, Opladen 1998, 17.
16. Adam, Berger, Handlexikon, 483 f.
17. K.-F. Daiber, Religion in Kirche und Gesellschaft, Stuttgart 1997, 108.

und noch entschiedener Sonntagsarbeit.[18] Die Stabilität des Wochenendes erweist sich auch darin, dass etwa Rentner einen hieran orientierten Lebens-Rhythmus beibehalten.[19] Allerdings beginnt sich in letzter Zeit die Differenz zwischen Wochenende und Werktagen zu verringern, und zwar in doppelter Hinsicht: Zum einen steigt für die meisten Bevölkerungsgruppen an Werktagen die Tagesfreizeit.

»Mit Ausnahme der 35-44jährigen, die hier insgesamt als Freizeitverlierer erscheinen, ist bei den anderen Altersgruppen die effektive Freizeit an Werktagen gestiegen. Den größten Gewinn an Werktagen verzeichnet die Gruppe der 14-24jährigen, eine Folge der ausgedehnten Ausbildungszeit und späterer Familiengründung. Ebenfalls große Freizeitgewinne kann die Gruppe der 55-64jährigen verzeichnen. Hier wirkt sich der zeitigere Ausstieg aus dem Erwerbsleben sowie die Verringerung von Familienpflichten aus.«[20] Allerdings gibt es eine freizeitmäßig stark benachteiligte Gruppe: vollerwerbstätige Frauen mit Kindern.

Zum anderen sprechen Freizeitforscher von einer »Verwerktäglichung des Samstags und des Sonntags«.[21] Viele häusliche und familiäre Aufgaben werden – nicht zuletzt im Zusammenhang mit der steigenden Erwerbstätigkeit von Frauen – am Wochenende erledigt. Insgesamt ist aber der Sonntag – noch vor dem Samstag – der Tag, an dem die meiste effektive Freizeit zur Verfügung steht.

Doch weisen empirische Befunde darauf hin, dass nicht wenige Menschen Schwierigkeiten mit der Gestaltung des Sonntags haben. Befragungen zu: »Was machen Sie sonntags besonders gern?« ergeben ein eher diffuses Bild. Am meisten wird »Ausschlafen« gewählt.

In folgender Tabelle,[22] die sich auf eine Befragung (Omnibus 20-89) von 1049 repräsentativ ausgesuchten Männern und Frauen zwischen 16 und 60 Jahren bezieht, werden als erster Wert die Wünsche, als zweiter (in Klammern) die tatsächliche Tätigkeit genannt:

---

18. S. die Zusammenstellung entsprechender Befragungsergebnisse bei Nuß, Streit, 330 f.
19. Ebd. 331. Allerdings ist zu fragen, inwieweit Rentner nicht noch teilweise aus religiösen Gründen den Sonntag besonders begehen; unter ihnen ist ja auch der Anteil der Kirchgänger am höchsten.
20. I. Stehr, W. Nahrstedt, K. Beckmann, Hg., Freizeit-Barometer. Daten – Analysen – Trends für die 90er Jahre, Bielefeld 1992, 40.
21. Ebd.
22. In dieser Tabelle sind Ergebnisse zusammengefasst aus: J. Pawlic, Freizeit, Wochenende, Urlaub, Lemgo 1994.

	Frauen	Männer	Unter 30	Über 30	Gesamt
Gut essen	39% (45)	31% (43)	36% (44)	35% (44)	35% (44)
Verwandte besuchen	15% (34)	4% (26)	11% (31)	9% (30)	10% (30)
Frühschoppen	6% (8)	17% (20)	7% (6)	14% (18)	12% (14)
Ausflüge ins Grüne	39% (43)	28% (36)	34% (40)	33% (39)	33% (39)
Parties feiern	6% (9)	9% (10)	13% (13)	5% (7)	8% (9)
Einen trinken	6% (7)	12% (19)	11% (17)	8% (11)	9% (13)
Lesen	23% (39)	11% (21)	14% (33)	18% (28)	17% (30)
Fernsehen	27% (67)	29% (49)	29% (59)	27% (58)	28% (58)
Musik hören	24% (37)	17% (29)	29% (48)	16% (25)	21% (33)
Sport treiben	5% (11)	22% (29)	24% (30)	8% (14)	13% (20)
Zu Sportveranst. gehen	5% (9)	21% (28)	24% (18)	13% (18)	13% (18)
In die Kneipe gehen	3% (5)	10% (12)	11% (14)	5% (6)	7% (9)
Mit den Kindern spielen	16% (26)	13% (21)	6% (10)	19% (30)	14% (23)
Spazierengehen	40% (54)	24% (32)	24% (36)	36% (46)	32% (43)
Ausschlafen	54% (53)	39% (48)	59% (71)	40% (40)	46% (51)
Mittagsschlaf	20% (22)	13% (21)	8% (10)	20% (28)	16% (22)
Nachmittagskaf. und Kuchen	26% (44)	17% (29)	18% (32)	23% (39)	21% (37)
Faulenzen	41% (47)	43% (47)	58% (65)	34% (38)	42% (47)
Sex	16% (16)	24% (24)	29% (28)	15% (16)	20% (20)
Arbeiten	3% (24)	4% (19)	2% (14)	4% (26)	4% (22)

Eine genauere Analyse ergibt einige Ergebnisse, die auch hinsichtlich des Kirchgangs von Interesse sind:

1. Offensichtlich dient die Mediennutzung, vor allem das Fernsehen, der Überbrückung von Zeit.[23] Wunsch und tatsächliches Verhalten klaffen hier besonders weit auseinander. Auf jeden Fall ist das Fernsehen die allgemein verbreitetste Tätigkeit am Sonntag.

2. Eine große Rolle spielt bei der Sonntagsgestaltung der Verwandtenbesuch. Hier ist ebenfalls eine deutliche Spannung zwischen eigenem Wunsch und tatsächlichem Verhalten unübersehbar.

3. Besonders hervorstechend ist das Ruhebedürfnis am Sonntag. Das von etwa der Hälfte gewünschte und praktizierte »Ausschlafen« steht dem Kirchgang am Sonntagvormittag entgegen.

Insgesamt fällt auf, dass von kleinen Ausnahmen abgesehen durchgängig eine höhere tatsächliche als gewünschte Praxis angegeben wird. Horst W. Opaschowski konstatiert generell für die gegenwärtige Freizeitgestaltung: »Die große Masse der Bevölkerung ist nicht in der Lage, mit den vielfältigen

---

23. S. genauer M. Buß, M. Blumers, Freizeit und Medien am Sonntag, in: Media Perspektiven 1995/8, 393-406.

Freizeitangeboten adäquat umzugehen und sie für sich individuell zu nutzen. Für die meisten ist das Fernsehen nach wie vor das absolut überragende Freizeitangebot. Sie lassen ihr Freizeitleben vom Medienkonsum ›erdrücken‹.«[24] Dahinter scheint der diffuse Wunsch nach »mehr Zeit zum Leben, mehr Zeit für persönliche Interessen und Freizeitbeschäftigungen«[25] zu stehen, der aber nicht weiter präzisiert werden kann und deshalb kaum Folgen für die konkrete Lebensgestaltung hat. Die Trendforscherin Faith Popcorn hat in diesem Zusammenhang den Begriff »Cocooning« geprägt, also das Sich-Einspinnen in die eigenen vier Wände. Es »drückt eine innere Haltung aus. Man möchte zur Ruhe finden und in Ruhe gelassen werden.«[26] Hierzu gehört der Wunsch nach möglichst spontaner Gestaltung des Sonntags und damit die Ablehnung von allen – eventuell – einengenden institutionalisierten Regelungen.

Allgemein gilt: »Die persönliche Spontaneität wird zur stärksten Antriebskraft für freie Initiativen und informelle Lebensformen, gleichzeitig aber auch zum größten Widersacher für institutionalisierte und organisierte Lebensformen in Vereinen, Kirchen, Gewerkschaften und Parteien«.[27]

Allerdings hat dieser Befund eine Schattenseite. Dies zeigt die von Edgar Piel Mitte der achtziger Jahre (auf Grund anderer Befragungen) vorgetragene Diagnose der »Langeweile« als wachsender Stimmung am Sonntag.[28] Auffallend oft klagen Menschen aus unteren sozialen Schichten hierüber.[29] Ihnen scheint die Antriebskraft für Unternehmungen am Sonntag zu fehlen.

Besondere Probleme wirft der Sonntag für Menschen auf, die in Ein-Personen-Haushalten leben, also ein ständig wachsender Bevölkerungsanteil, der in manchen Großstädten bereits die Mehrheit bildet. Ein Viertel dieser Alleinlebenden empfindet den Sonntag als einen »Tag wie jeder andere« (bei Familienhaushalten nur 10%); umgekehrt empfinden Alleinlebende den Sonntag wenig »erholsam« (nur 26% gegenüber 51% in Familien-Haushalten).[30]

---

24. H. W. Opaschowski, Pädagogik der freien Lebenszeit, Opladen ³1996, 27.
25. Ebd. 23.
26. Ebd. 24.
27. Ebd. 31.
28. E. Piel, Langeweile. Ein Schicksal? Verbesserung der Lebens- und Arbeitssituation, in: E. Noelle-Neumann, E. Piel, Allensbacher Jahrbuch der Demoskopie 1978-1983, München 1983, XXXI-XLVI.
29. Ebd. XXXVI.
30. Die Zahlen entstammen einer vom BAT-Freizeit-Forschungsinstitut 1989 durchge-

Es macht nachdenklich, dass die Mehrheit der Menschen die Langeweile am Sonntag oder das Tun von eigentlich nicht Gewünschtem dem Kirchgang vorziehen. Bei vielen Menschen dürfte der Gottesdienst in der Kirchengemeinde gar nicht mehr als Möglichkeit der Sonntagsgestaltung im Blick sein. Vor allem dessen Regelmäßigkeit steht in Widerspruch zum Wunsch nach Spontaneität und Nicht-Festgelegt-Sein, wenigstens in der Freizeit. Die bei den Momentaufnahmen im 1. Kapitel genannte »Langeweile« im Sonntagsgottesdienst scheint – pointiert formuliert – für viele Menschen, vor allem unterer sozialer Schichten, schlimmer zu sein als die sonstige Langeweile, die vor allem mit Fernsehen und anderen Medien gefüllt wird.

Darüber hinaus ist der geringe sonntägliche Kirchgang noch in zeittheoretischer Perspektive wahrzunehmen. Berthold Nuß resümiert aus katholischer Perspektive: »Pluralisierung der Gesellschaft heißt dann in bezug auf den Umgang mit der Zeit, daß an die Stelle traditioneller Zeitgeber wie die Kirche und ihr liturgischer Kalender eine Vielfalt neuer Zeitgeber und Kalender getreten sind: das Fernseh- oder Rundfunkprogramm (die Medien überhaupt), der Vereins-, Frauen-, Friedens- oder Ökokalender mit seinen eigenen Gedenktagen und Veranstaltungshinweisen. Die Kirchen und ihre Zeitordnung (Sonntage und Festtage) haben ihre normierende Kraft weitgehend eingebüßt, während andere konkurrierende Zeitgeber aufgetreten sind und gewonnen haben.«[31] Demnach greifen die Erklärungen kirchenleitender Organe zum Sonntagsschutz zu kurz. Sie versuchen einen Prozess rückgängig zu machen, der in den Kontext der allgemeinen Pluralisierung und Individualisierung gehört.

Im Gegensatz zu den skizzierten Freizeit- und Wochenendbedürfnissen und -gewohnheiten der Bevölkerungsmehrheit besteht in Deutschland weithin ein uniformes sonntägliches Gottesdienstangebot in evangelischen Kirchen. Meist wird – in Städten sogar in oft nur wenige Meter voneinander entfernten Kirchen sowie auch in den Fernsehübertragungen – am Sonntagvormittag, beginnend zwischen 9 und 10 Uhr, und etwa eine Stunde dauernd, Gottesdienst gefeiert.

In diesem Zusammenhang ist ein Blick auf die römisch-katholische Kirche von Interesse. Bis 1963 war die Messfeier nur am Vormittag, nicht früher als eine Stunde vor Sonnenaufgang und nicht später als 13 Uhr (so die Bestimmung in CIC 1917 can. 821 §1) gestattet. 1963 übertrug das Motuproprio »Pastorale munus« von Papst Paul die Terminsetzung den Bischöfen, gab somit die Messzeit frei und eröff-

---

führten Repräsentativbefragung von 2000 Personen (H. Steffens, Der ge(schein)heiligte Sonntag. Fakten und Meinungen zur Sonntagsarbeit, Frankfurt 1990, 17).
31. Nuß, Streit, 324 f.

nete die Möglichkeit zu einer ortsspezifische Gegebenheiten berücksichtigenden Gottesdienstzeit.[32] Schon 1957 hatte Pius XII. die tägliche Abendmesse zugelassen.[33] Sie erfreut sich heute vielerorts als am Samstagabend stattfindende sog. Vorabendmesse großer Beliebtheit.

In den evangelischen Kirchen sind allein beim Kindergottesdienst interessante zeitliche Innovationen zu beobachten, auf die in 3.2.2. näher eingegangen wird.

3. Agendarische Formen

Sonntags finden in evangelischen Kirchen, wenn auch zur selben Zeit, sehr unterschiedliche Gottesdienste statt. Im Folgenden wird das neue Evangelische Gottesdienstbuch mit seinen liturgischen Kriterien, die nicht zuletzt einen Rahmen für die liturgische Pluriformität geben wollen, vorgestellt. Allerdings geht es hier wesentlich um die konkrete liturgische Gestaltungsaufgabe, eben vor allem die Anordnung, Verwendung und Gestaltung der liturgischen Elemente. Von den im Vorhergehenden skizzierten Befunden her ist aber deutlich, dass ein Bedenken der gottesdienstlichen Gestaltung des Sonntags weiter greifen muss.

Hier verdient der Kindergottesdienst Aufmerksamkeit, und zwar nicht nur wegen mancherlei Anregungen für die konkrete liturgische Gestaltung, vor allem hinsichtlich der Elementarisierung und ganzheitlicher, alle Sinne umfassender Gestaltung von Liturgie. Vielmehr werden in der Kinderkirche die grundsätzlichen Fragen nach dem Zeitpunkt und dem Rhythmus des Gottesdienstes nicht nur diskutiert, sondern auch Alternativen an anderen Tagen und in einem anderen als dem Wochen-Rhythmus erprobt. Dazu kann die sozialisatorische Bedeutung des Kindergottesdienstes hinsichtlich des späteren Kirchgangs kaum überschätzt werden.[34] Das bedeutet aber auch: Heutige Versuche im Kindergottesdienst, jenseits der traditionellen zeitlichen Fixierungen – konkret Wochen-Rhythmus, Dauer von etwa einer Stunde und Terminierung auf den Sonntagvormittag – Gottesdienst zu feiern, dürften sich langfristig auf den Erwachsenengottesdienst auswirken.

---

32. S. Meyer, Eucharistie, 515.
33. Ebd. 508 (mit weiterführenden Literaturhinweisen).
34. S. hierzu die Befunde zum Zusammenhang von Kindergottesdienstteilnahme und späterer Verbundenheit mit Kirche in: J. Hanselmann, H. Hild, E. Lohse, Hg., Was wird aus der Kirche? Ergebnisse der zweiten EKD-Umfrage über Kirchenmitgliedschaft, Gütersloh 1984, 175 f. (leider wird in der 3. Mitgliedschaftsumfrage der Kindergottesdienst nicht [mehr?] berücksichtigt).

3.1 Evangelisches Gottesdienstbuch

Der seit 1990 erprobte Vorentwurf zum 1999 publizierten Evangelischen Gottesdienstbuch macht mit seinem Titel »Erneuerte Agende« auf den Zusammenhang des neuen liturgischen Buches mit der vorhergehenden Agende 1 aufmerksam. Deshalb ist auf diese wenigstens kurz hinzuweisen, wobei vor allem die Punkte zu nennen sind, die die Agendenreform notwendig machten. In einem zweiten Schritt wird dann das sog. Struktur-Papier vorgestellt, das der Erneuerten Agende[35] und damit auch dem Evangelischen Gottesdienstbuch konzeptionell zu Grunde liegt. Danach ist auf die Kriterien hinzuweisen, an denen sich liturgische Gestaltung nach Auffassung des Evangelischen Gottesdienstbuches orientieren soll. Schließlich kommen einige konkrete Gestaltungsvorschläge in den Blick.

3.1.1 Die Einführung der (seit 1941 vorbereiteten) *Agende 1 1954* in den Kirchen der VELKD, 1959 – etwas modifiziert – in den Kirchen der EKU verfolgte drei Grundanliegen:
  1. Schaffung einer einheitlichen evangelischen Gottesdienstordnung.

Hier kam die Agende 1 gegenüber den vielen bis dahin üblichen landeskirchlichen Agenden einen guten Schritt weiter, ohne jedoch die konfessionelle Differenz zwischen lutherischer und unierter Tradition völlig überwinden zu können.

2. In Aufnahme des Anliegens Luthers Stärkung der Mitbeteiligung der Gemeinde.

Dies versuchte man durch folgende Möglichkeiten zur Mitwirkung zu realisieren:
– Antwort auf jedes Gebet und jedes Segensvotum durch »Amen«;
– Antwort auf Predigt durch Lied;
– Umrahmung des Evangeliums durch die Responsorien »Ehre sei dir, Herre« und »Lob sei dir, o Christe«;
– Mitsprechen bei zwei von drei Formen des Allgemeinen Kirchengebets;
– Singen von Kyrie, Gloria, Sanctus und Agnus;
– allgemein größerer Umfang des Gemeindegesangs.
Dabei lehnte man sich eng an reformatorische Vorschläge an, ohne aber die völlig veränderten Verhältnisse hinsichtlich der allgemeinen Mündigkeit und damit der Partizipationsfähigkeit der Gemeindeglieder zu bedenken.

---

35. Zum Zwischenschritt zwischen dem Vorentwurf »Erneuerte Agende« (1990) und Evangelischem Gottesdienstbuch (1999), dem »Entwurf« der Erneuerten Agende von 1997 bzw. 1998 s. H. Schwier, Die Erneuerung der Agende. Zur Entstehung und Konzeption des »Evangelischen Gottesdienstbuches«, Hannover 2000, 364–501.

3. Messe, also Gottesdienst mit integriertem Abendmahl, als Grundform.

Hier trug man ökumenischen und exegetischen Erkenntnissen Rechnung. Allerdings gelang es nicht, diese Entscheidung im konkreten liturgischen Vollzug der Kirchengemeinden Realität werden zu lassen.

Theologisch basierte Agende 1 auf dem *Gottesdienstverständnis Peter Brunners*. Er hatte dies unter dem programmatischen Begriff der »im Namen Jesu versammelten Gemeinde« im 1. Band des für die damalige evangelische liturgische Arbeit grundlegenden Werks »Leiturgia« ausführlich entfaltet.[36] Diese Versammlung wurde in dreifacher Weise als »transitus«-Geschehen (lateinisch: Übergang) erfasst: »im transitus dieser Welt zum Reiche Gottes, im transitus dieses sterblichen versuchlichen Leibes zu seiner Auferstehung der Toten, im transitus, der die Natur zur Freiheit der Kinder Gottes befreit und die Kinder Gottes zu engelgleichem Sein verwandelt.«[37] Der solchermaßen weit gespannte heilsökonomische, eschatologische und kosmologische Horizont fand seinen hervorragenden Ausdruck in der Mahlfeier.

Dieses gewaltige, zur kärglichen Situation im Nachkriegsdeutschland in deutlichem Kontrast stehende Programm war stark traditionsorientiert, nicht zuletzt in der Sprache. Die liturgischen Formen wurden ausschließlich aus der Liturgiegeschichte gewonnen, ihr – eventueller – Alltagsbezug kam nicht in den Blick. Überlegungen zur Verständlichkeit des Gottesdienstes in kommunikationstheoretischem Sinn fehlten. Die Komplexität des Gottesdienstes nach Agende 1, nicht zuletzt die vorgesehene, engen Vorschriften unterworfene »Beteiligung« der Gemeinde, setzte regelmäßigen sonntäglichen Kirchgang voraus.

Zeitgeschichtlich betrachtet: »Man setzte formal nur fort, was im Kirchenkampf begonnen worden war und sich dort bewährt hatte. Aber im neuen gesellschaftlichen Kontext bekam das Werk (sc. Brunners Gottesdienst-Theologie, C. G.) eine andere Funktion.«[38]

Von daher ist das – in der Fachdiskussion nicht unumstrittene – Urteil Peter Cornehls wohl berechtigt: »die umfassendste liturgische Restauration, die es in der Geschichte des evangelischen Gottesdienstes in Deutschland je gegeben hat«.[39]

Schon in den sechziger Jahren kam es an vielen Orten – jenseits der un-

---

36. P. Brunner, Zur Lehre vom Gottesdienst der im Namen Jesu versammelten Gemeinde, in: Leiturgia 1, Kassel 1954, 83-364.
37. Ebd. 180.
38. Cornehl, Gottesdienst, 77.
39. Ebd.

zeitgemäßen Agende 1 – zu sog. Gottesdiensten in neuer Gestalt: Jugendgottesdienste, Jazz- oder Beatgottesdienste, Politisches Nachtgebet[40], Gottesdienstexperimente auf dem Deutschen Evangelischen Kirchentag, Familiengottesdienste[41] und manches mehr. Dabei hatten diese im Einzelnen sehr unterschiedlichen liturgischen Formen ihre Gemeinsamkeit darin, Anliegen und Probleme der Gegenwart bei der liturgischen Gestaltung zu berücksichtigen. Die sich dabei ergebende Pluriformität stand in krassem Gegensatz zur offiziellen Agende und verlangte nach Integration.

3.1.2 Genau hier setzten 1971 (!) die Überlegungen von Frieder Schulz an, der im Wesentlichen das von der Lutherischen Liturgischen Konferenz herausgegebene *Struktur-Papier*, den wesentlichen theoretischen Impuls für die weitere Agenden-Reform konzipierte.[42]

Präzise wird hier eingangs die schwierige liturgische Situation skizziert: »Auf der einen Seite wird die unelastische Starrheit des Gottesdienstes nach der Agende kritisiert, der den Fragen und Bedürfnissen des Menschen der Gegenwart im Panzer einer hochstilisierten Liturgie gegenübertrete. Auf der anderen Seite wird gegenüber einer willkürlichen Auflösung der gottesdienstlichen Ordnung auf eine verbindliche und wiederholbare Gestalt gedrungen, die das Evangelium vor der Entleerung bewahrt, der Gemeinde die Möglichkeit bietet, sich im Gottesdienst heimisch zu fühlen, und die sie vor der Willkür des Liturgen oder einer Gruppe schützt.«[43] Auch das Problem der Unregelmäßigkeit des Kirchgangs und der daraus resultierenden Aufgabe, »nicht mehr so vertraute Lapidarformen der Liturgie durch Transformation und Hinführung zu erschließen«[44], sowie die Schwierigkeit des »Übergang(s) vom Alltag zum sonntäglichen Gottesdienst und umgekehrt« werden als zu bearbeitende Probleme genannt.

Durch Herausarbeitung einer Grundstruktur des Gottesdienstes sollte eine Basis geschaffen werden, um Konvergenzen zwischen verschiedenen Gottes-

---

40. D. Sölle, F. Steffensky, Hg., Politisches Nachtgebet in Köln, Berlin 1969 u. ö.; dies., Politisches Nachtgebet in Köln 2, Berlin o. J.
41. G. Kugler, Familiengottesdienste. Entwürfe – Modelle – Einfälle, Gütersloh 1971; ders., H. Lindner, Neue Familiengottesdienste, Gütersloh 1973; dies., Neue Familiengottesdienste 3, Gütersloh 1979; dies., Neue Familiengottesdienste 4, Gütersloh 1980.
42. Zum genauen historischen und konzeptionellen Entstehungsprozess des Strukturpapiers s. Schwier, Erneuerung, 3-106.
43. Versammelte Gemeinde. Struktur und Elemente des Gottesdienstes. Zur Reform des Gottesdienstes und der Agende, vorgelegt von Lutherischer Liturgischer Konferenz, Hamburg o. J. (1974), im Folgenden zitiert nach »Gottesdienst als Gestaltungsaufgabe« (reihe gottesdienst 10), Hamburg 1979, 9.
44. Ebd. 10.

dienstformen wahrzunehmen. Wichtigstes Ziel war dabei, von dem Anspruch auf Verbindlichkeit historisch gewachsener Liturgieformen wegzukommen und so u. a. die traditionellen, innerevangelisch konfessionellen Differenzen zu überwinden, die bisher eine einheitliche Gottesdienstform im deutschsprachigen Raum verhinderten. Gleichförmig und verbindlich sollte jeweils nur die »Struktur« sein. Diesem Anliegen entsprach der gleichzeitig eingeführte Begriff der »Schmiegsamkeit« der Liturgie, der eine der jeweiligen Situation angemessene liturgische Gestaltung gewährleisten sollte.

Nach einigen Vorarbeiten wurde eine fünfstufige Grundstruktur vorgestellt:

I. Eröffnung

»Der Gemeindegottesdienst kann auf verschiedene Weise eröffnet werden ...: musikalische Einleitung, Rüstgebet, Gebetsstille, Einführung. Von diesen Stücken kann eines gewählt werden. Es können auch mehrere einander zugeordnet werden ...«[45]

II. Anrufung

»Anbetung und Lob, Klage und Bitte bestimmen diesen Abschnitt des Gottesdienstes. Die Gottesdienstordnung sieht dafür verschiedene liturgische Stücke vor: Psalm, Lied, Kyrie, Gloria, Kollektengebet. Unter diesen kann eine dem jeweiligen Gottesdienst entsprechende sinnvolle Auswahl getroffen werden. Der Anrufungsteil soll Gemeindegesang enthalten und in der Regel mit dem zusammenfassenden Kollektengebet abgeschlossen werden.«[46]

III. Verkündigung und Bekenntnis

»Die Verkündigung des Wortes Gottes und die Antwort der Gemeinde kennzeichnen diesen Teil des Gottesdienstes: biblische Lesungen, Predigt und Glaubensbekenntnis, Gesänge zu den Lesungen, Musik und Lieder sowie Tedeum und Offene Schuld. Schriftlesung, Predigt und eine Form der Antwort der Gemeinde gehören notwendig zum Verkündigungsteil des Gottesdienstes.«[47]

IV. Abendmahl

»Lobpreis, Stiftungsworte, Bereitung und Austeilung kennzeichnen die Feier des Abendmahls. Von den in der Gottesdienstordnung gebotenen Liturgieelementen sind die Einsetzungsworte und die Austeilung unaufgebbare Stücke.«[48]

45. Ebd. 12.
46. Ebd.
47. Ebd. 13.
48. Ebd. 15.

V. Sendung

»Sendung und Segen bilden den Schluß des Gottesdienstes. Abkündigungen, Dankopfer und Fürbitten können mit ihm sinnvoll verbunden werden.«[49]

Positiv stellte sich schon bei der ersten Erprobung der liturgiedidaktische Nutzen des Strukturpapiers heraus. Es war eine wichtige Hilfe für eine die konkrete Situation vor Ort berücksichtigende liturgische Gestaltung.

Kritische Anfragen wurden u. a.[50] in zwei Richtungen geäußert:

Vor allem Karl-Heinrich Bieritz kritisierte grundsätzlich den Strukturbegriff.[51] Er wies unter Rückgriff auf die Semiotik des (frühen) Eco darauf hin, dass die »Struktur« in bestehende liturgische Formen hineingelesen werde, also eine Produktion der Feiernden bzw. Liturgiker, und keineswegs feststehend sei. Inzwischen setzte sich Helmut Schwier mit dieser Argumentation unter Heranziehung der weiter entwickelten ecoschen Theoriebildung auseinander[52] und kommt zu einer ausgewogeneren Beurteilung des Struktur-Papiers. Als Problem stellt er heraus, dass zwar Aufbau und Ableitungen, nicht aber »die horizontalen Beziehungen« geklärt werden.[53] Dazu ist die Ausblendung der Rezipienten zu kritisieren, die ja notwendigerweise für sich den liturgischen Ablauf strukturieren. Schließlich macht Schwier auf den funktionalen Charakter des Strukturierungsvorschlags aufmerksam, den er »als regulative Idee eine sinnvolle Ordinate«[54] bezeichnet, über die allerdings diskutiert werden muss (und die nicht durch historische Ableitungen der Diskussion entzogen werden kann).

Weiterhin ergab die Diskussion, dass das Struktur-Papier zur agendarischen Weiterarbeit noch einer theologischen Fundierung bedurfte.[55] Allerdings war dies mehr eine Aufforderung zur Weiterarbeit als eine Kritik. Hierzu erging ein Auftrag an Alfred Niebergall. Es liegt für die weitere Entwicklung der Erneuerten Agende und dann des Evangelischen Gottesdienstbuches eine gewisse Tragik darin, dass er diese Arbeit nicht mehr verwirklichen konnte.[56] So besteht von Anfang an eine empfindliche Lücke

---

49. Ebd. 17.
50. S. ausführlich und differenziert Schwier, Erneuerung, 82-106.
51. K.-H. Bieritz, Struktur. Überlegungen zu den Implikationen eines Begriffs im Blick auf künftige Funktionen liturgischer Bücher, in: ders., Zeichen setzen, Stuttgart 1995, 61-81 (erstmals 1979 in JLH publiziert).
52. Schwier, Erneuerung, 122-126.
53. Ein Beispiel für den hier bestehenden Klärungsbedarf sieht Bieritz, Struktur, 77, hinsichtlich der unterschiedlichen Stellung des Credo im liturgischen Aufbau.
54. Schwier, Erneuerung, 126.
55. S. ebd. 95.
56. Ebd. 102.

hinsichtlich der Grundsatzfrage nach einem theologischen Verständnis des Gottesdienstes.

In mehreren Etappen erarbeitete dann eine von VELKD und EKU gemeinsam gebildete Kommission vom Struktur-Papier aus den 1990 publizierten Vorentwurf der Erneuerten Agende.[57]

Grundlage hierfür sind folgende fünf Kriterien:
»– Verantwortung und Beteiligung der ganzen Gemeinde
– erkennbare, stabile Grundstruktur mit vielfältigen Gestaltungsmöglichkeiten
– Gleichberechtigung von bewährten traditionellen und neuen Texten
– Erweiterung der reformatorischen Basis durch ökumenische Spiritualität
– nicht ausgrenzende Sprache (inclusive language)«.[58]

Strukturell geht der Vorentwurf vom Prinzip der elementaren Grundstruktur und Ausformungsvarianten aus und ist damit keine herkömmliche Agende mehr, sondern ein Werkbuch mit zwei Grundformen. Für diese wird jeweils eine Liturgie als Ausformungsbeispiel abgedruckt, ansonsten werden zu den einzelnen Teilen Varianten, noch ergänzt um Hinweise für die »Gestaltung in offener Form«, gegeben.

Auf Grund der Kritik aus feministisch-theologischen Kreisen sowie von im Dialog zwischen Christen und Juden Engagierten wurden vor allem hinsichtlich dieser beiden Themenbereiche in einer neu berufenen Kommission Veränderungen vorgenommen. Dazu gab es Kritik an der angeblichen Beliebigkeit der Erneuerten Agende[59], der Kompliziertheit ihrer zehn Varianten sowie an den katholisierender Tendenzen verdächtigen Eucharistiegebeten[60]. Vor allem die vier zuerst genannten Einwürfe führten zu teilweise

---

57. Erneuerte Agende. Vorentwurf, Hannover 1990; zur Arbeit der Kommission s. detailliert Schwier, a. a. O. 160-293.
58. Erneuerte Agende. Vorentwurf, 10.
59. Schwier, Erneuerung, 294 f., stellt die wichtigsten Kritiken knapp zusammen und weist dabei auch auf die der Sachdiskussion wenig dienliche Häme nicht weniger Beiträge hin, die dann noch teilweise – wie etwa der Beitrag von Christoph Bizer (in: PTh 82 [1993], 148-159) – sachlich dünn, wenn nicht gar fehlerhaft waren.
60. Hier äußerte sich besonders scharf D. Wendebourg, Den falschen Weg Roms zu Ende gegangen? Zur gegenwärtigen Diskussion über Martin Luthers Gottesdienstreform und ihr Verhältnis zu den Traditionen der Alten Kirche, in: ZThK 94 (1997), 437-467; ihr entgegneten: F. Schulz, Luther und die »Eucharistierung« des Abendmahls, sowie H.-Chr. Schmidt-Lauber, So nicht! Zu Dorothea Wendebourgs Herausforderung der gegenwärtigen Liturgiewissenschaft, jeweils in: Gemeinsame Arbeitsstelle für gottesdienstliche Fragen 33/98, 3-14 bzw. 15-30; s. auch knapp, aber das wesentliche Problem der wendebourgschen Argumentation aus lutherischer Sicht formulierend M. Meyer-Blanck, »... daß unser lieber Herr selbst mit uns rede

erheblichen Veränderungen, die sich bis hin zur Endgestalt des Evangelischen Gottesdienstbuches auswirkten.

3.1.3 Nicht zuletzt außerhalb der evangelischen Kirchen fand das Evangelische Gottesdienstbuch freundliche Aufnahme. Die Eucharistiegebete, der Beitrag zur Struktur des Gottesdienstes sowie das Bemühen um inklusive Sprache und eine angemessene Berücksichtigung des besonderen Verhältnisses des Christentums zum Judentum wurden als auch für andere Konfessionen bedeutsam hervorgehoben.[61]

Doch sind kritische Anfragen unüberhörbar. Agendenhistorisch war es die große Leistung der Erneuerten Agende – und damit indirekt des Struktur-Papiers –, durch das Modell von Grundformen und Varianten die bisherige konfessionelle Differenz hinsichtlich lutherischer Messform und oberdeutschem Predigtgottesdienst überwunden und so *ein gemeinsames Gottesdienstbuch zumindest für lutherische und unierte Kirchen in Deutschland* ermöglicht zu haben.[62] Allerdings findet sich gerade an dieser Stelle – möglicherweise – ein Rückschritt im Evangelischen Gottesdienstbuch. Die zehn Varianten der Erneuerten Agende werden jetzt zurückgenommen, die ursprünglichen Liturgien (Ausformungsbeispiele der »Grundformen«) werden zu »ausgeformte[n] Liturgien (Ordinarium)«.[63] Damit begegnen jetzt wieder traditionelle liturgische Formulare in als »Ordinarium« ausgeführter Gestalt. Die vertraute unierte Form des Predigtgottesdienstes (der auch mit Abendmahl gefeiert werden kann) erscheint als Liturgie II nach Grundform II, die lutherisch-bugenhagensche Form des Abendmahls begegnet als zweite Form in Liturgie I. Das noch die Erneuerte Agende leitende Strukturmodell wird hier zur »Regelform« korrigiert,[64] die Varianten werden in ihrer Bedeutung vermindert. Das auch im Evangelischen Gottesdienstbuch begegnende zweite Kriterium der Erneuerten Agende wird also nur noch eingeschränkt berücksichtigt.[65] So kommt jetzt der rechtlichen

...« Möglichkeiten des neuen »Gottesdienstbuches« für die lutherischen und unierten evangelischen Kirchen, in: ZThK 97 (2000), 501 Anm. 42.

61. S. aus römisch-katholischer Perspektive die eingehende Besprechung durch F. Lurz, Die Einführung des Evangelischen Gottesdienstbuches – ein Ereignis von ökumenischer Relevanz, in: ThLZ 125 (2000), 231-250.

62. Für die reformierten Kirchen erschien 1998 die »Reformierte Liturgie«.

63. Gottesdienstbuch, 7.

64. So auch Schwier, Erneuerung, 408, 493 (als Resümee der vorhergehenden Argumentation).

65. Die im Evangelischen Gottesdienstbuch bestehende Spannung, die ein eindeutiges Urteil in dieser Sache verbietet, kommt z.B. in Folgendem zum Ausdruck: Während in der Gliederung und in den Überschriften von »Ausgeformte[n] Liturgien (Ordi-

Form der Einführung des Evangelischen Gottesdienstbuches große Bedeutung dafür zu, ob die immer noch vorhandenen innovativen Impulse zum Tragen kommen, also eine situationsbezogene liturgische Gestaltung Raum greift, oder ob nur der Status quo in verbesserter sprachlicher Gestalt aufrecht erhalten wird.[66]

Die fünf Kriterien der Erneuerten Agende wurden übernommen und ergänzt. Neben sprachlichen Veränderungen fällt beim zweiten Kriterium auf, dass jetzt – über die Fassung in der Erneuerten Agende (Vorentwurf) hinaus – »Grundstruktur« näher bestimmt wird: »Die Grundstruktur besteht aus einem zweigliedrigen Kern: der Verkündigung und der Feier des Mahls.«[67] Hierzu steht dann in deutlicher sachlicher Spannung der weiter folgende Hinweis, dass diese »Grundstruktur« »in den beiden Grundformen zum Ausdruck« komme. Denn die zweite Grundform ist ja in der Tradition des oberdeutschen Predigtgottesdienstes eine liturgische Form, die in der Regel ohne Mahl gefeiert wird. Hier bricht das ungeklärte Gottesdienstverständnis hinsichtlich der Bedeutung des Abendmahls auf.

Als weitere Kriterien werden zu den fünf aus der Erneuerten Agende noch hinzugefügt:
– »Liturgisches Handeln und Verhalten bezieht den ganzen Menschen ein; es äußert sich auch leibhaft und sinnlich.«
– »Die Christenheit ist bleibend mit Israel als dem erstberufenen Gottesvolk verbunden.«[68]

Das jetzt sechste Kriterium des Leibhaften und Sinnlichen findet am deutlichsten seinen Niederschlag bei »Gottesdienstgestaltung in offener Form« unter der Überschrift »Gottesdienst mit reicheren Interaktionsformen«.[69] Ein weiterführendes Modell soll sich im Ergänzungsband finden.

Beim letzten Kriterium der Verbundenheit mit Israel gab es – nach verschiedenen, z. T. heftigen Auseinandersetzungen – noch dahingehend Modifizierungen, dass jetzt bei einzelnen liturgischen Elementen deren jüdische Wurzeln genannt werden und das Proprium des 10. Sonntags nach Trinitatis, des sog. Israelsonntags, neu gestaltet wird.[70]

Helmut Schwier macht in seiner akribischen Rekonstruktion des Entstehungsprozesses des Evangelischen Gottesdienstbuchs auf die fehlende theo-

---

narium)« die Rede ist, heißt es in der »Einführung«: »Die Liturgien sind vielmehr beispielhafte Ausformungen dieser Grundformen.« (Gottesdienstbuch, 17).
66. S. Meyer-Blanck, ... daß unser Herr, 496.
67. Gottesdienstbuch, 15.
68. Gottesdienstbuch, 16.
69. Ebd. 219-238.
70. S. genauer Schwier, Erneuerung, 488-493.

logische Grundlegung aufmerksam; dieses Defizit schlägt sich bei den Kriterien in dem fehlenden »Leitkriterium« nieder.

In der Arbeitsgruppe waren verschiedene Vorschläge wie »dialogisches Wortgeschehen, trinitarisch bestimmte Mahlgemeinschaft (die zugleich Verkündigungs- und Erfahrungsgemeinschaft ist), Versammlung, Schrift- und Gemeindegemäßheit«[71] erwogen worden, ohne dass sich man sich einigen konnte.

Eine genauere Analyse der sieben Kriterien erweist m. E. das erste, nämlich die »*Verantwortung und Beteiligung der ganzen Gemeinde*« nennende als grundlegend.[72] Denn die stabile Grundstruktur sowie die vielfältigen Gestaltungsmöglichkeiten (2. Kriterium), die Rezeption alter und neuer Texte (3. Kriterium), der Hinweis auf die Ökumene (4. Kriterium), die Ablehnung von Ausgrenzung einzelner Gruppen (5. Kriterium), der Hinweis auf die leibhafte und sinnliche Dimension (6. Kriterium) und in Deutschland auch die Betonung der Israelverbundenheit (7. Kriterium) lassen sich als Auslegung der Aufgabe lesen, das »Priestertum alle Getauften« in der liturgischen Gestaltung zur Geltung zu bringen.

Um dies aber auch handlungsorientierend zu machen, wäre unbedingt eine zeittheoretische Reflexion hinsichtlich der neuen Stellung des Sonntags im Wochenende bzw. in der Freizeit erforderlich. In ihr müsste auch die Frage nach der Regelmäßigkeit und dem Tag der Gemeinde-Zusammenkunft bedacht werden, soll nicht die sehr begrüßenswerte Wendung »Priestertum aller Getauften« zu einer Floskel werden.

3.2 Kindergottesdienst

Der Kindergottesdienst markiert zum einen Probleme bestehender Sonntagsgottesdienste, zum anderen wirkten auf ihn bezogene Reformvorhaben innovativ auf den Sonntagsgottesdienst der Erwachsenen, vielleicht zukünftig auch hinsichtlich der bisher vernachlässigten Zeitdimension.[73] Manches, was beim Gottesdienst der Erwachsenen aus Tradition nicht möglich erschien bzw. erscheint, wurde bzw. wird im Kindergottesdienst ausprobiert und dann z. T. von den Erwachsenen übernommen. Hier zeigt sich eine positive Kehrseite der ansonsten ärgerlichen Marginalisierung des Kindergottesdienstes.

---

71. So zusammenfassend ebd. 525.
72. Anders ebd.
73. Vgl. für die homiletische Arbeit den Hinweis von S. Welz, Die Kinderpredigt. Zur Predigtlehre und Praxis eines Verkündigungsmodells, Hooksiel 2001, auf die mögliche Innovationskraft von »Kinderpredigten« für die Predigt im Allgemeinen.

Deutliches Zeichen der verbreiteten Vernachlässigung des Kindergottesdienstes ist z. B., dass selbstverständlich der Pfarrer bzw. die Pfarrerin den Erwachsenengottesdienst leitet, nicht aber den Kindergottesdienst, wenn dieser parallel stattfindet. Auch die Tatsache, dass der Gottesdienst für Erwachsene in der Kirche und der für Kinder oft in Nebenräumen platziert wird, ist hier zu nennen. Müssten nicht die Erwachsenen den unmittelbar personorientierten sowie ästhetisch und damit für Raumverhältnisse so empfänglichen Kindern, die – wie gerne betont wird – die Zukunft von Gemeinde repräsentieren, die am besten ausgebildeten Personen und geeignetsten Räume zur liturgischen Feier überlassen oder sich wenigstens hierin mit der Kinderkirche abwechseln?

3.2.1 Zuerst spiegelt die Etablierung eines eigenen Kindergottesdienstes eine altersspezifische Differenzierung moderner Gesellschaft wider. Die Wurzeln dieser in Deutschland erst seit der zweiten Hälfte des 19. Jahrhunderts sich ausbreitenden liturgischen Form sind sowohl diakonischer als auch (religions)pädagogischer Art.

In der Alten Kirche spielten Kinder – nach deren Hervorhebung durch Jesus (Mk 10,13-16 par.) nicht verwunderlich – eine wichtige Rolle in der Liturgie. Sie übernahmen – wegen ihrer reinen klaren Stimmen besonders geeignet für den Vortrag biblischer Texte – Aufgaben wie das Lektorenamt, das Singen von Psalmen u. ä.[74] Schon seit der ersten Jahrtausendwende, verstärkt seit der Reformationszeit wird neben dem mit der Schule verbundenen liturgischen Leben von eigenen katechetisch ausgerichteten Gottesdiensten für Kinder berichtet.

Die Geschichte des modernen Kindergottesdienstes im engeren Sinn beginnt aber erst mit den in der Tradition der Charity-Schools[75] stehenden Sonntagsschulen Englands, wie sie dann öffentlichkeitswirksam Robert Raikes förderte. Ging es hier vor allem um ein diakonisch motiviertes Bewahren von durch Verwahrlosung bedrohten Kindern, änderte sich die Ausrichtung bei Übernahme in den USA[76]. Hier entwickelte sich eine katechetische und missionarische Ausrichtung, wobei – wie die anschaulichen Erzählungen Mark Twains zu »Tom Sawyer und Huckleberry Finn« zeigen – darüber die diakonische Seite nicht verloren ging.

---

74. S. zu entsprechenden Berichten der Kirchenväter M.-R. Bottermann, Die Beteiligung des Kindes an der Liturgie von den Anfängen der Kirche bis heute, Frankfurt 1982, 42-47; vgl. insgesamt den ausführlichen historischen Rückblick ebd. 42-133.
75. S. hierzu J. Th. Hörnig, Mission und Einheit. Geschichte und Theologie der amerikanischen Sonntagsschulbewegung im neunzehnten Jahrhundert unter besonderer Berücksichtigung ihrer ökumenischen Relevanz und ihres Verhältnisses zur Erweckungsbewegung, Maulbronn 1991, 46-54.
76. Zu den Sonntagsschulen in den USA s. ausführlich ebd. 72-323; knapper C. Berg, Gottesdienst mit Kindern. Von der Sonntagsschule zum Kindergottesdienst, Gütersloh 1987, 43-85.

Durch den Kaufmann Albert Woodruff und seinen Dolmetscher Wilhelm Bröckelmann wurde die in den USA prosperierende Sonntagsschule ab 1854 nach Deutschland gebracht.

Liturgisch ist dabei folgendes Weiterführende zu beachten:

1. Die Sonntagsschule und dann – nach einer gewissen in Deutschland unvermeidlichen Verkirchlichung – der Kindergottesdienst[77] gehen auf eine Laienbewegung zurück.

2. Besondere Bedeutung hatten – lange bevor über Frauenordination auch nur diskutiert wurde – in der Praxis Frauen als Sonntagsschullehrerinnen bzw. später Kindergottesdiensthelferinnen.

Die Tatsache, dass hier wesentlich Frauen eine Verkündigungsaufgabe wahrnahmen, führte anfangs in den an einem patriarchalischen Amtsverständnis orientierten deutschen Landeskirchen zu erheblichen Vorbehalten gegenüber dem Kindergottesdienst.[78]

3. Die Sonntagsschule war ursprünglich – von freikirchlichen Christen getragen – eine wesentlich ökumenische Bewegung,[79] die in Deutschland erst langsam in das System der evangelischen Landeskirchen eingepasst wurde.

4. Die Sonntagsschule und dann auch der Kindergottesdienst sind grundsätzlich adressatenbezogene Gottesdienste, insofern sie auf Grund der besonderen (angenommenen) Bedürfnisse von Kindern entstanden. Dies trat am deutlichsten in dem auch in Deutschland beibehaltenen Gruppensystem hervor, einer sonst dem Gottesdienst fremden, für Kinder aber angemessenen Binnendifferenzierung im Verkündigungsteil.

So folgten die Sonntagsschule und dann der Kindergottesdienst wesentlichen, für die Gestaltung des Erwachsenengottesdienstes erst über hundert Jahre später herausgearbeiteten liturgischen Kriterien, nämlich der – in der Formulierung des II. Vaticanum – »volle(n) und tätige(n) Teilnahme des ganzen Volkes« (SC 14) bzw. – in der Formulierung des Evangelischen Gottesdienstbuches – »der Verantwortung und Beteiligung der ganzen Gemeinde«.

Für die Sonntagsschulen der USA ist dabei hervorzuheben, dass hier »Gemeinde« sogar Angehörige verschiedener christlicher Denominationen umfasste, also ökumenisch verstanden wurde.

---

77. Zum nicht ganz einfachen Übergang von der Sonntagsschule zum Kindergottesdienst in Deutschland s. Berg, a. a. O. 64-85.
78. S. hierzu eindrücklich das Zitat aus einer zeitgenössischen Zeitung ebd.
79. S. die quellennahe Rekonstruktion der ökumenischen Theologie der Sonntagsschulen in den USA bei Hörnig, Mission, 160-247.

Von der Dialektischen Theologie geprägte Versuche, die liturgische Versammlung der Kinder im Zuge der Einführung von Agende 1 stärker an den vornehmlich historisch begründeten Erwachsenengottesdienst auszurichten, scheiterten in der Praxis.

Im Gegensatz zu dem pädagogisch und damit am Kind ausgerichteten Verständnis des Kindergottesdienstes in der liberalen Theologie[80] plädierte Erich Hoyer 1931 für die »Gemeindemäßigkeit« als Strukturprinzip, bei gleichzeitiger expliziter Zurückweisung des »Kindertümlichen«.[81] Der Kindergottesdienst wurde jetzt als Hinführung zu dem – unreflektiert als Norm geltenden – Erwachsenengottesdienst funktionalisiert. Nach dem II. Weltkrieg nahm Bruno Jordahn dieses Konzept wieder auf und formulierte folgende Grundsätze:

1. »Die Liturgie des KGD (sc. Kindergottesdienstes, C. G.) darf sich grundsätzlich nicht von der Form eines Gemeindegottesdienstes unterscheiden.«[82] Konkret schlug Jordahn die Stundengebete als grundlegende Formen für den Kindergottesdienst vor.

2. »Die Eliminierung des Pädagogischen aus der Liturgie des KGD schließt die grundsätzliche Verwendung der Katechese, Gruppenbesprechung oder wie man es nennen will, aus und verlangt stattdessen die grundsätzliche Hineinnahme der ›Kinderpredigt‹ in diesen Gottesdienst.«[83]

3. »Das Unterrichten und Einüben sollen in nächster Nähe zum KGD selbst stehen und dennoch von ihm geschieden sein. Was die Kinder in der Predigt nicht verstehen, das muß vor der Predigt und vor dem KGD ihnen verständlich gemacht werden. Was die Kinder in der Liturgie noch nicht singen können, das muß mit ihnen vor der Liturgie und vor dem KGD eingeübt werden.«[84]

Dieses Konzept wurde 1952 in der von Oskar Söhngen und Wulf Thiel herausgegebenen Agende »für die unierten östlichen Gliedkirchen« und 1964 in der VELKD agendarisch aufgenommen, erwies sich in der Praxis aber als undurchführbar.

Eine Gegenreaktion hierauf stellte Ende der sechziger Jahre die starke Berücksichtigung pädagogischer Gesichtspunkte dar. Aufgeschreckt durch ausbleibende Kinder und die Klagen von Mitarbeiterinnen und Mitarbeitern über die nichtkindgemäße Stofffülle – jeden Sonntag eine neue bib-

---

80. S. z. B. O. Baumgarten, Kindergottesdienst, in: ¹RGG (1912), 1111-1122.
81. E. Hoyer, Kindergottesdienst und Gemeindegottesdienst in ihren liturgischen und gemeindlichen Beziehungen zueinander, 16. H. der Liturgischen Konferenz Niedersachsens, Göttingen ²1933 (1931); die wichtigsten Thesen dieses Hefts und die Reaktionen hierauf stellt knapp dar Berg, Gottesdienst, 127-131.
82. B. Jordahn, Zur liturgischen Gestaltung des Kindergottesdienstes, in: MPTh 39 (1950), 228.
83. Ebd. 233.
84. Ebd. 236.

lische Geschichte – wurde jetzt der Kindergottesdienst stärker thematisch ausgerichtet. Dabei löste sich der Kindergottesdienst zunehmend vom Erwachsenengottesdienst. Kreative Arbeitsformen und elementarisierende Zugangsweisen zu Inhalten christlichen Glaubens setzten sich durch. Federführend für diesen neuen Ansatz wurde die wesentlich von Wolfgang Longardt getragene Rissener Kindergottesdienstarbeit, die mittlerweile viele kreative Modelle publiziert hat. Entschieden wird hier für ein Ausgehen vom Kind sowie eine gemeindepädagogische Verantwortung des Kindergottesdienstes plädiert.

Im Einzelnen stellte Longardt »Vierzehn Thesen zur Charakteristik der Rissener-Kindergottesdienst-Modelle« zur Diskussion, die sich entschieden von einer am Erwachsenengottesdienst orientierten Konzeption abgrenzen, u. a.:
»1. Die Kinder sollen im Kindergottesdienst das Ja Gottes zu ihrer Existenz erahnen und zum verantwortlichen Weltentdecken ermutigt und angeleitet werden ...
2. Unser Ziel kann nur erreicht werden, wenn ein Kindergottesdienst dieser Konzeption eingebettet ist in die gesamte Gemeindearbeit, einschließlich Kindergarten-, Kinderstuben-, Jungschar- und Elternarbeit ...
4. In Überwindung eines traditionellen Kindergottesdienstes, der Vorbereitung und Einführung auf den agendarischen Erwachsenen-Gottesdienst darstellte, versuchen wir, andere vielgestaltige Weisen des Feierns vor dem Altar zu erproben ...
5. In Überwindung eines traditionellen Kindergottesdienstes, der in Anlehnung an den Erwachsenen-Gottesdienst das rezeptive Verhalten der Kinder betonte, versuchen wir, ein ausgewogenes Verhältnis von Produktivität und Rezeptivität im KGD zu verwirklichen ...
6. In Überwindung eines traditionellen Kindergottesdienstes, dessen Geschehen sich hauptsächlich im akustisch-verbalen Bereich abspielte, versuchen wir, mit allen Sinnen zu feiern ...
7. In Überwindung eines traditionellen Kindergottesdienstes, der pädagogische Aspekte allzuoft in den Hintergrund drängte, versuchen wir – da im KGD auch im weitesten Sinne des Wortes gelernt werden soll – lerntheoretische Erkenntnisse ins Spiel zu bringen ...«[85]

Deutlich sind hier Forderungen zu erkennen, die später bei der Erstellung des Evangelischen Gottesdienstbuches eine Rolle spielten.

3.2.2 Die gravierenden gesellschaftlichen Veränderungen seit dem Ende der sechziger Jahre hatten Konsequenzen für das Leben von Kindern und damit

---

85. Veröffentlicht in: W. Longardt, Neue Kindergottesdienstformen. Rissener Modelle in Planung und Praxis, Gütersloh ²1974 (1973), 32-37. Vgl. auch die von 1972 bis 1977 (bzw. Registerband 1979) publizierte Reihe des Comenius-Instituts zum Kindergottesdienst.

für den Kindergottesdienst. Dadurch dass, wie erwähnt, der Kindergottesdienst durch seine Vernachlässigung in der offiziellen liturgischen (und praktisch-theologischen) Arbeit und durch die geringere Tradition zugleich größere Freiräume hatte, entwickelte sich hier ein Modell für eine auf die Lebenssituation zugeschnittene liturgische Feier bzw. einen den engeren liturgischen Rahmen überschreitenden Gottesdienst.[86] Folgendes ist dabei hervorzuheben:

1. Die leibliche Dimension und damit verschiedenste Ausdrucksformen bekamen Bedeutung für die liturgische Gestaltung. Materialiter führte dies – in den entsprechenden Text-Themen-Plänen – zu einer stärkeren Ausrichtung auf – sinnlich erfassbare – Symbole.

2. Dabei gewann der rituelle, d.h. regelmäßige und mit symbolischer Kommunikation verbundene Ablauf einzelner Phasen, vor allem am Beginn und am Ende, zunehmend an Bedeutung.[87]

3. Durch die jugendlichen bzw. erwachsenen Mitarbeiterinnen und Mitarbeiter verknüpfte sich der Kindergottesdienst mit anderen Arbeitsformen der Gemeinde.

---

86. Im Folgenden beziehe ich mich auf leider nur an sehr entlegener Stelle, jeweils nur im Manuskriptdruck veröffentlichte Umfragen:
   – Eine 1997 zur Vorbereitung der Landessynode in 17 von 33 der Kirchenkreise der Evangelischen Kirche von Westfalen durchgeführte Befragung (davon 5 Kirchenkreise aus dem Sauer- und Siegerland; 5 aus Ostwestfalen; 4 aus dem Ruhrgebiet; 3 aus dem Münsterland) mit repräsentativem Anspruch; veröffentlicht in: K. Othmer Haake, U. Bußmann, Hg., Senfkornsondernummer 2, o.O., o.J. [1997]).
   – Eine 1997 durchgeführte Befragung im Bereich der Evang.-Luth. Landeskirche von Hannover, die 83% aller Kirchengemeinden erfasste und eine besondere Bedeutung dadurch gewinnt, dass sie eine Umfrage von 1991 wiederholt und so Hinweise für Entwicklungen in der letzten Zeit gibt; veröffentlicht in: Arbeitsstelle Kindergottesdienst im Amt für Gemeindedienst der Ev.-luth. Landeskirche Hannovers, Trends im KiGo – KiGo im Trend! Kirche mit Kindern in der hannoverschen Landeskirche, Hannover 1997 (Kimmik-Praxis 18).
   – Eine 1997 durchgeführte Befragung aller Kirchengemeinden in der Evangelischen Kirche von Kurhessen-Waldeck, mit einem Rücklauf von 85,3%, die ebenfalls die Fragen einer früheren, 1990 durchgeführten Umfrage aufnimmt; veröffentlicht in: Kindergottesdienstbrief 1/98 der Evang. Kirche von Kurhessen-Waldeck.
   Die Ergebnisse einer 1995 durchgeführten Umfrage zum Kindergottesdienst in Hessen-Nassau (veröffentlicht in: Zeitung für Kindergottesdienst in Hessen-Nassau April 1997) werden im Folgenden nicht berücksichtigt, da hier der Rücklauf nur 21% betrug.

87. S. grundsätzlich Chr. Grethlein, »Es muss feste Bräuche geben ...« Den Gottesdienst mit Kindern als lebendige Feier des Glaubens angemessen und verantwortlich gestalten, in: J. Blohm, U. Walter, Hg., Ich will mitten unter euch wohnen. Kirche mit Kindern, Stuttgart 1998, 43-51.

Während lange Zeit die Kindergottesdienstarbeit als die »stärkste Jugendarbeit der Kirche«[88] galt, engagieren sich heute verstärkt Erwachsene, vor allem wohl Mütter.[89]

4. Charakteristisch bleibt für den Kindergottesdienst der Adressatenbezug und damit die schnelle Wandlungsfähigkeit in der Form.

Letzteres ist wenigstens in zwei Hinsichten zu entfalten, insofern hier für die liturgische Gestaltung des Sonntags grundsätzlich interessante Versuche zu beobachten sind. *Die Entwicklung des Kindergottesdienstes in den letzten Jahren demonstriert die Bedeutung von möglichst genauem Zielgruppenbezug für die Gestaltung von Liturgie und von angemessener zeitlicher Terminierung.*

Zum einen beginnt sich der Kindergottesdienst verschiedentlich noch einmal altersbezogen zu differenzieren, und zwar als Reaktion auf gesellschaftliche Entwicklungen. Die Zerdehnung der Jugendzeit, die sich etwa in einer deutlichen Orientierung schon Zehn- und Elfjähriger an »jugendlichem« Konsum- und Kleidungsverhalten äußert, hat unmittelbare Konsequenzen für den Kindergottesdienst. Die jungen »Jugendlichen« wollen sich vom Kindlichen distanzieren und bleiben deshalb dem Kindergottesdienst fern. Hier reagierte man mancherorts mit dem sog. »*Kids-Go*«, einem liturgischen Angebot, das den jugendlichen Tendenzen der ca. 9- bis 13jährigen entgegenkommt.

Charakteristika eines solchen Gottesdienstes sind:
»– Eine ›eigene‹ Liturgie mit rhythmischen Liedern mit Klatschen und Bewegungen aus dem Discotanz, mit Gebärden und meditativen Tänzen …, frei formulierte Gebete, Gebete mit verschiedenen Sprechern, ganzheitliche Gestaltung.
– Themen, die aus dem Lebens- und Erfahrungshorizont dieser Altersgruppe stammen.
– Etwas ›Eigenes‹, z.B. die eigene Kids-Go-Mappe …
– Die Einbindung des Entdeckungs- und Bewegungsdranges dieser Altersstufe. … Mobilität und Unabhängigkeit können als neu gefundenes Selbstbewusstsein gezeigt werden (›Wir waren in … zu unserem Gottesdienst.‹)
– Die Kids sind in besonderem Maße für vielfältige Aktionen … zu gewinnen. …
– Sie gestalten bei entsprechender Thematik auch gerne Gottesdienste für Erwachsene oder Familiengottesdienste … mit.«[90]

88. W. Wiese, Zwischen Gottesdienst für Kinder und Gottesdienst der Kinder: Kindergottesdienst, in: Der Kindergottesdienst 100 (1990) H. 1, 13.
89. Die westfälische Umfrage ergab, dass mittlerweile 57,7 % der Mitarbeitenden über zwanzig Jahre sind (Othmer Haake, Senfkornnummer 2, 5); noch deutlicher ist das Ergebnis 1997 für die hannoversche Landeskirche, wonach 64,4 % der Mitarbeitenden »Erwachsene« und 35,6 % »Jugendliche« sind (Arbeitsstelle Kindergottesdienst, Trends, 35).
90. E. Ehemann, Vom Ki-Go zum Kids-Go. Mit älteren Kindern Gottesdienst feiern, in: J. Blohm, U. Walter, Hg., Ich will mitten unter euch wohnen, Stuttgart 1998, 133.

Auf der anderen Seite kommen immer jüngere Kinder, z. T. noch mit ihren Eltern, zum Kindergottesdienst. Hier wurden deshalb in manchen Gemeinden sog. Krabbelgottesdienste[91] eingerichtet.

Gerhard Martin stellt hierfür – neben dem für den Gottesdienst Üblichen (Kirche, Orgel und Glocken, Pfarrer/Pfarrerin im Talar, Evangelium, Lied, Gebet und Segen) – als Charakteristika heraus:
»– Die Hauptverantwortung liegt bei der Gruppe, die den Gottesdienst vorbereitet hat. Die Pfarrerin/der Pfarrer ist mitverantwortlich …, aber in der Ausführung nicht bestimmend.
– Alle müssen mitmachen können, auch die Kleinen … aber ebenso … die Großen …
– Dieser Gottesdienst ist etwas für Herzen, Mund und Hände – und auch für die Füße. Deshalb gibt es Möglichkeiten der Bewegung, des Essens, des Klatschens und Stampfens oder Hüpfens. Und er ist etwas für Augen und Ohren …
– Der Gottesdienst ist am Ende der gemeinsamen Feier noch nicht an sein Ziel gekommen. Er soll auch eine Hilfe für den Alltag sein. Deshalb bekommen die Eltern und Kinder jedesmal etwas mit: ein Gebet, ein Lied, vielleicht eine Geschichte, ein Bild.«[92]

Auch in zeitlicher Hinsicht kommt es verschiedentlich zu Differenzierungen. Zwar ist nach wie vor die Prozentzahl der zur Kirche gehenden Kinder etwa doppelt so hoch wie die der Erwachsenen (hinsichtlich der jeweiligen Altersgruppe),[93] doch führte der Geburtenrückgang seit dem Anfang der siebziger Jahre zu kleineren Kindergemeinden. Dazu kamen veränderte Wochenendgewohnheiten wie Ausflüge mit den Eltern o. ä. Die kirchlichen Feste waren besonders durch die Urlaubsreisen der Familien betroffen. Mancherorts begann man deshalb aus dem pragmatischen Grund, um mehr Kinder zu erreichen und damit auch eine angemessenere Gesamtatmosphäre[94] zu schaffen, in zeitlicher Hinsicht zu experimentieren.

---

91. S. z. B. A. Grüßhaber, G. Martin, Hg., Willkommen in unserer Kirche. Handbuch für Gottesdienste mit Kleinkindern von 0-4 Jahren, Leinfelden-Echterdingen 1995; K. Meyer, Krabbelgottesdienste: mit Kleinkindern in der Kirche, Gütersloh 1991.
92. G. Martin, Die Kinder bringen es an den Tag, in: Grüßhaber, Martin, a. a. O., 22.
93. Chr. Grethlein, Kindergottesdienst heute, in: PTh 77 (1988), 347.
94. Hier ist das Ergebnis der hannoverschen Umfrage interessant, wonach bei Kindergottesdiensten mit regelmäßig mehr als 15 Kindern die Einschätzung deutlich positiver als bei Kindergottesdiensten mit weniger Kindern ist: Bei den größeren Gottesdiensten schätzten ihn 39,7 % der befragten Mitarbeiter(innen) als »läuft gut« ein, bei den kleineren nur 16,8 %; dagegen votierten umgekehrt nur 23,8 % hinsichtlich größerer, aber 40,8 % hinsichtlich kleinerer für »(läuft) nicht so gut« (Arbeitsstelle Kindergottesdienst, Trends, 28).

In Westfalen findet mittlerweile in etwa einem Viertel der Gemeinden kein wöchentlicher oder auch vierzehntägiger Kindergottesdienst mehr statt.[95] In der hannoverschen Landeskirche wird nur in etwa 4-6 % der Gemeinden kein Kindergottesdienst gefeiert. Doch ist hier zwischen 1991 und 1997 ein deutlicher Rückgang des wöchentlichen Rhythmus feststellbar; er ging von 67,6 % auf 50,0 % zurück; umgekehrt stieg die Zahl des 14-tägigen Kindergottesdienstes von 20,7 % auf 24,7 %, des monatlichen noch stärker von 5,6 % auf 18,3 %.[96]

Deutlich ist in der hannoverschen Kirche auch die Verschiebung des Kindergottesdiensts vom Sonntag zum Werktag. Während 1991 noch 84 % der Kindergottesdienste am Sonntag gefeiert wurden, ging dieser Anteil bis 1997 auf 73,1 % zurück. Mittlerweile findet also etwas mehr als ein Viertel aller Kindergottesdienste nicht mehr am Sonntag statt.[97] Meistens rutscht der Kindergottesdienst dann auf den Samstag (40,5 %) oder Freitag (30,0 %),[98] er verändert also – freizeittheoretisch formuliert – seinen Platz im Wochenende.

Hier bilden sich – abgesehen von Familiengottesdiensten o. ä. – unterschiedliche Varianten heraus:
- Sonntägliche Kindergottesdienste in größerem zeitlichen Abstand;
- Kindergottesdienste an einem anderen Tag, etwa Freitagnachmittag oder Samstagvormittag (etwa um den Eltern ungestörtes Einkaufen zu ermöglichen) im Wochen-, Vierzehntages- oder auch Monatsrhythmus;
- Ersetzen des Kindergottesdienstes durch ab und zu stattfindende Kinderbibeltage oder -wochen.

Solche Versuche sind nicht unumstritten. Mancherorts haben sie – wie am Beispiel der hannoverschen Landeskirche empirisch belegbar – aber dazu geführt, dass wieder mehr Kinder den Weg in die Kirche finden und dann etwa bei Kinderbibelwochen intensiver als bisher dem Evangelium begegnen können.

Eine Umfrage in der Evangelischen Kirche von Kurhessen-Waldeck ergab eine deutliche Korrelation zwischen Rhythmus und Länge des Kindergottesdienstes: Während 91,5 % der wöchentlichen Kindergottesdienste 1997 eine Stunde dauerten, erstreckten sich 65 % bei monatlichem Kindergottesdienst über mindestens zwei Stunden.[99]

---

95. Othmer-Haake, Senfkornnummer, 4.
96. Arbeitsstelle Kindergottesdienst, Trends, 11.
97. Ebd. 18.
98. Ebd. 21; sehr viel seltener wird an anderen Tagen gefeiert: Donnerstag (10,1 %); Mittwoch (10,9 %), Dienstag (2,8 %), Montag (5,7 %).
99. Zitiert aus Kindergottesdienstbrief 1/98 der Evang. Kirche von Kurhessen-Waldeck, 39.

4. Innovationen zur liturgischen Gestaltung des Sonntags

Schon die Abtrennung des Kindergottesdienstes in den meisten evangelischen Gemeinden zeigt, dass sich die liturgische Feier des Sonntags allgemein gesellschaftlichen Veränderungen nicht entziehen kann. Zugleich wird an dieser seit hundert Jahren üblichen Aufgliederung der liturgischen Feier am Sonntag deutlich, dass ein unreflektiertes Nachvollziehen allgemeiner Entwicklungen nicht unproblematisch ist.[100] Langsam wird der Verlust für den »Gemeinde«-Gottesdienst durch die Ausgliederung der Kinder bewusst. Dass die gegenwärtig übliche sonntägliche Liturgie nicht nur Kinder und Jugendliche, sondern auch andere Gruppen ausgliedert, denen langes Stillsitzen und Zuhören schwer fällt, würde eine Analyse der Zusammensetzung der Sonntagsgemeinde schnell zeigen.

In diesem Zusammenhang ist besonders an Menschen mit unterschiedlichen Behinderungen – angefangen von Tauben über Lernschwache und geistig Behinderte – zu erinnern, die bei der gegenwärtigen Gestaltung der sonntäglichen Gottesdienste von vornherein ausgeschlossen sind. Gehören sie nicht zu »der Gemeinde«, obgleich sie getauft sind?

Wie auch sonst ist es hier handlungsorientierend sinnvoll, bereits bestehende Versuche der Praxis aufzunehmen und konzeptionell weiterzuführen. In mehrfacher Hinsicht ist in diesem Zusammenhang der Familiengottesdienst als einziger der Ende der sechziger Jahre aufkommenden Gottesdienste in neuer Form, der sich weitgehend bis heute durchsetzen konnte, von großer Bedeutung. Ferner möchte ich noch einmal – angeregt durch die dargestellten Versuche im Rahmen der Kinderkirche – den Ort des Gottesdienstes im Wochenende bedenken.

4.1 Familiengottesdienste

Hinsichtlich der Integration von Kindern hat der *Familiengottesdienst* einen für viele Familien mit kleineren Kindern attraktiven Rahmen geschaffen. Mehrere Einsichten haben zu seinem Erfolg beigetragen und können zugleich als wichtige Gesichtspunkte für andere liturgische Innovationen am Sonntag gelten:

1. Die Grundkonzeption war durch eine klare *religionssoziologische Analyse* fundiert. Es war das erklärte Ziel, vor allem die Menschen der jüngeren

---

100. Sehr vehement hat dagegen protestiert Chr. Möller, Bekehrung der Väter zu den Kindern, in: EK 12 (1979), 34-36.

und mittleren Generation zu erreichen, die immer seltener den Weg in die Kirche fanden.[101] Auf Grund der erfahrungswissenschaftlich unstrittig großen Bedeutung von Familie gerade auch in religiöser Hinsicht konzipierte man einen Gottesdienst, der Menschen unterschiedlichen Alters in dieser Lebensform ansprechen sollte.

2. Das Konzept des Familiengottesdienstes war von Anfang an *gemeindepädagogisch* reflektiert. Nicht zuletzt aus theologischen Gründen (Röm 12) versuchte man den engen Rahmen des Liturgischen zu weiten[102] und bezog andere Bereiche der Gemeinde sowie des Wohnortes in die Überlegungen ein.

3. Der konkrete Aufbau der Familiengottesdienste war – anfangs besonders stark – lerntheoretisch bestimmt, bemühte sich dadurch im und durch den liturgischen Aufbau um *Verständlichkeit*.

Als Grundstruktur kristallisierte sich heraus:
»Vorspiel
Begrüßung durch ein Gemeindeglied
Lied (evtl. Introitus, Kinderchor, Kanon usw.)
Eingangsgebet
Lied (…)
Glaubensbekenntnis (evtl. alte oder neue Formulierung, Glaubenslied)
Mittelteil (Sprechszene, Ansprache usw.)
Lied (…)
Gebet und Vaterunser
Segen
Nachspiel (Liedvers usw.)«.[103]

Nach einer Motivationsphase zu Beginn wurden – je nach konkretem Anlaß und Ziel – das Problem bzw. das Festthema in mehreren Etappen behandelt, bevor es zu einer Sendung in den Alltag hinaus kam.[104]

4. In der Regel wurde der Familiengottesdienst von einem *Team* vorbereitet. Dadurch gewann das Prinzip des allgemeinen Priestertums bis in den Bereich der Verkündigung hinein liturgische Gestalt.

5. Teilweise entstand aus Familiengottesdiensten eine *gemeinsame Gestaltung des ganzen Sonntags*, zumindest einschließlich Mittagessen.

---

101. G. Kugler, H. Lindner, Neue Familiengottesdienste, Gütersloh 1973, 197.
102. Ebd. 40.
103. G. Kugler, Familiengottesdienste, 22; zum Einzelnen ebd. 22-29.
104. Im Einzelnen differenzierten sich ein stärker problemorientierter, ein stärker festorientierter und ein stärker betrachtender (meditativer) Familiengottesdienst aus (s. zum Aufbau unter lernpsychologischer Perspektive Kugler, Lindner, Neue Familiengottesdienste, 13-16).

In dem Ineinander von religionssoziologischen, gemeindepädagogischen, lerntheoretischen und theologischen Gesichtspunkten liegt hier ein Modell für liturgische Innovation vor, das auf andere Zielgruppen als die der Familie übertragen werden kann.

Von den zum Kindergottesdienst referierten Befunden her verdient die letztgenannte Ausweitung, also über die sonst übliche Gottesdienstzeit von einer Stunde hinaus, besonderes Interesse. Im Kindergottesdienst war ein Zusammenhang von größerem Abstand zwischen den Gottesdiensten und längerer Dauer zu beobachten. Hier scheint mir eine in der Erlebnisgesellschaft zu beobachtende Veränderung intuitiv aufgenommen. *An die Stelle enger Zeit-Rhythmen tritt ein sehr intensives Erlebnis, das durchaus längere Zeit beanspruchen darf und über den Tag und die Woche hinaus ausstrahlt.*

Durch in größeren Abständen gefeierte Gottesdienste – wie z. B. die Familiengottesdienste, die sich an eine über den regelmäßigen Sonntagsgottesdienst hinausgehende Gemeinde richten – entsteht für die entsprechenden Menschen ein eigener Zeit-Rhythmus liturgischer Feier. Bei drei bis vier Familiengottesdiensten im Jahr bildet sich ein eigenes Kirchenjahr für diese Familien heraus. Weiß man um das Gewordensein und die vielfältigen Veränderungen des Kirchenjahres, ist dies kein zu verdrängender, sondern ein bewusst theologisch verantwortet zu gestaltender Prozess. Hier bekommen die Hinweise des 6. und 7. Kapitels zu Taufe und zur Gestaltung der beiden großen Festkreise Bedeutung. Es gilt, den jetzt nicht mehr im Wochen-Rhythmus von den meisten Familien liturgisch gefeierten Sonntag zielgruppen- und biographiebezogen so zu gestalten, dass das Evangelium Jesu Christi das Leben der Menschen bereichern kann, wozu sowohl Stabilisierung als auch Veränderung gehören.

In der Regel wird es auf Grund solcher Analysen heute nur zu weiteren liturgischen Angeboten kommen, die keinesfalls im Wochen-Rhythmus stattfinden. Allerdings scheint in manchen extremen Diaspora-Gebieten, vor allem in ländlichen Gebieten der früheren DDR ein solch kritischer Punkt des Sonntagsgottesdienstes erreicht, dass an einem anderen Zeittakt orientierte Überlegungen angestellt werden müssen. Für weitere Entscheidungen wird hier wichtig sein, welche Bedeutung der regelmäßige Sonntagsgottesdienst für den Pfarrer/die Pfarrrein selbst hat. Es wäre ja möglich, jeden Sonntag liturgisch zu begehen, und zwar in einer solchen Form, die eine sinnvolle Feier auch mit nur drei oder vier anderen oder vielleicht allein erlaubt. Eine Predigt würde dann etwa nur an Sonntagen gehalten, für die eigens eingeladen und zu denen eine größere Gemeinde erwartet wird.

Ich vermute, dass eine Analyse von Gemeinde unter der Perspektive, welche Formen von Kirchenjahr für einzelne Gruppen bestehen, interessante Ergebnisse, nicht nur für Familien mit kleinen Kindern, erbringen dürfte.

Für ältere Menschen ist hier auch an die – im 1. Kapitel genannte – Reichweite von Rundfunk- und Fernsehgottesdiensten zu erinnern. Sonntage, an denen Menschen nicht in die Kirche gehen, werden von ihnen nicht notwendig ohne liturgische Feier begangen – vielleicht aber als Ehepaar vor dem Fernseher o. ä.

4.2 Neue Zeiten

Bezogen sich diese Überlegungen alle noch auf den Sonntagvormittag als gewohnten Termin evangelischen Gottesdienstes, wenn auch nicht primär im Wochen-Rhythmus, so reichen manche Versuche im Kindergottesdienst hierüber hinaus. Von der Gestaltung des Wochenendes in Familien her erscheint mancherorts ein anderer Termin am Wochenende günstiger als der Sonntag. Auch hier wird man keine konkreten Empfehlungen abgeben können. Vielmehr ist vor Ort jeweils zu beobachten, welchen Rhythmus auf Grund welcher Freizeitangebote o. ä. das Wochenende für welche Personengruppe hat.

In diesem Zusammenhang ist zu prüfen, ob nicht die Abendstunde besondere Möglichkeiten für die liturgische Feier bietet. Die Attraktivität von Weihnachts-Vesper und -Mette sowie Osternacht könnte auch mit der Tageszeit zusammenhängen. Vielleicht haben wir ja lange beim Abend-Mahl nicht nur die Form des Mahls zu wenig ernst genommen – was zu dem wenig einladenden und unanschaulichen Brauch der Oblaten u. ä. führte –, sondern auch die Tageszeit. Noch heute ist es nicht von ungefähr – auch bei veränderten Arbeitszeiten, die ein früheres Treffen erlaubten – üblich geblieben, sich gegenseitig zum Abendessen einzuladen. Trotz elektrischen Lichts und Ausweitung von Aktivitäten bis in die Nacht hat der Abend eine besondere Atmosphäre bewahrt, die günstig für das Zur-Ruhe-Kommen, das Nachdenken, aber auch die Geselligkeit wirkt.

Auf Grund dessen sollte in der liturgischen Diskussion der früher im evangelischen Bereich übliche Begriff »Abendmahl« nicht völlig dem der Eucharistie weichen, sondern an die besondere ursprüngliche Tageszeit der Feier erinnern.

Bevor solche Überlegungen zu Gottesdiensten am Freitag- oder Samstagabend vorschnell abgetan werden, ist noch einmal auf die genannten Umfragen zu den Wünschen für die Sonntagsgestaltung hinzuweisen. Das Bedürfnis auszuschlafen ist der in der Bevölkerung für den Sonntag gegenwärtig verbreitetste Wunsch. Hinter ihm stehen ein grundlegendes Bedürfnis nach Ruhe, aber auch Zeit-Takte der sonstigen Woche, die nicht vorschnell als nebensächlich abqualifiziert werden sollten. Hier ist theologisch daran zu erinnern: Die liturgische Feier trägt keinen Selbstzweck in sich, sie soll – in Aufnahme von Mk 2, 27 (par.) – den Menschen dienen. Könnte dies – vorsichtig gefragt – zumindest mancherorts und für manche Menschen nicht besser an einem anderen Termin als Sonntagvormittag geschehen?

4.3 Integrationsaufgabe

Folgt man solchen Überlegungen, bekommt die *liturgische Integrationsaufgabe* offenkundiges Gewicht. Sie besteht zwar auch gegenwärtig, insofern de facto nur bestimmte Personengruppen durch den im Wochen-Rhythmus stattfindenden Gottesdienst am Sonntagmorgen angesprochen werden. Doch macht die liturgische Zielgruppen-Formulierung dieses Problem bewusster.

Von daher sei noch einmal an die im 7. Kapitel vorgetragenen Erwägungen zur Feier von Ostern und Weihnachten erinnert. Verbunden mit dem an diesen Feiertagen gegebenen Taufbezug bieten sie sich zur Integration von über das Jahr in unterschiedlichen Rhythmen und Formen gefeierten zielgruppenbezogenen Gottesdienste an. Ein solcher Zusammenhang ist liturgisch zu gestalten, indem einzelne Elemente aus den unterschiedlichen Gottesdiensten in den jetzt möglichst die ganze Gemeinde umfassenden Festgottesdienst integriert werden. Umgekehrt sind von daher auch zielgruppenorientierte Gottesdienste in einem anschaulichen Zusammenhang mit anderen Liturgien zu bedenken. Dass hierzu aus theologischen und empirischen Gründen, nämlich wegen des Christus- und Biographiebezugs, der Tauferinnerung eine hervorragende Bedeutung zukommt, ist bereits mehrfach erwähnt worden.

10. Kapitel: Gottesdienst zwischen Kirche und Leben des Einzelnen

In mehrfacher Hinsicht trat bei den bisherigen Überlegungen die Beschränktheit eines Gottesdienstverständnisses zu Tage, das sich exklusiv auf die Zusammenkunft in einer Kirche bezieht:

1. Neutestamentlich war die kultkritische Dimension christlichen Gottesdienstes unübersehbar. Die Partizipation an Jesus Christus und die daraus erwachsende Gemeinschaft standen – etwa beim Abendmahl – im Vordergrund. Fragen des Raumes und der Zeit waren dem funktional zu- und damit nachgeordnet.

2. In der Reformation führte die Konzentration auf das Wort Gottes zu einer Aufwertung der praxis pietatis außerhalb der öffentlichen Gottesdienste. Dementsprechend bekam das »Haus« liturgisch-katechetische Bedeutung.

3. Die Taufe als grundlegender liturgischer Akt impliziert sowohl von ihrem theologischen, das ganze Leben (über den biologischen Tod hinaus) umfassenden Selbstverständnis als auch von ihrer Gestaltung (Taufkatechumenat und Mystagogien) ein prozessuales, also den Alltag integrierendes Gottesdienstverständnis.

4. Bei der Analyse gegenwärtiger liturgischer Partizipation zeigte sich die große Bedeutung von Kindern. Allgemein erscheint die Beziehung von Eltern zu ihren Kindern als die letzte dauerhafte Sozialbeziehung; zugleich ist sie nicht selten Raum für Reste häuslicher Liturgie (Beispiel: Abendgebet).

Deshalb soll zum Abschluss die sonst oft vergessene liturgische Dimension im häuslichen bzw. modern formuliert: privaten Bereich thematisiert werden. Dabei ist es aber wichtig, nicht – umgekehrt zur verbreiteten Verkirchlichung – einer privaten Frömmigkeit das Wort zu reden, die selbstgenügsam (bis selbstgefällig) ohne Beziehung zur Gemeindezusammenkunft existiert. Vielmehr will ich auf mögliche Verbindungslinien aufmerksam machen, mit dem Ziel, den Glauben der Einzelnen zu stärken und den Gemeindegottesdienst aus seiner Isolation zu befreien. Heute nehmen, obgleich nur rudimentär, die Kasualgottesdienste (und weithin die Taufe) diese Funktion wahr. In ihnen stehen auch die beiden liturgischen Elemente im Mittelpunkt, die sich im häuslichen bzw. familiären Bereich fanden und finden: *Gebet und Segen*. Zu ihnen trat im Zuge der Reformation die Bibellektüre, allerdings – was meist übersehen wird – wesentlich in gebetstheologischem Zusammenhang.

Eingangs werden Gebet und Segen knapp in ihrer geschichtlichen Herkunft dargestellt. Dies geschieht aus Gründen der besseren Übersichtlichkeit nacheinander, obgleich sich sachlich ein sehr enger Zusammenhang ergibt. Wichtige Gebete, nämlich die in der Tradition der jüdischen Berakot stehenden, sind Segensgebete. Es folgt ein Blick auf die gegenwärtige Situation. Abschließend versuche ich anhand ausgewählter Exempla Hinweise für liturgische Innovationen bei Gebet und Segen zu geben, mit dem Ziel, die gottesdienstliche Dimension im Leben der Menschen zu stärken.

1. Historische Dimension: Elemente christlichen Lebens

Wie anderweitig bereits festgestellt, eröffnet ein geschichtlicher Rückblick auch hinsichtlich der liturgischen Elemente von Gebet und Segen den Blick auf teilweise verlorengegangene Pluriformität und somit indirekt auf vielfältige Innovationsmöglichkeiten.

1.1 *Gebet*

Religionsgeschichtlich gesehen ist das Gebet vielleicht die elementarste religiöse Ausdrucksform. Carl-Heinz Ratschow konstatiert: »Das Gebet ist allen Religionen als Ausdruck menschlicher Zuwendung zur Gottheit eigen.«[1] Hier geht es in grundlegender Weise um die Gestaltung des Kontaktes zwischen Gott und dem Menschen.

Von daher verwundert es nicht, dass sowohl im öffentlichen Kultus als auch im sonstigen Leben des Einzelnen gebetet wird.

1.1.1 Dies gilt auch für das *biblische Beten*. Liturgisch bedeutsam ist bei der Durchsicht der zahlreichen Gebete und Berichte vom Beten in der Bibel, dass sie jeweils bei konkreten menschlichen Situationen einsetzen.

Rainer Albertz fasst den Befund zusammen: »Das alttestamentliche Gebet ist noch weit stärker als unser heutiges Beten unmittelbare Lebensäußerung: In seinen beiden Polen Klage und Lob ist es direkte Reaktion auf extreme Grenzerfahrungen

---

1. C. H. Ratschow, Gebet I. Religionsgeschichtlich, in: TRE 12 (1984), 31. Dies gilt auf jeden Fall für den jüdisch-christlich (einschließlich islamisch) geprägten Kulturkreis, auch wenn heute vielleicht nicht mehr von einer Universalität des Betens in allen Religionen ausgegangen werden kann (s. G. D. Alles, Gebet I. Religionswissenschaftlich, in: ⁴RGG 3 [2000], 483).

menschlicher Existenz«.² Und: »Es ist in den alttestamentlichen Gebeten fast immer nur eines, um das gebeten wird: die Wende der Not.«³

Allerdings wich in der nachexilischen Zeit die vorher begegnende »erstaunliche Direktheit im Umgang mit Gott«⁴ einem größer werdenden Abstand zwischen Mensch und Gott. Die bis dahin vorherrschende Trennung zwischen Klage und Lob, je nach konkretem Anlass, begann zu verwischen, denn: »Bevor man Gott mit seinen Anliegen zu kommen wagt, wird erst einmal seine Macht und Größe, aber auch seine Güte vergegenwärtigt.«⁵

Hier bildet sich die für das Judentum bis heute typische Form der *Berakah* (Segensgebet). Sie beginnt mit einer Erinnerung an eine Wohltat Gottes (Anamnese), mündet in eine Bitte (Epiklese), schließt mit einem Lob Gottes (Doxologie) und begleitet so das tägliche Leben in seinen unterschiedlichen Vollzügen, nicht zuletzt in seinem Grundrhythmus von Morgen, Mittag und Abend und den entsprechenden Mahlzeiten. Wie selbstverständlich diese Gebetsform zur Zeit Jesu war, geht aus dem Bericht vom letzten Abendmahl hervor. Nicht zuletzt der hier genannte Dank (Mk 14,23 f. par.), eine Berakah⁶, führte wirkungsgeschichtlich dazu, dass diese Gebetsform große Bedeutung für die eucharistische Liturgie bekam. Zugleich sind in den Berakot Gebet und Segen engstens miteinander verbunden.⁷

Auch sonst steht Jesu Beten deutlich in der Tradition. Der Bezug auf die unmittelbare Situation des Menschen und damit die Dominanz der Bitten begegnet ebenfalls bei ihm, etwa im Vaterunser. Wie im Alten ist im Neuen Testament das Beten ein ganzheitlicher Vollzug, der von besonderen Körperhaltungen und Gebärden wie an die Brust-Schlagen oder anderen außergewöhnlichen Verhaltensweisen wie Wachen und Fasten begleitet wird. Die Gebetsanlässe und -anliegen sind vielfältig: es finden sich Tischgebete (1 Tim 4,4f.), Gebete zum Abschied (Apg 20,36), zur Geburt eines Kindes (Luk 1,13), Sterbegebete (Luk 23,46) usw. Grundlegende wirkungsgeschichtliche, aber auch sachliche Bedeutung hat das *Vaterunser*. Seine Bit-

---

2. R. Albertz, Gebet II. Altes Testament, in TRE 12 (1984), 35.
3. Ebd. 36.
4. Ebd. 39.
5. Ebd.
6. S. zur Veranschaulichung die Zusammenstellung entsprechender Segensworte in: A. Hänggi, I. Pahl, Prex Eucharistica. Textus e variis liturgiis antiquitoribus selecti, Fribourg ²1978, 13-34.
7. Zur weiteren Entwicklung des Gebetsverständnisses und der Gebetspraxis im Judentum s. S. C. Reif, Judaism and Hebrew Prayer. New perspectives on Jewish liturgical history, Cambridge 1993 (1995).

ten zeichnen sich durch ihre Elementarität aus, was sich in der über die Jahrtausende bestehenden Aktualität zeigt.

Durch die Betonung der Bitten trat offensichtlich schon frühzeitig das *Problem der Gebetserhörung* auf. Eine theologische, also Gott ins Zentrum stellende Lösung enthält das Gebet Jesu in Getsemane. Jesus stellt seinen eigenen Willen zurück und bindet die Erhörung des Gebets an den Willen Gottes (Mk 14,36). Dies nimmt z. B. das Johannes-Evangelium auf, das die Frage der Gebetserhörung mehrfach anspricht, indem die Bitten durch den Zusatz »in meinem Namen« (Joh 15,7) präzisiert werden. Demnach ist also für Christen das Bittgebet in seiner Erhörung an die Wahrnehmung des Willens Gottes gebunden.[8] Das steht allerdings in Spannung zur Ermunterung zum spontanen Gebet (Mt 7,7-11).

Bei Paulus ist eine Akzentverschiebung unübersehbar.[9] Hier tritt das Dankgebet in den Vordergrund, greifbar in österlich bestimmten Doxologien. Auch das Bittgebet erfährt bei ihm durch die stärkere Betonung der Fürbitten eine Veränderung.

Demnach finden sich bereits in der Bibel unterschiedliche Formen und Konzeptionen des Gebets, die jeweils ihre Wirkungen auf das Beten im Gottesdienst und im sonstigen Leben der Menschen hatten.

1.1.2 Schon bald begegnen Zeugnisse von intensiver Gebetspraxis im Leben der Christen, die durch Regelmäßigkeit und Gliederung des Tages gekennzeichnet ist. Der Rhythmus des Betens diente dabei zugleich der Integation der Heilsgeschichte in das Leben des Einzelnen.

Hippolyt schreibt: »Gebete verrichten sollt ihr morgens und zur dritten Stunde und zur sechsten und neunten und abends und zum Hahnenruf. Morgens zur Danksagung, daß der Herr euch erleuchtet hat, nachdem er die Nacht verscheucht und den Tag heraufführte. Zur dritten Stunde, weil der Herr in ihr von Pilatus das Urteil annahm. Zur sechsten Stunde, weil er in ihr gekreuzigt ward. Zur neunten, weil das All erbebte, als der Herr gekreuzigt ward ... Am Abend sollt ihr Dank sagen, daß Gott auch die Nacht gibt zur Ruhe von des Tages Mühe. Und beim Hahnenruf, weil jene Stunde die Ankunft des Tages verkündet, um die Werke des Lichts zu tun.«[10]

Während das Vaterunser und die Psalmen früh – bis in die Gegenwart hinein – einen festen Grundbestand sowohl liturgischen als auch häuslichen Gebets bildeten, kam es vor allem im Bereich des Abendmahls zur Heraus-

---

8. Spätere Texte weisen dann auf die ethischen Implikationen dieses Gebetsverständnisses hin (Jak 1,6-8; 4,3; 1 Petr 3,7; 4,7; 5,6).
9. S. ausführlich R. Gebauer, Das Gebet bei Paulus, Gießen 1989.
10. Zitiert nach W. Ratzmann, Der kleine Gottesdienst im Alltag, Leipzig 1999, 28 f.

bildung eines umfangreichen Gebetszusammenhangs, des sog. *Eucharistischen Gebets*. In der Tradition der jüdischen Berakah, also des Dank- und Lobgebets, zog dieses Gebet schon in altkirchlicher Zeit zunehmend Bitten auf sich. Denn: »Da nach dieser Wandlung (sc. im Herrenmahl, C. G.) der Leib und das Blut Christi als Opfer dem Vater dargebracht werden, hat sich die Vorstellung entwickeln können, daß das dargebrachte Opfer die Erhörung der Bitten bewirke, die deshalb möglichst nahe bei den Einsetzungsworten gesprochen werden. Das eigentliche Eucharistiegebet fungiert gewissermaßen nur noch als Rahmen für die Bittgebete.«[11]

Diese Entwicklung kann exemplarisch anhand der beiden folgenden Benediktionen verfolgt werden:[12]

Bei Hippolyt findet sich am Anfang des 3. Jahrhunderts folgende Benediktion der ersten Früchte:

»Wir sagen dir Dank, o Gott, und bringen dir die Erstlinge der Früchte dar, die du uns geschenkt hast zu unserem Gebrauch. Durch dein Wort hast du sie reifen lassen, nachdem du der Erde geboten, Früchte verschiedenster Art zu erzeugen, zur Freude und zum Unterhalt der Menschen und der gesamten Tierwelt. Für all dies preisen wir dich, Gott, und für alle Wohltaten, die du uns erwiesen, indem du die ganze Schöpfung mit vielerlei Früchten ausgestattet hast. Durch deinen Knecht Jesus Christus, unsern Herrn, durch den dir die Ehre ist in alle Ewigkeit. Amen«.

Gut hundert Jahre später findet sich bei Serapion von Thmuis († nach 362) ein deutlich verändertes Gebet:

»Schöpfer des Himmels und der Erde, du hast den Himmel durch den Reigen der Sterne gekrönt und durch Lichter erleuchtet; du hast die Erde zum Nutzen der Menschen mit Früchten ausgestattet; dem von dir erschaffenen Menschengeschlecht hast du die Gnade verliehen, von oben her den Glanz und das Licht der Gestirne zu genießen und von unten her durch die Früchte der Erde ernährt zu werden. Wir bitten: Sende belebenden Regen in Fülle; laß auch die Erde Früchte hervorbringen und reichen Ertrag abwerfen um deiner Menschenfreundlichkeit und Güte willen. Gedenke derer, die dich anrufen, verherrliche deine heilige, eine und katholische Kirche; erhöre unsere Bitten und Gebete und segne die ganze Erde. Durch deinen Einziggezeugten, Jesus Christus, durch den dir Ehre und die Macht ist im Heiligen Geist jetzt und in alle Ewigkeit«.

---

11. J. Neijenhuis, Das Eucharistiegebet – Struktur und Opferverständnis. Untersucht am Beispiel des Projekts der Erneuerten Agende, Leipzig 1999, 17.
12. S. genauer, auch zur Herkunft Chr. Grethlein, Andere Handlungen (Benediktionen und Krankensalbung), in: H.-Chr. Schmidt-Lauber, K.-H. Bieritz, Hg., Handbuch der Liturgik, Leipzig ²1995, 436f.

Im Laufe des Mittelalters verstärkte sich diese Dominanz des Bittelements und wurde durch folgende Veränderungen in ihrer Problematik verschärft:
»– die Handlung über den Dingen wird zur Konsekration,
– Exorzismen gewinnen an Bedeutung,
– ein magisches Verständnis, das vor-theologisch nur am korrekten Gebrauch bestimmter wirkmächtiger Handlungen beziehungsweise Worte interessiert ist, tritt deutlich zu Tage«.[13]
Die dadurch entstehenden Verzerrungen, verstärkt durch das Aufkommen eines eigenen Amtspriestertums, das vor dem ehrfürchtigen Volk die geheimnisvolle Wandlung und das Opfer vollzog, führten zum bekannten Protest Luthers. Ohne Kenntnisse zur in der Berakah-Tradition begründeten Ausgangslage des Eucharistischen Gebets wollte er den Verkündigungscharakter der Einsetzungsworte und damit das Handeln Gottes als grundlegend im Abendmahl herausstellen. Das – damals vom Priester still gebetete – Eucharistiegebet entfiel, Abendmahlsvermahnung und auch Glaubenslieder traten an seine Stelle. Erst im 20. Jahrhundert kam es auf Grund vertiefter historischer Forschungen zu einer Wiederentdeckung des Eucharistischen Gebets in seiner Grundintention.[14]

1.1.3 Größere Bedeutung für das Beten bekam aber *Luther* in grundsätzlicher Hinsicht.[15] Schon in seinem »Betbüchlein« von 1522 setzte er neue Akzente, indem er von Mt 6,5 ff. her das Gebet des Einzelnen als Grundlage auch des liturgischen Gebets versteht. Ekklesiologisch führte dies zur *Aufwertung des Hauses* als der für das Leben der damaligen Menschen grundlegenden Sozialform. Liturgisch ergab sich hieraus die Form der Hausandacht.[16] Dazu betonte der Wittenberger Reformator die Spontaneität des Betens (WA 17 II, 49,18-20).

Im Weiteren eröffnete Luther in seinen verschiedenen Äußerungen zum Gebet einen weiten theologischen Horizont, der auch heute noch nicht ausgeschöpfte Implikationen, nicht zuletzt in religionspädagogischer Hinsicht, enthält. Zum einen weitet er in der Weihnachtspostille von 1522 – in der Auslegung von Luk 2,33-40 – das Gebetsverständnis aus: »Und wird durch

---

13. Ebd. 440, unter Bezug auf J. Baumgartner, Ein geschichtlicher Durchblick durch die Segnungen, in: ders., Hg., Gläubiger Umgang mit der Welt. Die Segnungen der Kirche, Freiburg 1976, 75-81.
14. B. Kleinheyer, Erneuerung des Hochgebetes, Regensburg 1968.
15. Vgl. ausführlich und systematisch differenziert zu Luthers Gebetsverständnis H.-J. Luibl, Des Fremden Sprachgestalt. Beobachtungen zum Bedeutungswandel des Gebets in der Geschichte der Neuzeit, Tübingen 1993, 3-37.
16. S. genauer Ratzmann, Gottesdienst, 47-56.

Gebet auch verstanden nicht allein das mündliche Gebet, sondern alles, was die Seele schafft in Gottes Wort: zu hören, zu reden, zu dichten, zu betrachten« (WA 10 I1, 435,8-10). Demnach wird also überall gebetet, wo sich Menschen mit dem »Wort Gottes« beschäftigen. Das entspricht auf der Ebene des Gebets dem weiten – bereits dargestellten – biblischen und reformatorischen Gottesdienstverständnis. Hier ist also die für die evangelische Frömmigkeit zumindest eine Zeitlang charakteristische Bibellese gebetstheologisch verankert, was zugleich auch den Modus der Schriftlesung präzisieren hilft. Von daher ist es in liturgischem Zusammenhang angezeigt, die Schriftlesung immer in Verbindung mit dem Gebet zu bedenken.

Zum anderen weist Luther in den Wochenpredigten über Mt 6,5 f. (1530/32) auf den kommunikativen Grundcharakter des Gebets hin: »also leret uns das Gebet, das wir beide uns und Gott erkennen« (WA 32,419,33). Das Gebet betrifft also gleichermaßen die Gottes- und die Selbsterkenntnis. Es ist demnach – wie auch der für das Theologie-Treiben fundamentale Zusammenhang von oratio – tentatio – meditatio (WA 50,659,4) zeigt – Grundlage christlicher Reflexion.

1.1.4 Im Gefolge der Reformation und Gegenreformation kam es zu einem Anschwellen der praktischen Gebetsliteratur. Eine neue Akzentuierung erhielt das Gebetsverständnis demgegenüber durch die pietistische Forderung nach einem freien Herzensgebet.[17] Demgegenüber traten Vaterunser und Psalter als die traditionellen Orientierungen christlichen Betens zurück. Hier kam es zu einzelnen problematischen Entwicklungen.

Weiter reichende Folgen hatte aber die grundlegende Bestreitung der Sinnhaftigkeit des Betens in der *Aufklärung*. Immanuel Kant billigte z. B. von seinem moralisch begründeten Religionsverständnis aus nur einen »Geist des Gebets« und verwarf das Gebet des Einzelnen als »abergläubischen Wahn«.[18] Auch in gottesdienstlichen Gebeten wurde im Gefolge solcher Kritik die Differenz zwischen dem an Gott gerichteten Gebet und allgemeiner Meditation fließend. Es ging jetzt mehr um die Selbstvervollkommnung des Menschen als um das Sprechen zu Gott. Allerdings kam es in Krisenzeiten wie etwa im Kirchenkampf zu einer »Wiederentdeckung des Gebets, der pra-

---

17. S. ausführlicher J. Wallmann, Zwischen Herzensgebet und Gebetbuch, in: C. Moore, F. van Ingen, Hg., Gebetsliteratur der frühen Neuzeit als Hausfrömmigkeit, Wiesbaden 2000, 1-27.
18. I. Kant, Die Religion innerhalb der Grenzen der bloßen Vernunft, in: Kants Gesammelte Schriften Bd. 6, hg. von der Königlich Preußischen Akademie der Wissenschaften, Berlin 1907, 194 f.; vgl. ausführlicher zu Kants Gebetsverständnis Luibl, Sprachgestalt, 59-79.

xis pietatis, als Kraftquelle in der äußeren und inneren Anfechtung ... für die Kirche«.[19]

In jüngster Zeit ist wieder ein stärkerer Bezug auf Psalter und Vaterunser zu beobachten. Ingo Baldermann arbeitete z.b. besonders das religionspädagogische Potenzial der Klagepsalmen heraus.[20] Daneben zeigen vielfältige pädagogische Bemühungen: das Vaterunser eröffnet als christliches Grundgebet vielfache, generationenübergreifende Lernmöglichkeiten unterschiedlicher Intensität an den verschiedenen Lernorten, ohne dass sein Bildungsgehalt ausgeschöpft werden könnte.

1.2 Segen

Religionsgeschichtlich gesehen basiert der Segen auf der Erfahrung der zauberhaften Kraft des Wortes.[21] Offensichtlich – und im Alten Testament finden sich hierfür noch Spuren – ist Segen eine vor-theologische, also außerhalb und getrennt vom Glauben an eine Gottheit praktizierte Äußerungsform, die im familiären bzw. häuslichen und auch politischen Kontext beheimatet ist.

In Gen 27, der Erzählung von der Spendung des Erstgeborenensegens, tritt ein deutlich im Familienverband verhaftetes, wohl ursprünglich vortheologisches Segensverständnis entgegen. Dieser Segen enthält die Lebenskraft, die der Vater an einen Sohn weitergeben kann; er ist unwiderruflich und nicht-wiederholbar. Seine Übertragung erfordert vom Spender viel Kraft, er muss deshalb vorher gut essen und trinken. Die Segnung erfolgt durch unmittelbare sinnliche Wahrnehmung (Berührung, Geruch).

Num 22-24 berichtet von dem Versuch des Moabiterkönigs Balak, durch Bileam, einen offenkundig segens- und fluchkräftigen Mann, die Israeliten zu verfluchen und so die Auseinandersetzung mit ihnen zu beeinflussen. Im vorliegenden Text ist diese magische Fähigkeit, Leben zu schädigen bzw. zu fördern, bereits in einen theologischen Kontext eingebettet.

Später wurde der Segen aber mit dem Gottesglauben verbunden, so dass der Segen – und sein Gegenstück der Fluch – besondere Kraft durch die »Nennung eines Gottesnamens«[22] erhielt.

---

19. P. Cornehl, »... Vorspiegelnd altgewesene Vertrautheit«. Gebet und Gebetserfahrung heute, in: F. W. Bargheer, I. Röbbelen, Hg., Gebet und Gebetserziehung, Heidelberg 1971, 87.
20. I. Baldermann, Wer hört mein Weinen?, Neukirchen-Vluyn [6]1999; ders., Ich werde nicht sterben, sondern leben, Neukirchen-Vluyn [3]1999.
21. S. Heiler, Erscheinungsformen, 308.
22. Ebd. 309.

1.2.1 Der Befund zum Segen ist in der *Bibel* mehrschichtig.

Bevor konkrete biblische Texte zur Sprache gebracht werden, ist auf Grund des keineswegs einheitlichen biblischen Textbefundes zum Thema Segen eine kurze *hermeneutische Vorüberlegung* unvermeidlich. Denn schon im Alten Testament fällt auf, dass in manchen biblischen Traditionen die Segensthematik im Vordergrund steht, in anderen zurücktritt. Dort, wo alltägliche Lebensvollzüge und der Zusammenhang mit der kreatürlichen Mitwelt zum Thema werden, finden sich Aussagen zum Segen; in der prophetischen Tradition dagegen tritt der Segen hinter das Reden vom richtenden und rettenden Gott zurück.[23] Dementsprechend steht das Reden vom Segen im Neuen Testament angesichts der eschatologischen Grundspannung und der Aufbruchssituation nicht im Zentrum, wiewohl das segnende Handeln Gottes immer wieder offensichtlich selbstverständliche Voraussetzung ist[24] und im segnenden Handeln Jesu[25] aufgenommen wird.

Das Verständnis der eigenen Situation ist also eine wichtige Voraussetzung für die Beantwortung der Frage, welche Bedeutung dem Segen in der jeweiligen Theologie und dem Segnen in der religiösen bzw. kirchlichen Praxis zukommen soll. Angesichts des bereits genannten Problems des mangelnden Bezugs christlichen Glaubensverständnisses zu Natur und Alltag der Menschen scheint mir gegenwärtig eine Situation in Deutschland gegeben, die eine stärkere Besinnung auf das Segensthema erfordert.

Wie bereits an zwei Beispielen gezeigt, reichen alttestamentliche Berichte bis in den Bereich eines dinglichen, im strengen Sinn magischen Segensverständnisses hinein. Es muss nachdenklich machen, dass theologisch sehr differenziert denkende Menschen wie der traditionell als Jahwist bezeichnete Verfasser diese alten Nachrichten nicht ausmerzten, sondern theologisch interpretierten, also dem Handeln Gottes einordneten. Timo Veijola fasst den vielschichtigen Befund zu den Segensinhalten knapp zusammen: »Die Kraft des göttlichen Segens manifestiert sich als Fruchtbarkeit, Wachstum und Gedeihen bei Mensch ..., Tier ... und Acker ... Der vornehmste Wirkungsbereich des göttlichen Segens sind die bleibenden Ordnungen der Schöpfung, aber er wird auch in den einmaligen Ereignissen der Geschichte erfahren ...«[26]

Das Neue Testament knüpft an dieses weitreichende Segensverständnis an, wobei die kreatürlichen Gaben – wie auch sonst der Schöpfungsglauben

---

23. S. Westermann, Segen, 36.
24. S. z. B. die Rezeption des Abrahamssegens in Apg 3,25, Gal 3,8 ff., Hebr 6,14 ff. und die Erinnerung an den die Schöpfung tragenden Segen Gottes in Mt 6,25 ff., Hebr 6,7.
25. So konstatiert Schulz, Segnende Kirche, 44, unter Bezug auf Mk 10,16 und Luk 24,50: »Der grundgültige und endgültige Gottessegen hat also einen Namen: Er heißt Christussegen.«
26. T. Veijola, Segen/Segen und Fluch II. Altes Testament, in: TRE 31 (2000), 77.

– wenig zur Sprache kommen, weil sie vom Alten Testament her als selbstverständlich vorausgesetzt werden. Einen neuen Akzent setzt das durch das Christusereignis soteriologisch geprägte Segensverständnis. In ihm begegnet – etwa in Gal 3,6-4,7 – ein *enger Zusammenhang von Taufe und Segen*:

»Da mit der Taufe nicht nur die Gotteskindschaft, sondern auch die christologisch gedeutete Abrahamsnachkommenschaft beginnt, kann eine Segnungshandlung nach paulinischem Verständnis nur eine Fortführung dessen sein, was in der Taufe seinen Anfang genommen hat.«[27]

Frieder Schulz sieht im biblischen Zeugnis zum Segen eine Spannung zwischen dem allgemeinen, allen Menschen geltenden Schöpfungssegen und dem Christussegen, die genau ein Problem heutiger Segenspraxis widerspiegelt, nämlich die Frage: Was kann alles gesegnet werden? Um diese Spannung zu lösen, rekurriert er auf den »kardinalen neutestamentlichen Text über den Segen«, *Eph 1,3-14*. Denn: »Hier ist eine ganze Theologie des Segens ausgebreitet, die für das segnende Handeln der Kirche Maßstäbe setzt.«[28]

Den Inhalt dieses Textes fasst er systematisierend folgendermaßen zusammen: »1. Von den sechs Strophen des Lobpreises entfalten die Strophen 2 bis 4 ... mit den hervorgehobenen Tatwörtern ›erwählte uns‹, ›er hat uns begnadet‹ und ›er hat überströmend auf uns ausgegossen‹ das trinitarische Wirken Gottes in seiner Erstreckung vom Ursprung an bis zur Vollendung. 2. Durch alle sechs Strophen zieht sich der nicht weniger als zehnmal vorkommende Ausdruck ›in Christus‹ oder ›in ihm‹. ... 3. In den beiden letzten Strophen wird das vorher Gesagte für die ›zur Sohnschaft Bestimmten‹ konkret: Gottes guter Wille kommt im Glauben und in der durch die Taufe geschehenen Versiegelung derer, die das Wort der Wahrheit gehört haben, zum Ziel. 4. Der Lobspruch der ersten Strophe ist ein vorangestelltes Summarium, wonach sich das trinitarische Grundgeschehen als Segen in Christus greifbar und begreifbar erschließt und so die Gotteswelt mit der Menschenwelt verbindet. Darauf antwortet die dreimalige Doxologie nach den Strophen 2,5 und 6.«[29]

Demnach ist für christliches Segensverständnis zweierlei konstitutiv: Segen ist – wie die Metapher des Wegs wohl am besten zeigt – nichts Statisches, sondern etwas *Prozesshaftes* ohne endgültigen Abschluss im irdischen Leben. Sein theologisches und zugleich biographisches Zentrum hat der Segen in der *Taufe*. Hier wird die gottgewollte Christusbeziehung besiegelt. Schulz weist kurz auf die genau zwischen engführender Konzentration und zerfließender Weite liegenden Konsequenzen dieses Segensverständnisses hin:

27. U. Heckel, Segnen und Salben. Zur Einführung einer neuen Gottesdienstform, in: DtPfrBl 101 (2001), 74.
28. Schulz, Segnende Kirche, 56.
29. Ebd. 57.

»Wenn ... die Taufe auf den Namen des dreieinigen Gottes sein gesamtes Wirken zum Heil der Menschen für die einzelne Person sozusagen auf den Punkt bringt, aber zugleich voraussetzt und aufnimmt, was zuvor war, und in Bewegung setzt, was nachfolgen soll, dann hat in dieser zeitlichen und biographischen Erstreckung durchaus auch der anhebende, suchende, Umwege machende, unsichere Glaube seinen Ort.«[30]

Verdeutlicht Eph 1,3-14 das Verständnis des Segens für Menschen, so ist *1 Tim 4,4 f.* der locus classicus für Sachbenediktionen, ein Bereich, der bereits im Zusammenhang mit der in Tradition der Berakot stehenden liturgischen Gebetspraxis in den Blick kam. In Konfrontation mit bestimmten asketischen Tendenzen wird hier entschieden mit dem Begriff »Ktisma« (griechisch: Schöpfung) der im Alten Testament bezeugte Schöpfungssegen aufgenommen und gegen weltflüchtige Tendenzen betont. »Eucharistia«, Danksagung, ist die adäquate Haltung der Christen gegenüber der Schöpfung. Konkret ist hierunter wohl das Tischgebet zu verstehen.

»Daß darüber hinaus ein Bezug auf das besondere Tischgebet der christlichen Gemeinde, die Danksagung des Herrenmahls, mitschwingt, ist zumindest wahrscheinlich, denn das eucharistische Mahl galt als der herausragende Beweis für die Heiligung der Gaben der Schöpfung«.[31]

Zugleich weist der Autor des 1 Tim darauf hin – und dies wurde für lutherische Benediktionspraxis entscheidend –, dass das Wort Gottes und das Gebet die Heiligung der Dinge bewirken. Sowohl Danksagung als auch der Verweis auf Wort Gottes und Gebet führen also in den *Zusammenhang von Sachbenediktion und Eucharistiefeier*, der ebenfalls in der konkreten liturgischen Gestaltung zu beobachten ist. Hinsichtlich der bereits angedeuteten Frage, was alles benediziert werden kann, ergibt sich dann ein eucharistisches Kriterium: Es dürfen nur Gegenstände benediziert werden, die in das eucharistische Gebet aufgenommen werden können.[32]

Schließlich ist noch auf das biblische Zeugnis zu einem Sonderfall der Segnung, nämlich die *Krankensegnung* zu verweisen. War im Alten Testament klar, dass Jahwe die Krankheit gibt und deshalb auch allein heilen kann, was etwa in seiner Titulierung als »Arzt« hervortritt,[33] so ist das Hei-

---

30. Ebd. 59.
31. J. Roloff, Der erste Brief an Timotheus (EKK 15), Zürich u. a. 1988, 226.
32. Vgl. hierzu die Überlegungen von R. Christiansen, Erneuerung der Gemeinde aus dem Abendmahl, in: PTh 72 (1983), vor allem 91 f., zum »eucharistischen Lebensstil«.
33. Ex 15,26, Hi 6,18, Dtn 32,39, Hos 6,1; vgl. H. W. Wolff, Anthropologie des Alten Testaments, Gütersloh [6]1994, 217-220.

len geradezu ein Charakteristikum der Tätigkeit Jesu und dann seiner Jünger. *Jak 5,14f.* gibt einen detaillierten Einblick in die urchristliche Praxis der Krankensegnung, die wahrscheinlich mit einer Salbung verbunden war. »Der Betroffene ist schwer erkrankt – er muß die Presbyter rufen lassen –, aber noch besteht Hoffnung auf Heilung. Über ihm wird gebetet, wobei die Erhörung der Bitten allein Gott vorbehalten ist. Die Heilung geschieht im Namen, das heißt in der Kraft Christi und bezieht sich nicht nur auf die physische Krankheit, auch die Sündenvergebung kann eingeschlossen sein.«[34] Die Wirkungsgeschichte dieses Ritus zeigt, wie schwer – und zugleich wie notwendig – es ist, diese Gesichtspunkte zu beachten. Das Abgleiten zur Letzten Ölung[35] bzw. auf der anderen Seite magische Heilungsversuche zeigen deutlich die Gefährdungen. Theologisch kann ein strikter Bezug auf die Taufe vor solchen Missbräuchen bewahren, da hier sowohl der Christusbezug als auch die eschatologische Dimension des Handelns Gottes zum Ausdruck kommt.

1.2.2 Soweit man sehen kann, wurde im christlichen Gottesdienst sowie in den christlichen Häusern, Familien und sonstigen Gemeinschaften immer gesegnet. Dabei begegnen die unterschiedlichen, aus Religionsgeschichte und Bibel bekannten Formen in ihrer ganzen Breite von dinglichen Kraftübertragungen bis hin zu sublimen Segenswünschen.

Im Mittelalter bekamen – neben den selbstverständlich in Weihungen, Krankensegnungen u.ä. gepflegten Personalsegnungen – besonders die *Sachbenediktionen* große Bedeutung. Neben dem allgemein religiösen Bedürfnis, wichtige Dinge dem besonderen Schutz und der Förderung Gottes zu unterstellen und damit Lebensförderung zu erhalten, hat dies auch spezifisch theologische Gründe. Denn in der Liturgie, besonders bei Taufe und Abendmahl, finden Dinge aus dem Alltag wie Wasser, Öl, Kerzen, Brot, Wein Verwendung. Sie sollen durch die Segnung – nach antiker Vorstellung – dem Machtbereich des Bösen entrissen und in ihrer Schöpfungswürde präsentiert werden. Von daher ist auch verständlich, dass sich die Sachbenediktionen außerhalb des öffentlichen Ritus immer mehr zu Konsekrationen, also Riten zur Verwandlung des Gesegneten, entwickelten.

Im Laufe der Zeit kam es zu vielfachen Verschlingungen eines solchen noch theologisch zu begreifenden Bestrebens mit vor- und außerchristlichen magischen, also die Souveränität durch menschliche Manipulationen

---

34. Grethlein, Andere Handlungen, 447f.
35. S. zur Entwicklung dieses Ritus R. Kaczynski, Feier der Krankensalbung (GdK 7,2), Regensburg 1992, 258-297.

unterlaufenden Versuchen der Lebensbewältigung. Die Tatsache, dass die Segensformeln in der Messe auf lateinisch und damit für das Volk unverständlich gesprochen wurden, leistete Aberglauben Vorschub. Dazu begünstigte das bis ins 15./16. Jahrhundert reichende, weitgehende Fehlen offizieller Diözesanritualien solchen Wildwuchs.

Auch hinsichtlich der *Krankensalbung* kam es zu problematischen Verschiebungen. Seit dem 8./9. Jahrhundert begegnen für den Westen Bezeugungen einer heiligen Ölung, die für den Priester reserviert war. Dabei bekam die Verbindung der Salbung mit der Sündenvergebung nach abgelegter Beichte zunehmend Bedeutung; der im Osten bis heute deutliche Zusammenhang mit dem Gebet um körperliche und geistige Heilung trat zunehmend zurück. Es entwickelte sich ein im Einzelnen regional durchaus unterschiedlich gestalteter Ritus, der sich grob in Segnung im Sterbezimmer, Beichte und Rekonziliation, Salbung und Viaticum (Wegzehrung) mit Schlusssegen gliedert. Die Krankensalbung wurde zur Letzten Ölung (extrema unctio).

»In der Hochscholastik lehrten mit Bonaventura und Thomas ... alle anderen bedeutenden Theologen, die besonderen Wirkungen der Krankensalbung bestünden darin, die letzten Hindernisse vor dem Eingang eines Menschen in die himmlische Glorie zu beseitigen und die kirchlichen Bemühungen um die Heilung der Seele zur Vollendung zu bringen«.[36]

1.2.3 Luther begegnete den vielfach die Grenze zur gewöhnlichen Zauberei überschreitenden zahllosen Benediktionsformeln und -bräuchen des Mittelalters und der dadurch hervorgerufenen Paganisierung nicht zuletzt in der Seelsorge. Demgegenüber setzte er eine klare Unterscheidung zwischen den von Gott angeordneten, Heil bewirkenden Handlungen, den Sakramenten, und allem anderen, von Gott nicht Angeordneten:

»Darumb hat nu Ecclesia, das heilige Christliche Volck, nicht schlecht eusserliche wort, Sacrament oder Empter, wie der Gottesaffe Satan auch und viel mehr hat, Sondern hat sie von Gott geboten, gestifft und geordent ... Ja solch stück feilet in des Teuffels Sacramenten und Kirchen, da kan niemand sagen: Gott hats geboten, befolhen, eingesetzt, gestifft ... Sondern so mus man sagen: Gott hats nicht geboten, sondern verboten, Menschen habens ertichtet oder viel mehr der Gottes Affe hats ertichtet und die Leute damit verfüret« (WA 50,647).

Besonders wies der Reformator die Benediktionen, vor allem die Verwendung von Weihwasser, als Verspottung der Taufe zurück:

---

36. H. Vorgrimler, Krankensalbung, in: TRE 19 (1990), 666f.

»So haben wir inn unser kirchen dis vorgenommen, Das wir die Zeit von der Tauff und dieser erscheinung reden, das wir die Tauffe nicht geringe halten oder fur ein tandt und spiegelfechten halten, Denn vor der Zeit ist die Tauffe seer geringert von den leidigen Ceremonien, Denn das weihewaßer ist viel größer gehalten denn die Tauff« (WA 49,675,21 ff.).

Zugleich kritisierte Luther die Auffassung, Segnungen veränderten die Gegenstände (WA 50,644). Dabei berief er sich – in allerdings gegenüber dem biblischen Text verkürzter Weise – auf 1 Tim 4,4 f.: »Alle Creatur ist gut und wird geheiliget durchs word und gebet« (WA 50,651). Schließlich argumentierte er seelsorgerlich gegen die damalige Benediktionspraxis, insofern die Vielzahl der Riten zu einer Belastung der Menschen führte (WA 50,651).

Besonders deutlich kommt die theologische Grundlage von Luthers Bendiktionskritik bei seiner Predigt zur Einweihung der Torgauer Schlosskirche zum Ausdruck. *Wort Gottes und* gemeinsames *Gebet* der Gemeinde, nicht eines herausgehobenen Klerikers sind hier die entscheidenden Faktoren (WA 49,588,12-21; 613,27 ff.).

Auch gegenüber dem Verständnis der Krankensalbung als Sakrament grenzte sich Luther ab. Schon in De captivitate Babylonica (WA 6,567 ff.) führt er vielfältige Gegengründe an.[37] Interessant ist hier, dass an diesem Punkt in der reformatorischen Bewegung zwei unterschiedliche Akzentsetzungen hervortraten. Luther ordnete das Gebet eindeutig der Salbung vor. Melanchthon dagegen äußerte sich in der Apologie der Confessio Augustana zurückhaltender: »Wie aber das Wort in die Ohren gehet, also ist das äußerliche Zeichen für die Augen gestellet, als inwendig das Herz zu reizen und zu bewegen zum Glauben. Denn das Wort und äußerliche Zeichen wirken einerlei im Herzen« (BSLK 292 f.).

1.2.4 Die deutliche Reserve der Reformatoren gegenüber Benediktionshandlungen prägte im Weiteren die neu entstandenen Kirchen. Sie beschränkten sich neben Schlusssegen im Gottesdienst, Personalsegnungen in Kasualgottesdiensten und der Konsekration im Abendmahl auf die Einweihung von Kirchen und besonderen, zum liturgischen Gebrauch bestimmten Gegenständen.[38] Dabei betonte man aber, dass es sich bei letzterem um keine Weihe, sondern eine »Dedikation«, also eine Widmung zu einem bestimmten Gebrauch, handle.

---

37. S. zum Einzelnen Grethlein, Andere Handlungen, 450.
38. S. zum Einzelnen G. Rietschel, P. Graff, Lehrbuch der Liturgik Bd. 1. Die Lehre vom Gottesdienst, Göttingen ²1951, 874.

Lange Zeit bestimmten die 1856 von der Konferenz der evangelisch-lutherischen Kirchenregimente festgelegten Grundsätze, die 1862 von der Eisenacher Kirchenkonferenz übernommen wurden, den Bereich der Sachbenediktionen. Auch die 1951 für die Gemeinden der VELKD erstellte Agende IV fußt wesentlich hierauf. Hier finden sich Formulare für Einweihungen explizit liturgischer Einrichtungen, dazu von Friedhof, Gemeindehaus und sonstigen Gebäuden (»Wohnhaus, Schule, öffentliche Gebäude, Brücken u. dergl.«).[39]

Allerdings gab es vor allem im Bereich der Personalsegnungen immer wieder Versuche neuer Praxis. In pietistischen Kreisen bürgerte sich der Brauch des *Reisesegens* ein, den der Hausvater an dem jeweiligen Familienmitglied vollzieht. Im 19. Jahrhundert trat der *Valet-Segen* hinzu, eine Segnung von Sterbenden.

Bei den Realbenediktionen kam es zu einem missglückten Vorstoß. Entsprechend der Nähe evangelischer Kirche zum Staat wurden wiederholt Kasernen, Soldaten, Fahnen und anderes zum Militärwesen Gehörige, vereinzelt wohl auch Waffen gesegnet.[40] Dies führte besonders nach dem Ersten Weltkrieg zu einer tiefen Krise und verstärkte die Bedenken gegen Realbenediktionen. Grundsätzlich trat also hier die für jede Benediktion entscheidende Frage der theologischen Beurteilung des jeweiligen Gegenstandes zu Tage.

Schließlich geriet auch die Krankensegnung oder gar -salbung in den evangelischen Kirchen in Vergessenheit.[41] Dies wurde durch den Aufstieg der modernen Medizin noch verstärkt. Dadurch ging aber dem evangelischen Glauben der ganze für Menschen so wichtige Bereich von Krankheit und Gesundheit liturgisch verloren. Ein deutliches Symbol für diese bereits früh ansetzende Entwicklung ist die architekturgeschichtliche Entwicklung, dass in Hospitälern der Operationssaal die Kapelle ersetzte.

2. Gegenwärtige Situation

2.1 *Gebet*

Die gegenwärtige Situation ist hinsichtlich des Gebets dadurch gekennzeichnet, dass liturgisches Verhalten und die Praxis der Einzelnen weithin

---

39. Chr. Eyselein, Segnet Gott, was Menschen schaffen? Kirchliche Einweihungshandlungen im Bereich des öffentlichen Lebens, Stuttgart 1993, 31.
40. Ebd. 191-193; vgl. ebd. 137-139.
41. Vgl. zu den – letztlich nicht erfolgreichen – aufklärerischen Reformbemühungen auf katholischer Seite B. Kranemann, Die Krankensalbung in der Zeit der Aufklärung. Ritualien und pastoralliturgische Studien im deutschen Sprachgebiet, Münster 1990.

unverbunden nebeneinander bestehen – ein wichtiger Ausgangspunkt für jedes Bemühen um Innovation. Nicht nur auf Grund ihrer empirischen, sondern auch – wie Luther zeigte – theologischen Bedeutung soll das erste Augenmerk der heutigen Situation des Betens im Alltag gelten, bevor die gegenwärtige liturgische Arbeit skizziert wird.

2.1.1 Nach wie vor ist Beten eine weit verbreitete Form religiösen Ausdrucks. In der 3. EKD-Mitgliedschaftsumfrage bejahten 64 % der westdeutschen und 67 % der ostdeutschen Evangelischen die Frage: »Kommt es gelegentlich vor, daß Sie beten – Gebet im weitesten Sinne verstanden?« Immerhin konnten 21 % der westdeutschen, aber nur noch 9 % der ostdeutschen Konfessionslosen beipflichten.[42]

Hinsichtlich der Häufigkeit des Betens ergab sich, dass gegenwärtig nur noch eine Minderheit regelmäßig betet: 17 % der westdeutschen und 18 % der ostdeutschen Evangelischen gaben an, »(fast) täglich« zu beten, 32 % und 23 % »häufig«; über die Hälfte (51 % bzw. 59 %) dagegen beten – nach eigener Auskunft – »manchmal«.

Demnach überwiegt offensichtlich eine *sporadische Gebetspraxis*; früher verbreitete, sich täglich wiederholende Gebetsformen wie das Morgen- oder Tischgebet[43] sind selten geworden. Die Durchsicht von Interviews, aber auch von Befragungen lässt vermuten, dass das *Bittgebet* die zur Zeit verbreitetste Weise des Betens ist. Dabei ist im Vergleich zu Forschungen am Beginn des 20. Jahrhunderts eine interessante, ebenfalls mit Veränderungen im Zeitverständnis erklärbare Verschiebung hinsichtlich der Bitten zu beobachten. Während früher offensichtlich grundsätzlich gebetet wurde, etwa um Gesundheit o. ä., wird heute erst aus der konkreten Situation heraus, etwa der des Krankseins, gebetet.[44] Dadurch werden – und dies ist auch durch anderweitiges empirisches Material belegt – die Frage der *Gebetserhörung* und deren Spannung zum technisch-naturwissenschaftlichen Weltbild vordringlich.

Außerdem ergeben Befragungen, teilweise sogar schon bei Kindern, eine merkwürdige Spaltung zwischen Gebetspraxis und gleichzeitiger Unsicherheit über den Sinn des Betens.

---

42. K. Engelhardt, H. v. Loewenich, P. Steinacker, Hg., Fremde Heimat Kirche. Die dritte EKD-Erhebung über Kirchenmitgliedschaft, Gütersloh 1997, 409; ebd. auch die folgenden Befunde.
43. S. zum Tischgebet die eindeutigen Allensbacher Befunde bei E. Noelle-Neumann, E. Piel, Allensbacher Jahrbuch der Demoskopie 1978-1983, München 1983, 121.
44. J. Janssen, J. de Hart, Chr. den Draak, Praying Practices, in: JET 2 (1989/2), 37.

Die vielfältigen Spannungen und Zerrissenheiten, unter denen heute schon Kinder beten, spiegeln folgende Aussagen eines die 5. Klasse besuchenden Schülers:

»I (sc. Interviewer, C. G.): Hast du schon mal gebetet oder machst du das manchmal?

...

Klaus: Selten.

I: Gibt es Situationen, wo du dich erinnerst: Da hab' ich gebetet?

Klaus: Ja, wenn ich bei meiner Oma bin, dann bete ich immer mit ihr, weil ich denke, damit mache ich sie glücklich.

I: Was betet ihr da? Betet die Oma ein bestimmtes Gebet?

Klaus: Ja, immer so, ähm, ich weiß nicht, wie das heißt. Eben so ein Gebet, wo man darüber redet, ähm, laß die Augen über meinem Bette sein, beschütze den und den und dann eben Amen.

I: Und wenn du das betest, was hast du da denn für ein Gefühl dabei? Du hast gesagt: ›Ich mach das, weil ich denke, daß ich die Oma dabei glücklich mache.‹

Klaus: Ja, ein bißchen jedenfalls. Weil die das gern hat.

I: Geht es dir dabei gut oder fühlst du dich dazu gezwungen?

Klaus: Also manchmal finde ich das auch ein bißchen nervig, aber für die mache ich's ja gern.

...

I: Kannst du dich an die Situation erinnern, wo du das letzte Mal gebetet hast, was da war?

Klaus: Da habe ich einfach gebetet.

I: Was denn?

Klaus: Das Gebet (sc. der Oma ›Beschütze uns‹, C. G.).

...

I: Hm. Und fühlst du dich dann beschützt? Geht es dir da gut, denkst du, ›ja, da kann mir nichts passieren‹?

Klaus: Och, ich weiß nicht. Da ich nicht so ganz recht weiß, ob ich jetzt an den glauben will, weiß ich auch nicht so genau, ob ich jetzt mich ... Also, ob das jetzt was nützt oder nicht.« [45]

2.1.2 Die gegenwärtigen liturgischen Diskussionen zu Fragen des Gebets haben keinen erkennbaren Bezug zu der skizzierten, durch Zweifel und unmittelbaren Situationsbezug charakterisierbaren Praxis des sporadischen Bittgebets der Mehrheit. Bei der Revision der Agende 1 bzw. dann bei der Überarbeitung der Erneuerten Agende kristallisierten sich drei gebetsrelevante Problemfelder heraus:
– die Forderung nach einer inklusiven Sprache,
– einer hinreichenden Berücksichtigung der Verbundenheit mit Israel

---

45. U. Arnold, H. Hanisch, G. Orth, Hg., Was Kinder glauben. 24 Gespräche über Gott und die Welt, Stuttgart 1997, 34f.

– und die Frage nach der theologischen Zulässigkeit feierlicher eucharistischer (Hoch-)Gebete.

Die Bedeutung aller drei Diskurse ist theologisch einleuchtend. Es macht jedoch auf dem Hintergrund des skizzierten empirischen Befundes, aber auch auf Grund des Kriteriums der »Beteiligung der ganzen Gemeinde« nachdenklich, dass die für die Mehrheit der Menschen offensichtlich entscheidende Frage nach der Gebetserhörung, und zwar in unmittelbarem Zusammenhang mit einer Not-Situation, demgegenüber in den Hintergrund tritt. Die Spannung zwischen technisch-naturwissenschaftlicher Zivilisation mit ihrem Streben, Leben in die eigene Hand zu nehmen und zu sichern, und dem eigene Bedürftigkeit eingestehenden Bittgebet[46] bedarf auch für das liturgische Gebet dringend der Bearbeitung.

Inhaltlich hat hier vermutlich die (fast) exklusiv durch eine technisch ausgerichtete Medizin übernommene *Frage nach Krankheit und Heilung* große Bedeutung. Hier liegt ein liturgisches Schlüsselthema, bei dem es wesentlich um den biographisch vermittelten Zusammenhang von christlichem Glauben und dem von den meisten Menschen für wichtig Empfundenen geht. In sozialer Hinsicht ist noch einmal daran zu erinnern, dass offensichtlich das Zu-Bett-Bringen eines Kindes mittlerweile ein hervorragender sozialer Ort ist, an dem Menschen außerhalb der Kirche beten.

Verfolgt man aus diesen Perspektiven die Arbeit an den Gebeten im Zuge des Evangelischen Gottesdienstbuches, greifen sowohl die sprachlichen Bemühungen als auch theologischen Anstrengungen zu kurz.[47] Es wäre dringend erforderlich, sich um einen Zusammenhang zwischen den Gebeten Einzelner und in den Familien mit der liturgischen Praxis zu bemühen. Dazu bedarf es empirischer Forschung und einer entsprechenden Öffnung der liturgischen Diskussion zur Formulierung von gottesdienstlichen, also über den kirchlichen Raum der Liturgie hinausstrahlenden Gebeten.

2.2 Segen

Segnendes Handeln kommt heute nicht nur in der Liturgie, sondern – z. T. fast verborgen – im Alltag vieler Menschen vor. Dem soll als Ausdruck alltäglicher und familiärer Religiosität und zugleich als – häufig übersehener –

---

46. Vgl. hierzu die sorgfältige Rekonstruktion der Ersetzung des Gebets in der neuzeitlichen Philosophie bei Luibl, Sprachgestalt, 41-79; 124-152.
47. Wie wenig die praktisch-theologische Aufgabe überhaupt im Blick ist, zeigt unfreiwillig die sehr detaillierte Arbeit von Neijenhuis, Eucharistiegebet, der abschließend eigene Vorschläge zu neuen Gebeten vorlegt, ohne aber nach der Rezeption durch heutige evangelische Kirchenmitglieder zu fragen.

Hintergrund liturgischen Segens zuerst das Augenmerk gelten. In einem zweiten Schritt thematisiere ich neue Entwicklungen auf dem Gebiet des Segens, soweit sie schon Eingang in die kirchlichen Formulare und Agenden gefunden haben.

2.2.1 In vielfacher Hinsicht begegnen Menschen heute Segen, u. a.:
1. Tief verwurzelte Formen vor-theologischen Segnens begegnen z. B. beim Anhauchen der schmerzenden Körperstelle eines Kindes, etwa begleitet mit dem Singsang: »Heile heile Segen«. Auch das Auflegen der Hand auf den Kopf eines Kindes beim Zu-Bett-Geh-Ritual, die Berührung eines Schwerkranken o. ä. sind Relikte früher verbreiteter Segenspraxis.
2. Vor allem jüngere Menschen begegnen dem Segnen im Zusammenhang mit sie faszinierenden Techniken aus anderen Kulturkreisen wie z. B. der aus dem buddhistischen Bereich kommenden Heilungslehre Reiki. Hier werden u. a. Menschen segnend die Hände aufgelegt.
3. In sehr unterschiedlicher Form kommen Segnungsrituale in spirituellen Handlungen von Frauen vor. Meist liegt dabei ein besonderer Akzent auf der leiblich-kreatürlichen Seite.
4. Säkularer ist die im Fernsehen um sich greifende, vom Moderator mit nachdrücklicher Stimme zugesprochene Verabschiedung der Zuschauer mit der Formel: »Passen Sie gut auf sich auf!« Auch hier schwingt noch ein Wunsch mit, der offensichtlich über menschliche Verfügung hinausreicht, ohne dass aber eine unterstützende Kraft außer dem eigenen Ich genannt werden kann.

Gemeinsam ist diesen Formen von Segnen das weitgehende Fehlen des Zusammenhangs mit Christus, durch ein Gebet, den Bezug auf die Taufe o. ä. Hier begegnet offensichtlich – wieder – eine vor-theologische Segenspraxis, wie sie aus der Religionsgeschichte bekannt ist.

2.2.2 Auch Kirche und Theologie haben auf die verstärkte »Segensbedürftigkeit«[48] reagiert, und zwar in verschiedener Hinsicht.

Zuerst ist hier die vom II. Vaticanum (SC 62 f.) geforderte Revision der sog. Sakramentalien zu nennen:

»Die Sakramentalien sollen überarbeitet werden, und zwar im Sinne des obersten Grundsatzes von der bewußten, tätigen und leicht zu vollziehenden Teilnahme der Gläubigen und im Hinblick auf die Erfordernisse unserer Zeit« (SC 79).

Diese Reform führte 1978 – nach zuerst durchaus skeptischer Diskussion

---

48. So M. L. Frettlöh, Theologie des Segens, Gütersloh 1998, 15-18.

über den Sinn von Segnungen in einer modernen technischen Gesellschaft – zu einem ökumenisch vielfach beachteten, als Studienausgabe veröffentlichten deutschsprachigen *Benediktionale*[49]. Vorbildlich wird hier versucht, auf biblischer Grundlage verkehrte Entwicklungen der früheren volksfrommen Segnungspraxis zu korrigieren und einen theologisch überzeugenden Sinn zu gewinnen: »Segnungen sind Zeichenhandlungen der Kirche, in denen Gott für seine Gaben gepriesen und sein Heil auf den Menschen herabgerufen wird.«[50] Dabei blieb man bei der kontroverstheologisch nicht unumstrittenen Praxis Dinge zu segnen, bezog die Segnung aber auf davon betroffene Menschen.

So lautet z. B. die Segensbitte bei der Segnung eines Hauses: »Wir bitten dich, segne dieses Haus, damit die Bewohner in Glück und Frieden zusammenleben.«[51]

Besonderes Gewicht wird darauf gelegt, dass jede und jeder Getaufte und Gefirmte segnen kann. Erstmalig findet sich demgemäß in diesem Benediktionale ein ausführlicher Abschnitt »*Segnungen im Leben der Familie*«. Inhaltlich liegt der Akzent auf der Bejahung der Schöpfungswirklichkeit, wobei dies nicht immer ohne die Gefahr theologisch bedenklicher Affirmation gelingt.

Der katholische Liturgiewissenschaftler Jakob Baumgartner räumt ein: »Das deutsche Benediktionale unterliegt hier einer gewissen Schönfärberei. Gewiß darf und soll der Christ sein Ja zur Welt sprechen, weil diese für seinen Glauben grundsätzlich keine feindliche Macht darstellt, doch darf und soll er andererseits die destruktiven und zerstörerischen Kräfte nicht einfach übersehen. Er hat Widerspruch anzumelden«.[52]

Auf evangelischer Seite vollzog sich erst im englischsprachigen Bereich eine gewisse Hinwendung zu Sachbenediktionen, etwa »Blessing of the Palms, Blessing of Water, Blessing of a Dwelling«.[53] *1987* publizierte dann die *VELKD* eine *Neuausgabe der Agende IV*. Hier sind die im Vorläufer von 1951 nur pauschal (»und dergleichen«) genannten Anlässe genauer spezifi-

---

49. Benediktionale für die katholischen Bistümer des deutschen Sprachgebietes, Freiburg 1978; vgl. hierzu als historischen Hintergrund Baumgartner, Durchblick, 50-92.
50. H. Hollerweger, Das neue deutsche Benediktionale, in: LJ 30 (1980), 84.
51. Zitiert nach Grethlein, Andere Handlungen, 446.
52. J. Baumgartner, Segnungen – veraltet oder zeitgemäß? Schöpfungswirklichkeit und Reform des Benediktionale, in: ders., Hg., Wiederentdeckung der Volksreligiosität, Regensburg 1979, 275.
53. S. F. Schulz, Segnungen in evangelischer Sicht, in: A. Heinz, H. Rennings, Hg., Heute segnen. Werkbuch zum Benediktionale, Freiburg 1987, 80.

ziert. So findet sich jetzt ein eigenes Formular für die Einweihung einer Kindertagesstätte, eines Altenheims, eines Krankenhauses, einer Pflegeeinrichtung, einer Arbeitsstätte und von Freizeit- oder Sporteinrichtungen. Dies wird theologisch mit dem Hinweis auf Luthers Erklärung der vierten Vaterunser-Bitte im Kleinen Katechismus begründet (BSLK 514).Viele Eingangsvoten beginnen mit: »Der Apostel des Herrn spricht: Alles wird geheiligt durch das Wort und Gebet«, eine bedenklich verkürzte Restform von 1 Tim 4,4f. Denn im Neuen Testament wird »alles« sehr präzise mit »ktisma« (Schöpfung) bezeichnet, und in Luthers Übersetzung immerhin noch mit »alle Creatur«. Dieser – für eine reformatorische Kirche anstößigen – Verzerrung biblischer Aussage entspricht auch die Tatsache, dass in der Agende IV nur vom Menschen Geschaffenes genannt wird. Die sowohl in 1 Tim 4,4f. und in Luthers Vaterunser-Auslegung der Bitte um das tägliche Brot enthaltenen Möglichkeiten zu einer biblisch fundierten Benediktionspraxis wurden also nicht wahrgenommen.

Von daher sind evangelische Christen, die sich in Aufnahme von 1 Tim 4,4f. in die Heiligung des von Gott Geschaffenen durch das Wort Gottes und Gebet einüben wollen, wesentlich an das deutschsprachige Benediktionale der römisch-katholischen Kirche gewiesen.

In den letzten Jahren fand auch die Segnung von Menschen, teilweise verbunden mit Salbung, verstärkte liturgische Aufmerksamkeit im evangelischen Bereich. Anglikaner und amerikanische Lutheraner führten baptismale Salbungen wieder ein.[54]

Neben den Kasualgottesdiensten, in denen traditionell Einzelne gesegnet werden – jetzt auch in neuen Kasualien wie Goldene Hochzeit, manchmal Einschulungsgottesdienste o.ä. –, finden auch andere Segnungsgottesdienste Interesse. Vom biblischen Befund her – Jak 5,14f. – verdient das segnende – und eventuell salbende – *Handeln an Kranken* besonderes Interesse.

Im II. Vaticanum kam es hinsichtlich der nicht nur in der Volksfrömmigkeit, sondern teilweise auch in der zünftigen Dogmatik vertretenen Auffassung von der »letzten Ölung als Todesweihe«[55] zu einer grundlegenden Neubesinnung hin zu einer Krankensalbung.

»Die ›Letzte Ölung‹, die auch – und zwar besser – ›Krankensalbung‹ genannt werden kann, ist nicht nur das Sakrament derer, die sich in äußerster Lebensgefahr befinden. Daher ist der rechte Augenblick für ihren Empfang sicher schon gegeben, wenn

---

54. S. M. Dudley, Salbung IV. Kirchengeschichtlich und praktisch-theologisch, in: TRE 29 (1998), 716.
55. S. Grethlein, Andere Handlungen, 451.

der Gläubige beginnt, wegen Krankheit oder Altersschwäche in Lebensgefahr zu geraten« (SC 73).

Die Neuordnung der Krankensalbung durch die Gottesdienstkongregation Ende 1972 führt diesen Impuls weiter und versucht einen Jak 5,14f. gemäßen Ritus zu etablieren. Dabei tritt die Salbung in den Vordergrund, die Bindung an zumindest »gefährliche Erkrankung« bleibt jedoch bestehen.[56]

Auf Grund von Impulsen aus dem Bereich der anglikanischen Kirche und der US-amerikanischen Lutheraner, aber auch auf Grund von Erkenntnissen in der Krankenseelsorge veröffentlichte der Liturgische Ausschuss der VELKD 1990 einen Entwurf zur Agende III »Dienst an Kranken«. Im Mittelpunkt der Krankensegnung steht das Gebet. Fakultativ ist eine Salbung mit Öl vorgesehen: »Die Handauflegung kann durch die Salbung mit Öl ergänzt werden. Die Salbung der Stirn und Hände meint den Menschen in seiner Ganzheit als denkende und handelnde Person«.

3. Impulse zur Innovation

Gebet und Segen sind heute Ausdrucksformen an unterschiedlichen Orten:
– in der Familie, teilweise in einem vor-theologischen Sinn bzw. mit einem zweifelnden unklaren Bezug auf eine Gottheit, aber klar auf den Alltag und seine Nöte bezogen;
– in der Kirche, trinitarisch (bzw. auch) christologisch geprägt, aber häufig ohne Bezug zum Alltag und dem die Menschen unmittelbar Beschäftigenden;
– in religiösen bzw. spirituellen Kontexten, in denen Menschen – ohne Zusammenhang mit Kirche – einen Kontakt zum Grund ihres Lebens suchen.

Von daher stellt sich für die Liturgik die Aufgabe, Impulse für eine Gebets- und Segnungspraxis zu geben, die einerseits Menschen zur Perspektivenerweiterung durch die Bindung an den biblisch bezeugten Willen Gottes verhilft, andererseits die Alltags- und Lebensnähe neuer Religionsproduktion für liturgische Praxis fruchtbar macht. Insofern sind Gebet und Segen Musterbeispiele für die *Aufgabe einer reformatorischen Liturgik in der Spannung zwischen öffentlich rituellem Vollzug in der Gemeinde und religiöser Praxis im persönlichen und gesellschaftlichen Leben*. Dabei ist eine Beschränkung auf den liturgischen Vollzug in der Kirche sachlich nicht möglich;

---

56. S. sehr kritisch hierzu E. J. Lengeling, Todesweihe oder Krankensalbung?, in: LJ 21 (1971), 193-213.

wissenschaftstheoretisch ist die Liturgik auf Kooperation mit Gemeinde- bzw. Religionspädagogik und Poimenik sowie Ethik verwiesen.

3.1 Taufe und Abendmahl als theologische Grundlagen

Theologisch grundlegend für eine Bearbeitung dieser Aufgabe ist der stete Bezug auf die *Taufe*, wobei dies – in Entsprechung zu dem in Kapitel 6 Ausgeführtem – eine Taufpraxis voraussetzt, die die Anschaulichkeit der Taufsymbole inszeniert und sich entsprechend dem prozessualen Charakter der Taufe um lebenslange Taufbegleitung bemüht. Denn in der Taufe verbinden sich Biographie- und Christusbezug in einmaliger Weise. Hier wird zum einen der für christliches Gebet fundamentale Perspektivwechsel hin zur Integration in den Willen Gottes rituell am Einzelnen vollzogen und zugleich der Segen gespendet, auf den sich die weiteren Segenshandlungen im Laufe des Lebens eines Menschen, sei es im kirchlichen oder familiären Bereich, etwa anlässlich von Übergängen im Lebenslauf, beziehen können.

Zugleich ist damit ein Bezug auf das *Abendmahl* gegeben. Bei einer Praxis, die der frühchristlichen und bis heute in der Orthodoxie gepflegten Einheit des Initiationsritus entspräche, wäre dies unmittelbar evident, insofern hier Wasserhandlung, Mahl und Segnung (mit Salbung) eine liturgische Handlung bildeten. Doch auch so lässt sich unschwer die Bedeutung des Abendmahls für eine Erneuerung der Gebets- und Segenspraxis zeigen. Jürgen Roloff macht – wie in 1.2.1. erwähnt – hinsichtlich der Sachbenediktionen auf die Danksagung (griechisch: eucharistia) in 1 Tim 4,4f. aufmerksam und weist dabei zugleich auf eine mögliche Konkretion der liturgischen Feier im Alltag hin, nämlich das Tischgebet. Mit diesem praktischen Hinweis zeigt sich, dass eine präzise biblisch-theologische Grundlegung liturgischer Praxis zugleich unmittelbare Relevanz für praktisches Handeln haben kann. Für die Gebetspraxis beginnt die Bedeutung des Abendmahls dadurch wieder bewusst zu werden, insofern das eucharistische Gebet als eine wesentlich in der jüdisch Berakah gegründete Ausdrucksform ins Bewusstsein tritt. Seine Grundstruktur von Anamnese, Epiklese und Doxologie hat hohe Bedeutung für die Gebetsschulung, insofern diese Elemente genau die elementaren Kommunikationsformen benennen, um den im Gebet ermöglichten Perspektivwechsel des Einstimmens in den Willen Gottes zu benennen. Weiter ist traditionell das liturgische Handeln an Kranken, das meist durch einen Pfarrer bzw. eine Pfarrerin vollzogen wird, mit einer Abendmahlsfeier verbunden. Hierdurch kommt gerade in der Situation physischer Not der auch den Leib des Menschen umfassende Zuspruch des Evangeliums in unersetzlicher Weise zum Ausdruck.

Von dieser Grundlegung aus soll im Folgenden am Beispiel des Gebets, der Realbenediktionen und der Krankensegnung auf mögliche Innovationen hingewiesen werden, die den das ganze liturgische Handeln gegenwärtig so belastenden Hiatus zwischen kirchlicher Liturgie und alltäglichem Leben überwinden helfen können.

3.2 Beten

Beten ist, worauf nicht zuletzt Luther aufmerksam machte, eine die Person in ihrem Inneren betreffende Kommunikationsform. Empirisch scheint das Gebet zum einen heute einen Ort im Zusammenleben mit Kindern, vor allem beim Zu-Bett-Geh-Ritual, und in unmittelbar betreffenden Notsituationen zu haben. Religions- und Entwicklungspsychologen weisen auf die mögliche Bedeutung des Gebets für die Persönlichkeitsentwicklung hin.

So interpretiert Friedhelm Grünewald das Gebet überzeugend als »spezifisches Übergangsobjekt«.[57] Er rekurriert dabei auf die entsprechende Theorie von D. W. Winnicott. Dieser entdeckte bei der Beobachtung der frühkindlichen Entwicklung: Menschen benötigen auf ihrem Weg, die Realität zu erkennen und d. h. auch zu Objekten Beziehungen aufzunehmen, einen Zwischenbereich, den »intermediären Raum«. Dieser Raum ist durch Übergangsobjekte geprägt, die eine Ablösung von Nichtvorhandenem erleichtern. Konkret geht es hierbei in der Regel zuerst um die Ablösung von der Mutter. Wenn diese das Kind verlässt, bedarf das Kind eines Übergangsobjektes, um sich des Verlustes zu trösten und zugleich damit die Distanz zu gewinnen, die zum Aufbau einer nicht-symbiotischen Beziehung zur Mutter notwendig ist. Dazu dient dann ein Übergangsobjekt, das in gewisser Hinsicht dem Entbehrten möglichst ähnlich sein muss, etwa ein Schmuseteddy. Die »Übergangsobjekte … (erlauben) dem Kind, in der Einleitungsphase des Trennungsprozesses nach eigener Regie mit der Mutter verbunden zu bleiben, da selbst kurzfristige Entbehrungssituationen und Vernachlässigungen durch liebevollste Nähe des Übergangsobjekts überbrückt werden können. Verlassenheit wird so also verwandelt in Alleinsein in Gegenwart von jemandem …« In der weiteren Entwicklung reduziert sich die Gegenständlichkeit solcher Übergangsobjekte. Auch das Gebet kann diese Funktion übernehmen.

Von hieraus erscheint es wichtig, schon für kleine Kinder eine Hinführung zum Gebet anzubieten, konkret also junge Eltern entsprechend zu begleiten. Am günstigsten dürfte dabei ein Wechselspiel sein, zwischen Beten mit der Mutter bzw. den Eltern im familiären Raum, etwa abends beim Zu-Bett-

---

57. S. F. Grünewald, Das Gebet als spezifisches Übergangsobjekt, in: WzM 34 (1982), 221-228; die folgenden Zitate finden sich ebd. 222.

Gehen, und Beten im Krabbel- oder Familiengottesdienst. Gemeindepädagogische Angebote im Zusammenhang der Begleitung von Taufeltern (s. 6. Kapitel 4.1) und hierauf abgestimmte liturgische Feiern in der Kirche, aber auch in Kindergarten und Grundschule können wichtige Impulse zu einer erneuerten Gebetspraxis geben.

Aus pädagogischer Sicht ergeben sich folgende kommunikative Voraussetzungen zum Beten:
– *Fähigkeit zum Still-Sein* und damit zum Zurücktreten von unmittelbaren Eindrücken und Sinnesaffektionen,
– *Fähigkeit zur Wahrnehmung* im umfassenden, Natur und Sozialität einschließenden Sinn, insofern die Eindrücke der Wahrnehmung wesentlich für den Gebetsinhalt sind,
– *Fähigkeit, Wahrgenommenes auszudrücken* (in Worten und Gesten),
– *Fähigkeit, sich für einen anderen zu öffnen.*

Diese Fähigkeiten, die elementaren Bausteine einer Gebetserziehung, enthalten zugleich wichtige Hinweise für die liturgische Gestaltung. Wenn im Gottesdienst gebetet wird, ist ein Raum der Stille, der Wahrnehmung, des Ausdrucks für das Wahrgenommene und der Öffnung für Gott notwendig. Genau dies geschieht im Eucharistischen Gebet, wenn in der Anamnese das Handeln Gottes erinnernd wahrgenommen wird, in der Epiklese dies in eigene Bitten transformiert wird und die Doxologie eine Öffnung zur Verherrlichung Gottes darstellt. Allerdings ist zweifelhaft, ob die komprimierten liturgischen Formulierungen dies für die meisten Menschen heute nachvollziehbar zum Ausdruck bringen. Von daher ist die in vielen Gemeinden übliche Praxis, dass der Pfarrer/die Pfarrerin recht schnell ein vorformuliertes Gebet vorliest, problematisch. Beten erfordert Vorbereitung und Zeit.

3.3 Realbenediktionen

Das in der evangelischen Kirche weithin vergessene Thema der Realbenediktionen meldet sich angesichts des gegenwärtigen Gesellschaftsdiskurses, aber auch der Fragen persönlicher Lebensführung unabweisbar zu Wort. Es geht ja – auf dem Fundament von 1 Tim 4,4f. – bei Realbenediktionen um die *Darstellung der Güte des Schöpfers in ihrer Bedeutung für das Leben der Einzelnen.*

Zwar ist den meisten modernen Menschen die früher zweifellos den (Sach-)Benediktionen zu Grunde liegende dämonistische Weltsicht fremd. Doch hat der positive Aspekt der Benediktionen, die Darstellung der vom Schöpfer gewährten Gaben, heute große Aktualität. Denn der um sich greifende allgemeine Beschleunigungsdruck[58] verhindert genaue sinnliche Wahrnehmung und damit eine wesentliche Voraussetzung des Schöpfungsglaubens.[59] Sachbenediktionen dienen in dieser Situation der »Verlangsamung« der Wahrnehmung und bringen – so wie in der Antike gegenüber Dämonenvorstellungen, jetzt gegenüber modernem Zeitverständnis – den Schöpfungssegen zur Anschauung. Von daher erscheint es gerade für einen den engen Zusammenhang von Taufe und Segen betonenden theologischen Ansatz, der heutige Problemstellungen ernst nimmt, unverzichtbar, sich der Frage einer angemessenen Sachbenediktionspraxis zuzuwenden.

Dabei stellen sich konkret für evangelische Christen zwei Grundsatzprobleme:

1. Die angesichts der problematischen, bis in den Bereich gottferner Zauberei reichenden Missbräuche in der mittelalterlichen Kirche berechtigte Kritik und Skepsis der Reformatoren gegenüber Sachbenediktionen hat zu einem weitgehenden Wegfall dieser biblisch begründeten Umgangsformen mit Wirklichkeit geführt. Hier gilt es – angeregt durch die Korrekturen der kritisierten Praxis im deutschsprachigen katholischen Benediktionale – neue Wege zu öffnen.

Liturgisch erste Schritte könnten sein, dass die in den Sakramenten verwendeten Elemente durch Benedizieren in ihrer schöpfungsmäßigen und damit die Menschen unmittelbar ansprechenden Kraft zur Sprache gebracht werden. Angesichts der Tatsache, dass diese Elemente auch im außerliturgischen Alltag vorkommen, gilt es zu überlegen, wie Benediktionen angeboten werden können, die auch im Alltag der Einzelnen und Familien tragen können. Hier liegt eine den engeren liturgischen Rahmen weit überschreitende religionspädagogische Aufgabe vor uns.

2. Angesichts großtechnischer Risiken auf den unterschiedlichsten Ebenen, angefangen von der Kernenergietechnik über die Genmanipulationen bis hin zur sog. Fleisch-Produktion impliziert der Lobpreis über Dingen und nichtmenschlichen Lebewesen klare Abgrenzung gegenüber schöpfungswidriger Praxis. Hier begegnet eine schwierige ethische Frage, die bisher vor allem in sozialethischer Hinsicht etwa bei der Frage nach dem kirchlichen Segen von Großverkehrsprojekten o. ä. diskutiert wurde. Sie stellt sich aber etwa hinsichtlich der Lebensmittel auch in individualethischer Hinsicht.

---

58. Vgl. zur Entwicklung unseres heutigen »Zeit«-Verständnisses anschaulich J. Rifkin, Uhrwerk Universum. Die Zeit als Grundkonflikt des Menschen, München 1988.
59. Vgl. zur fundamentalen religionspädagogischen Bedeutung dieser Perspektive Chr. Grethlein, Religionspädagogik, Berlin 1998, 260-270.

Konkret: Kann ein Lobpreis Gottes vor dem Essen des Fleisches eines in Massentierhaltung qualvoll aufgezogenen Tieres gesprochen werden?

Liturgisch hilft hier als Kriterium weiter, ob das jeweils zu Benedizierende in das eucharistische Gebet eingefügt werden könnte.

Unzweifelhaft bringt eine solche Innovation der Benediktionspraxis erhebliche politische Spannungen und Auseinandersetzungen mit sich. Allerdings werden dem entsprechende Diskussionen durch den Bezug auf christlichen Gottesdienst eine größere theologische und alltagsbezogene Präzision haben als die bisher mehr allgemeinen Formen der Auseinandersetzung.

Die traditionellen Formen, mit dieser Problematik liturgisch umzugehen, der – auch heute noch in der orthodoxen Benediktionspraxis[60] übliche – Exorzismus sowie das Gegenstück zum Segen, der Fluch,[61] sind für heutige Menschen wenig verständlich und dazu mit erheblichen theologischen Problemen belastet.

3.4 Krankensegnung

In Krankenhäusern als den Orten, in die von einer primär an glattem Funktionieren interessierten Gesellschaft viel Not und Leid überwiesen wird, stoßen Seelsorgerinnen und Seelsorger schnell an die Grenzen rein verbaler Zuwendung. Die Berührung als zwischenmenschlich selbstverständliche Geste der Zuwendung ist auch liturgisch bedeutungsvoll. Dies geschieht in Form der segnenden Handauflegung, also durch Berührung verbunden mit einem vom Glauben an Gottes Güte getragenen Zuspruch. Dabei bewährt sich – unter Rückgriff auf frühere Tradition, aber auch auf Erfahrungen in der Ökumene – der Gebrauch von Öl als einer ganz elementaren, kulturgeschichtlich alten Form der Hinwendung und des leibhaften Applizierens der Güte Gottes.

Mittlerweile hat eine solche Segenspraxis in manchen Gemeinden den Weg in Gemeindegottesdienste gefunden. Es werden sog. *Heilungs- oder Segnungsgottesdienste* gefeiert. Dorothea Greiner berichtet am Ende ihrer ausführlichen Studie zum Segen von einer solchen Praxis in einer evangelischen Gemeinde:

»Gute Erfahrungen gemacht habe ich mit einer Form, die aus der anglikanischen Tradition des Healing Ministry in Coventry stammt und auch u. a. in Gottesdiensten in Nürnberg St Sebald seit einigen Jahren praktiziert wird: Die Person, die sich

---

60. S. hierzu der knappe Überblick bei Eyselein, Segnet Gott …, 164-173.
61. Vgl. hierzu K.-P. Jörns, Segen – und kein Fluch? Überlegungen zur Einheit Gottes im Vorfeld der Praktischen Theologie, in: ders., Der Lebensbezug des Gottesdienstes, München 1988, 259-279.

segnen lassen will, setzt sich auf einen bereitgestellten Stuhl. Der/die Segnende steht hinter ihr und legt ihr die Hände auf. Zwei AssistentInnen stehen neben der/die Segnenden und legen ihm/ihr eine Hand auf die Schultern. Auf beiden Seiten des Stuhles steht jeweils ein weiterer Stuhl, auf dem zwei AssistentInnen sitzen, die die Hand der Person, die gesegnet wird, halten. Die stehenden und sitzenden AssistentInnen halten sich ebenfalls an der Hand. Auf diese Weise entsteht ein offener Halbkreis, ein bergender aber nicht beengender Raum für die Person, die gesegnet wird. Die Gemeinde sitzt im Rücken des Segnenden, sie betet mit durch Gesänge wie ›Agios o theos‹ oder andere. Dadurch spürt die Person zugleich den Rückhalt der Gemeinde und ist doch vor ihren Blicken geschützt.«[62]

Konkret schlägt Greiner eine Dreiteilung des Segensritus vor:

»– nachdem sich die Person, die gesegnet werde möchte, gesetzt hat, sagt immer dieselbe Person: ›wir beten für NN‹. Dabei legt der/die Segnende(n) die Hände auf.
– Stille, in der unter Handauflegung für die Person gebetet wird. (Auch der Zeitraum sollte immer ungefähr gleich sein; wenn sich nicht allzu viele Menschen pro Team segnen lassen wollen, ca. eine halbe Minute.)
– Ein fest formulierter Segen, entweder der Aaronitische Segen, oder eine andere Formel, wie z. B. folgende:
Gott segne dich; er heile dich, stärke dich, er schütze dich, er schenke dir Frieden. So segne dich der dreieinige Gott, † der Vater, der Sohn und der Heilige Geist. Amen. Solch ein Segen sollte langsam gesprochen werden, damit die Seele des segnenden Menschen und der Segen empfangenden Person mitkommen kann.«[63]

An diesem Beispiel wird u. a. deutlich, dass das Segnen Einzelner im Gottesdienst ein Ritus ist, der genauer Vorbereitung bedarf. Theologisch wichtig ist, dass dieser Dienst nicht nur auf Pfarrerinnen und Pfarrer beschränkt bleibt, sondern als Aufgabe der Gemeinde begriffen und entsprechend von verschiedenen Gemeindegliedern ausgeübt wird. Dazu kommt, dass die am Gottesdienst Teilnehmenden selbst entscheiden, ob sie einer solch intensiven Form des Segens bedürfen. Die fragwürdige Verquickung zwischen Todesnot oder zumindest schwerer Krankheit und Segnung ist hier überwunden. Damit fällt auch die problematische Verknüpfung des Segens mit naturwissenschaftlich-technisch gewonnenen medizinischen Diagnosen weg. Schließlich kommt in diesem Beispiel der grundlegende Zusammenhang von Segen und Gebet zum Ausdruck. Gerade angesichts unübersehbarer Tendenzen zu einer vortheologischen Segenspraxis ist ein Festhalten hieran wichtig. So erscheint es mir sinnvoll, in Gemeinden, die Segnungsgottesdienste einführen wollen, bei der Vorbereitung ausführlich das Gebet zu thematisieren und Hilfen zu einer Erneuerung der Gebetspraxis sowohl im liturgischen als auch im familiär-privaten Bereich zu geben.

62. D. Greiner, Segen und Segnen, Stuttgart ²1999, 363.
63. Ebd. 365.

Personenregister

Biblische Personen bleiben unberücksichtigt. Die fett gedruckten Seitenangaben weisen auf die erste vollständige Bibliografie im jeweiligen Teil hin; sonst werden in der Regel nur Verfassernamen mit dem ersten Hauptwort des Titels genannt. Die Abkürzungen folgen dem TRE-Abkürzungsverzeichnis; GdK steht für: Gottesdienst der Kirche. Handbuch der Liturgiewissenschaft. Luther wird entweder nach WA oder BSLK zitiert.

Adam, A. 266, 270
Adam, G. 212
Ahuis, F. 218
Albertz, R. **299 f.**
Albrecht, Chr. **162**, 172
Alles, G. D. 299
Allesch, Chr. G. 49
Andreae, J. V. 102
Andresen, C. 175
Angenendt, A. **89**, 165, 167
Arnold, U. 314
Auf der Maur, H. 126, 134, **136**, 138 f., **184**, 245-252, **260 ff.**
Augustin 166, 246
Aurelian 251
Ayres, A. J. **161**

Bach, J. S. 173, 248
Bähr, K. 15
Baldermann, I. 305
Baltruweit, F. **15**, **188**, 210
Balz, H. M. 172
Barth, F. K. 233
Barth, G. **62**, **189**, 218
Barth, H.-M. 69
Barth, K. 189
Bartning, O. 155
Bauernfeind, H. **24**, 36
Baumgarten, O. 287
Baumgartner, J. 136, **303**, 317
Beauduin, L. 109
Beck, U. **16**, 43 f., 45 f.
Becker, H. 116
Beckmann, K. 271
Belting, H. 162
Benz, E. 144
Berens, H. 51
Berg, C. **285 ff.**
Berger, K. 134
Berger, P. L. **44**, 68

Berger, R. 163, **168**, **195**, 266, 270
Berger, T. **82**, **174 f.**
Bieritz, K.-H. **14**, **16**, **45**, **49**, **54**, **79**, **82**, **90 f.**, 135, **244 ff.**, **249**, 251-253, 261, **280**
Bizer, Chr. **281**
Blank, R. 208, 210
Blankenburg, W. **172**
Bloth, P. C. 188
Blumers, M. **272**
Bohren, R. **215 f.**
Bonaventura 310
Bopp, K. **111**, 113
Bottermann, M.-R. **285**
Braun, J. **169**
Brinkmann-Schaeffer, B. 36
Bröckelmann, W. 286
Bronk, K.-U. **37 f.**
Brunner, P. **127**, **277**
Bucer, M. 136
Bugenhagen, J. **89**
Bürki, B. **89**
Buschbeck, B. **266**
Buschmann, U. **240**
Buß, M. **272**
Bußmann, U. **289**
Buxtehude, D. 173

Calvin, J. 194, 266
Campenhausen, H. v. 167
Chagall, M. 126
Christiansen, R. **308**
Chupungco, A. 24
Cornehl, P. **14**, **42**, **214**, 259, 267, **277**, 305
Cornelius-Bundschuh, J. 15
Cox, H. **147**
Cranach, L. 252

Daiber, K.-F. **17**, **31**, **45**, **216**, **255 f.**, 270
Dalferth, I. **132**
Demel, S. **119**

Diana 31
Dieffenbach, G. Chr. 267
Dinkel, Chr. **72, 159,** 161
Dionysus-Exiguus 246
Döhnert, A. **33**
Dohrn-van Rossum, G. **142**
Döpmann, H.-D. **120,** 122, 124
Douglas, M. **45**
Draak, Chr. den 313
Drews, P. 24
Droste-Hülshoff, A. v. 256
Dudley, M. **318**
Dülmen, R. van **101**
Durandus, W. 173

Ebeling, G. **129**
Ebertz, M. **27 f.**, 33, 40, 46
Eco, U. **280**
Ehemann, E. **290**
Ehrensperger, A. **128**
Elias, N. 92, **131**
Emminghaus, J. H. **150 f.**
Engelhardt, K. **17,** 31, 313
Engemann, W. **46**
Engstler, H. **46, 229 ff.**
Euseb von Caesarea 166
Eyselein, Chr. **312,** 324

Failing, W.-E. **217,** 228
Feige, A. **29**
Felmy, K. Chr. **124**
Fendt, L. **13**
Fermor, G. **74**
Fischer, B. **109, 127 f.**
Fischer, W. **30**
Franz, A. 105 f.
Frettlöh, M. L. **316**
Friedrich Wilhelm III. von Preußen 170
Friesen, A. v. **39**

Gebauer, R. **301**
Gerhards, A. **140**
Gibaut, J. St. H. **85**
Goertz, H. **13**
Goethe, J. W. v. 257
Goldammer, K. **171**
Goltzen, H. **140**
Göttrup-Fopp, S. **210**
Gräb, W. **16, 50, 218**
Graff, P. **15, 311**
Gregor I. 252
Greiner, D. **216,** 218, 324 f.
Grenz, G. **233**

Grözinger, A. **45, 50, 164,** 177
Grünewald, F. **321**
Grüßhaber, A. **291**
Guardini, R. **13,** 115
Güntner, D. **111,** 117
Gurlitt, C. 155

Haag, E. 134
Haberer, J. **30 f.,** 52
Hahn, F. **55 f.,** 57 f., 61
Hanisch, H. **314**
Hanselmann, J. **28,** 45, 275
Harnoncourt, Ph. 165, **253**
Hart, J. de 313
Hänggi, A. **300**
Häußling, A. A. **82, 108, 111, 113, 118**
Hawking, S. W. **130**
Heckel, U. **307**
Heckmann, F. **269**
Heiler, F. **131,** 159, 171, 305
Heimbrock, H.-G. **14 f.,** 35
Heinz, A. **109**
Heliogabalus 139
Hell, S. **221, 226 f.,** 234
Herbst, W. **155**
Hermelink, J. **34**
Hilberath, B. J. **116**
Hild, H. **28,** 45, **275**
Hippolyt 140, 190-193, 301 f.
Hoffmann, K. **23, 252,** 256
Holeton, D. R. **85**
Hollerweger, H. **112, 115, 317**
Hörnig, J. Th. **285 f.**
Horst, P. **233**
Hoyer, E. **287**
Hubert, H. **189**
Hucke, H. **173**
Hugo v. St. Victor 194

Ignatius von Antiochien 56
Innozenz III. 107, 169 f.
Issendorf, B. v. **54, 100**

Jansen, G. **117**
Janssen, J. **313**
Jawlensky, A. v. **126**
Jenny, M. **260**
Jenssen, H.-H. **220**
Jetter, W. **35, 178 f.**
Jilek, A. **192 ff.**
Johann Pomarius 138
Johannes von Damaskos 123, **167**
Jordahn, B. **287**

Jordahn, O. **90**, 95
Jörns, K.-P. **188**, 245, 261, 263, **324**
Josuttis, M. **14** f., 18, **50**, 73 f., **89**, **92** f., 96 ff., 100, **177**

Kaczynski, R. **116**, **309**
Kaiser, M. **238**
Kandinsky, W. 126
Kant, I. **304**
Kästner, K.-H. **269**
Kehl, A. **240**
Kenntner, E. **194**
Kessler, R. **132**
Kiefer, M.-L. **51**
Klaus, B. **139**, **250** f.
Kleinheyer, B. 116, **124**, **189**, 193 f., **221**, 224 f., 241, **303**
Klek, K. **15**
Klöckener, M. **140**
Kobler, F. **170**
Koch, E: **267**
Konstantin 150, 193, 251
Konstantin V. Kopronymos 172
Kornemann, H. **85**, 87
Körnlein, J. **18**
Kranemann, B. **82**, **108**, **115**, **312**
Kretschmar, G. **189**, **193**
Krieg, G. A. **103**, **173** f.
Kronstadt, J. v. 123
Kroos, R. **170**
Krummacher, Chr. **174**
Kugler, G. **203**, 214, **278**, **294**
Kulka, P. 157
Kühn, N. **239**
Kühn, U. **96**, **108**

Lachmann, R. **202**
Lammers, K. **164**
Lang, B. **249**
Lange, E. 19
Le Goff, J. **142**
Leistner, H. **36**
Lengeling, E. J. **113**, **116**, **319**
Leo XIII. **227**, 251
Lieberknecht, U. **174**
Lindner, H. **203**, **278**, **294**
Lippe, R. zur **159**
Lissitzky, E. 126
Loewenich, H. v. **17**, 31, **313**
Loewenich, W. v. **167**
Lohse, E. **28**, 45, **275**
Löhe, W. **141**, 171
Longardt, W. **288**

Lorenzer, A. **114**
Loth, H.-J. **148**
Luckmann, Th. **44**, 68
Lüdicke, K. **117**
Luibl, H.-J. **303** f., **315**
Lukatis, I. **28**
Lurz, F. **79**, **82**, 86, 95, **282**
Luther, M. 18, 80, 88-91, 93, 95-101, 104-107, 110, 114, 136 f., 141, 153, 158, 167, 170, 172, 177, 188, 194-197, 201, 204, 225, 233, 248, 266, 276, 281, 303 f., 310 f., 313, 318, 321

Maas-Ewerd, Th. **116**
Mahrenholz, Chr. **172**, **232**, **268**
Malewitsch, K. S. 126
Manzke, K.-H. **130**
Markschies, Chr. **191**
Martin, G. **291**
Matthes, J. **217**
Maurer, W. **194**
Maximus Confessor 122
May, G. **138**
Meder, A. **51**
Melanchthon, Ph. 136, **311**
Messner, R. **13**, **80**
Metzger, M. 107 f.
Meyer, H. B. **56**, 89 f., 107 f., **118**, **135**, **195**, 266, 275
Meyer, K. **291**
Meyer-Blanck, M. **281**, **283**
Minucius Felix 149
Möller, Chr. **293**
Moltmann, J. **133**
Müller, J. **139**
Murray, M. Ch. **151**
Mutter Theresa 31

Nagel, E. 115
Nagorni, K. 145
Nahrstedt, W. **271**
Napoleon 227
Nave-Herz, R. **34**, **229** ff.
Neijenhuis, J. **302**, 315
Neumann, N. **142**
Neuser, W. **34**
Nicol, M. **101**
Niebergall, A. **95**, **98**, **224**, 280
Nikolaou, T. **167**
Nikolaus I. **224**
Nipperdey, Th. **37**
Noelle-Neumann, E. **39**, **313**
Notz, K.-J. **147**

Nowotny, H. **143 f.**
Nübold, E. 115
Nuß, B. S. **269**, 271, 274

Octavian 149
Ohme, H. **166**
Opaschowski, H. W. **145, 270,** 272 f.
Origenes 166
Orth, G. **314**
Othmer-Haake, K. **289 f.**, 292
Otto, R. 15
Ouspensky, L. **152**

Pahl, I. **110, 300**
Parsch, P. 109, 127
Paul, E. **163**
Paul VI. 234, 274
Pawlic, J. **271**
Petuchowski, J. J. **56**
Piel, E. **39, 273, 313**
Piepkorn, A. C. **168**
Pippin I. 172
Pius V. 108, 247
Pius XII. 109, 127, 174, 275
Planer-Friedrich, G. **198**
Plank, P. **136**
Plinius 135
Pollack, D. **17, 34**
Pomarius, J. 138
Popcorn, F. **273**
Poscharsky, P. **154 f.**
Pottmeyer, H.-J. **116**
Preißler, H. **31**
Preul, R. **19,** 51 f., **183**
Probst, M. **104, 195**
Puza, R. **223**

Rabe-Kleberg, U. **130**
Radford Ruether, R. **36**
Rahner, K. **110 f.**
Raikes, R. 285
Rappaport, R. A. **131**
Raschzok, K. **158**
Ratschow, C. H. **299**
Ratzinger, J. **109**
Ratzmann, W. **301,** 303
Rau, G. 41 f., **97**
Reich, A. **154**
Reichertz, J. **52**
Reif, S. C. **300**
Reifenberg, H. **147, 160**
Rennings 140
Richter, K. **109,** 111-114, **116,** 118, 158, 242

Rietschel, G. **171, 311**
Rifkin, J. **130,** 141 f., **323**
Rinderspacher, J. **144**
Ringeling, H. **242**
Ritter, W. **52**
Roloff, J. **56 ff.**, 60-64, **308,** 320
Roosen, R. **96,** 104, **191,** 196 f.
Rordorf, W. **134 f.**
Ruddat, G. **16, 188,** 210 f., **249**

Saftien, V. **175**
Sandbothe, M. **130**
Sanders, W. **30**
Sauer, R. **36**
Sauermann, D. **256**
Schäfer, R. **224**
Scharffenorth, G. **195**
Schilson, A. **109**
Schiwy, G. **15**
Schleiermacher, F. 15, 154, **197 f.**
Schmid-Keiser, S. **110**
Schmidtchen, G. **41, 80**
Schmidt-Lauber, H.-Chr. **14 f.**, 88, 95 f., 103 f., **106 f., 109, 185,** 260, **281**
Schmitz, H. 18
Schrage, W. **60, 63, 223**
Schuberth, D. **171**
Schulenberg, I. v. **171**
Schulz, F. **16, 19, 56, 88, 92, 96,** 104, **136 ff., 195 f., 219, 239,** 241, **253, 267 f.,** 278, **281,** 306 ff., **317**
Schulze, G. **16,** 37, **46 f.,** 49, 51, 74, 177, **202**
Schumacher, J. **17**
Schwier, H. **16, 276,** 278, **280**-284
Seitz, M. **39**
Sequeira, A. R. **79,** 161 ff., **164,** 175
Serapion von Thmuis 302
Siegel, H. **28**
Simpfendörfer, G. **173**
Smend, J. **15**
Söhngen, O. **173,** 287
Sölle, D. **278**
Sörries, R. **171**
Spiegel, Y. **73, 216 f.**
Spier, E. **69, 134**
Spitta, F. 15
Staats, R. **59**
Stählin, R. **103**
Stählin, W. **127**
Stauffer, A. **23 f.**
Steffens, H. **274**
Steffensky, F. **278**
Stehr, I. **271**

Steinacker, P. **17**, 31, **313**
Steinhäuser, M. **242**
Stock, A. **152**
Sträter, U. **101f.**
Strathmann, H. **57**
Stuhlmacher, P. **55, 60**

Tebartz-van Elst, F.-P. **212f.**
Temple, W. **85**
Tertullian 166, 224
Theodor von Mopsuestia 121
Theunissen, M. **130**
Thiel, W. **287**
Thilo, H.-J. **121**
Thomas von Aquin 147, 167, 310
Thomas, G. **51f.**
Trajan 135
Tsakalidis, G. **152**
Twain, M. 285
Tworuschka, U. **148**

Uehlinger, Chr. **164**

Vajta, V. **89 ff.**
Veijola, T. **306**
Vilmar, A. **39**
Vogel, I. **140f.**
Volp, R. **15**, 26, **80**, 82, **85**, 123, **125**, 149f., 150-155, 167f.
Vorgrimler, H. **110f.**, **112**, **310**

Wagner-Rau, U. **215**, 233
Waibel, A. **27**
Waldenmaier, H. **88**
Wallmann, J. **304**

Walter, G. **150f.**
Walter, U. **28**
Ware, K. **120f.**, 125
Weber, M. **43**
Weber-Kellermann, I. **252**
Welz, S. **284**
Wendebourg, D. **103f.**, **281**
Wenz, H. **161**, 175
Werlen, I. **30**
Westermann, C. **218f.**, **306**
Wichern, J. **253**
Wiefel-Jenner, K. **15**
Wiese, W. **290**
Wilckens, U. **190**
Wilhelms, G. **114**
Willers, U. **116**
Wilson, St. **136**
Winkler, E. **88**, **215**
Winnicott, D. W. **321**
Wintzer, F. **259**
Wißmann, H. **148**
Wölber, H.-O. **202**
Wolff, H. W. **163**, **222**, **308**
Wölfle, E. **215**
Woodruff, A. **286**
Wosien, G. **175**
Wüstenberg, U. **15**

Zeiher, H. **130**
Zerfaß, R. **82**
Ziehe, Th. **50**
Ziemer, J. **38**
Zimmerli, W. Chr. **130**
Zwingli, H. 136, 170, 194

Sachregister

Das Sachregister soll primär zur Erschließung von Zusammenhängen und zum Hinweis auf vertiefte Darstellungen dienen. Deshalb ist es an Themen, nicht an Stichworten orientiert und strebt keine Vollständigkeit an. Bei Ausführungen zu einem Thema über mehrere Seiten, z. T. schon aus dem Inhaltsverzeichnis ersichtlich, wird nur der Beginn durch eine Seitenangabe markiert. Sehr häufig vorkommende, die gesamte Argumentation tragende Begriffe wie Gemeinde, Kirche, werden nicht aufgenommen.

Abend (Nacht) 131, 135, 138, 144, 247, 251, 257, 262, 268, 296
Abendgebet 38 f., 68, 134
Abendmahl (Eucharistie) 61, 64, 68 f., 88 f., 95, 102 f., 108 f., 118, 122, 194, 204, 214, 237, 266 f., 308, 320
Adventszeit 192, 252 f.
Agende 1 268, 276-278, 287
Ausdrucksgebärden 161 f.

Baptisterien 150, 189
Behinderte 200, 210, 293
Benediktiner 141 f.
Benediktionen 105 f., 115, 302 f., 308 ff., 317 f., 320, 322 ff.
Berakah 300
Bestattung 33 f., 220
Bilder 123, 152, 154, 164 f., 166-168
Biographiebezug 66 f., 146

Civil religion 256

Deutsche Messe 94 f.
Diakonie 61, 70 f., 134, 285

Ehe 220 ff.
Ehejubiläen 241 f.
Ehescheidung 222 f., 229 f., 233, 238-241
Ekstase 177
Epiphanie 250
Erlebnisgesellschaft 46-50
Eschatologie 61, 122, 177
Eucharistisches (Hoch-)Gebet 127 f.

Familie 199 f., 201, 202 f., 213
Familiengottesdienste 293 ff.
Familienreligion 67, 222
Farben 170 f.
Feiertage 253 f.

Fernsehen 52 f., 228, 272 f.
Fernsehgottesdienste 30 f., 71 f.
Firmung 91, 193 f., 197 f.
Formula missae 94 f.
Frauenbewegung 35 f., 281
Freizeit 144 f., 270 ff.
Friedensgebete 37 f., 68

Gebet 153, 237, 299 ff., 311 ff., 319, 321 f.
Gemeindefest 206, 211
Gemeinschaft(sverständnis) 63 f., 96 f., 113, 124, 190, 216
Generationenvorsorge 202 f.
Geschenksitte 255 f.
Gestühl 154
Gottesdienst (Begriff) 55-57
Gregorianik 172

Hausandacht/-gottesdienst 26, 38 f., 72, 98, 101, 128, 187, 252, 267, 298, 303
Homosexualität 231, 242 f.

Ikonen 125 f., 128, 152
Inkulturation 24

Jugendokkultismus 36 f.

Kasualien 183, 215 ff.
Katechumenat 191 f., 193, 212 f.
Kinder 45 f., 124, 194, 293
Kindergottesdienst 28, 275, 284-292
Kindersegnung 207
Kirchenjahr 69 f., 261 ff., 295
Kirchenmusik 74
Kirchenpädagogik 157 f.
Kirchenraum 122 f., 151 ff.
Kirchgang 27 f.
Kommunikation des Evangeliums 19, 72 f.
Kommunitäten 262

mandentaufen 205
Konfirmation 33, 204f., 219f.
Kontext 24
Konzerte 37
Kosmologie 124f., 127
Krankensegnung/-salbung 308f., 310f., 318f., 324f.
Krankheit 36, 105f., 315
Kultkritik 57f., 61
Kultur 24

Lebenszyklus 217
Liturgiewissenschaft 13-16, 82f.
Liturgische Bewegung 109, 155

Musik 50, 162, 165, 171-174

Öffentlichkeit 84, 9
Ökumenische Bewegung 85, 286
Ökumenische Liturgiewissenschaft 82f., 86ff., 282
Ostern 139, 186, 244ff.
Osternacht 123, 126f., 138, 184f., 213, 246f., 258, 259-261, 263
Ostertermin 245f.

Paramentik 168-171
Pascha-Mysterium 110, 112
Passionszeit 192
Paten 211f.
Pfingsten 248f.
Politik 37f.
Predigt 90, 92f., 100, 101f., 204
Predigtgottesdienst 88
Priesteramt 58, 69, 98f., 117, 126

Rechtfertigungslehre 91, 98, 167, 218
Risikogesellschaft 44

Sabbat 132-135
Säuglingskommunion 124, 214
Schulgottesdienst 19, 34
Schwarz 170f.
Schwellenritual 202, 216f.
Seelsorge 188
Segen 218f., 225, 232, 239-241, 305ff., 315ff., 319
Sinne 159-161, 163f.
Sintflutgebet 196f., 204
Sonntag 134-138, 145, 183, 266ff.
Sonntagspflicht 112f., 136
Spättaufen 199
Stationengottesdienst 206
Stundengebete 140f., 258f.
Struktur-Papier 278-280
Symbole 178f., 209-211, 263
Synagogengottesdienst 56

Tanz 174f.
Taufbüchlein 195f.
Taufe 32f., 62, 64, 67, 96, 104f., 126, 142f., 184-186, 188ff., 219, 221, 234-236, 248, 264f., 297f., 307f., 320
Taufeucharistie 64, 191
Tauftermin 211, 213f., 264f.
Teilnahme (participatio) 110f., 118, 284
Traubüchlein 225
Trauung 84, 186, 220ff.

Verkirchlichung 67f.
Verständlichkeit 24, 65, 74, 97f., 114, 294

Weihnachten 139f., 186, 244ff.
Wiedertrauung Geschiedener 238-241
Wochenende 145, 270ff., 291

Zeit 41-43, 69f., 130ff., 245, 274, 290-292, 295